21世纪经济管理新形态教材·公共管理系列

城市社会学
（第二版）

刘 珊 ◎ 编 著

清华大学出版社
北京

内 容 简 介

城市社会学是研究城市社会的学科，同时，城市社会学是社会学与城市相关学科的交叉学科，内容涉及城市社会发展的各个方面。具体地说，它是研究城市的产生、发展和未来，研究城市的社会结构、社会组织、社会群体、社会管理、社会行为、社会问题、社会生活方式、社会心理、社会关系以及社会发展规律的学科。本书具体而系统地介绍了城市社会学的基本概念、基本理论和研究范式、研究方法。对城市社会的起源和发展、城市社会城市理论、城市化、城市文化、城市社会空间结构、城市社区与治理、城市社会分层和流动、城市社会福利服务等城市社会的不同层面进行理论和实证研究，使读者能够系统地掌握相关的理论知识并运用到城市发展的理解和研究实践中去。

本书适合于高校社会学、人类学、公共管理学、人文地理学、城市管理与城市规划专业的大学生和研究生学习使用，也供对城市社会问题感兴趣的相关人士参考阅读。

本书封面贴有清华大学出版社防伪标签，无标签者不得销售。

版权所有，侵权必究。举报：010-62782989，beiqinquan@tup.tsinghua.edu.cn。

图书在版编目（CIP）数据

城市社会学 / 刘珊编著. —2版. —北京：清华大学出版社，2022.8（2025.2重印）
21世纪经济管理新形态教材. 公共管理系列
ISBN 978-7-302-61374-9

Ⅰ. ①城… Ⅱ. ①刘… Ⅲ. ①城市社会学－高等学校－教材 Ⅳ. ① C912.81

中国版本图书馆 CIP 数据核字（2022）第 124633 号

责任编辑：刘志彬
封面设计：汉风唐韵
责任校对：王荣静
责任印制：刘海龙

出版发行：清华大学出版社
网　　址：https://www.tup.com.cn, https://www.wqxuetang.com
地　　址：北京清华大学学研大厦A座　　　　邮　编：100084
社 总 机：010-83470000　　　　　　　　　　邮　购：010-62786544
投稿与读者服务：010-62776969, c-service@tup.tsinghua.edu.cn
质 量 反 馈：010-62772015, zhiliang@tup.tsinghua.edu.cn

印 装 者：涿州市般润文化传播有限公司
经　　销：全国新华书店
开　　本：185mm×260mm　　　　印　张：18　　　　字　数：368千字
版　　次：2013年4月第1版　2022年8月第2版　　印　次：2025年2月第2次印刷
定　　价：49.00元

产品编号：079324-01

前言

中国城市社会发展步入新的发展阶段，面临新的社会状态和社会问题。伴随着中国经济发展进入稳定发展阶段，新兴科学技术广泛运用于城市生活各个方面，给人们的生产、生活带来各种便捷利益；同时，也带来了新的社会问题，如技术运用的伦理问题、技术运用带来的社会治理困境等。随着超大城市、特大城市、大城市等陆续跨入老龄化社会，城市建设和城市生活方式面临适老化改造和发展，城市社会组织和机构需要重组适应老龄社会的需求；与此同时，城市社会面临着生育率下降所带来的人口结构性变化，需要对当前城市社会从人口结构、空间布局、城市文化转变、福利保障等方面整体而系统地进行分析和研究。随着社会分工模式的变化，出现新的社会阶层、社会组织形态，城市生活方式和城市社会观念发生转变，同时社会空间结果也发生相应变化。这些种种都呼唤着城市社会学从专业的视角，运用相关理论进行深入观察、思考和研究。

本书共分为八章，包括：何为城市社会学、城市化、城市文化、城市居住和公共空间、城市社区与治理、城市社会分层、城市社会流动、城市社会福利服务。

第一章是关于何为城市社会学。城市社会学是以城市为研究对象的一门学科，它到底是隶属于社会学，还是不隶属于任何学科而独立成为一门学科，它的特殊之处体现在哪些方面，等等。为解决这一系列问题，本章主要介绍城市社会学的基本概念、特征、研究对象和范围，了解城市社会学与社会学等其他学科的区别和联系，以及城市社会学的研究内容。然后介绍城市社会学的古典理论、理论发展沿革，以及新城市社会学的理论。最后介绍城市社会学的研究方法。从概念、理论到方法，构成了城市社会学的整体范畴。

第二章是关于城市化。本章主要介绍了城市、城市化、郊区化等概念，详细介绍了关于城市的起源的几个学说，以及城市化的发展趋势和城市化的动力、动力机制和影响城市化发展的因素等。在此基础上介绍我国城市化发展的动力机制和影响因素。此外，本章还介绍美国城市发展的过程中受到哪些因素的影响，其发展趋势如何，以及美国郊区化带来的社会问题对中国城市化、郊区化发展的借鉴和经验教训。

第三章是关于城市文化。通过对文化、城市文化等概念的解析，使读者辨别文化在不同学科的解释，城市文化和乡村文化的区别，以及不同城市文化间存在的冲突和融合，并指出其必然趋势是走向共存。在城市文化方面的实际体现，就涉及城市文化资本的建构和发展，以及树立良好的城市形象和对城市的营销。而对于中国，了解中国的城市文化建设的现状和存在的问题，有助于城市文化的良性发展。

第四章是关于城市居住和公共空间。本章主要介绍城市居住公共空间的主要研究和主要问题，而这个问题的前提是城市空间结构的理论和方法。本章在介绍了城市空间结构的理论、方法和模式，以及中国城市空间结构研究之后，又介绍了城市居住空间的国内外研究成果和研究趋势，进而介绍了中国在城市居住空间结构方面的历史背景和存在的问题及原因。

第五章是关于城市社区与治理。本章主要是理解社区的内涵与分类，了解社区的构成要素和中西方社区建设的发展历程，并在了解"治理"与"统治"区别的基础上领会社区治理的内涵、基本原则，识记社区治理的主体与内容。

第六章是关于城市社会分层。本章主要介绍城市社会分层的概念、理论和现状。在介绍概念的时候，必须区分社会分层和社会阶层的概念，需要分析社会分层的西方理论渊源，以及当前中国的研究现状，分析中国当前的社会分层现状和社会结构变迁中出现的现象和问题。

第七章是关于城市社会流动。本章主要介绍社会流动的概念、理论和现状。在介绍概念的时候，必须区分社会流动与人口移动的概念有何区别，需要分析社会流动的西方理论渊源，以及当前中国的研究现状。此外，国外社会流动与中国的情况由于国情和历史不同而呈现出不一样的现象，借鉴国外社会流动的情况来分析中国的社会结构变迁历史和现状，以及发展趋势。

第八章是关于城市社会福利服务。本章主要介绍城市社会福利的概念和特征，以及社会福利服务模式的划分标准和分类。在此基础上，介绍中国城市社会福利服务政策的历史沿革，包括计划经济体制和市场经济转轨中的城市社会福利服务的政策状况。接着，详细介绍城市老年人、残疾人和儿童的社会福利服务政策。并在本章的最后一部分讨论了中国城市社会福利服务的改革的发展问题。

目录

第一章　何为城市社会学　001
　　第一节　城市社会学的学科属性　002
　　第二节　城市社会学的理论发展　015
　　第三节　中国城市社会学的发展　026

第二章　城市化　048
　　第一节　城市的界定和起源　049
　　第二节　城市化的内涵及发展动力　056
　　第三节　中外城市化发展进程　067

第三章　城市文化　105
　　第一节　城市文化概述　106
　　第二节　城市文化传播、冲突和融合　120
　　第三节　城市文化资本和城市形象　126
　　第四节　中国的城市文化建设　136

第四章　城市居住和公共空间　146
　　第一节　城市空间结构　147
　　第二节　城市居住空间　155
　　第三节　城市公共空间　171

第五章　城市社区与治理　187
　　第一节　社区概述　188

第二节　中外城市社区发展……………………196
　　第三节　城市社区治理 ……………………203

第六章　城市社会分层………………………… **213**
　　第一节　社会分层的基本概念和特征 …………214
　　第二节　社会分层的相关理论 ……………………219
　　第三节　中国城市社会分层的重要研究领域……223

第七章　城市社会流动…………………… **234**
　　第一节　社会流动的概念辨析与理论 …………235
　　第二节　当前中国城市社会流动的趋势和问题 …239

第八章　城市社会福利服务……………… **250**
　　第一节　城市社会福利服务概述 ……………251
　　第二节　中国城市社会福利政策的历史沿革 ……255
　　第三节　中国城市社会福利政策现状及改革 ……265

第一章
何为城市社会学

本　　章　　提　　要

城市社会学是以城市为研究对象的一门学科，在学科隶属方面，存在特殊性。学者们大多认为它是社会学的分支，许多不同专业学科的学者以城市为研究对象时，时常涉足社会学领域，并且取得重要的研究成果。城市社会学作为一门交叉学科，涉及众多学科领域。本章主要介绍城市社会学的基本概念、特征、研究对象和范围，城市社会学与社会学、城市科学系列中众学科的区别和联系，以及城市社会学的研究内容。然后介绍城市社会学的古典理论、理论发展沿革、新城市社会学的理论，城市社会学在中国的发展状况。最后介绍城市社会学的研究方法。从概念、理论到方法，构成了城市社会学的整体范畴。

第一节　城市社会学的学科属性

一、城市社会学的研究对象

城市社会学的第一个困境是研究对象不明确。城市社会学的研究对象问题直接影响着这门学科的理论框架，规定着这门学科与相关学科的区别、联系，规定着这门学科为现实社会服务的方向和主要途径，甚至可以说规定着这门学科存在的必要性。因而研究对象的确定是城市社会学学科理论研究的首要问题。

（一）作为社会学分支的学科

城市社会学研究的对象困境，源于研究者们主观、片面地将其定位为社会学的"局部"领域所形成的认知遮蔽。社会学是一门内容十分宽泛的学科，分支领域众多，有城市社会学、经济社会学、文化社会学、政治社会学、家庭社会学、组织社会学等，这些分支基本上是以社会生活的某一方面或者某一领域为主要关注对象。但从学科历史看，城市社会学并非以某一方面或者某一领域为主要关注对象，而是关注城市作为一种人类生活共同体的存在和发展，诚如有些学者强调，城市社会学是研究"城市社会整体"的。这就使城市社会学有可能成为一门跨越其他专门领域的划分（家庭、教育、劳动、闲暇）[①]的学科。它与其他分支学科研究对象的差别似乎只是把研究对象的空间边界严格地限制在"城市尺度"上。

英国城市社会学家桑德斯指出，城市社会学自诞生开始，就先后从生态社群、文化形式、资源分配系统、集体消费单位入手来定义城市，以求确立城市社会学的研究对象，但这四次努力均遭到来自不同方面的批评，其学科研究对象最终没有获得共识性确立。[②] 首先，人类生态学派从生态社群入手来定义城市，认为城市是人类自发地展开生物性生存竞斗并适应环境的产物，即那些有相同经济地位和社会价值诉求的人，从农村分化出来聚集于不同区域适应性生存获得持续的展开，就形成了城市社会。但一个基本常识是：本能性的生存竞斗并不是城市所独有的，它贯穿于人类生存的方方面面。其次，齐美尔、沃思等从文化角度来定义城市，认为城市区别于农村的根本标志是其文化形式，以城市生活方式为核心内涵的文化形式构成城市社会学的研究对

[①] 拉夫梅耶尔.城市社会学[M].徐伟民，译.天津：天津人民出版社，2005.
[②] 格利高里，厄里.社会关系与空间结构[M].谢礼贤，等译.北京：北京师范大学出版社，2011.

象。但城市文化学派的观点却引来了责难和反对："一个地方之所以被视为城市，不应以生活空间的范畴来理解，更多的是要从经济的立场来观察。"① 由此，一部分城市社会学者从资源分配系统入手来定义城市，认为城市社会学就是研究城市管理者在资源分配中的行为及其结果，这是帕尔、雷克斯、桑德斯等英国新城市社会学者的努力，这种努力却遭遇新马克思主义学派的质疑，因为城市管理者不具备独立性。随后新城市社会学者所关注的诸如资源分配的不平等、城市住房条件的不足与种族关系紧张等问题，体现出社会诸多不平等现象，它应该是社会学的重要问题。于是卡斯特从消费入手来定义城市，认为只属于城市的系统过程就是消费，因而"集体消费"构成城市社会学的研究对象②。卡斯特的这一主张同样不能令人信服，因为当通信、传媒、网络以及交通实现现代化之后，人们不再处于静止状态，而是卷入流动进程之中，消费脱离了地域限制而成为社会行为及其生活方式。以此观之，消费作为城市的独立社会过程事实上存在。

城市社会学研究对象难明确，原因之一在于城市社会学者更多地囿于涂尔干所设定的社会学模式，以为社会学只是研究具体的社会现象的科学。一旦沿袭这种认知模式，必然进一步将城市理解为社会的部分，城市社会学研究的对象只能是"部分的部分"。因此，只有抛弃这种认知模式，将社会学理解为开放性、综合化、生成性的社会方法论，并以此来审视城市社会学，其研究对象才应该是城市社会整体。③

（二）国内外学者的观点

自20世纪二三十年代美国芝加哥学派创立城市社会学以来，关于这门学科的研究对象问题就一直是国内外社会学者的重要话题之一，出现了若干不同观点。

有学者认为城市社会学的研究对象是城市社会问题。然而，城市社会问题是城市社会学的基本范畴之一，也是城市社会学研究的重要内容，但却不能说是唯一内容。因为，城市社会问题是一种非正常的社会现象，是城市诸要素失调的结果，倘若抛开城市社会的性质及其各要素之间的相互联系，孤立地研究城市社会问题，是难以得出正确结论的。这就意味着应该把城市社会问题的研究放到关于城市社会的构成与发展的综合研究中去，而不宜仅仅把城市社会问题作为城市社会学的研究对象。另有学者认为，"城市社会学主要以城市结构、城市生活方式和社会组织为研究对象"，或者"以都市的区位、社会结构、社会组织、生活方式、社会心理和社会发展规律等为主要研究对象"。这些观点尽管揭示了城市社会学的一些重要研究方面，但它们显然是用列举的方式，从外延角度试图揭示这门学科的研究对象，很难使人们完整把握城市社会

---

① 黄凤祝. 城市与社会 [M]. 上海：同济大学出版社，2009.
② CASTELLS M. Is there an urban sociology？[M] //PICKVANCE C G. Urban sociology: critical essays London: Tavistock Publications Ltd, 1976.
③ 唐代兴. 城市社会学研究需要何种理论基础 [J]. 天府新论，2007（2）.

学的研究对象问题和本质特征。还有学者认为，城市社会学是用社会学的观点来研究城市与城市社会，研究城市中的个人、城市中的文化、城市的社会体系[①]。

综合诸多学者对城市社会学研究对象作出的论述，向德平对城市社会学研究对象做了如下归纳[②]。

（1）城市社会学的研究对象是城市生活系统。强调城市是一个以人类社会为主题的自然—经济—社会—生态系统，是城市居民与其生存环境相互作用构成的综合体。城市社会学着重研究城市系统内部各要素之间的联系以及城市与周围环境之间相互制约、相互影响的关系。

（2）城市社会学的研究对象是城市社会问题。在城市发展过程中出现了一系列城市社会问题，如人口膨胀、就业困难、住房拥挤、交通紧张、污染严重等。这些问题的起因，有的是物质的，即物质缺乏造成的；有的是社会的，是由社会和人的行为引发的。城市社会学要研究城市问题产生的原因、城市问题的表现以及解决办法。

（3）城市社会学的研究对象是城市化。城市化是指农村人口不断转变为城市人口、农村区域逐渐演化为城市区域的过程。城市社会学要研究城市化的时空进程、城市化的形式和内容以及城市化的动力机制，并在对城市不同时期、不同区域城市化的比较中把握发展的规律。

（4）城市社会学的研究对象是城市生活方式。美国社会学家沃思认为，城市本身就是一种生活方式。城市社会学要研究城市生活方式的特点、城市生活方式的起源与变迁以及城市生活方式的传播与辐射。

（5）城市社会学的研究对象是城市社会关系。城市社会关系是在城市生活中发生的人与人之间的关系，包括在城市经济生活、政治生活、文化生活以及各种群体生活中形成的人与人之间的关系。城市生活关系还包括城市与城市、城市与农村以及城市区域之间的关系。

但向德平认为，以上关于城市社会学对象的界定都是截取城市社会学的某一方面或者某一过程作为城市社会学的研究对象，很难形成对城市的整体认识。他主张用系统的、综合的方法对城市整体进行研究，把被形而上学方式割裂得支离破碎的社会图景，按照它本来的面貌重新拼接起来，形成对城市社会的完整认识。这种对于城市社会学研究对象的表述强调了社会学的研究视角，具有积极意义[①]。以"区位"为分类依据，社会则由农村和城市构成。而作为区位性社会，无论是农村还是城市，都拥有社会构成的全部要素，包含文化、政治、经济、科技、教育等，并且以环境为底座，以伦理为基石，以人性为土壤和动力机制[③]。但是，这样对城市社会学研究对象的界定仍未免过于宽泛，还不是那么明了、具体。

---

① 唐忠新.城市社会学的研究对象和内容框架刍议［J］.天津社会科学，2002（5）.
② 向德平.城市社会学［M］.武汉：武汉大学出版社，2002：1.
③ 唐代兴.城市社会学研究需要何种理论基础？［J］.天府新论，2007（2）.

从多数学者的观点来看，城市社会学是从变动着的城市社会整体出发，以城市社会的构成与发展规律为研究对象的社会学的一个分支学科。这里所说的城市社会的构成主要是指城市社会的结构体系，即城市社会各要素之间的相互联系。作出这个界定，考虑到了这门学科历史发展的基本特点和基本轨迹，以及这门学科与相关学科的区别、联系，同时也考虑到了当代城市发展对这门学科的要求等。

二、城市社会学的学科范式

城市社会学的第二个困境，是学科范式不明确。城市社会学家将城市视为"特殊社会过程"，以及"创立城市社会学的任何尝试都必定会被扩展为研究社会整体的社会学"①。早期的人类生态学派以及后来的新城市社会学学派，都没有摆脱这一逻辑的根本论。沃思认为："人类生态学并不是社会学的分支学科，而是一种观点和视角、一种方法，从本质上讲是科学研究社会生活的知识载体，像社会心理一样，是所有社会科学的学科基础。"② 同样地，甘斯认为："新城市社会学的视角难以为分析提供边界，并很快由城市转向国家层次，如果分析一旦转向国家和实际经济，那么再回到城市就很困难。"②

城市社会学的学科范式困境，实质上源于城市的"领域观"和社会学研究的"整体观"之间的对立。这一认知模式形成的前提是"城市是特殊社会过程"这一想象性观念的存在。打破这一主观想象的观念模式，还原城市本身，城市社会与社会（即国家社会）的区别，不是局部与整体的区别，而是区位之间的区别。从区位出发，以城市社会为对象，城市社会学的研究范围，就是由构成城市社会的各要素整合而成。具体地讲，城市社会是社会的区位形态；并且，构成城市社会的领域性要素，亦是社会的领域性要素，即文化、政治、经济、科技、教育以及环境、伦理、人性等，这些是城市社会得以产生和存在的主要条件。所不同的是，这些构成城市社会的主要条件与构成农村生活的主要条件，有质与量方面的区别，这使城市文化、城市政治、城市经济、城市科技、城市教育、城市环境、城市伦理等构成城市社会的主要扇面。要明确城市社会学与相关学科的区别、联系，便要求我们把这门学科的研究对象界定为城市社会的构成与发展规律。

（一）城市社会学与社会学

在城市社会学理论的发展过程中，其与社会学同时期的主导理论之间有着紧密联系。首先，城市社会学的创始人师从欧洲社会学理论家，且城市社会学是社会学的一

---

① 格利高里，厄里.社会关系与空间结构[M].谢礼贤，等译.北京：北京师范大学出版社，2011.
② 蔡禾.城市社会学：理论与视野[M].广州：中山大学出版社，2006.

个分支学科，其理论必然受到社会学基本理论的深刻影响。从某种意义上说，两者是基础学科与分支学科的关系，城市社会学既是社会学的理论和方法在城市研究领域中的运用和反映，又是社会学大家族中的一个相对独立的分支。因此，界定城市社会学的研究对象要考虑其与社会学研究对象、研究特征和理论的区别与联系。

关于社会学的研究对象，国内外学者的具体表述不尽一致。但是，大多数社会学家都不否认社会的构成与发展规律是社会学研究的主题之一。而事实上，城市社会学的实际发展所表现出来的在研究对象和问题的宽泛性上远不止社会学分科学科内部，还表现在与其他学科的交叉上[①]。在这种情况下，我们把城市社会的构成与发展规律作为城市社会学的研究对象，一方面保持了它与普通社会学研究对象的一致性，另一方面又保持了自身的相对独立性。因为，从研究范围看，普通社会学与城市社会学具有明显的整体与部分的关系。按照系统论的观点，部分的相对独立性是不可否认的。

从研究特征上看，城市社会学的突出特点是实证研究：将现代社会抽象理论置于城市这个固定的场所进行检验，以得到验证。城市社会学家认为：城市区域适合作为一个调查点，在这个调查点上，社会学家可以考察催生日常经验的社会制度，以及它们彼此相互依存的重要细节。各种综合性理论可以系统阐述，并可在有限的空间地域里，通过观测互动关系网络而得到实证的验证。城市社会学创始人之一帕克一贯认为城市是一个"社会实验室"。社会学的理论都可以在这里得到检验和验证。

从理论上看，城市社会学是在城市区域的调查中验证社会学的理论。因此，它的理论发展与社会学理论所关注的问题存在紧密的联系，城市社会学实证研究的问题常常是社会学主流理论所关注的问题，因而，两者的理论关注点基本一致。

因此，城市社会学来源于社会学理论在城市区域的实验和验证，两者在研究对象、研究方法、理论渊源和关注点等方面，都存在密切的相关性。

（二）城市社会学与城市科学系列

城市社会学还从属于城市科学系列。城市科学或城市学是近几十年形成的"以城市为研究对象，从不同角度、不同层次观察、剖析、认识、改造城市的各种学科的总称，是一个学科群"。这个学科群包含以城市经济活动、经济关系及其发展规律为研究对象的城市经济学，以城市空间组织的规律性为研究对象的城市空间结构研究，以城市设计为应用研究的城市规划学，以自然—经济—社会的协调发展为目的的城市生态学等学科；它们与城市社会学具有密切关系，甚至在内容上是相互交叉、相互渗透的。

1. 城市经济学

20世纪40年代，城市经济问题的研究已进入系统化的阶段，内容涉及城市房地产市场、级差地租、土地价格、土地合理利用、工业布局、空间距离、运输成本等。

---

① 蔡禾.城市社会学教材建设中的问题和思考［J］.杭州师范大学学报（社会科学版），2010（3）.

城市经济学的正式形成是在 20 世纪五六十年代。20 世纪 70 年代以来，城市经济学成为一门综合性较强的新的经济学科。

20 世纪 90 年代中期开始，国内城市经济学对城市与区域经济社会发展现实中出现的一些新问题进行了大量的研究。

2. 城市空间结构研究

20 世纪 70 年代，米歇尔·福科对"空间时代"崛起的前瞻性观察以及亨利·列斐伏尔对于空间科学的研究，形成了人文学科、社会学科广泛的空间转向。其后，新城市社会学将空间应用于城市社会研究，开启了城市社会学理论的空间时代。空间是城市活动的重要载体，新城市社会学家发现了空间，将原来属于不同领域的现象以空间为线索串联起来，使空间结构和社会过程之间的辩证关系得以清楚呈现。空间进入城市社会学的研究视野，空间是一种新的实践方式、治理策略与理论视野，对于城市社会学的发展起着不可估量的作用。

在学科发展上，一方面，空间转向促成了以马克思主义理论方法为基础的新城市社会学的兴起，其替代芝加哥学派成为城市社会学研究新的主导力量，使新形势下的城市问题有了正确合理的分析工具。另一方面，空间转向推动了城市社会学的跨学科研究。空间被引入城市社会学，受其影响，空间学科（如城市地理学、城市规划、建筑学）则进行了社会转向，将空间关系看成社会关系等。

3. 城市规划

城市规划是城市设计的应用性研究，城市规划人员使用建筑学、经济学、行为科学等工具合理地发展现有城市、扩展小城镇和建设新城市。城市规划理论的基本思想是通过合理的选择和环境控制努力影响未来，建设人类城市。从这种意义上来说，城市规划的目的是合理控制和驾驭环境。

城市规划与城市社会学在发展过程中不断交叉和渗透，它们在各自的实践中不断地应用对方的理论。城市社会学着重从社会联系上来运用规划理论。早年，霍华德以其"花园城市理论"名噪一时，产生了较大的影响。后来芒福德从城市的形式和功能方面又提出了新的理论，他认为在形式上任何两个城市都是不同的，而城市的主要功能则都是为人类提供交往的舞台，城市是文化和社会关系的象征。

城市社会学在规划方面还研究密度对人类的影响，研究自然空间位置与人们社会行为的关系，认为"空间接近"是影响友谊、交往观点形成的重要变量，但这个变量又受到人口同质或异质、文化差异、收入等的影响。

城市社会学在我国只是刚刚起步，它的一些理论已开始深入我国城市规划理论界。如私密空间、半私密空间、公共空间、邻里关系理论等，其中一部分理论已付诸实践，并取得了初步的效果。

4. 城市生态学

20世纪60年代以来,人类的环境价值观念发生重要变化,先进城市的标准由"技术、工业和现代建筑"演变为"文化、绿野和传统建筑",人们向往"回到自然界"。这种生态保护思想开始成为一种世界性的潮流。20世纪80年代以来,国际社会开展了对"未来城市"的研究,以寻求可持续发展的人类聚居形式,其中关于"生态城市"的研究占有重要地位。人类在城市建设活动中,谋求自然生态、社会经济生态和历史文化生态的综合动态发展,这标志着人类正迈入"生态时代"。城市生态化就是维护城市生态系统的稳定,实现城市自然—经济—社会的协调发展。这里"生态化"已不再单纯是生物学的含义,而是综合、整体的概念。城市生态化发展模式包括自然生态化、社会生态化、经济生态化等内容。在三者的关系中,自然生态化是基础,经济生态化是条件,社会生态化是目的。

生态城市是人类生态价值取向的结果,是未来城市发展的必然趋向,是可持续的城市发展模式。生态城市的规划和建设应遵循自然生态规律与社会发展规律。以可持续发展为目标,以生态学为基础,以人与自然、人与人、人与社会的和谐为核心,以现代科学技术为手段,综合协调城市及其所在区域的自然、经济、社会系统,建设健康、高效、文明、舒适、可持续发展的城市。

不过,一旦我们强调城市社会学的研究对象是城市社会的构成与发展规律,而非城市经济、空间组织或生态系统的规律性,我们就会从研究对象的角度厘清城市社会学与城市经济学、城市空间结构等相关学科的区别。这也是我们把城市社会的构成与发展规律作为城市社会学研究对象的原因之一[①]。更加重要的是,当代中国城市社会学要以推进当代中国社会转型,服务于建设中国特色社会主义,促进城市社会协调发展、良性运行为宗旨。这就要求我们从当代城市发展的基本要求与社会学学科性质相结合的角度出发,综合考虑当代中国城市社会学的研究对象。当代城市是越来越复杂的社会系统,这个系统内部各要素之间的相互联系比以往任何时候都更加紧密,这个系统内部各部分之间的相互作用比以往任何时候都更加明显。在这种情况下,不管是认识哪种城市现象、解决哪种城市问题,都必须充分认识城市社会整体的性质和特点,把握城市社会的构成与发展规律。如果不清楚城市社会系统的内在结构与发展规律,不清楚城市社会各要素之间的相互联系、相互作用,就难以科学地认识城市社会的任何局部问题,对于局部现象的研究结论只有经过综合研究的转换才能直接应用于解决问题的实践。

因此,开展对城市社会的综合研究,揭示城市社会系统的内在结构和各要素间的相互联系与变化规律,是当代城市发展对城市社会学提出的迫切要求。但是,由于学科性质的限制,城市经济学、城市地理学等单一性学科只能就城市的经济现象、经济

---

① 唐忠新. 城市社会学的研究对象和内容框架刍议 [J]. 天津社会科学, 2002 (5).

系统或者城市的空间组织结构等某一方面做深入研究。城市社会学则可以发挥社会学的综合性的学科优势，不是专注于城市某一方面的研究，而是回应时代提出的综合研究城市社会的迫切要求，系统揭示城市社会的构成与发展规律，这是城市社会学为现实服务的一个途径。从这个意义上说，当代中国城市社会学有必要把研究对象定位于城市社会的构成与发展规律。

三、城市社会学的研究内容

城市社会学的兴起，基于社会的城市化进程。社会的城市化进程，改变了社会的存在方式和社会的基本结构：在前城市化阶段，城市只是镶嵌在自然世界和农村世界之中闪烁的点点星光，城市是自然之子，农村是城市之母。现代人类所开启的城市化进程，从根本上改变了城市的存在位态，但首先改变了自然和农村：城市化进程创造出一个城市世界，它将城市从自然世界和农村世界中剥离出来，使农村和自然成为城市的附庸，并激励人们真正走出自然，归依城市；城市成为世界的中心、社会的中心、人类存在和生存的中心。更重要的是，这一剥离过程使城市深刻地影响了人类。正有如斯宾格勒所言："人类所有的伟大文化都是由城市产生的……世界的历史就是城市人类的历史。民族、国家、政治和宗教，所有的艺术以及所有的科学，无一不立足这一人类生存的基本现象：城市。"① 城市的如此巨变，既使城市社会学成为认识它的重要方式，更使城市社会学必然成为引导城市矫正自己、健康发展的智慧之源。

（一）城市社会学的基本任务和传统

城市社会学研究的方向，是对城市发展的历史及现实状况予以整体诊断，为城市恢复其本性而提供整体动力学，为局部动力学实现向整体动力学回归提供认知、知识、思想、智慧和方法。为此，城市社会学研究应该肩负两个基本任务②。

首要任务是，城市社会学应该具备实践的理性姿态，深刻地反思纷繁混杂境况下的城市状况，揭示城市野性发展的动机、社会特征和非理性方式。

另一任务是，城市社会学应在深刻反思和整体把握城市野性发展状况的基础上，探讨城市恢复自身本性、健康发展之社会学机制、规律、原则、知识、方法，以及如何恢复城市理性的社会方案、途径与方式。这要求城市社会学研究关注如下基本内容。

第一，重新审查城市的本性，包括城市的自然本性和环境本性，城市的社会本性和文化本性，城市的政治、经济、科技、教育本性。

第二，必须关注城市伦理，包括城市的自然伦理和城市的社会伦理。

---

① 格利高里，厄里. 社会关系与空间结构 [M]. 谢礼贤，等译. 北京：北京师范大学出版社，2011.
② 唐代兴. 城市社会学研究需要何种理论基础 [J]. 天府新论，2007（2）.

第三，严肃探讨城市经济、城市政治、城市文化之间的相互嵌含规律，并在此基础上探讨城市政治、城市经济、城市文化与社会、环境、自然的相互嵌含规律。

第四，深入研究城市、社会、人和城市、环境、自然之共生规律。

第五，系统地研究城市如何才能理性、节制、有限度地发展，怎样才可在其发展中实现平等、尊重、道德，引导城市居民学会简朴、感恩、敬畏。

既然城市社会学是从"个人—社会"关系这一社会学的基本问题出发，那么就可运用社会学的理论范畴和研究方法来系统分析城市社会的构成与发展规律。通过多数学者实际关注的问题不难发现，城市社会学中存在着稳定的传统和一致的核心问题[①]。

从城市社会学家的工作中可以看到第一个传统："空间"的关注，这是其他社会学分支所没有重视的。并非城市社会学是研究空间的，而是城市社会学在分析社会现象时，经常将其置于空间的视野。例如社会分层是社会学学科独有的研究领域，城市社会学也关注这个问题，从空间和区位的角度来研究社会分层则是城市社会学特有的。

从城市社会学家的工作中可以看到第二个传统：把城市看作一种新型的生活形态，研究基本的城市生活共同体形式（如家庭、邻里、朋辈群体、社区、种族、阶层等）是如何伴随着城市化进程而发生适应和冲突，以及这些适应和冲突是如何在空间中展现的。

（二）城市社会学的基本内容框架

学者蔡禾认为，从以上两个传统出发，城市社会学的核心问题基本上是一致的，即人类群体生活与都市环境的关系。具体而言，城市社会学的基本内容框架可以归纳为四个相互关联的板块[②]。

1. 关于城市居民或城市人研究

根据马克思主义的观点，城市社会是城市居民或城市人相互作用的产物。城市居民是城市社会的主体，研究城市社会的构成可以从研究城市居民或城市人出发。然而，作为城市社会主体的城市居民并非生物学意义上的抽象物，"在其现实性上，它是一切社会关系的总和"。若用社会学语言表述，它是一系列社会地位和社会角色的总和。因此，可以围绕城市居民的社会地位和社会角色来开展对于城市人的社会学研究。这方面主要包括以下内容。

研究城市居民的社会地位和社会角色的形成过程——城市人的社会化过程。经由这一过程，个体的生物人成长为合格的社会成员，城市社会体系得以维持和发展，城市居民的个性得以形成和完善。面对我国城市发展的客观实际，目前和今后一个时期，除了研究城市人的社会化的一般过程之外，很有必要深入研究随着科技更新、城市发

---

① 蔡禾.城市社会学[M].北京：人民出版社，2011.
② 以下内容参考唐忠新.城市社会学的研究对象和内容框架刍议[J].天津社会科学，2002（5）.

展不断更迭出现的各种新兴人群和城市居民的继续社会化等问题。

研究城市人的社会地位和社会角色的表现形式——生活方式。城市居民的生活方式是其生活和活动的总和，也是他们的社会地位和社会角色的表现形式。这方面研究应力图揭示当代中国城市居民职业身份、消费生活、人际交往和精神状态等方面的总体状况及主要特征；不同地区、不同阶层的城市居民的生活方式的差异状况及其原因；我国城市生活方式的发展目标与实现途径；等等。

研究城市人的社会地位和社会角色的功能单位——群体、组织。群体、组织不仅是城市人的角色活动的结果，而且是他们的社会地位、社会角色得以实现的必要条件。只有在群体、组织活动中，城市居民的社会地位和社会角色才能表现出来。因此，城市群体和组织是城市人的社会地位和社会角色的功能单位或基本载体。当代中国城市社会学除了从总体上概括、分析城市群体和组织外，还要把研究重点放在以下几个方面。一是家庭研究。家庭是社会的细胞，也是城市居民的社会地位、社会角色的最基本的功能单位。二是"工作单位"研究。城市居民就业于其中的工作单位是他们的职业地位和职业角色的主要载体，也是颇具中国特色的社会组织。三是关于非政府组织或民间组织的研究。伴随着市场经济和现代化的发展，这类组织对城市居民和城市社会的作用越来越大，发达国家已将其称为"第三部门"，与政府组织、营利组织（企业）相提并论。

研究城市人的社会地位和社会角色的纵向结构及其变动——社会分层与社会流动。这既是当今中国城市最为突出的现象之一，又是社会学研究的重要领域。这方面研究的重点：一是分层标准及其量化指标；二是基本阶层结构和各阶层的总体状况、主要特征、价值取向等；三是各阶层间的相互关系，包括关系的状况、关系的性质和变化趋势等；四是关于弱势阶层（群体）的研究，尤其是对下岗人员、失业人员等新贫困阶层的研究；五是关于城市居民的社会流动研究，包括：流动规模和趋势，流动原因和功能，水平流动和垂直流动，一生中的流动和代际流动，结构性流动和自由流动等。

2. 关于城市社区研究

社区是社会学的基本范畴之一，关于这个范畴的含义，学者们有着不同理解。但是，多数社会学者认同社区是地域性的社会生活"共同体"这一基本定义。由此出发，城市社会学应该把一个具体的城市社区看作是一定地域内的城市居民的各种活动、各种关系的有机结合体，看作是城市社会的缩影和城市社会的具体表现形式。在此基础上，关于城市社区的研究至少包括下述几个方面内容。

城市社区的形成与扩张过程。城市或城市社区并不是从来就有的，它是农村城市化的产物。广义的农村城市化可以追溯到世界上第一批城市产生时期，因为那些城市是在农业和农村发展的基础上形成的。到了近代，由于两次工业革命的推动，世界城市社区大规模扩张。目前，我国正处在城市化快速发展阶段的开端。为适应这个阶段城市化发展的需要，当代中国城市社会学将农村城市化问题的研究重点放在以下几个方面：一是从理论上阐述分析城市化的客观必然性；二是着力探讨当代中国城市化的发展模式和实现途径；三是认真研究国际城市化的经验教训，服务于我国城市化实践。

城市社区的类型构成及其比较。由于各社区的要素、内容及结合方式存在着这样或那样的差别，从而形成了不同类型的城市社区。城市社会学要根据社区的本质属性和显著特征，对城市社区进行多元划分。例如，按主要功能、规模大小、形成方式、结构完整程度等不同要素，从不同角度来划分城市社区的类型构成。在此基础上，深入对不同类型的城市社区进行比较研究。

城市社区建设。这是当前社会转型时期我国城市工作的重要基础，也是当代中国城市社会学研究的重要内容之一。其研究重点：一是结合市场经济发展，"单位体制"衰落，从理论上揭示社区建设的客观必然性和社区建设在21世纪中国城市社会整合中的基础作用；二是运用社会学的理论成果，借鉴国外社区发展的先进理念，结合中国国情，深入探讨具有中国特色的社区建设的含义、特征、基本原则和操作方式；三是系统研究社区建设的主要内容，包括社区服务、社区组织建设、社区文化、社区环境、社区卫生、社区治安等方面，以及它们之间的内在关系；四是研究社区建设的发展趋势和运行机制，包括构建"小政府、大社会"的管理模式，发展社区居民自治，培育社区民间组织，建立和完善大众参与机制等。

3. 关于城市社会体系研究

作为城市社会主体的城市人的一系列角色活动及其结果在特定地域内的结合，构成了具体的城市社区，而多元城市社区的结合构成了城市社会这一开放性的社会系统。按照这样的逻辑，以个人和社会之间的关系为基本问题，以城市社会的构成与发展规律为研究对象的城市社会学，在揭示城市人和城市社区特征的基础上，理应对城市社会体系进行总体概括和分析。这部分主要包括以下内容。

阐述和分析城市社会是一个有机的社会系统。这个社会系统，若从主体与客体的角度分析，是"人、自然、文化"的有机统一体；若从地域共同体的角度分析，是多类社区的有机结合体；若从历史演进的角度分析，是古代城市、近代城市、现代城市依次更替的社会有机体。

揭示城市社会系统的主要特征。在整体社会系统中，城市有别于农村，城市社会系统的主要特征至少包括：就经济而言，它是直接奠定在二、三产业的基础上的，城市劳动者以从事二、三产业为主要职业和主要谋生方式，并由此促成了城市经济的空间集中性。就人口而言，城市社会的人口密度大，人口聚居的规模大，人口结构的异质化程度较高。就社会组织而言，现代城市的社会组织体系相当复杂，科层制组织十分普遍。就文化和生活方式而言，现代城市的生活水平和生活质量较高，精神文化生活比较丰富，生活节奏快，人际交往中的感情色彩淡薄，契约化特征明显。

分析城市社会在整体社会系统中的地位、作用。城市社会是整体社会系统中的一个子系统，它在整体社会历史演进的不同时期具有不同的地位、作用。当代中国城市是整个社会的经济中心，发挥着带动国民经济快速发展的作用；是整个社会的政治中心，发挥着管理全社会的作用；是整个社会的文化中心，发挥着促进整个社会精神文明建设的作用。

分析城市与农村的关系。城市社会自形成之日起就具有开放的本质特征，尤其是当代中国城市社会的发展在很大程度上受农村社会的影响、制约。因此，城市社会学有必要研究城乡关系问题。当然，这种研究并非囊括城乡关系的全部，而是侧重于分析城市社会在哪些方面、在多大程度上受农村社会发展状况的制约、影响，目的在于揭示城市社会发展的外部条件。

4. 关于城市社会发展研究

以揭示城市社会发展规律，促进城市社会良性运行为己任的当代中国城市社会学，自然应该把研究城市社会发展问题作为基本内容之一。这部分研究至少包括以下内容。

城市社会发展的基本原则和评估指标体系。当代城市社会发展首先要树立"以人为本"的发展理念，以促进人的全面发展。同时还要强调经济、政治、文化诸方面协调发展、可持续发展和整个社会全面进步。依据这些基本原则，城市社会学者要把设计出科学、可行的城市社会发展的评估指标体系作为自己的重要任务之一。

城市社会发展的动力系统。为了促进城市社会发展，城市社会学有必要分析哪些因素是城市发展的动力，以及它们的贡献程度。这在传统社会学研究中是一个薄弱环节。当代中国城市社会学要以历史唯物主义为指导，结合新的科技革命和中国国情，系统研究城市社会发展的动力问题，揭示生产力发展、经济体制改革、科技、教育、政治民主化和政治体制改革、文化传播以及创新等因素对社会发展的推动作用，分析这些因素相互作用构成的动力系统。

城市社会发展的阻碍因素：社会问题。研究城市社会问题是城市社会学的突出任务之一。由于社会问题对人类具有危害性，阻碍着广大社会成员的正常生活乃至社会进步，我们将其视作城市社会发展的阻碍因素。当代中国城市社会学，一方面要比较系统地描述、揭示我国城市现阶段存在的各种社会问题的具体表现及其后果，分析它们产生的主要原因；另一方面要积极、认真地探讨解决各种社会问题的对策措施，帮助党和政府把社会问题对社会发展的阻碍作用降到最低程度。

城市社会发展的保障机制：社会控制、社会保障与社会工作。社会学意义上的社会控制是指社会组织体系运用社会规范以及与之相应的手段、方式，对社会成员的社会行为实施调节和约束的过程。社会保障是国家通过立法积极动员社会各方面力量，保证各类弱势群体的成员维持基本生活，并逐步提高公共福利水平，提高国民生活质量的制度。社会工作则指社会工作者运用科学方法帮助弱势成员、群体和社区解决困难，预防问题发生，恢复、改善和发展其功能，以适应正常社会生活的服务活动。由此可见，它们都是社会的"安全网""稳定器"，它们都是社会有序运行的保证，它们的有机结合构成了社会发展的保障机制。城市社会学要把研究城市社会控制、社会保障和社会工作作为重要内容，这也属于社会学的传统研究领域。

上述四大板块的相互联系构成了城市社会学的基本内容体系。但从整个学科建设的角度来看，这门学科的内容还应该包括城市社会学的研究方法、城市社会学学说史、城市文化、城市地理等方面。

（三）城市社会学面临的新问题

随着时间的推移，城市社会学面临一些挑战。这些挑战主要来自宏观社会发展趋势与其特有的空间模式的交织，这些趋势包括：全球化和新的信息技术的涌现，跨国和跨地区动态的增强，以及社会文化多样性的逐渐增加，在空间上形成的物质化场所使城市和大都市区成为研究的对象。城市是这些趋势以独特而复杂的方式相互作用的场所，而这种相互作用几乎是不可能在其他环境中发生的。对于城市及其理论研究来说，每一种趋势都有着特定的发展条件、内容和结果。因而，正如当初城市在社会学的起源中所发挥的作用一样，城市再次成为研究宏观社会趋势演变的重要窗口①。城市社会学能否应对这些挑战，能否再次为理解这些宏观转型提供一些有力的分析工具，便形成了城市社会学研究的新问题。

第一个问题，全球化和信息化对未来城市中心性的影响。在发达的经济体系中，面对强大的促进区域、国家甚至全球尺度的地理分散和系统整合的新组织形式和技术，今天的中心城市仅仅是中心性的一种表达形式。如今，从新的跨国城市网络到电子空间，都成为构建中心性的重要空间。现在，我们无法再简单地根据城市中心的总部塔楼和公司文化来考量国际商务和金融中心。主要城市的国际性特征不仅依赖于通信基础设施和外国公司的数量，还取决于就业者和其他人员所处的多样性的文化环境。今天的主要城市一定程度上是后殖民主义的空间，同时也承载着后殖民话语形成的条件。

第二个问题，新的跨国政治格局。城市是新政治运作的场所，城市也是资本全球化冲突的场所。考量这一依托于城市的战略性跨国空间所蕴含的政治含义，途径之一是从新的空间诉求的形成来入手。新诉求的形成对于主要城市日益增长的跨国政治活动有两个方面的含义：一是不同群体间尖锐甚至有可能更加尖锐的诉求表达的差异，突出体现在国际商务人员和大量的低收入的"其他"群体——移民、妇女和有色人种——之间；二是两种类型的诉求和诉求者中逐渐增加的跨国元素，这意味着政治的冲突根植于地方，但却具有跨国的属性。

第三个问题，全球化及其城市景观印记。借由公司经济和新的跨国公司文化，经

---

① 萨森.世纪之交的城市社会学新前沿［J］.朱力，杨逸，译.国际城市规划，2011（2）.

济全球化通常体现在城市的景观上。通过移民，原本高度地方性的文化开始在许多大城市、在那些被精英们认为是超越任何地方城市的国际性大都市中纷纷涌现。来自世界各地的根植于某个国家或村落的地方文化，在诸如纽约、洛杉矶、巴黎、伦敦和东京等城市再地域化。建筑的空间状态也可以被视为更大空间组织中的一个特定的组成部分。在此基础上，进而可以认为经济的结构、空间状态和具体区位也同样具有影响力。以这样的形式，城市成为一种"作用于主体身体的"活跃的力量。城市化的身体被打下了城市中诸多社会文化环境的印记，同时又反作用于它们。

这三个城市社会学所面临的主要挑战，并不涵盖社会状况的全貌。相反地，大多数社会现实可能仍是循着旧有的、我们熟悉的趋势发展。这也是为何城市社会学的很多传统和经典的研究方向依旧是该学科的核心。此外，城市社会学并没有很好地致力于研究上述三方面趋势的特征及结果的重要原因是：在城市层面研究这些问题所需的最新数据难以获得。①

第二节　城市社会学的理论发展

一、古典城市社会学理论

城市的出现和发展是社会发展的必然产物，是社会分工的结果。当然随着城市的迅速发展，也出现了大量的城市社会问题，如居民住宅紧张、交通拥挤、犯罪率上升、失业等。这些问题的出现引起了社会的广泛关注，同样也引起了古典社会学家的浓厚兴趣，他们尝试运用有关社会学的理论和方法，展开对城市和城市问题的研究。

（一）孔德和斯宾塞关于城市的研究

19世纪中叶到19世纪末是西方社会学的创立时期。孔德和斯宾塞是公认的西方社会学的奠基人。他们不仅开创了社会学这一学科，而且他们的社会学思想对后来社会学的发展产生了深刻的影响。西方社会学诞生的背景是18世纪的法国政治革命和英国的产业革命这两大革命。可以说社会学的兴起实源于近代城市化运动，所以在孔德和斯宾塞的社会学思想中，也蕴含关于城市的研究，他们从宏观社会的角度，分析了城市社会的特征和发展的意义。后来的城市社会学流派如人类生态学等，都受到了孔德和斯宾塞社会学思想的影响。

孔德深受C. R. 达尔文进化论和18世纪法国启蒙思想家关于"意志支配世界"思

---

① 萨森. 世纪之交的城市社会学新前沿[J]. 朱力, 杨逸, 译. 国际城市规划, 2011（2）.

想的影响。他从秩序—进步观念出发，把人类知识的发展划分为神学、形而上学和实证科学三个阶段。工业社会就是人类社会进入实证科学阶段，也称资本主义社会或实证社会。工业社会的主要特征是城市化加速促进了城市工业的迅速发展。工业城市的主要标志有：工业是科学的劳动组织形式，生产目的是获得最大的效益；在工厂里，工人和资本家之间存在着潜在和公开的矛盾和对立。孔德认为影响人类社会向实证社会前进的因素包括死亡、人口、种族、气候、道德价值等。后来的城市生态学派，继承和发展了他的理论和方法，并形成了城市生态学理论。

受进化论影响的斯宾塞则主张社会有机体论。社会从同质性向异质性、从强制性合作向自愿性合作、从军事组织向工业组织、从农业社会向城市社会发展。他指出农业社会的社会关系是同质性的，而城市社会的社会关系则是异质性的。

（二）滕尼斯的思想中蕴含着城市社会学的端倪

1887年，滕尼斯出版了代表作《礼俗社会与法理社会》，他将人类社会抽象地分成了两种相互对立的类型：以农村为代表的礼俗社会和以城市为代表的法理社会。他着重分析了这两种社会类型的特征，并进行了比较分析。他认为在礼俗社会中，亲属关系、邻里关系、朋友关系等自然的社会关系支配一切，情感主义、传统主义使人们具有强烈的认同感。而在法理社会，城市生活的主要特点是"分崩离析、肆无忌惮的个人主义和自私自利，甚至相互对立"。在社会结构上，他认为礼俗社会是个有机的整体，而法理社会只不过是一种机械的组合而已，他认为农村向城市的过渡是不可逆转的历史潮流。

（三）迪尔凯姆关于城市社会的学说

和滕尼斯相反，迪尔凯姆认为农业社会是一种机械的组织，城市社会则是有机的组织。他在代表作《社会分工论》中指出，分工是城市的重要特征，是建立新型社会聚合力的基础。他认为在传统的农业社会里，人与人之间的联系是建立在共同的信仰和习惯、共同的意识和标志基础上的，人们有着强烈的集体意识。在城市的社会关系中，原有的集体意识被削弱了，个体的意志得到了充分的体现，城市社会是整合在功能层面上的。其思想对人文区位学派有着重要的影响。

（四）齐美尔[①]的城市社会心理的思想

齐美尔的主要社会学思想即"形式社会学"，他认为"社会只不过是相互作用的群体的名称"，实际上根本就不存在。人们的相互作用及其形式，构成社会学的主要研究对象。从这一理论视角出发，他对现代城市社会生活进行了深入研究。齐美尔用

---

① 在欧洲传统学术思想中，齐美尔对美国城市社会学的影响最直接、最有力；芝加哥学派的创始人帕克就师从齐美尔。

规模、分工和货币经济三个社会学独立变量解释了大都市社会关系及其精神生活的特点;指出在现代城市社会中,人们精神生活的特点:复杂与世故、理智、时间观念强、具有标新立异的冲动和漠然的态度等。他的"城市是罪恶之源"这句话虽然失之合理,但也反映了当时西方城市生活的一个侧面。他指出现代生活最深刻的问题是:个人在面对都市中汹涌的各种力量、传统、文化和科技时,如何保持其存在的自主性和个体性。他集中对社会互动模式进行描写,对都市人的处世心态、社会分层以及与之相应的文化心理现象(审美主义)进行社会学分析。齐美尔的城市社会心理的思想,直接影响了后来的城市决定论,也将城市研究推向另一个方向和高度。

(五)韦伯相对系统的城市研究

德国社会学家马克斯·韦伯(Max Weber)于1920年发表的《论城市》一书,对东方和西方历史上的城市进行了详尽的比较分析后提出了"理想型的完全城市类型"。在韦伯看来,完全城市应具有贸易、军事、法律、社交、政治等功能。在对城市的比较研究中,他进一步分析了城市与政治、经济、文化的密切关系。应该说韦伯对城市的研究具有相对系统性,使得城市研究进入一个新的阶段。

二、近现代城市社会学理论

纵观社会学理论的历史,解释城市发展的思维大体可以分为两种:一是从生产的观点来研究消费与居住,二是从人力资本的视角来分析工作与就业。这两种理论视角及其所形成的理论对工业社会的城市发展作出了贡献。其中,代表学者有亚当·斯密(Adam Smith)、卡尔·马克思(Karl Marx)、阿尔弗雷德·马歇尔(Alfred Marshall)等。他们把土地、劳动、资本和管理作为生产要素,来解释城市发展,这些构成了城市社会学理论最初的解释范式[1],并形成了芝加哥学派、人文区位学和城市空间的社会结构等。

(一)芝加哥学派[2]

城市社会学是工业化、城市化的产物。19世纪末20世纪初,美国从农业社会向城市社会过渡,进入迅速工业化和城市高速发展时期,大量农民和移民涌进城市,使得急剧膨胀的城市人口与城市容量之间矛盾十分突出,形形色色的社会问题由此产生,社会失序程度相当严重。城市社会学诞生于20世纪二三十年代的美国,基于当时的社会现实,早期城市社会学家的确十分关注城市社会问题的调查研究,这使后来的某些学者以为城市社会学从一开始就是以城市社会问题为研究对象的,美国的城市

---

[1] 吴军.城市社会学研究前沿:场景理论述评[J].社会学评论,2014(4).
[2] 芝加哥学派是对以美国芝加哥大学社会学系为代表的几代学者及其社会学研究学术思想的统称。

社会问题触发了芝加哥学派对于城市的研究。

芝加哥学派第一代学人、社会学家斯莫尔于1893年在芝加哥大学创建了美国历史上第一个社会学系；芝加哥学派第二代学人罗伯特·帕克在芝加哥大学社会学系又建立了世界上第一个城市研究中心，对城市进行系统的研究，芝加哥大学社会学系也因此成为城市社会学研究的基地。以帕克为首的芝加哥学派一方面继承了欧洲古典社会学的研究传统；另一方面，其又以更具社会学特征的研究方法，不断开拓和深化了社会学的研究领域和内容，从而不仅奠定了社会学在美国的地位，也使城市社会学从社会学这一母体中分离出来。在城市社区这个范畴，帕克把自己的学说称为"从动物和植物中分化出来的人类生态学"。以帕克为代表的芝加哥学派第二代学人所创立的城市人类生态学理论才真正代表了芝加哥城市社会学派理论。在新城市社会学理论出现以前，人类生态学基本上统治着城市社会学研究，是主流的社会学理论和研究范式。

帕克一生最重要的贡献是他创造了人类生态学。城市分析只是人类生态学的一个分支，可以分别从生物的（biotic）、空间的（spatial）、文化的（cultural）三个向度来看帕克的城市分析。首先，城市是一个生物的过程。与齐美尔将货币经济视为都市过程的主要动力的观点不同，帕克把城市看作一个有机体。生态学讲动植物在资源有限的自然环境中如何生存的问题，帕克理论的来源之一是达尔文的进化论——植物和动物在自然环境中为了生存和争夺资源而发生的淘汰、适应与进化。城市的发展过程如同一切生物为生存而去适应和改变环境的生态过程，核心是对城市有限资源的"争夺"，争夺导致各种支配形式，并促成高度复杂的劳动分工，从而形成特定的组织形式。其次，城市是一个空间改变和重组的过程。城市从中心向外扩张，显示了城市的机体扩展；在扩展的过程中分化，形成了不同的自然区域。所谓自然区域，正是帕克和芝加哥学派的其他学者提出的作为城市基本组织单位的"社区"。最后，城市是一个文化的过程。虽然帕克在分析都市及都市人时处处类比生物学，但它坚持认为人与其他生物有着某些重要区别，因而他的理论形式是"人类生态学"而非一般"生态学"。沿着这条思路，帕克的几代学生不懈努力，取得一系列成果，最终形成了蔚为大观的芝加哥学派理论。

如果说帕克提出了人类生态学的概念和基本设想，那么R. D. 麦肯齐（R. D. Mckenzie）则进一步明确了人类生态学的界定方法，他指出生态学的定义不能充分包括人类生态理论领域中必然包含的全部因素。麦肯齐把人类生态学认定为"研究人类在其环境选择力、分配力和调节力的影响作用下所形成的在空间和时间上的联系的科学"。麦肯齐认为，城市人口流动和空间布局是竞争和选择的结果，因此竞争和共生是城市人类生态学的基本原则。通过对芝加哥城市社区的研究，他发现城市空间变化包括浓缩和离散、集中和分散、融合和隔离、侵入和接替等生态过程。浓缩和离散说明既定区域内同类人口和机构的数量增加和减少的趋势；集中和分散说明相同职能的机构的聚集和分散的趋势；融合和隔离指人口和机构趋向同质性地区，而又彼此分离；侵入和接替指一个群体进入另一个群体地区和取代该群体的过程。可以说正是麦肯齐引进了更多的生态学概念，从而把城市人类生态学向前推进了一大步，为进行经验研究提供了必要的概念。

（二）人文区位学的理论和方法

进一步探究不难发现，早期城市社会学家并未停留在简单描述城市社会问题的层面，而主要运用人文区位学的理论和方法，力图从城市社会的构成和发展规律中寻找城市社会问题的形成原因和解决途径。欧内斯特·伯吉斯（Ernest W. Burgess）提出的"同心圆理论"、霍伊特提出的"扇形理论"、哈里斯等人提出的"多核心理论"等，都是对于城市社会的构成和发展规律的探讨，只是这种探讨过分侧重于城市社会的空间结构及其变化，显然不够全面，势必引发一系列批评和修正。

伯吉斯是芝加哥大学社会学系教授，帕克的学生。在其漫长而富有成果的学术生涯中，《城市发展》（*The Growth of the City*）这本著作是伯吉斯对城市研究最负盛名、最重要的贡献之一。如果说帕克和麦肯齐的研究主要是开拓理论，那么帕克的学生伯吉斯则是运用他们的理论研究城市的发展过程。伯吉斯是第一个运用人类生态学理论来建立有关城市发展和空间组织模型的学者，他将芝加哥城作为分析对象，构造了一个有关城市生态的同心圆模型，它既是芝加哥城市形态的一张地图，也是城市扩展动态过程的一个理论图。

在伯吉斯看来，每个城市都有它的生态布局，这个布局按照同心圆的格局组织起来：由不同的环状地带组织起来。作为整个生态布局中心的是同心圆最内核地带——中心城市——一般是城市的中心商业区。中心地区的优势地理位置带来了竞争，并使这一地区的土地价格上升，一般部门难以承受这里的高地价，所以人们在中心商业区看到的往往是百货商场、银行、高层商务中心等。紧靠中心商业区的过渡地带有许多商业团体、轻工制造业团体以及主要由移民、平民、游民组成的居住区。第二圈是中心城市外围的过渡区，通常是贫民窟或"退化地区"，基本是一个没落的、人口日渐稀少的地区。第三圈是内层郊区，在过渡区的外围，是蓝领中产阶级居住区或工人住宅区。居住在这个地区的居民有一个基本特征：他们一般为第二代移民，是从过渡区迁移出来的。这个地区的房屋一般较陈旧、简陋，但由于它们的位置接近工厂和中心城区，往返方便，交通费用远比住在郊区便宜。对于居住在过渡区的人们来说，向第三圈迁移是社会经济地位上升的标志。第四圈是中层郊区，也称为高级住宅区，以白领工人、职员、小商人为主，他们居住在一些比较高级的公寓里。第五圈称为往返区，是外层郊区与城乡接合部，中上层社会人士的郊外住宅坐落在这里。另外还有一些小型卫星城，住在这里的人大多数往返于市中心和居住地。同心圆的生态布局清楚地说明了城市扩展的主要方式，即内层的每一个地带向相邻的外层地带入侵（invasion），扩展自己的地盘，最后达到替代或继承（succession）目的；城市在竞争和共生的作用下，呈现出从中心向外扩散的圈层结构。显然，城市的这种同心圆结构也反映了城市的政治经济关系。

伯吉斯的城市发展同心圆模型启发了后来的研究，也遭到了批评。房地产经济学家霍伊特认为城市空间并不是按同心圆模式扩展的，而是由不同经济活动集中构成不均匀的扇形区域，并沿着交通线由中心向外扩展，这也称为"扇形说"。地理学家哈里斯和乌尔曼则提出"多核心模型"，认为城市是围绕多个而非一个经济活动中心发展的。但这些批评并不妨碍伯吉斯研究广泛而长久的影响。后来许多城市社会学家的工作都受惠于伯吉斯，如芒福德的城市戏剧和雅各布的街头芭蕾理论，在核心上就与伯吉斯的城市动力学彼此呼应。

（三）社会体系构成及其变化的角度

20世纪60年代欧美国家出现的"城市危机"使当时的社会学家意识到，城市问题并不仅仅由城市空间结构所决定，而且与经济结构、人口结构和制度安排等社会要素有密切关系。于是，当代西方城市社会学家更加注重从社会体系的构成及其变化的角度揭示城市现象和城市问题。例如，美国的路易斯·沃思（Louis Wirth）[1]抽离出城市的三个核心特征：人口规模（size）、人口密度（density）和人口异质性（heterogeneity），提出了人口组成论，主张通过分析城市人口结构（包括阶层结构、种族结构、家庭结构等）来认识城市社会问题。沃思认为，人口异质性的增大、人口规模的扩大和人口密度的提高三者综合作用决定了城市生活，有助于形成独特的"城市生活方式"或特有的"城市人格"。沃思把城市特有的生活方式叫作城市性。作为生活方式的城市性是由城市的基本特征所决定的，它包含了一系列社会和文化上的特质：一是存在复杂的社会分工，有各种各样的职业结构，形成不同的阶级、阶层；二是有较高的地域和社会流动性；三是人与人之间存在明显的功能依靠；四是人与人的交往具有匿名性，是角色之间的互动；五是社会、文化上的差异导致城市正式控制机构（比如法律系统）的发达[2]。

三、现当代城市社会学理论

20世纪50年代，以制造业为代表的工业城市兴起，城市不断向外扩张，大批人口涌入城市。有些学者认为，在解释城市发展的模式中应该加入人力资本要素，人力资本被看作是推动城市发展的重要因素。持这种观点的代表学者有芝加哥大学经济学教授西奥多·舒尔茨（Theodore Schultz）和社会学教授詹姆斯·科尔曼（James

---

[1] 沃思（1897—1952年）是美国芝加哥大学社会学系教授，帕克的学生，城市社会学"芝加哥学派"的成员。沃思认真分析和总结了以往城市社会学家的理论和观点，研究了城市社会学家积累的大量描述城市现象的材料，构建了系统的城市社会学理论。

[2] 夏建中. 新城市社会学的主要理论 [J]. 社会学研究，1998（4）.

Coleman）。他们认为，促进城市迅速扩张的重要原因已不是土地和资本存量的增加，而是人的技能与知识的提高和丰富。舒尔茨在美国经济学会第 73 届年会上阐释了人力资本概念，科尔曼在 1988 年《美国社会学期刊》上发表了《社会资本在人力资本创造中的作用》一文，标志着人力资本作为生产要素正式被纳入社会理论研究议程。而"新城市社会学"是 1981 年由美国社会学家 J. 沃顿提出来的，该学派产生的社会背景源自 20 世纪 60 年代欧美国家普遍出现的城市危机。

（一）新马克思主义城市社会学：城市的空间政治经济学

20 世纪 50 年代，为了弥补第二次世界大战的创伤与重建家园的强烈需求，福利资本主义成为主要资本主义国家主导的政策，该政策使产业飞速发展，带动了工业移民。在美国，大量的黑人从南部种植园移民到工业城市，大量移民冲击着传统的白人社区并形成了大量的城市工业贫民——被称为"必需的贫民窟"（necessary slum），这些城市中心贫民聚居区一方面为产业制造提供大量的廉价劳动力，另一方面也瓦解了原来的城市中心由中上层占据的局面，因此逃离城市中心区成为大多数白人中产阶级的选择。郊区化最早在美国和英国发生。

随着大城市中心区日益衰落，现代都市秩序开始在洛杉矶、纽约、墨西哥城等主要现代大都市街道上瓦解，出现了商业萎缩、失业严重、贫困加剧、治安混乱等一系列经济社会问题，并且城市中持续爆发社区居民抗议活动和城市骚乱。在此背景下，城市郊区化迅速兴起，20 世纪 60 年代以后，郊区化波及加拿大、澳大利亚和欧洲大陆。引发战后经济繁荣的现代福特主义生产方式——凯恩斯式的大都市、大规模的生产积聚、生活消费、社会福利和政府权力直接面临着都市秩序的解体与重构。面对大规模郊区化和大都市危机的社会景象，基于汽车消费文化的兴起、大都市的政治分裂、内城的持续衰退、强迫集中居住的种族隔离、变化中的劳资关系等局面，为取得更大社会公平的城市社会运动风起云涌，新马克思主义城市社会学得以兴起。

新马克思主义城市社会学派兴起于 20 世纪六七十年代，标志着马克思主义社会批判传统在城市分析中的复兴，再一次深刻而有力地为城市生活刻画上阶级的印记。新马克思主义城市社会学并不是一个统一的思想学说，而是由四个主题建构起来，即空间的生产（production of space）、对城市的权利（the right to the city）、集体消费（collective consumption）和都市社会运动（urban social movements）。

前两个主题由法国社会学家列斐伏尔（Lefebvre）引入。他最重要的贡献是提出了"空间是社会的产物"理论，将人们的关注点从"空间中事物的生产"转向"空间本身的生产"。他主张通过三种主要维度检验社会的空间特征："空间实践"、特定社会的"空间的表征"和"表征的空间"。列斐伏尔创立了分析广义空间和狭义城市的对应框架，为许多重视空间概念的学者的研究提供了一个崭新的视角，其中包括大卫·哈维（David Harvey）和马克·科特丁尔（Mark Gottdiener）。科特丁尔深入拓展了列斐伏尔的观点,强调指出:正是资本主义对空间永不休止的追逐和统治的本质造成了大都市内部区域空间分布的不平衡,以及大都市外围地区的不断产生和蔓延。新型住宅和商业社区的产生正是资本主义制度下的"空间生产"的结果,而最终使人们的生活架构模式在空间上受到束缚。大卫·哈维在1973年出版的 Social Justice and the City 一书中,从地理学主流的自由主义形式(第一部分)转到了一个公然的马克思主义视角(第二部分)。哈维把他的地理学和社会学想象力同时应用到对20世纪60年代产生都市危机后出现的现代大都市空间动力的分析中,把资本主义城市看作是一个在其本性上产生不平等的机器,即"都市系统的'正常运作'、作为一种生活方式的都市活动的每日惯例和特性,其本身都倾向于生产和再生产一种实际收入的带有退化性质的再分配,这种再分配一直以牺牲穷人的方式来使富人获利"。哈维试图将自由主义话语和普遍的社会正义原则推向极致,在从地理学向哲学转型中,将关注点放到"资本主义都市化进程"上,把先前关于社会正义、都市活动和空间的社会生产的讨论结合起来,探讨资本主义城市地理的实践和理论意义。

后两个批判性的主题由曼纽尔·卡斯特尔(Manuel Castells)担纲。20世纪60年代,卡斯特尔深受列斐伏尔、阿兰·杜兰和路易·阿尔都塞的影响,其学术价值取向在1970年经历了从结构主义向人文主义的巨大转向。他继承了传统马克思主义者的社会冲突论和社会运动论来解释城市过程,卡斯特尔创造性地把列斐伏尔关于空间的思想、杜兰的社会运动社会学和阿尔都塞的结构主义综合起来,并成为对芝加哥学派批判最强烈的学者。在随后出版的 The City and the Grassroots 一书中,卡斯特尔围绕着"集体消费"问题产生的社会运动的实践和理论意义,认为集体消费过程更适合于成为城市过程的主导力量,提供这种服务可以被看作是一种政治动员,引发旨在通过对集体消费现存模式的抗议来改善都市条件的都市社会运动,抗议成为人民与国家的主要关系。集体消费概念成为他以马克思主义分析框架重建城市社会学的核心依据,城市被重新界定为在资本积累与社会分配之间、国家控制与人民自主性之间矛盾和冲突的焦点。围绕着这些问题,他先后讨论了西班牙、美国旧金山的社区运动,环绕着集体消费、文化认同,以行动者的角度分析都市社会运动(urban social movement)——关注社区生活的控制和集体消费的需求——作为一种面对社会冲突和政治权力的新行动者(new actors)而出现。法国的曼纽尔·卡斯特尔用马克思主义社会结构观点来分析城市社会,在他看来,城市空间是社会结构的表现,而社会结构是由经济系统、政治系统和意识形态系统所组成的。英国的帕尔则从"城市是一种社会和空间体系"的理念出发,认为城市资源分配的不平等是造成城市社会冲突的根本原因。

(二)新韦伯学派城市社会学:城市经理学说与住房阶级

在承认社会批判范式的新马克思主义城市学者贡献的同时,大多数社会学家也没有否认创立社会释义范式的马克斯·韦伯。马克斯·韦伯的社会释义范式将个人及其社会行动视为基本的单位，认为个人才是有意义的行动的最高限度和唯一载体，而社会学的任务就是将诸如"国家""城市"和"社团"等概念一律简化为"可理解的行动"。在20世纪60年代，雷克斯（Rex）、帕尔（Paul）与摩尔（Moore）继承了韦伯解释社会学中关注个人社会行为的传统，开始了对住房租住权（house tenure）及住房阶级（house class）的研究，并将韦伯对官僚体系（bureaucracy）的经典研究引申到"城市经理"（urban managers）在分配资源方面扮演的角色等有关讨论中。正是对韦伯解释社会学、社会分层理论的应用与拓展，他们的城市社会研究与后来加入讨论的彼得·桑德斯（PeterSaunders），被统称为"新韦伯学派"（Neo Weberian）城市社会学。

在住房阶级与社会分层的讨论上，雷克斯与摩尔试图用人类生态学和韦伯的社会分层理论去分析本地区各个社会群体争夺住房资源的过程。他们发现不同社会群体在争取城市有限的住房资源时会分化成不同的社会阶层，各个社会群体会因为不同的背景而争取到不同的资源。雷克斯与摩尔认为，这个城市资源的争取过程，就像社会领域内的阶级斗争一样，住房关系则会建构出不同的住房阶级，住房阶级成为一个全新的视角来观察社会分层的状况，他们根据不同人群的住房处境划分了六种住房阶级。随后，桑德斯将住房阶级的讨论又向前推进一步，他认为，现代社会分层不是简单地分为资产阶级与无产阶级，而是像韦伯所说的基于人的市场状况，是否拥有住房、土地等划分为不同的阶级。在现代社会中，住房阶级越来越重要，甚至比基于职业划分更能准确地划分出现代社会的分层状况。

在雷克斯理论的基础上，帕尔则以"城市经理"的理论，进一步指出城市资源的分配不平等是造成社会冲突的根本原因。他借用韦伯理论指出，城市资源的分配并非完全取决于自由市场，部分资源通过政府的科层制架构进行分配。在分配的过程中，有很多城市中介（urban gatekeeper）或城市经理——例如住房事务经理、城市设计师、地产从业人员、社区工作者等影响资源分配。在经验研究的过程中，他始终围绕着两个重要的问题：①现代政府的科层制度对住房和城市资源分配有什么影响？②负责推行这些服务的官僚或"经理人"对城市资源分配有什么影响？正如韦伯所指出的，个人的行为并非完全受制于社会结构，帕尔认为这些科层制度内的经理人，也并非像机器中的一个零件完全听命于规章制度。他们有价值倾向和意识形态，各自争取推出自己的计划，或试图达到自己的目标，并对城市资源分配造成一定影响，这可能会强化或减弱现存的社会不平等。然而，随着社会的进一步发展，欧美主要资本主义国家开始从工业社会向后工业社会、从福特城市向后福特城市转化，因而"新城市社会学"风潮之后，城市社会学研究的主要内容也开始从传统"单体城市"的空间范围向更广泛的后福特城市形态扩展，并随着后福特生产的全球化进程与跨国分工体系的形成而逐步跨越"国家"边界。

（三）芝加哥学派的城市研究新范式：场景理论

1. 场景理论产生的社会背景

20世纪80年代末，随着后工业社会的来临，大批制造业从城市中心撤离，取而代之的是文化创意、休闲娱乐、高新技术和金融服务等新兴产业，城市形态开始由生产型向消费型转变。随着城市形态的转变，传统以生产为导向的社会理论已经不能完全解释城市发展，需要以消费为导向的一套新学术语体系来对后工业城市的发展进行诠释[①]。在这样的背景下，"场景理论"（scenes theory）应运而生，它以消费为导向、以生活娱乐设施为载体、以文化实践为表现形式，推动着经济增长、重塑后工业城市更新与发展路径。

由场景理论产生的背景可见，从20世纪80年代开始，美国和欧洲的大城市发生了显著的变化。一方面是城市人口数量与居住分布的变化，从最初人口向城市中心区聚集到中产阶级的郊区化，随之而来的是城市魅力下降，市中心活力衰竭，城市更新迟缓；另一方面是就业方式与就业领域发生了变化，去工业化与信息技术带来的产业结构调整，改变了劳动分工，城市居民生活方式也随之发生变化，最终促成城市人文理念的变革。这两个变化引发了许多新的城市社会问题和经济现象。人力资本理论对城市形态的解释趋向用生产的观点去解释消费和居住，用人力资本的视角来分析工作和就业。这样的理论解释虽然对旧的社会秩序和现象有着较强的解释力，但随着全球化、个体化、中产阶层化[②]和文化消费需求增长，一个以消费为主的城市形态开始出现，这些理论在认识社会现象方面就显得有点"捉襟见肘"。

2. 场景理论的要素和维度

"场景"包括五个要素[③]：①邻里（neighborhood），社区；②物质结构（physical structures），城市基础设施；③多样性人群，比如种族、阶级、性别和教育情况等（persons labeled by race，class，gender，education，etc.）；④前三个元素以及活动的组合（the specific combinations of these and activities）；⑤场景中所孕育的文化价值（legitimacy，theatricality and authenticity）。事实上，场景就是一种社会空间，是由各种消费实践所形成的具有符号意义的社会空间。个体在这里进行着消费实践，收获着由实践带来的情感体验，如愉悦或憎恶、漂亮或丑恶、正确或错误、真实或虚构等。场景理论的研究体系建立在客观结构和主观认识两大体系上：客观结构由被研究区域中的生活娱乐设施构成，通常将拥有大量商铺的城市区域称为商业区，将拥有大量工厂的城市区域称为工业区；场景理论中客观结构的概念类似于此，不过更为细化。比如，餐馆、

---

① CLARK T N. The city as an entertainment machine [M]. New York：JAI Press，2003.
② 中产阶层化（gentrification）是指一个旧区原本聚集低收入者，重建后地价及土地租金上升，引致较高收入者迁入，并取代低收入者。
③ CLARK T N. The theory of science [M]. Chicago：University of Chicago Press，2013.

咖啡馆、超市、体育馆、影院等生活娱乐设施的数量和规模。主观认识体系可以从文化价值观场景的"真实性""合法性"和"戏剧性"三个主维度捕捉各种消费实践的关键元素,并有 15 个次维度;同时,场景的每个维度都有设定的特有目标,该目标基于消费者对消费品位与价值特征的渴望与实践。

3. 作为新芝加哥学派城市研究新范式

场景理论中关于城市发展的理论主要探讨城市场景的功能及其对城市发展的作用,为我们认识城市形态提供新视角。它以消费为基础,以生活娱乐设施为载体,把空间看作是汇集各种消费符号的文化价值混合体。从这个层面来理解城市空间,已经完全超越物理意义,上升到社会实体层面。需要指出的是,场景理论不排斥以生产和人力资本为主建立起来的理论,它在承认二者功能的前提下,增加了消费的维度(从消费、生产和人力资本三者来解释城市社会)。在后工业社会里,它引导学者们进行理论视角的转移,即由生产转向消费,把不同社会符号或纽带(邻里关系、阶级、社区等)中的个体(居民与劳动者)看作消费者[1]。从城市社会结构研究视角来看,应从城市目前表现出来的社会问题来分析城市社会的未来发展方向;从城市经济可持续发展视角来看,需要研究并找到支持全民消费的可持续发展新路径。

持这种观点的学者有芝加哥大学社会学教授特里·克拉克(Terry Clark)、哈佛大学经济学教授爱华德·格莱泽(Edward Glaeser)、多伦多大学的理查德·佛罗里达(Richard Florida)和丹尼尔(Daniel Silver)等。格莱泽在对纽约市进行长达数十年的研究后写成了《城市的胜利》一书,他在书中指出:后工业城市的优势体现在吸引高素质人群的能力上,而这种吸引人才的元素不是传统理论所强调的经济性因素,而是城市所能提供的文化与生活方式[2]。于是,他把生活品质的塑造提上了城市研究的议程。佛罗里达把格莱泽论述的高素质人群称为"创意阶层"。他在《创意阶层的崛起》一书中强调,在城市去工业化(deindustrialization)过程中,创意阶层发挥着重要作用,因为它是城市更新的重要推动力、社区活力的重要源泉,该群体的区位选择代表着城市转型与发展的风向标[3]。创意人群指的是科学家、工程师、建筑师、设计师、研究员、艺术家、企业主、教师和记者等,其本质特征是"创造新理念、新知识、新服务和新产品"。创意人群作为产生创意的主体,不断涌现并飞速壮大,成为国家之间、城市之间争夺的重要资源。但问题的核心是:如何吸引创意阶层或高素质人群前来生活、工作和消费呢?新芝加哥学派领军人物特里·克拉克提出的"场景理论"对这个问题作出了回应。他们认为,场景就是解决城市如何吸引高级人力资本问题的一套学术语法体系。从这个意义出发,新芝加哥学派的城市研究把"场景"称为城市发展的新舵手、

---

[1] 吴军,夏建中.场景理论与城市发展[J].中国名城,2013(12).
[2] 格莱泽.城市的胜利[M].上海:上海社会科学院出版社,2012.
[3] 佛罗里达.创意阶层的崛起[M].北京:中信出版社,2010.

城市更新与转型的驱动力。

场景理论作为新芝加哥学派的城市研究新范式，把城市空间的研究从自然与社会属性层面拓展到区位文化消费的实践层面。场景理论研究的出发点在于：后工业社会里，个体空间行为动机凸显在个体对文化与价值观的诉求中。特定区域文化与价值观蕴藏在社区、建筑、人口、风俗和群体性活动中，并外化为生活娱乐设施的功能、种类、布局的总和"场景"；文化和价值观通过区域场景来反映和形塑着人们的空间行为动机与现代生活秩序。对纽约、洛杉矶、芝加哥、巴黎、东京和首尔等大城市进行研究发现，都市生活娱乐设施的不同组合，会形成不同的区位"场景"，不同的区位场景蕴含着特定文化和价值观因素；文化和价值观因素又吸引着不同群体，从而催生并形成高级人力资本与新兴产业的聚集效应，推动着城市更新与发展，这正是后工业城市发展的典型特点。

如果说研究者把生活必需品的组织形态演变成有意义的社会形式，如邻里或社区；把劳动的组织形态看作是更大社会形式的生产输出，如工厂、企业、工业园以及阶级等，那么，新芝加哥学派的目的是，用场景来把消费组织成有意义的社会形式。这种社会形式必须由专门的语法结构和学术词汇来表示，就如马克思对生产的研究一样，他不仅仅把生产看作生产实物，而且把其当作生产方式的社会组织来考察；同样，新芝加哥学派不仅把消费当作消费活动本身去研究，而且还着重研究消费的社会组织形态。

总之，从城市社会学的发展过程来看，无论是早期的芝加哥学派，还是当代新城市社会学派，抑或是新芝加哥学派，都从不同角度和不同社会问题入手来探讨、分析城市社会的构成与发展规律。因此，城市社会学的研究对象可界定为城市社会的构成与发展规律，这符合该学科形成的基本轨迹与基本范式。

第三节 中国城市社会学的发展

一、中国城市社会学研究的基础

中国城市社会学研究在西方城市社会学的理论和方法的基础上形成和演变，并和与城市有关的人类学、人口学、统计学、地理学、政治经济学等相关学科理论不断交融与发展。从19世纪90年代城市社会学的诞生和发展，城市社会学的研究发展大致经历了四个阶段。

1. 滥觞于人类生态学

城市社会学最初脱胎于人类学、生态学，更接近人类社会生态学的研究。鉴于欧洲思想家诸如韦伯、马克思和齐美尔等人将社会看作一个环境，芝加哥学派的社会学家避开对资本主义的研究，针对人类群体适应环境过程展开研究，将城市生活研究方法概念化为以生物学为基础的方法。因此，城市分析是人类生态学的一个分支，城市社会由发展的生物学法则而非经济法则主宰[1]。囿于人类学的研究方法，这一时期的社会学研究主要在城市社区层面开展。

2. 向城市生态学转变

研究工具革新带动了研究方法的改变，促成人类生态学彻底向城市生态学转变。20世纪50年代，随着计算机科学在人口统计学和地图制图学中的应用，人口普查和人口统计的区位模式已经发生改变，使数据来源、样本数量获得了根本性突破。因此，人类生态学家的研究不再被限制在城市社区的实地研究上，而能够收集整个城市层面的数据，并寻求建立城市和郊区居民的教育水平、收入以及就业地位这些因子之间的联系。20世纪五六十年代，在美国甚至全世界范围内都产生了大量相关研究，极大地加深了对于城市结构的理解。社会区域分析和作为定量分析的基础技术之一的因子生态学分析的研究方法也一直沿用至今。

3. 当代城市社会学的纷呈

20世纪70年代，城市社会学、地理学、政治学及城市规划学科领域群体性地以马克思主义为批判的基础理论，并发展交融，形成了当代城市社会学。从20世纪70年代初起，城市社会学中基础的研究范式转变开始出现，新城市社会学理论向正统的城市发展理论发起挑战，并在很大程度上取代了人类生态学理论。新城市社会学理论构成相当宽泛，也常常被称为"新马克思主义学派"或"政治经济学派"。到了20世纪90年代，由于城市社会学、城市地理学等学科对城市空间的研究日渐采用后现代主义文化研究方法，这时新城市社会学的部分研究又被贴上后现代城市社会与空间研究的标签。

4. 发展中世界的城市社会学崛起

全球化在21世纪得到前所未有的迅猛发展，迎来了城市社会学发展的新时期，此时是以中国为代表的发展中国家的城市社会学研究发展的重要机遇期。中国城市社会学研究必须依托国内城市的发展优势，吸纳相关学科的发展成果，与城市规划学、法学、政治学、公共管理学等学科紧密结合，一方面促进和完善城市社会学自身的建设，形成更为有效的经验研究和理论建构；另一方面为服务于社会发展的需要，积极寻求解决城市社会问题和城市治理问题的社会学对策，其政策目标导向和实践指引亦会更规范化、具体化。而互联网时代大数据技术的引入，结合地理信息系统（GIS）技术的应用，为城市社会学提供了前所未有的研究工具。对大数据的挖掘和分析，必将带来定量研

---

[1] 戈特迪纳,哈奇森.新城市社会学[M].黄怡,译.上海：上海译文出版社,2011.

究的重大突破。例如针对我国大规模的城镇化进程，通过与信息技术应用的结合，为大规模移民的管理和服务提供社会学的问题解决方案，为城市流动人口住房和居住信息服务体系建设提供社会学的研究支撑。

在上述四个主要阶段中，城市社会学与城市规划、城市经济学、城市地理学等城市学科基于城市这个共同的研究对象，它们之间可能形成更为致密的关联和渗透。例如，20世纪30年代，麦肯锡（Roderick Mckenize）在他的《大都市社区》（*The Metropolitan Community*）（1933）中将人类生态学的原则不仅应用于中心域，并扩展到更广袤的大都市区域[①]，从而突破超越了同时代的大多数社会学家的城市社会学研究思想。到了20世纪50年代，经济地理学界开始关注区域科学这个新的研究领域，城市规划领域也开始了区域规划的实践。而区域规划的思想更早孕育在苏格兰生物学家、社会学家、地理学家也是城市规划师帕特里克·格迪斯（Patrick Geddes）的《进化中的城市：规划运动和城市研究导论》（1951）中，他将城市置于区域层面进行分析规划[②]。区域的思维在马克·戈特迪纳的《新城市社会学》中得到彻底体现，新城市社会学的"城市"概念不再局限于中心城，而是包括城市、城镇、郊区以及远郊的一个混合体，被称为"多中心的大都市区域"（multicenter metropolitan region，MMR）[①]。由此，城市社会学与城市规划、城市地理学在城市研究的概念范围上第一次趋于一致。

二、中国城市社会学关注的重要问题

（一）中国城市社会学研究的基本领域

城市社会学是关于城市人口、生活方式、经济、文化、政治和环境的综合研究，其研究内容伴随着学科内涵的不断拓展经历了不断充实的过程。常规来讲，研究范围可概括成三个问题：首先是社会学基本问题，涉及阶级、阶层、人种、性别、种族、年龄、家庭地位、宗教以及其他因素，这些重要的社会变量也常常被视作传统社会学主题内容；其次是城市中的"小问题"，即城市日常生活现实的研究；最后是"大问题"，如移民调适、民主政治、社区兴衰等重大主题。

此外，对处于不同发展阶段和发展程度的国家与城市，城市社会学关注的问题也所差异[①]。世界经济体系全球性重构，特别是产业结构的全球性调整和新国际分工的影响，造成了发达国家城市社区的一系列重构性变迁，包括工厂关闭、血汗工厂的兴起、国外移民涌入、大公司总部的集中和中心商务区的兴起、外围地区的扩张和城市中心的萎缩，以及由此引起的一系列问题。对于不发达国家（边缘）的城市来说，是过度

---

① 戈特迪纳，哈奇森.新城市社会学[M].黄怡,译.上海：上海译文出版社,2011.
② 克格迪斯.进化中的城市：城市规划与城市研究导论[M].李浩,等译.北京：中国建筑工业出版社,2012.

城市化、非正规经济、区域内城市体系不均衡分布以及由此引起的一系列问题。

对当下中国城市社会学来说,无论是前述的基本问题、"小问题"和"大主题",还是作为发展中国家特定发展阶段的关注而言,都必须结合目前中国发展的具体情境,归结起来为四大核心板块:城镇化(urbanization)、城市(生活)方式(urbanism)、城市问题(urban problems)、城市治理(urban governance)。这些也是中国城市社会学未来研究的重点。

板块一:城镇化。中国正在进行着迄今人类最大规模的城镇化进程,就其实质来说,城镇化是农村现代性发展及其社会转型问题。中国的城镇化既是与全球化过程同时进行的城镇化,又属于第三世界的城市化问题,有其特殊性。其中涉及新型城镇化、特色城镇化,以及半城镇化、伪城镇化、畸形城镇化、逆城镇化等多种概念、模式与形态,这些都是围绕城镇化这一核心板块需要深入探讨的问题。

板块二:城市(生活)方式。城市(生活)方式与城镇化相对应、相关联,其重点是已实现城镇化的人口在城市中的生存和生活状态研究。所谓"人的城镇化",是城市生活方式问题、农民(村民)如何变成市民。沃思在其经典之作《作为一种生活方式的城市主义》(*Urbanism as a Way of Life*)(1938)中指出,城市社会学的中心问题——揭示那些典型的、相对长久的、聚合了大量异质性个体的居住地的社会行为和社会组织形式。沃思的"城市生活方式"由城市环境以及更广泛的经济与社会结构所反映。当然,城市中的社会分层和空间区位、城市形象和城市文化、公共环境和城市生活、社区和邻里、社会网络与空间脉络、公共空间中的行为(例如广场舞,新媒体时代的微博、微信空间)、性别空间与规划、新移民等都包括在城市主义的研究中。

板块三:城市问题。城市问题包括城镇化进程中的问题,如城中村、"鬼城"、强迁等;也包括城市里的痼疾,如城市贫困、种族主义、犯罪、住房危机和财政危机等;还有环境规划、土地使用规划中的社会学问题;以及一些新出现的具体热点问题,如雾霾、网络失范、无差别杀人等。对于城市发展中的重大问题、热点问题,城市社会学研究的失语或反应无力,将使其社会应对和引导作用大为削弱,学科地位的重要性难免降低。

板块四:城市治理。要在全球化时代的城市竞争中谋生存和求发展、提高城市生活品质、实现可持续的城市发展,城市治理是必不可少的手段。由于治理对象为整个城市,覆盖了政治、经济、社会、人文等各重要因素,因而手段必然是多样的,涉及经济的和市场的、法律的和法规的、物质的和非物质的手段。城市社会学研究要探究城市治理的有效模式、不同类型城市的治理体系与治理能力建设,特别强调与政治学、法学等的结合,对城市依法治理的理念、方法和实证案例进行重点探讨,还要研究新技术对城市治理模式的推动和变革,更强调落实在社区层面的社区规划和社区自治上。

一些涉及以上四个板块的问题,如流动人口或移民问题、市民阶层分化与贫困问题、社会公正与社会融合、老龄化问题及城乡养老服务、公众参与能力提升和社区规划与建设、城市更新与动迁、地域历史和文化的保护与传承、公共空间的权利与义务等则可列为重点议题。

（二）近几年中国城市社会学关注的问题

迄今为止，中国城市社会学的发展基本上照搬了西方城市社会学的基础概念、内容框架和研究范式，但是这种格局今后必然会改变。一方面，这些概念、理论本身在适应性上有其局限；另一方面，中国城市社会学要在国际城市社会学界占有应有的一席之地，拥有自己的话语权，必须建立起具有自身特色的中国城市社会学研究体系，要有中国城市社会学的原创贡献。中国城市社会学研究的创新必须寻找到有效的突破点，下列三个问题分别着眼于研究视角、研究方法论以及思维观念，即"全球—区域—城市—社区"层面上的适应性变焦研究（研究视角），以多元论替代根深蒂固的二元论（研究方法论），建立社会时空观（思维观念）。

1. "全球—区域—城市—社区"层面上的适应性变焦（研究视角）

传统城市社会学与当代城市社会学的区别之一，就是研究视角以及随之带来的研究视野的变化。20世纪60年代以前，西方发达国家与第三世界国家的城市研究是分离的。20世纪70年代至今，第三世界国家的城市研究亦纳入城市社会学的主流研究[①]。城市分析已采取全球尺度，世界各国的城市经济重构、社会重构以及社区重构，已经相应地从对某一特定的城市社区进行研究向全球视野转变，意味着一个世界范围内的城市社会学界可以沟通的研究语境和话语体系正在形成。

对于当下中国城市社会学来说，迫切需要采用"全球—区域—城市—社区"系列层面上的一种适应性的、变焦式的研究视角作为研究城市问题的逻辑框架。针对具体的城市现象或问题，依据所处城市的地位，从全球的、区域的、城市的、社区的不同视角，选取适当的分析层面来考察剖析问题。上述四个不同的地理范围与尺度构成了连续的系列，不同层面上的问题着眼点不一样。只有在一个完整的系列中进行定位考察，才有可能获得对问题更加全面、更加完整、更加精准的认知。例如20世纪50年代大量建造的工人社区，经历了70年左右的使用变迁，目前面临着社会结构和物质空间的双重衰退，这是典型的城市社会学中的社区问题研究，但它与特定城市的产业升级、功能转型和区域城市体系乃至全球产业结构中的分工密切相关。又如中国当前城市更新改造中的强制性动迁问题，在具体的社区、城市层面讨论，几乎是个无解的棘手问题。但如果将其纳入区域乃至全球的比较分析框架中可以发现，强迁并非中国独有的现象，如果采用从全球、区域到城市、社区层面的适应性变焦研究，对其中的案例进行城市社会学的分析，比较所存在的共性与差异性，则可以获得对强迁问题更为

---

① 戈特迪纳，哈奇森. 新城市社会学 [M]. 黄怡，译. 上海：上海译文出版社，2011.

完整的认知和有益的启示。

2. 以多元论替代二元论（研究方法论）

在中国长期的思想意识形态中，二元论的影响根深蒂固，这影响到从学术研究到具体问题的实践对策——非此即彼、非要决出高下来、一统解决——造成许多问题棘手或无解。在一个价值日趋多元的时代和社会，简单的二元判断和思维必然带来问题处理方式的简单武断和刻板僵化以及思考方式的狭隘。城市社会学尤其需要突破二元论的桎梏，以"多元论"取代"二元论"，唯其如此，才有可能获得对城乡对立、社会两极化等社会难题的重新认知和解析。

以城市旧城改造中的强拆来说，城市居民的房地产包含了房屋所有权和土地所有权，因为城市土地公有制的存在，居民的房屋所有权从根本上来说是不完整的，土地所有权被没收了，附着其上的房屋所有权也难以保证，这就为动迁埋下了隐患。大多数城市政府主导的旧城更新理念是绝对的弃旧图新，那些具有一定的建筑文化价值或历史保留价值却尚不能挂牌或登录的建筑、街区，在大规模的拆迁中几乎一律被拆光；即使被列为历史保护建筑或划入历史文化风貌区的，在巨大的市场利益诱惑面前，有时也难以保全；更何况普通的居民住宅，终究抵挡不住被夷为平地。此外，需要开发的土地被政府收储时，土地上原有的住户必然被清退干净，土地出让时必须是净地，否则根本无法挂牌上市。如此一来，政府、开发商、居民的利益矛盾愈演愈烈，甚至激化为暴力冲突形式，最终可能酿成高度敏感的社会乃至政治事件。如果在城市建设中能够多采取一些社会学的思维、吸纳一些社会学的思想，使得大规模的旧城更新和小规模的更新改造能够并存，强迁问题就有可能获得更灵活的解决途径。

3. 建立社会时空观（思维观念）

城市社会学作为社会学的一个分支，一直以来长于对社会问题进行概括和抽象分析，却忽略对空间、时间维度的考虑，这是一种习惯性的、结构性的忽略。对相关城市问题的研究来说，只有与其所存在的空间地理（区位）对应研究，与其所发生的时间历史对应研究，才能更准确地判定问题的实质、根源和解决办法。

纵观城市社会学的实证研究，主观逻辑严密，研究过程规范具体，研究方法涉及统计模型、数据等，但是如果离开对其空间、时间情境特征的关联性分析，那么问题的实质就不能完全被揭示出来。这造成了相当数量的城市社会学研究流于泛化、概念化地分析问题，结果只能停留于对问题肤浅的甚至是不准确的描述，不能提供解决问题的实践引导，便无法形成扎实的理论积累。

在中国近年超大规模、超高速度的城镇化实践情境下，城市社会学研究特别注重社会问题和社会政策分析的空间、时间边界效应，即建立起明确的社会时空观[1]。虽

---

[1] 黄怡.社区与社区规划的时间维度[J].上海城市规划，2015（4）.

然列斐伏尔和戈特迪纳等人都对空间予以了极大的关注,但是"社会时空观"中的空间更多趋近于城乡规划中的空间内涵,是城市社会问题投射其上的单位,也是分析和解决这些问题时可以具体有效落实操作的单位。鉴于中国城乡社会的急速发展,在中国城市社会学的研究中非常有必要引入时间维度,并值得进行更多更细致的动态演化分析和研究。当然社会时空观的形成与应用,本身需要建立在城市社会学研究中不同学科之间相互融合的基础上,从思维观念到方法手段的相互借鉴、相互融合。

三、城市社会学研究的方法和技术

城市社会学家会利用统计分析、观察访谈、社会理论等方法研究一系列课题,诸如人口流动、社会分层、贫困、族群、都市环境等。城市社会学如同社会学研究,可以分为定量研究和定性研究两种方法①。定量研究主要通过抽样、问卷等来收集资料,定性研究主要指实地调查研究。以下主要介绍怎样通过定量研究和定性研究两种方法来研究城市社会学,以及城市社会学作为特殊的研究对象在研究方法上的特殊表现。

(一)定量研究

狭义的定量研究包括抽样、测量及整理资料与统计分析等,不同的定量研究方法的区别在于抽样方法的不同。

1. 抽样

城市社会学的定量研究方法这种特定的社会研究方式,一方面决定了它所依赖、所需要、所利用的资料必须直接来自调查对象,特别是来自现实中那些接受调查的个人;另一方面决定了它通常不能从总体中的所有个体那里收集资料,而只能从总体中的一部分个体那里收集资料。因此,对于一项具体的城市社会学调查来说,选择能够代表调查总体的一部分调查对象,是它必须解决的主要问题之一。这就是下面所要介绍的抽样问题。

(1)与抽样相关的概念。为了收集必要的资料,对所研究的对象(总体)的全部元素逐一进行观测,往往不很现实。一种情形是研究的总体元素非常多,收集资料费时、费力、费财,且不能及时地获得所需资料;另一种情形是整理资料具有相当的难度,因此必须进行抽样。为了更好地理解和使用抽样方法,我们除要了解抽样外,还要掌握与抽样相关的一些基本概念。

抽样。抽样指的是从组成某个总体的所有元素,也就是所有最基本单位中,按照

---

① 对于调查的含义及其外延学界有不同的看法,大体上可以分为狭义与广义两种:狭义的调查仅仅指通过问卷调查和结构式访问获取数据资料的调研方式,而广义的调查包括定性研究中的实地调查等定性方式——我们取广义的含义。

一定的方式选择或抽取一部分元素的过程和方法，或者说是从总体中按照一定方式选择或抽取样本的过程和方法。在城市社会学调查研究中，抽样主要解决的是调查对象的选取问题，即如何从总体中选出一部分对象作为总体的代表的问题。关于抽样的作用，有两个相关的问题需要特别明确：第一，抽样和抽样调查不能混为一谈。抽样只是抽样调查的前提和一部分，只解决抽样调查过程中的选取调查对象这一问题，抽样调查的其他所有问题都是靠另外的方法来解决的。第二，抽样只是抽取样本的方法，而不是调查方法或者说资料收集方法。

总体。总体通常与构成它的元素共同定义：总体是构成它的所有元素的集合，而元素则是构成总体的最基本单位。在城市社会学调查研究工作中，最常见的总体是由社会中的某些个人或某些社区（单位）组成的，这些个人便是构成总体的元素。比如，当我们做一项有关某地区城市流动人口的调查时，该地区的每一个流动人员便是构成总体的元素，而该地区所有流动人口的集合就是调查的总体。总体通常用英文大写字母 N 表示。

样本。样本就是从总体中按一定方式抽取出的一部分元素的集合。比如，调查上海失地农民社会保障现状的调查中，从当前的失地农民总体中，按一定方式抽取出 1 200 名进行调查，这 1 200 名失地农民就构成该总体的一个样本。在城市社会学调查中，资料的收集工作或者说调查的实施就是在样本抽取中完成的。样本中的元素数目通常用英文小写字母 n 表示。

抽样单位。抽样单位就是一次直接的抽样所使用的基本单位。抽样单位与构成总体的元素有时是相同的，有时又是不同的。比如，在前面的例子中，单个的失地农民既是上海失地农民群体这一总体的元素，又是我们从总体中一次直接抽取出 1 200 名失地农民样本时所用的抽样单位。但是，当我们从这一总体中一次直接抽取出 5 个工厂，而以这 5 个工厂中的全部农民工（假定正好是 1 200 名）作为我们的调查样本时，抽样单位（工厂）与构成总体的元素（失地农民）就不是一样的了。

抽样框。抽样框又称作抽样范围，指的是一次直接抽样时总体中所有抽样单位的名单。比如，从某社区的全体居民中直接抽取 200 名居民作为调查的样本，那么，这个社区的全体居民的名单就是这次抽样的抽样框；如是从这个社区的所有单元中抽取部分单元的全体居民作为调查的样本，那么，此时的抽样框就不再是整个社区的全体居民的名单，而是社区所有单元的名单了。因为此时的抽样单位已不再是单个的居民，而是每一个单元。

参数值。参数值也称为总体值，它是关于总体中某一变量的综合描述，或者说是样本中所有元素的某种特征的综合数量表现。在统计中，最常见的参数值是总体某一变量的平均数，需要说明的是，参数值只有对总体中的每一个元素都进行调查或测量才能得到。

统计值。统计值也称为样本值，它是关于样本中某一变量的综合描述，或者说是样本中所有元素的某种特征的综合数量表现。统计值是从样本中计算出来的，它是相应的参数的估计值。

置信度。置信度又称为置信水平,它指的是总体参数值落在样本统计值某一区间内的概率,或者说,是总体参数值落在样本统计值某一区间中的把握性程度。它反映的是抽样的可靠性程度。比如,置信度为99%,指的是总体参数值落在样本统计值某一区间的概率为99%,或者说我们有99%的把握认为样本统计值将落在总体参数值周围的某一区间里。

从抽样的定义不难看出,抽样主要涉及或处理有关总体与部分之间的关系问题。抽样作为人们从部分认识整体这一过程的关键环节,其基本作用是向人们提供一种实现"由部分认识总体"这一目标的途径和手段。实际上,抽样早就在人们的认识活动中发挥着这种作用。抽样的基本思想或基本逻辑早就被人们自觉或不自觉地运用着。在日常生活中,人们经常用到抽样的方法。比如,医生只要从病人身上抽取很少的血液,便可以了解到病人全部血液的各种情况。当然,抽样方法也广泛地应用在各种形式的社会科学研究、自然科学研究,以及生产、销售等经济活动中。需要说明的是,在同质性极高的例子里,只需要很少的元素(如一滴血),就能很好地代表总体、反映总体。但对于研究社会现象来说,情况就大不相同,其中一个重要的原因,就是社会现象的研究往往与人有关,并且常常是以人为对象的。而任何一个总体中的元素相互之间在许多方面都存在着很大的差异。

抽样的最终目的在于通过对样本统计值的描述来勾画出总体的面貌,概率抽样的方法可以帮助我们实现这一目标,并且可以对这种勾画的准确程度作出估计。在概率抽样的过程中,我们总是要求保证总体中的每一个个体都有同等的机会入选样本,而且,任何一个个体的入选与否,与其他个体毫不相关,互不影响。或者说,每一个个体的抽取都是相对独立的,是一种随机事件。在各种随机事件的背后,存在着事件发生的客观概率,正是这种概率决定着随机事件的发展规律。概率抽样能够保证样本对总体的代表性,其原理就在于它能够很好地按总体内在结构中所蕴含的各种随机事件的概率来构成样本,使样本成为总体的缩影。

在城市社会学调查中,抽样主要解决的是调查对象的选取问题,即如何从总体中选出一部分对象作为总体的代表的问题。一项调查若对总体中的全部个体都进行调查(即采取普查的方式),那么,它所得到的资料显然是最为全面、最为理想的。但是,这种做法往往并不可行。广大调查研究人员常常会在时间、经费、人力等方面遇到困难,甚至陷入困境,从而不得不在庞大的总体与有限的时间、人力、经费这二者之间寻求新的途径。以现代统计学和概率论为基础的现代抽样理论,以及不断发展、不断完善的各种抽样方法,成为城市社会学知识体系中必不可少的内容。可以说,抽样方法是架在研究者十分有限的人力、财力和时间与庞杂、广阔、纷繁、多变的社会现象之间的一座桥梁。有了它的帮助,研究者可以方便地从较小的部分审视很大的整体。

(2)抽样的类型。根据抽样对象的具体方式,可以把抽样分为各种不同的类型。

从大的方面看,各种抽样都可以归为概率抽样与非概率抽样两大类中。这是两种有着本质区别的抽样类型。概率抽样依据概率论的基本原理,按照等概率原则进行抽样,因而它能够避免抽样过程中的人为误差,保证样本的代表性;非概率抽样则主要依据研究者的主观意愿、判断或是否方便等因素来抽取对象,它不考虑抽样中的等概率原则,因而往往产生较大的误差,难以保证样本的代表性。由于目前在现实生活和工作中,概率抽样是用得最多、最有用处的抽样类型,故在此对概率抽样的基本原理及其一般程序做重点介绍。

概率抽样与非概率抽样这两大类还可细分出若干不同的形式,具体情况见表1-1。

表1-1 基本抽样方法

抽样方法	抽样类型	抽样方法
	概率抽样	简单随机抽样
		系统抽样
		分层抽样
		整群抽样
		多段抽样
	非概率抽样	偶遇抽样
		判断抽样
		定额抽样
		雪球抽样

(3)抽样的一般程序。虽然不同的抽样方法具有不同的操作要求,但从大的程序看,它们通常都要经历以下几个步骤。

界定总体。界定总体就是在具体抽样前,首先对从中抽取样本的总体范围与界限做明确的界定。这一方面是由抽样调查的目的所决定的,因为抽样调查虽然只对总体的一部分个体实施调查,但其目的却是描述和认识总体的状况与特征,是为了发现总体存在的规律,所以必须事先明确总体的范围;另一方面,界定总体是达到良好的抽样效果的前提条件。如果不清楚明确地界定总体的范围和界限,那么,即使采用严格的抽样方法,也可能抽出对总体严重缺乏代表性的样本来。要有效地进行抽样,必须事先了解和掌握总体的结构及各方面的情况,并依据研究的目的明确地界定总体的范围。样本必须取自明确界定后的总体,样本中所得的结果,也只能推广到这种最初已作出明确界定的总体范围中。

制定抽样框。这一步骤的任务就是依据已经明确界定的总体范围,收集总体中全部抽样单位的名单,并通过对名单进行统一编号来建立起供抽样使用的抽样框。如要在某大学进行一项针对该校大学生就业情况的抽样调查,那么,第一步就是要先对总体进行界定。比如说,本次调查的总体是该大学所有在读的全日制本科生和研究生。

这样，该校那些专科生、夜大生以及其他一些不符合上述界定的学生就被排除在总体之外。而制定抽样框的工作，就是要收集全校各系所有在读本科生以及研究生的花名册，并按一定顺序将全部花名册上的名单统一编号，形成一份完整的、既无重复又无遗漏的总体成员名单，即抽样框，从而为下一步抽取样本打下基础。需要注意的是，当抽样是分几个阶段、在几个不同的抽样层次上进行时，则要分别建立几个不同的抽样框。

决定抽样方案。前述对抽样类型的介绍中有多种具体的抽样方法，并且不同的抽样方法有各自的特点和适用范围。因此，对于具有不同研究目的、不同调查范围、不同调查对象和不同客观条件的调查来说，所使用的抽样方法也不一样。这就需要在具体实施抽样之前，依据研究的目的要求、依据各种抽样方法的特点，以及其他有关因素来决定具体采用哪种抽样方法。除了抽样方法的确定外，还要根据调查的要求确定样本的规模以及主要目标值的精确程度。

实际抽取样本。实际抽取样本的工作就是在上述几个步骤的基础上，严格按照所选定的抽样方法，从抽样框中抽取一个个的抽样单位，构成调查样本。依据抽样方法的不同，以及依据抽样框是否可以实现等因素，实际的抽样工作既可能在实地调查前就完成，也可能需要在实地调查后才能完成。可能先抽取样本，再直接对预先抽好的调查对象进行调查；可能一边抽取样本，一边就开始调查。

到实地进行抽样时，往往直接由调查员按预先制定好的操作方式或具体方法执行。比如，要抽取居民家庭时，往往是先抽好居委会，然后制定出具体操作方式："楼房按单元抽，一个单元抽一户；平房按排抽，一排抽一户；两种抽样都采取简单随机抽样的方法，每个调查员随身带20张写好号码的小纸片装在口袋中，摸到什么号码就调查所对应的家庭。"这样，调查员就可以一边抽样一边调查了。

评估样本质量。一般情况下，样本的抽出并不是抽样过程的结束，完整的抽样过程还应包括样本抽出后对样本进行的评估工作。所谓样本评估，就是对样本的质量、代表性、偏差等进行初步的检验和衡量，其目的是防止样本的偏差过大而导致调查的失误。评估样本质量的基本方法是：将可得到的反映总体中某些重要特征及其分布的资料与样本中的同类指标的资料进行对比。若二者之间的差别很小，则可认为样本的质量较高，代表性较大；若二者之间的差别十分明显，那么样本的质量和代表性就一定不会很高。一般来说，用来进行比较的总体结构指标越多越好，各种指标对比的结果越接近越好。

2. 测量

作为认识社会现象的活动，城市社会学研究必然会涉及对社会现象进行测量的问题。与抽样一样，测量也是社会研究中关键的步骤和内容之一。社会调查的资料以及社会调查成果质量，都直接与测量的质量紧密相连。以下将对测量的概念、测量的层次与测量工具——问卷等内容进行介绍。

（1）测量的概念。测量就是根据一定的法则，将某种物体或现象所具有的属性或特征用数字或符号表示出来的过程。这一定义包括三个必不可少的要素：测量的客体、测量的内容、测量的法则（数字或符号）。

（2）测量的层次。由于社会调查研究中所涉及的现象具有各种不同的性质和特征，因而对它们的测量也就具有不同的层次和标准。史蒂文斯1951年创立被广泛采用的测量层次分类法，他将测量层次分为四种，即定类测量、定序测量、定距测量和定比测量。不同层次的测量方法所对应的测量对象分别称作定类变量、定序变量、定距变量和定比变量。

定类测量也称为类别测量或名义测量，它是测量层次中最低的一种。定类测量在本质上是一种分类体系，即将调查对象的不同属性或特征加以区分，标以不同的名称或符号，以确定其类别。定类测量的数学特征主要是"等于"与"不等于"（或者"属于"与"不属于"）。我们前面谈到的定性测量实际上都是在定类层次上的测量。在调查中，对诸如人们的性别、职业、婚姻状况、宗教信仰等特征的测量都是常见的定类测量的例子。它们分别将被调查者划分成"男性与女性""工人、农民、教师、商人……"或者"未婚者、已婚者、离婚者……""信佛教、信天主教……不信教"等各种不同的群体或类别，而每一个被调查者则分别属于或者不属于其中某一类别。由于定类层次的测量实质是一种分类测量，因而必须注意所分的类别既要具有穷尽性，又要具有互斥性，即所分的类别既要相互排斥、互不交叉重叠，又对各种可能的情况包罗无遗。

定序测量也称为等级测量或顺序测量。定序测量的取值可以按照某种逻辑顺序将调查对象分出高低或大小，确定其等级及次序。比如测量人们的文化程度，可以将它们分为文盲、半文盲、小学、初中、高中、专科、本科及以上等，这是一种由低到高的等级排列；在调查中，研究者可用定序测量对人们的社会地位、生活水平、住房条件、工作能力等特征进行类似的等级排列。

定距测量也称为间距测量或区间测量。它不仅能够将社会现象或事物区分为不同的类别、不同的等级，而且可以确定它们相互之间的间隔距离和数量差别。比如，测量人的智商以及测量自然界中的温度就是定距测量的典型例子。在定距测量中，我们不仅可以说明哪一类别的等级较高,而且还能说明这一等级比那一等级高出多少单位。这也就是说，定距测量所测出来的结果相互之间可以进行加减运算。如测得张三的智商为125，李四的智商为110，那么，由此可以说张三的智商比李四的智商高15。

定比测量也叫等比测量或比例测量。定比测量除了具有上述三种测量的全部性质外，还具有一个绝对的零点（有实际意义的零点）。而定距测量的值虽然可以为零，但这个零却并不具备数学中我们所熟悉的零的含义，从测量的角度看，此时的零只不过是一个特定的数字而已，它是人们主观认定和选取的。所以，定比测量所得的数据既能进行加减运算，又能进行乘除运算。是否具有含实际意义的零点（绝对零点），是定比测量与定距测量的唯一区别。

在对社会现象进行测量时，有一个重要的原则：尽可能对它们进行高层次的测量，即凡是能够用定比测量或定距测量的，就一定不要只用定序测量甚至只用定类测量。因为高层次测量所包含的信息更多，且高层次测量的结果很容易转化为低层次的测量结果，反之则不行。另外，明确不同的测量层次所具有的不同的数学性质在社会调查中十分重要。因为在对调查资料进行整理和统计分析过程中，我们需要根据不同层次测量所具有的不同数学特性来选用不同的统计分析方法。

（3）测量工具——问卷。问卷是社会调查中用来收集资料的工具，一种类似于体温计、测力器、磅秤、米尺那样的工具。问卷是调查研究中用来收集资料的主要工具，它在形式上是一个精心设计的表格或者问题（和选项），其用途则是测量人们的行为、态度和社会特征。尽管实际调查中所用的问卷各不相同，但是问卷结构往往都包含这样几个部分：封面语、指导语、问题、答案、编码等。问卷设计的步骤包括探索性工作、设计问卷初稿、试用再修改定稿。

第一步，探索性工作。要设计一份调查问卷，不要马上动手去列调查的问题，而要先做一定的探索性工作。先摸摸底，熟悉和了解一些基本的情况，以便对各种问题的提法和可能的回答有一个初步的认识。

第二步，设计问卷初稿。经过了探索性工作后，我们就可以动手设计问卷初稿了。具体做法有两种：一是卡片法，二是框图法。

"卡片法"实际上是采用卡片的形式，先列出一系列具体问题，然后对这些问题归类处理，最后调整修改，形成问卷的整体。具体来说，卡片法的实施步骤是：①将探索性工作中所了解及形成的具体问题书写在不同的卡片上，最好是每一个具体问题对应一张卡片；②将卡片归类处理，即根据卡片的具体内容，按同一主题或同类事物进行分类，将所有卡片分成若干堆，或者说若干部分；③对每一堆或每一部分的卡片进行排序，即按照问题之间的关联及调查对象的接受心理将卡片前后排序，排在前面的意味着先被询问，这样将每一部分按照询问顺序连接起来；④对每一堆或每一部分排序以连成整体，即根据问卷整体逻辑结构的要求，排列出各堆或各部分的前后顺序，将各堆或各部分按逻辑顺序排列、联结起来；⑤对整个问卷调整与排序，即在前面两次排序的基础上对所有的卡片进行编号处理，然后根据问卷设计的基本原则与基本要求，对每一具体问题仔细推敲，修改补充，并且对问题前后的顺序进行调整，这样形成了一份比较完整的问卷初稿。如果是采用人工的方式，则依问题顺序誊写清楚；如果是使用计算机操作，则所有排序与调整均可在计算机上直接进行，最后打印出一份初稿。

"框图法"实际上是从总体结构出发，采用图解的方式，将总体划分为几个部分，再将各部分细分出若干个具体的问题，从而形成问卷的整体。具体来说，框图法的实施步骤是：①将总体分解并画出总体与各部分之间的框图，即依据理论与研究假设，看课题涉及几个方面的问题，就划分出几个部分，各个部分之间存在相应的联系，在框图中则表现为前后的顺序，这是第一层面的分解过程；②对每一部分进行划分，列出一系列相关问题，每一个问题对应一定的备选答案，而且这些具体问题之间也按照一定的顺序进行排列；③调整与修改，即根据问卷设计的基本原则与基本要求，综合考虑调查对象的文化背景、接受心理等因素，对所有问题及答案内容进行修改与补充、对顺序进行调整，在调整与修改之后，一份比较完整的问卷初稿便形成了。

第三步，试用再修改定稿。问卷初稿设计好后，不能直接将它用于正式调查，必须对其进行试用和修改。试用在问卷设计的过程中至关重要，对于大型调查来说更是不能不做。试用问卷初稿的具体方法有两种：一种叫客观检验法，另一种叫主观评价法。客观检验法直接面对可能的调查对象进行小范围的测试；主观评价法注重的是专家们的丰富经验，实际上带有咨询的性质。

采用客观检验法时，先将问卷初稿打印出若干份，如果正式调查规模较大，则试用稿打印100份或200份，若正式调查规模一般，则打印30～50份就足够了。然后，在正式调查总体中抽出与打印数量相当的被调查者，进行测试。最后，根据回收的问卷进行统计与分析，找出存在的问题。在运用客观检验法时，特别要注意问卷的回收率与填答差错率。回收率又包括总回收率与有效回收率两大要素。如果总回收率较低，一般跟问卷的质量有较密切的关系，当然也有可能由一些人为因素造成；如果总回收率较高，也不能断定问卷初稿就不存在问题，还要进行进一步的检验。有效回收率是扣除各种废卷后计算的回收率，它比总回收率更能反映问卷的质量。如果废卷太多，有效回收率太低，那么问卷初稿存在的问题就较多。差错率主要反映填答的质量，其中差错主要是填答不全、答非所问，以及其他问题。对于这些问题还要看其存在是普遍现象还是极个别现象。对于存在的每一个问题，都要高度重视，认真思考，找出原因，及时修改。

主观评价法主要面向专业人士及一些典型的被调查者听取他们的评判与意见。一般是将问卷初稿复印或打印数十份，分别送给有关专家、专业研究人员以及典型的被调查者，请他们对问卷进行评价，特别是指出初稿的不妥或不足之处。

3. 整理资料与统计分析

我们运用各种方法收集到一些调查资料后，接下来的任务就是要对这些原始资料（主要是问卷形式的资料）进行某种特定方式的处理，使之成为统计分析的基本数据。资料处理的工作主要包括对原始资料的审核、复查，对问卷进行编码、录入和数据清理。

然后，我们对数据进行系统的分析。我国以往的许多社会调查常常比较注重定性分析，而不太注重定量分析。这一方面与调查人员的思想认识有关，即有些调查人员常常怀疑统计分析方法对纷繁复杂、生动具体的社会现象进行描述、揭示和认识的能力；另一方面与调查研究人员对统计分析方法的掌握程度有关。然而，越来越多的事实说明，正确恰当的统计分析，已经成为现代社会调查研究中不可缺少的一个环节，成为人们认识社会现象的一种重要手段。统计分析在社会科学研究领域，使用统计软件 SPSS、STATA 较多，因此统计分析者需要掌握一般的统计原理及统计软件的使用。

（二）定性调查研究①

定性调查研究主要指实地调查研究。在城市社会学的研究方法中，无论是从方法论背景、研究目标，还是从研究的策略、资料收集方法，以及资料分析方法等方面来看，实地研究都与定量研究方式具有较大的区别。

1. 实地研究的概念

实地研究是一种深入研究现象的生活背景中，以参与观察和无结构访谈的方式收集资料，并通过对这些资料的定性分析来理解和解释现象的社会研究方式。有的研究者按照不同的标准将实地研究区分为参与观察、个案研究等。实际上，"参与观察"首先强调"参与"，即研究者必须深入其中，深入他所研究的对象所处的真实社会生活中。"观察"也并非只是狭义的"用眼睛看"，而是指广义的"了解"，它包括看、听、问、想，甚至还有体验、感受、理解等。"个案研究"强调的是"个案"，即仅仅只对一个对象进行研究，当然这种研究往往要求研究者有相当长一段时间生活于这一对象的环境中。实地研究中收集资料的主要方式有观察和访谈两种。它们包括非正式的、随生活环境和自然事件进行的各种观察、旁听和闲谈，也包括正式的采访、座谈和参观等。

实地研究是一种定性研究方式，也是一种理论建构型的研究方式。实地研究方式的基本特征是强调"实地"，即研究者一定要深入所研究对象的社会生活环境，且要在其中生活相当长一段时间，靠观察、询问、感觉和领悟，去理解所研究的现象。其基本的逻辑结构是：研究者在确定了所要研究的问题或现象后，不带任何假设进入对象所生活的背景中，通过参与观察，收集各种定性资料，在对资料进行初步的分析和归纳后，又开始进一步观察和进一步归纳。通过多次循环，逐步达到对现象和过程的理论概括与解释目的。

2. 实地研究的类型

从总体上讲，实地研究可分为个案研究和社区研究。

个案研究，即对一个人、一件事件、一个社会集团、一个社区进行深入全面的研究。它的特点是焦点集中，对现象的了解深入、详细。个案研究通过对事物进行深入的洞察，能够获得非常丰富、生动、具体、详细的资料，能够较好地反映出事物或事件的发生、发展及变化的过程，而且能为之后较大的总体研究提供理论假设。因此，这种方法在社会科学的发展中也发挥着重要的作用。个案研究的方式对于深入实地研究一个特定的单位，或者是为比较的目的而研究几个单位来说特别有用。这种特定的单位既可以是一个人、一户家庭、一个小群体、一家工厂、一所学校，也可以是一个社区、一件

---

① 这部分内容主要参照风笑天. 社会学研究方法 [M]. 北京：中国人民大学出版社，2005：238-264.

社会事件。当然，个案的单位不同时，它所采取的具体方法会有所不同。比如，对一个具体个人的研究，除了一般的观察、访谈外，还经常采用了解个人生活经历的方法；同样，对一户家庭的研究与对一个小镇的研究所采用的方法不会完全一样。

社区研究，是指以一个社区为个案进行的研究。社区是人们在社会中赖以生存的一种重要形式，同时社区也是构成整个城市的一种重要单位。它与人们的社会生活以及整个社会的发展都有着密不可分的关系。因而，社区研究也越来越成为城市社会学研究中的一个热点。社区研究的方式也为众多的社会研究者所熟悉和采用。社区研究中，研究者通常采用参与观察、访谈，以及收集当地现有文献等方法来收集资料。而且，研究者通常要在该社区中生活一段时间（少则几个月，多则几年），参与当地人的社会生活。

个案研究以及社区研究所具有的深入、全面的特点是其明显的长处。而其最大的困难是如何发掘个案研究所具有的概括意义。一般来说，研究者很难将个案研究中所得到的结果进行推广，除了对所研究的对象进行详细全面的描述外，研究者更多的是努力从所研究的具体个案中，抽出一些有价值的命题，或提出一些具有更深理论意义的研究题目，为后继的研究者提供一些有启发性的思路和有价值的方向。

3. 实地研究的一般过程

同其他社会调查研究一样，实地研究也具有与其大致相同的逻辑过程。从实施的程序上看，实地研究通常包括以下几个步骤：选择研究背景、获准进入、取得信任和建立友善关系、收集资料、整理和分析资料、报告研究结果。以下将对前面三个步骤进行探讨。

选择研究背景。由于实地研究必须深入实地，"实地"的选择是进行实地研究的第一步。在客观条件许可时，应尽量选择那些既与所研究的问题或现象密切相关，又容易进入、容易观察的背景。对于非参与的观察来说，这种理想的背景就是那些不易被人们所观察的对象注意到和感觉到的地方。比如，如果要以非参与的方式观察大城市中人们对交通规则的遵守情况，研究者可以选择繁华的十字路口旁一幢有着十分容易观察整个路口但本身却不为人注意的窗口的三层楼房。对于参与的观察来说，则应选择那种能够使研究者自然地进入、自然地参与其中、容易为当地社区接受，且能较快熟悉所观察社区背景的实地。

获准进入。尽管调查研究中研究者要接触被访谈对象、使自己身份合法化，以及存在一定的实际联系工作，但是与实地研究中的进入"实地"相比，这些显得相对简单。可以说，获准进入在实地研究中才具有其真正的含义，它是实地研究中非常重要同时也是十分关键的一个环节。正式的、合法的身份，以及单位或组织的介绍信，并不是保证研究者能获准进入实地的充分条件，而只是必要条件。研究者要能参与研究对象的实际社会生活，还常常需要某些"关键人物"或"中间人"的帮助。这些关键人物或中间人生活在研究对象所生活的社区，或者工作在研究对象所工作的单位，他们既认识研究者,同时又认识研究者所希望研究的那些研究对象。总之,他们能够十分便利地将研究者"带入"研究对象的生活世界中。

取得信任和建立友善关系。获准进入在一定意义上只是完成了进入实地的表面程序,或者说只是获得了在所研究的群体或社区中的"身份",它离真正进入社区的生活,进入所研究的群体还有相当的距离。正如折晓叶在谈到自己进入所研究的村庄的感受时所说的:"作为陌生人的感觉,时常让我感觉难以真正进入所研究的村庄的社区生活,其中首先的障碍是与村里人之间在穿着、相貌、语言、心理和身份上的距离,这可以从他们对你探究、猜测、冷眼的目光中,从与你谈话时的尴尬中感觉到。"①

因此,尽快取得当地人的信任、与他们建立友善的关系,是进入实地后研究者面临的首要任务。在一定意义上,研究者能否取得研究对象的信任,他能否与研究对象建立起友善的关系,决定着他实地研究的前途和命运。如果研究者在研究对象的眼里始终是"外来人",人们始终对他抱有戒备心甚至充满敌意,那么,研究者从研究对象那里得到真实资料的可能性很小。即使人们知道你是谁,也知道你来做研究,只要你和他们之间达不到某种程度的熟悉和信任,相互之间没有建立起友善的关系,你的观察和访谈就难以顺利开展。

当然,研究者对此也不应过分着急。因为信任的取得、友善关系的建立,需要一个过程,需要一定的时间,也需要一定的机会。只有经过一段时间的共同生活,人们才会慢慢习惯你的出现、习惯你的参与,慢慢从心理上接受一种转折,使得研究者逐渐从当地人的"他群体"中,进入他们的"我群体"里。

4. 实地研究的优缺点及应用

与定量研究具有明显不同的特点,定性的实地研究不仅是资料收集的过程,也是理论形成的过程。作为一种具体的研究方式,实地研究的基本特征是研究者作为真实的社会成员和行为者参与到对象的实际社会生活中。研究者通过尽可能全面的、直接的观察和访谈,收集具体、详尽的定性资料,依靠主观感受和体验来理解所得到的各种印象、感觉以及其他资料,并在归纳、概括的基础上建立起对这些现象的理论解释。

(1)实地研究的主要优点。

第一,适合在自然条件下观察和研究人们的态度与行为。实地研究者所追寻的是一种更具有情感性的和人文主义的资料,他们与研究对象之间的关系也更是人与人之间的关系。这种方式特别适合那些不便于或者不可能进行简单的问卷调查的社会现象和社会问题。正如许多研究者所认为的,人们的情感通常不宜归纳成可以输入计算机的数字,而是要通过人对人的观察,作出主观的估价,并以文字详细记录,最后得到的资料将不是数字,而是引语和描述。

第二,研究的效度较高。相对于问卷调查最大的弊端——表面化、简单化,实地

---

① 折晓叶.村庄的再造:一个村庄的社会变迁[M].北京:中国社会科学出版社,1997:24.

研究可深入地观察、设身处地地感受和理解，具有较高的效度——研究者测量的是他所希望的概念或现象。而与调查研究中常见的简单定义相对应的是，实地研究者常常列举出生动、详细的事例来说明某一个概念的含义。

第三，方式灵活，弹性较大。相对于实验研究和调查研究，实地研究只需要较少的准备工作，操作程序并不非常严格，在研究进行的过程中，研究者可以随时修正研究的目标和设计；并且对于不同的研究背景或不同的研究对象，实地研究的具体操作也比较灵活。

第四，适合研究现象发展变化的过程及其特征。由于实地研究不仅要深入实地，而且要在实地生活相当一段时间，因此，对于研究社会现象的发展变化过程来说，实地研究是一种较好的方式。尤其是在对个人或小群体的研究中，这种优点更为明显。

（2）实地研究的主要缺点。

第一，概括性较差。由于实地研究所获得的基本上是定性资料，且在许多情况下都以个案为研究对象，因而其资料既难以进行定量分析，也难以概括和推断大的总体，所得结论便难以推广到更大的范围。

第二，信度较低。一方面，实地研究中研究者以参与观察和无结构访谈的方式收集资料，所处的是一种被动的地位，对观察场景也往往缺乏控制，因而其所得的资料比较琐碎、凌乱，不易系统化。另一方面，现实生活中因时间、地点、人物变动或流失的影响，研究者很难对研究对象或现象进行重复观察或研究。同时，由于实地研究强调研究者的主观作用，强调对所观察的对象进行移情理解，因此难以检验其信度。

第三，对研究对象的影响。实地研究者的观察并非像照相机或显微镜那样处于所观察的对象之外，实际上，观察者是他正在观察的对象的一部分。无论是参与观察还是实地访谈，研究者的参与本身对其所研究的对象会造成一定影响。

第四，所需时间较长。由于参与生活的需要，实地研究的周期一般比较长，少则几个月，长则好几年。长时间的研究要求，不仅对于研究者来说是一个困难，而且对于所研究的对象来说也是一种困难。

第五，伦理问题。这一问题主要是针对参与观察中隐藏研究者身份的做法提出的。它所包含的实际问题是：研究者有没有为了研究的目的而欺骗研究对象的权利？研究者作为社会的成员，应不应该为了研究而采取欺骗研究对象的做法？

5. 实地研究的主要方式

第一，观察法。实地研究中的观察法是观察者有目的、有计划地运用自己的感觉器官或借助科学的观察仪器，能动地了解处于自然状态下的社会现象的方法。观察是认识的起点，是一种直接调查方法，是政策资料的一个重要来源。观察能帮助我们获得对政策问题的深入了解，提供一项政策的执行情况或对一群人、一个组织所遇到的问题进行迅速洞察。通过观察所收集的资料包括路边调查情况、机械性的点数（例如交通量的点数)、选择商品和物件的偏好、类似表面磨损或腐蚀之类的物理或化学力量等,甚至包括通过卫星传输的图像。但是观察也可能产生一个"霍桑效应",引起那些被观察者改变自己的行为,因为他们感觉到自己正在被研究。

在实地观察过程中,要保证观察的顺利实施并取得良好的观察效果,应该掌握一些基本原则和一些基本技巧。观察法要坚持客观性原则,从实际出发,按照政策事实的本来面目正确认识;坚持全面性原则,考察对象的不同侧面、不同角度、不同层次;坚持深入性原则,进行深入、细致的观察,不能走马观花、浮光掠影;坚持持久性原则,进行长时间而不是短暂的考察。在观察时,要注意以下问题:选准观察的对象和环境,选准观察的时间和场合,灵活安排观察的程序,努力减少观察活动对被观察者的影响,及时做好观察记录。

第二,访谈法。访谈法就是访问者通过口头交谈等方式向被访问者了解实际情况的方法,是面对面的直接调查,是获取政策信息的口头调查,访谈已经成为获取政策信息资料必不可少的方法。访谈在分析有关教育评估、残疾儿童的地位、基础设施更换的规划和预算,以及学者早退休的选择权之类的城市问题时是主要的和辅助的手段。访谈可以分为直接访问和间接访问(如电话访问、网络访问)、集体访谈和个别访谈、标准化访谈(通过设计问题)和非标准化访谈等类型。

在政策案例的研究和分析中常常将精英(专家)访谈作为一种基本的资料收集方法。许多时候分析者都要依赖这种方法,特别是对短期项目、新的主题以及很少或几乎没有文献的场合;或是被采访者不愿意将某些答案写出来,大量的资料难以获得,被雇用的访问者可能对突然出现的政策问题的复杂性感觉迟钝等情况下,政策分析者要获得专家的洞见,包括机关的全体职员、规划的参与者以及有机会接触未发表材料的人。在访问调查过程中,应注意下列问题:准备好详细的访问提纲,选准访谈的具体对象,选好访谈的具体时间、地点和场合,建立良好的人际关系、表明来意、消除对象疑虑,掌握语言技巧和非语言信息交流的技巧,做好访谈记录。

第三,问询法。问询法即前述问卷调查法,是调查者运用统一设计的问卷向被调查者了解情况或征询意见的方法。问卷调查是标准化调查,一般是间接调查、书面调查。根据传递方式不同,问卷可分为报刊问卷、邮政问卷、送发问卷和访问问卷;根据填答者不同,问卷可分为自填问卷和代填问卷。

第四,跟踪法。跟踪法是对调查对象进行追询调查的一种方法,它是政策案例形成前后对调查对象全过程或一定时期进行反复研究的调查形式。它可以涵盖观察法、访谈法、问询法等方法,也可以对政策案例形成之后进行回馈(feedback)。跟踪法有多种类型:正面跟踪——对不真实、不准确、不完整的地方进行正面追询调查;侧面跟踪——调换一个侧面、调换一个角度对同一问题进行追询;有补充跟踪——没有弄清的、遗漏的部分进行追询;重复跟踪——对已经调查过的问题再次追询等。跟踪调查要适时,一项政策在实施一段时间之后要及时进行跟踪,以洞察实时执行情况或执行不力的原因。跟踪调查的措辞常常是:"如果我还有其他问题或如果出现了其他情况,还可以再与你联系吗?"

本章小结

从多数学者的观点来看,城市社会学是从变动着的城市社会整体出发,以城市社会的构成与发展规律为研究对象的社会学的一个分支学科。这里所说的城市社会的构成主要是指城市社会的结构体系,亦即城市社会各要素之间的相互联系。作出这个界定,考虑到了这门学科历史发展的基本特点和基本轨迹,这门学科与相关学科的区别、联系,同时也考虑到了当代城市发展对这门学科的要求等。城市社会学与相关学科的区别、联系要求我们把这门学科的研究对象界定为城市社会的构成与发展规律。众所周知,城市社会学是社会学的一个分支学科。从某种意义上说,它既是社会学的理论和方法在城市研究领域中的运用和反映,又是社会学大家族中的一个相对独立的分支。因此,界定城市社会学的研究对象要考虑其与社会学研究对象的区别、联系。关于社会学的研究对象,国内外学者的具体表述不尽一致。但是,大多数社会学家都不否认社会的构成与发展规律是社会学研究的主题之一。而事实上,城市社会学的实际发展所表现出来的在研究对象和问题的宽泛性上远不止社会学分支学科内部,还表现在与其他学科的交叉上。在这种情况下,我们把城市社会的构成与发展规律作为城市社会学的研究对象,一方面保持了它与普通社会学研究对象的一致性,另一方面又保持了自身的相对独立性。

拓展阅读

1. 唐忠新. 城市社会学的研究对象和内容框架刍议 [J]. 天津社会科学,2002(5).
2. 胡小武. 中国城市社会学研究的发展轨迹与地域格局 [J]. 中国名城,2017(11).
3. 萨森. 世纪之交的城市社会学新前沿 [J]. 朱力,杨逸,译. 国际城市规划,2011(2).
4. 张品. 社会、空间与城市社会学——再议城市社会学的研究对象 [J]. 理论月刊,2016(11).
5. 姚尚建. 当城市成为"方法":逻辑与指向 [J]. 甘肃社会科学,2021(3).
6. 蔡禾. 城市社会学教材建设中的问题和思考 [J]. 杭州师范大学学报(社会科学版),2010,3(2).
7. 拉夫梅耶尔. 城市社会学 [M]. 徐伟民,译. 天津:天津人民出版社. 2005.
8. 马休尼斯,帕里罗. 城市社会学:城市与城市生活 [M]. 姚伟,译. 北京:中国人民大学出版社,2016.
9. SPATES J L, MACIONIS J J. The sociology of cities [M]. New York: St Martins Press,1982.

10. CASTELLS M. Is there an urban sociology? [C] // PICKVANCE C G. Urban sociology: critical essays. London: Tavistock Publications Ltd., 1976.

关键词

城市社会学（city sociology）　　交叉学科（interdiscipline）
生活共同体（life community）　　学说史（the history of theory）
研究方法（research methods）　　新城市社会学（new sociology of city）
全球化（globalization）　　　　　场景理论（scenes theory）

思考题

1. 城市社会学的研究对象是什么？
2. 城市社会学的研究内容有哪些？
3. 城市社会学与其他学科之间的关系是怎样的？
4. 城市社会学的理论范式和理论沿革是怎样的？
5. 城市社会学研究方法有哪些？与社会学研究方法相比较，城市社会学有哪些独特的研究方法和手段？

典型案例

城市社会学历史上所传承下来的核心问题是什么？[①]

以独立的研究对象来划分学科，这是学科分类中最普遍的做法，也是最不会引起争议的做法。但是仔细观察一下科学发展的历史就不难发现，以研究对象来划分学科的传统做法似乎难以面对科学领域中交叉学科发展的事实，今天我们似乎已经很难说哪一种现象是哪一门学科独有的研究对象。过去我们说经济学是研究经济现象，政治学是研究政治现象，社会学是研究社会现象。但是今天的经济学已经成功地进入传统的政治学和社会学领域，贝克尔的"家庭经济学"就是用经济学理论和方法研究传统的社会学研究对象的成功例子；同样，社会学运用社会资本的概念也成功进入许多原来属于管理学的传统研究领域。人们似乎开始接受这样的观念，不同的学科可以有共同的研究对象，但是它们分析问题的方法不同，用来解释问题的概念框架和理论体系不同。换句话说，学科之间的差别可能越来越淡化在研究对象上，而突出在理论和方法上。

如果我们能够接受对学科变迁的这种判断，那么是否一定要给每个学科划分出一块自己独有的研究对象或领域，要在研究对象上达成完全一致就意义不大了，教学内容编排上存在差别也就可以接受。当然，这并不意味着对一门学科的研究对象和内容

---

① 蔡禾. 城市社会学教材建设中的问题和思考[J]. 杭州师范大学学报（社会科学版），2010（3）.

可以各说各话，完全不相关，而是要提醒人们，在不同学科的研究对象差别越来越模糊的趋势下，或许应该转换角度来考虑学科教材的编写。这一点对于城市社会学这门学科更为重要，因为城市社会学今天面临的困境是非常明显的。

尽管城市社会学与其他的分支社会学有高度的相关，许多城市社会学的研究不过只是在其他分支社会学研究上划出一个"城市"的地域边界，但作为一个历史悠久的社会学分支学科，一个有着百年传承的研究领域，一定会形成一些属于自己的特殊问题和分析问题的视角，以及由这些问题和视角形成的理论视野。因此，回到城市社会学的历史中，重新梳理经典学者的著作，分析前人教材的内容，对于发现城市社会学的特性是非常必要的。正如霍利所说："科学应该是根据它做了什么而不是事先为其界定一个领域来限定……它必须有若干没有被其他学科范围包括的核心问题，并且能应用科学技术来研究。"

透过多数学者实际关注的问题不难发现，城市社会学的核心问题是人类群体生活与城市环境的关系。这一核心问题在帕克具有学科开创性的文章《城市：对城市环境中人类行为研究的建议》的标题中就可以见到。如果说存在什么城市社会学与其他分支社会学不同的地方，或者说是城市社会学特有的研究视野，那就是城市社会学更关注"空间"，即人类群体和活动在城市空间的展现。

从城市社会学理论的发展历史来看，围绕人类群体生活与都市环境的关系这一核心问题，学术研究实际上是沿着两个方向展开的：一是人类群体生活与都市环境的关系在空间结构上的展现，焦点是在变迁着的城市环境下，群体、组织的区位结构问题；二是人类群体生活与都市环境的关系在社会结构上的展现，焦点是在变迁着的城市环境下，邻里、种族、阶级等人类群体的结合和冲突。围绕着以上问题和研究方向，城市社会学形成了众多的观点和流派，但人类生态学（也称"人文生态学"）和新城市社会学是公认的两个最主要的研究范式。

思考题

1. 城市社会学的核心问题是什么？
2. 中国城市社会学研究区别于国外城市社会学研究的特色是什么？

即测即练 1

第二章
城市化

本　　章　　提　　要

　　本章主要介绍城市的形成、城市化、郊区化、逆城市化等概念。详细介绍了关于城市的界定和城市起源的几个学说，城市化的发展趋势和城市化的动力、动力机制与影响城市化发展的因素，以及郊区化和逆城市化的发展特点。在此基础上介绍我国城市化发展的动力机制和影响因素。此外，本章还介绍美国城市的发展趋势，影响美国城市发展的因素，以及美国郊区化带来的社会问题对中国城市化发展的影响。

第一节　城市的界定和起源

一、城市的概念

概念是研究的逻辑起点，如果人们对概念的理解不正确，那么最后有可能放弃真正对自己有益的知识，从而得到对自己的研究有害的结论。因此，对概念进行较为科学或恰当的界定，是学术研究的首要任务之一。

关于城市，现代人们认为城市是有别于农村或者传统社会的代名词。然而，从城市的起源来看，城市的产生是人类文明发展的结果，是人类群居生活的高级形式。联合国对于城市的界定为：2万人口以上的聚集地是城市，在此规模以下的聚集地则是农村。而50万人口以上的城市是"大城市"[①]。然而，不同国家对城市的界定又不尽相同，联合国193个成员国对于城市的界定中，有一半以上是从行政上进行界定，即行政当局规定哪些聚集点是城市。例如，丹麦规定任何250人以上的居民集中居住地区都可以被视为城市，乌干达规定100名居民以上的居民集中居住地区都可以被视为城市，甚至不考虑非农业经济活动和城市基础设施。

在我国，城市是由行政界定的。我国对于城市没有单独界定，一直提的是"城镇"。城镇，是以非农业活动为主的人口集中点。城镇本质特征有：①城镇是以从事非农业活动的人口为主的居民点，在产业构成上不同于乡村；②城镇一般聚居有较多的人口，在规模上区别于乡村；③城镇有比乡村要大的人口密度和建筑密度，在景观上不同于乡村；④城镇具有上下水、电灯、电话、广场、街道、影剧院、博物馆等市政设施和公共设施，在物质构成上不同于乡村；⑤城镇一般是工业、商业、交通、文教的集中地，是一定地域的政治、经济、文化的中心，在职能上区别于乡村。另外，还可以从生活方式、价值观念、人口素质等方面寻找城乡间的差异。我国2006年3月10日国家统计局发布的《关于统计上划分城乡的暂行规定》第四条规定：城镇是指在我国市镇建制和行政区划的基础上，经本规定划定的区域。城镇包括城区和镇区。第五条规定：城区是指在市辖区和不设区的市中，经本规定划定的区域。城区包括：①街道办事处所辖的居民委员会地域；②城市公共设施、居住设施等连接到的其他居民委员会地域和村民委员会地域。第六条规定：镇区是指在城区以外的镇和其他区域中，经本规定划定的区域。镇区包括：①镇所辖的居民委员会地域；②镇的公共设施、居住设施等

---

① 夏建中.城市社会学[M].北京：中国人民大学出版社，2010.

连接到的村民委员会地域；③常住人口在 3 000 人以上独立的工矿区、开发区、科研单位、大专院校、农场、林场等特殊区域①。

（一）学术界关于城市的定义

早期研究城市的学者认为，城市是由一定数量的定居人口组成的居住在有防御性工事的建筑中，他们大多从事的是非农职业特别是手工业，有着一定规模的集市贸易。如萧伯格（G. Sioberg）在《城市的起源和发展》中将城市定义为："达到一定规模和人口密度的、聚集了各种非农产业从业者（包括文化精英）的聚集地。"这是从城市的物质形态和经济特征上做的表述。他同时说："城市有相当大的面积和相当多的人口密度，其中住有各种非农业的专门人员，包括专家。"这是从城市有别于乡村的外在形态来表述的，这些外在形态包括人口规模、人口密度、人口构成、空间构成等。除此之外，地理学家更注重于城市的空间结构构成，认为城市是各种建筑物和基础设施密集的区域，是一种交通发达的空间部落②。

相对来说，社会学家更注重城市的内部结构、组织特征和功能发挥等宏观层面，以及城市内部的人际关系、生活方式、人际心理等微观层面。他们将城市定义为有一定的地域规模，并具有一定的社会组织形式特征，包括：人口数量多，居住密度大，相互差异大；至少有一定的人口从事非农业生产；人们之间的相互交往，主要不是在彼此熟知的、作为完整的个人之间进行的，而往往是在互不相熟的人之间进行的；社会整合的基础是远比家庭和部落更广泛的东西，如法律、宗教、政治、忠诚等；此外，马克斯·韦伯利用他的"理想类型"认为，城市应有市场功能和制定法律的权力，只有具备贸易、军事、法律、社交和政治等各个方面职能的社区才能被称为城市；根据柴尔德（V. Gordon Childe）的观点，城市产生了在许多方面不同于农村社会的社会组织，为现代生活提供了社会基础，这就是建立在贸易和手工业生产基础上的城市经济所产生的劳动分工和专业化，以及由此带来的相互依赖与合作的社会组织③。滕尼斯 1887 年在其《礼俗社会与法理社会》一书中，将社会区分为礼俗社会和法理社会，分别对应于乡村和大城市两种人类生活的组织形式。而前者是集体主义的、受感情和传统习俗支配；后者区别于前者，是个人主义的、受法理和理性支配。19 世纪末 20 世纪初，城市社会学、芝加哥学派创始人之一帕克，在《城市：对于开展城市环境中人类行为研究的几点意见》中指出：城市决不是个人的集合体，也不是各种基础设施的聚集体。城市是一种心理状态，是各种礼俗和传统构成的整体，是这些礼俗中所包含并随传统而流传的那些统一思想和情感所构成的整体。芝加哥学派不仅关注城市的空间布局，同时更注重城市各个结构组成部分相互之间的功能分化和联系，城市生态学之后的代

---

① 夏建中. 城市社会学 [M]. 北京：中国人民大学出版社，2010：2.
② 蔡禾. 城市社会学讲义 [M]. 北京：人民出版社，2011：66.
③ 夏建中. 城市社会学 [M]. 北京：中国人民大学出版社，2010：3.

表人物也基本是在此基础上定义或发展有关城市的研究①。齐美尔从城市居民的社会心理特征来区分城市与乡村，认为城市居民具有理智性、极强的时间观念、崇尚因果关系、个性化强、关系疏远等心理特征。美国社会学家沃思给出的城市定义更关注城市中的人际关系和生活方式，他认为城市是由不同的异质个体组成的一个相对大的、相对稠密的、相对长久的居住地。他在《作为城市生活方式的城市性》中指出：城市之所以为城市，主要是因为城市中人际关系主要为次级关系，社会关系趋于匿名化、表面化和短暂化，建议用一种城市人格的研究模式来研究城市。

（二）城市的特性

基于学术界对城市的定义和解释，我们有理由认为，城市具有区别于乡村的特征。如张钟汝等在其《城市社会学》中总结如下，城市，尤其是现代城市具有以下特征：它是一个具有相当大的人口密度的人类群体；它运用自身的优势聚集了不同文化、职业、语言背景的居民，这些居民有着一定的匿名性；它作为文化载体和传播体，是一个地区的经济、政治、文化、服务等的中心；它是聚集了各种社团、企业和机构的社会组织；人们的活动趋于专业化，居民的知识水平和专业技能较乡村居民高；城市的社会契约基础是法律、法规；城市生活方式多样化，时间观念强，相互间竞争激烈。具体而言，城市的特性表现如下②。

第一，法理性。在乡村环境中，由于人们的价值观大体相同，基于集体主义的情感、以初级关系为主的社会关系，异质价值观支配下的行为是不能容忍的，认为它将破坏村民价值观的一致性，而维持和控制人们行为的手段就是共同的道德规范及礼俗习尚。然而在城市中，城市居民、组织之间的异质性高、流动性大，社会关系以次级关系为主，非理性规范的作用越来越小，异质性群体难以对特定价值观下的道德及礼俗进行规范，即异质性和规范化结构的多样性，决定了难有可用来监督和控制人们行为的单纯的"道德秩序"。从结果来看，原来尊奉的道德、习俗等非理性规范逐步让位给正式的控制手段如法律、规章等。在此背景下，城市人较乡村人更多地受到了这种理性规范的约束，城市主要以法律、法规等社会契约为交往和调控基础。

第二，匿名性。匿名性指个人在去个性化的群体中隐藏自己个性的一种现象。由于在城市中相同的两个人接触的频率比较小，再加上网络信息技术的发展使得人与人进行面对面交往的频率更小。人们之间的关系往往以实利为基础，很难建立在友爱与感情的基础上。正如沃思所认为的，众多的城市居民在文化上和职业上的分化，必然导致分工很细的职业结构，这种分化和分工增加了人们之间的交往，然而这种交往主要不是一种私谊，而是一种必要的职业往来。

---

① 蔡禾. 城市社会学讲义［M］. 北京：人民出版社，2011：67.
② 以下内容参考蔡禾. 城市社会学讲义［M］. 北京：人民出版社，2011；张宝义. 城市人的社会特性——源自城市社会学的理解和认识［J］. 广西社会科学，2008（9）.

第三，异质性。城市人的异质性是指城市人口、生活方式、组织功能的多样化差异趋势和状态，是人类城市集居形式发展的必然产物，也是城市经济与城市文明不断发展的基本动力，对城市人的个性、价值观及行为产生重要影响。异质性表现在以下三个方面：首先，门第世系观念淡薄了的同时社会流动性增加、个人努力的作用增大、阶级结构更加复杂；其次，由于住宅往往并非自家私产，城市居民对旧宅并无深切的眷恋，邻里关系较为冷漠和紧张，因而城市居民乔迁是一件轻而易举的事情，空间流动性增加；最后，密集的居住使得大家互不熟识，而复杂的社会分工又使得大家处处依赖，交换成为日常生活所必需。

第四，多样性。城市不仅聚集了高密度的人类群体，而且运用自身的优势聚集了不同文化习俗、职业身份、语言背景的居民，这些居民之间匿名性强，在城市中的生活方式呈现出多样化的状态。同时，与城市人对信息需求的状况相似，城市人对物质的需求也不断增加，而且在需求上呈现出多化的倾向。居民的需求是人向社会提出的要求，与他们担任的社会角色相一致。由于城市居民专业分工复杂，其社会角色更为多样，因而需求也具增长的潜力和多样性。如果说贮备粮食积存消费资料是农业社会农民的特点，那么"储备"需要就是现代城市人的特点。

第五，聚集性。人口密集无疑是城市的一个重要特征。在村落居形式下，1 000人的村庄可称得上规模较大，而对城市而言，10万人的城市仍是很小的城市。随着城市化不断发展，一些城市的人口密度已经达到了惊人的地步。城市人口的相对集中以及较大的人口密度，虽然有利于城市的社会生产和生活，但是也会造成一定的社会问题和经济问题，如住房紧张、活动空间狭小、交通拥挤等。沃思认为，城市居民的高密度聚居无疑会给城市居民带来各种影响。城市居民在经济因素和社会因素的双重支配下，将分化成具有不同特色的邻里和区域，这一过程被沃思称为"生态专业化"。城市居民的高密度聚居使人与人之间的接触带有表面性、短暂性、局部性和匿名性。人们彼此间的认识往往凭"印象"，换言之，城市居民往往有凭职业、衣着、汽车、住宅等待人的倾向，这就导致了他们的势利和世故。高密度聚居带来的另一种心理影响是对差异的容忍，城市居民间空间距离缩小，精神距离却扩大，这极易导致如犯罪、自杀、精神失常等异端行为和其他反社会行为发生。

第六，信息性。城市的社会化程度较高及分工的复杂多样使城市人对信息的需求比乡村人多许多。城市人口及厂商的聚集，也使得厂商与消费者之间需要信息沟通。对于一个城市而言，信息起到了调整城市人之间行为的巨大作用，没有信息的畅达，整个城市社会生活就会失去效率，甚至城市运转也会停止。因此，信息对城市居民而言是一种颇有价值的东西。一般而言，城市人需要具有独特性和多样性的信息，尤其是各种专门的信息。这些信息一般通过报纸、电台、电影、杂志、电视、互联网等渠道获得。城市居民与乡村居民相比，不仅见多识广，而且更善于对浩如烟海的信息中进行选择，根据需要有区别地评价各种信息源。

二、城市、国家和文明的起源

城市的起源常常被认为是国家和文明起源的重要标志之一。在我国的史前研究中，在对一些大型遗址发掘和分析时，判断某遗址是早期城市，往往是国家起源探索的主要途径。然而，由于早期城市完全不同于现代城市（现代城市是 18 世纪以来工业革命所引起的人口都市化的结果），在形成结构上与许多大型聚落遗址十分相近。因此，如何判断一处大型遗址是否已达到城市发展水平，往往会因为发掘者和研究者的观点不同而引起争议。为此，了解城市起源的原因和条件以及早期城市所应具备的特点，是城市起源研究的关键所在。

尽管在讨论城市、国家和文明起源时有将三者混为一谈的现象，但是应当指出这三者是不同的概念。城市起源一般来说是指人类社会栖居方式的变化而使一处聚居点成为与政治、经济、生产、贸易、宗教或军事活动相关的中心。原始国家是指一种脱离了血缘关系而按政治和疆域分界的等级制政体，对内运用权力来维持秩序，对外实施主权。文明的概念较为抽象，总的来说是一种广泛和世代延续的文化现象。沃思曾给早期城市下过一个定义："不同社会成员所组成的一种相对较大，密集的永久性居址。"其中"不同社会成员"的含义应指阶级差异而非民族身份不同。特里格（B. Trigger）写道："城市常被定义为一种实施与大小村落联系的种种机能的人口聚居中心。"惠特利（P. Wheatley）指出，城市化是一个最变化多端的术语，它常常是指某一特定时间里代表人口移动中心轨迹的较大和较集中的居址所拥有的特征，并体现了以"城市"为特点的生活方式。他还指出，在城市起源后的 5 000 年中，它们显示了极其多样的形式并且相互之间差异极大。实际上没有理由可以将古今所有城市归入逻辑和定义上统一的范畴，对研究者来说，要具体准确地定义城市的性质和基本特征是不会有结果的[①]。

三、关于城市起源的几个学说

人类是一种群生群居性的生物。在已有的考古挖掘中，我们发现的人类遗迹都体现出明确的集体居留传统。无论是原始岩洞还是利用各种材料营造的巢穴、地窖、房屋，都成为温情脉脉的集体居留地，人们在这里相互关爱、相互照顾、分工合作、繁衍生息，共同创造了人类得以延续和承继的物质文化条件。或许这些群落最初是游动不定的：原始人类受自然条件的驱赶而被迫迁徙流动，寻觅安身之所；或是根据季节的变化，因采集、狩猎的需要而风餐露宿，不断变更居所。然而，随着人类对自然规律的认识加深，随着人类抵御自然风险能力的加强，集体居留地逐渐安定下来，壮大

---

① 陈淳. 城市起源之研究 [J]. 文物季刊，1998（2）.

起来,并发展成类似于村落式的永久性聚居地。那么,这些永久性聚居地是如何发展为城市的?城市最早出现在什么时候?人们究竟是出于怎样的需求和动机,萌生了要居留在城市这样一个处所的欲念?将这些质疑归结起来,即我们试图要探讨的问题:什么是城市起源的原动力?①

(一)不同学科领域对于城市起源的说法

经济学领域将商品经济视为城市起源的基本动因,即先有"市",后有"城"。恩格斯在《家庭、私有制和国家的起源》一书中提出,由于社会生产力和生产关系的发展,原始社会后期的人类历史上出现了三次大的产业分工:一是游牧部落从野蛮人群中分离出来;二是手工业与农业的分离;三是商人阶级的出现。社会分工机制不仅促进了商品交换的发展,构建了所有制结构,划分了阶级,而且从地理上来看,直接促成了城市的出现。因为在以社会分工为基础的商品社会中,人类迫切需要一种集聚性的空间形式——城市——起到降低成本(包括交易成本、协作成本、保护私有财产的成本等)和实现规模效益的作用。

从传播学角度看,柴尔德在《城市革命》中曾提出,鉴别城市文明到来有十项标准:大型居住区、财富集中、大规模公共建筑、出版物、表演艺术、科学知识、对外贸易、从事非生产劳动的专业人员、阶级社会、以居住区而不是以亲属关系为基础的政治组织。由此可见,尽管古代城市与现代城市的形态差异巨大,然而其内核特质却是在产生之初即已定型了。集会、祭祀与集市这三种以传播活动为根基的颇具影像感的古代社会交往形态,分别展现了原始社会政治、文化和经济三个侧面的风貌——它们的综合体则唯有用"城市"这一概念来涵盖不可。由此可见,从社会发展的任何角度来看,传播活动均以其不可替代的交流功能而为城市起源提供了原初动力机制。

在人类学视野中,城市的产生无疑是一种人类社会进化过程。依照已有的考古发现,世界上最早的城市遗址位于约旦河注入死海北岸的古里乔,距今已有9 000年的历史。大约在5 000年前,首先在美索不达米亚地区,稍后在埃及尼罗河流域、印度河流域、中国华北等地区,城市伴随着人类文明的诞生而出现,成为一种稳定的、区别于农村社会的集体居住群落。英国考古学家柴尔德于1950年发表的论文《城市革命》,将这种远古城市从无到有的现象称为"城市革命"(urban revolution),并视之为人类文明诞生的标志。究竟是城市催生了人类文明,还是人类文明孕育了城市?我们有理由质疑柴尔德"城市在先,文明在后"的观点,但是综观世界各地传统文明发展的历程,城市与文明的共生互生性是不容否定的。与文字、国家、社会秩序等文明要素一样,城市是人类社会进化的成果。

从社会学角度出发来思考,城市是人类高级情感需求的产物。刘易斯·芒福德(Lewis

---

① 张艳红.传播:城市起源的原动力[J].东南传播,2009(10).

Mumford）认为，城市的起源与人类的原始宗教情感有关，城市的萌芽早于原始村庄出现之时，甚至早于人类习惯于定居之前。原始人类不仅为自然界的风雨雷电所震慑，也对生育、死亡和梦境等现象存在难以解释的忧虑和恐惧，普遍形成了原始的宗教情感。人们敬重死去的同类，同时也困惑和畏惧于他们在自己梦境中反复出现，因此早在旧石器时代不安定的游动生涯里，就已经开始将死去的人安葬在固定的地方，形成了"死人城市"，并时常回到这些地方来举行祭祀活动，表达对祖先的怀念，祈求祖先的庇护。坟墓与自然界的山峰、岩石、大树、河流等，都成为人们顶礼膜拜的目标。人们汇聚到这些固定的地方举行祭祀活动，表达对美好生活的向往和追求，获得了超越其他一切生物所及的精神刺激。"人类最早的礼仪性汇聚地点，即各方人口朝觐的目标，就是城市发展最初的胚胎。"

（二）城市社会学对城市起源的不同观点

人类文明的发展史也是城市的发展史，世界各地城市的起源由于受到经济、政治、宗教等因素影响，关于城市的最主要特征没有一个统一的说法，对于城市的起源也就说法不一。有学者对目前城市社会学对城市起源的研究做了归纳，主要有以下几种观点[①]。

军事防御说。在古代，"城"指的是四周的城墙，"市"是商品交易的地方。军事防御说认为，原始社会中经常发生部落之间的战争，为了维护和巩固统治、加强权力、抵御侵略，也为了保障部落成员的安全和部落财产的安全，需要在居住地筑墙建城，这样便出现早期的城郭。

宗教起源说。刘易斯·芒福德认为，人类永久性聚落的三个起源形式中至少有两个（墓地、圣祠）是宗教的产物，人们对死亡、未来世界等的迷惑促成了早期人类聚落的产生。这种对死去同类的敬重心理，大约比实际生活需要更有力地促使人类寻找一个固定的聚会地点，并最终促使他们形成连续性的聚落，这种连续性聚落在宗教的推动下进一步发展成为城市。于是，城市最初是以圣地的面貌出现的，它是控制的中心，而不是贸易或制造业中心。另一位理论家惠特利也强调了城市的设计和布局可能反映的是当时人的宇宙观，他认为，从早期国家的神权功能来看，城市很可能被视为神祇与尘世沟通的中心。

人文主义学说。人文主义认为，人类社会中的经济建设、发展生产力都只是手段，培养人才是最终的目的。城市是人类文明发展的标志之一，是人类在发展过程中的必然选择。因此，城市产生的目的是满足人类不断增长的物质和精神需要。涂尔干就认为，城市诞生于推动人们以恒定的方式彼此维系尽可能亲密关系的需求。

商业起源说。商业起源说认为商业或商品交换是城市产生的主要原因，城市的产

---

① 以下内容参考蔡禾.城市社会学［M］.北京：人民出版社，2011.

生源于商品交易的发展，城市最初是作为商品交易的聚居地而出现的。一些城市原先并没有城墙，没有人口定居、没有店铺和作坊，甚至没有村子，只是日起而聚、日中而市、日落而散，后来以市而聚，逐步有了居民定居，有了固定的店铺，再有了前店后作坊等，成为一定规模的城市。

生产力决定说。马克思认为城市的产生是生产发展的结果，特别是社会分工的产物。马克思和恩格斯在《德意志意识形态》中从社会分工的角度来阐释城乡的分离和城市的出现，认为劳动分工使得商业劳动和农业劳动分离、农业和畜牧业分工，由于农业剩余产品的出现，产生了少量的商品交换以及因农业生产而定居的人类聚集；当手工业从农业中分离出来后，商品交换更为频繁，人们在一些交通比较方便、生产比较发达、人口比较多的地方形成了交易市场，交易市场逐步发展为以商业、手工业为主的农村小镇，这便是城市的雏形。随着经济的发展，这些小镇逐步形成为城市。

第二节　城市化的内涵及发展动力

一、城市化的内涵及相关概念

（一）城市化

理论界对城市化的认识不尽相同，其分歧首先表现在对城市化概念和内涵的理解差异上。综观对城市化概念的表述，主要有"城市化""农村城市化""农村城镇化""城镇化""城乡一体化"等多种提法。有的学者认为，表述城市化的概念不必囿于一定形式，因为概念本身就是不断发展的。但有的学者则提出，"城市化"的提法较之其他概念表述形式具有更广泛的认可度和更准确深刻的概括度。如城镇化只是城市化体系中的一个底层组成部分，它难以涵盖城市化的全部内容；而农村城市化则有着同义反复之嫌。

学者们从多个角度探讨了城市化的丰富内涵。人口学注重从人口规模的扩大来研究城市化；经济学从经济结构转变，农业经济向非农经济转变的过程来研究城市化；地理学从地域空间的角度看，由于生产力的发展，居民和产业的聚集，形成了消费领域集中化，使地域中城市性因素不断增加，实现聚落和经济布局的空间区位再分布的过程；社会学作为一门内容十分宽泛的学科，对于城市化的定义更为综合，关注人口规模、城市空间、城市经济增长、城市生活方式和社会关系等。有的学者认为，城市化的内涵体现了五大过程：城市化是人口集中的过程；城市化是人口集聚的过程；城市化是经济中心、经济发展的形成过程；城市化是城市体系形成、发展、结构优化的过程；城市化是现代文明产生、沉淀的过程。有的学者认为，城市化是以广大农村为背景的城市化，是指农村居民在城镇中能够享受到城市的文化生活方式，而城市的本来面目乃是"市场中心"。因此，衡量城市化水准就不能仅仅依靠人口比重，还应纳入城市化的质量指标，特别是反映市场化和社会分工程度的指标。另有一些学者则从一个新的分析角度直接将城市化的质量定义为社会分工和专业化水平，认为农业向工业转化只不过是分工从低级向高级发展的一个过程，分工链的加长会使得现在的工业将成为新的传统部门。因此，对于城市化来讲，并没有一个明确的定义，城市化从本质上讲就是分工和专业化成为社会发展主流阶段时所反映出来的一种现象。社会学界有一个普遍的认识：城市化是人的生活、行为和社会活动由农村转变为城市的过程。这包括两方面内容：农村人口向城市集中，城市人口和城市数目不断增加；城市经济关系和生活方式的普及与扩大，居民的就业方式逐步城市化[①]。

《中华人民共和国国家标准城市规划基本术语标准》给城市化下的定义是："人类生产方式和生活方式由乡村型向城市型转化的历史过程，表现为乡村人口向城市人口转化及城市不断发展和完善的过程。"

（二）其他相关概念

1. 郊区城市化与逆城市化

（1）郊区城市化。郊区城市化或称城市郊区化，简称郊区化。这是人口、就业岗位和服务业从大城市中心向郊区迁移的分散化过程。

所谓郊区，是指中心城市行政边界以外的邻接地域，主要是城市化地区核心以外的城市边缘。郊区城市化是城市郊区乡村型社会地域组织向城市型社会地域组织演变的过程。

郊区化包括三种外迁：一是人口外迁，主要是城市中心的巨大人口压力，以及这一压力对生活环境的不利影响而引发的。二是工业外迁，主要原因在于市中心以外有大面积的价格低廉的土地，以及能更好地与铁路、港口、高速公路等交通设施相互配置。三是零售业外迁，这是由于人口和工业外迁后，市中心商业面对来自郊区商业激烈竞争而被迫采取的措施。

郊区化并不意味着大城市的衰落，只是城市由高密度集中向低密度扩张的转变，这一转变中，建成区在扩张，城市人口在增长。

（2）逆城市化。逆城市化即由于交通拥挤、犯罪增长、污染严重等城市问题带来的压力日见增大，城市人口开始向郊区乃至农村流动，在那里形成一个绿色的生态环境。市区出现"空心化"，人口呈现负增长，以人口集中为主要特征的城市化由此发生逆转。进入 21 世纪，在城市化的同时，我国的一些中心城市，"逆城市化"的趋势

---

① 蔡禾. 城市社会学讲义 [M]. 北京：人民出版社，2011：74.

也开始愈加明显，越来越多的城里人开始向往着去郊区生活、居住。

（3）郊区城市化和逆城市化的区别。郊区城市化和逆城市化是城市化过程中的不同过程。一般将城市化阶段分为起步阶段、郊区城市化阶段、逆城市化阶段、再城市化阶段。

一般来说，郊区城市化是城市化刚刚起步的时候形成的，由于人口的急剧扩张，城市规模扩大，城市的郊区也纷纷成为城市景观的一部分。这一般称郊区城市。

逆城市化形成于经济水平提高、城市化程度较高的时候，这时人口（高收入者较多）往往向郊区迁移。注：这里的郊区离城市有一定的距离，而郊区城市化中的郊区是与城市接壤的。

二者的区别关键在于发生的原因不同。郊区城市化应是一个城市自然扩张良性发展的过程，是伴随经济发展而出现的现象。而逆城市化才应强调城市内部环境的恶化。

2. 再城市化

再城市化也称为再城镇化，是城市化发展进程的一个阶段，是针对逆城市化而言的一个应对过程，是城市因发生逆城市化而衰败的城市中心区再度城市化的过程，是城市化、郊区城市化、逆城市化和再城市化四个连续过程的第四个过程。当城市化发展到一定水平时，过度集中带来的不利影响开始凸现，城市发展开始倾向分散，最终导致逆城市化的过程，即城市的人口、工业、商业等非农业资源逐步向农村分散，而城市中心区发展缓慢，甚至城市中心区开始逐步衰落。在此背景下，发生逆城市化的国家与城市的政府和公共部门通过采取各种积极的应对措施，包括调整不合理的产业结构，大力发展高新技术产业和第三产业，并积极开发城市中心的衰落区，在市域内实现人口再度增长，出现了所谓再城市化。总而言之，再城市化就是城市在城镇化进程中，发生逆城市化之后进一步提升和丰富城市化的功能和内涵的过程。

二、我国城市化发展的动力机制

城市化是人的生活、行为和社会活动由农村转变为城市的过程，其进程取决于来自农村的"推力"和城市的"拉力"所形成的合力，即城市化动力决定着城市化的速度和水平。世界城市化的历史表明：在城市化的不同阶段，形成"推力"和"拉力"的主要因素不同，力的大小有别，使城市化的速度在其不同的发展阶段存在着较大的差异。另外，不同地域的城市化过程均会受到地域政治、经济、文化、环境等的影响，在选择城市化发展道路、确定城市发展规划和推动城市发展的动力方面均会存在差异；随着生产力发展水平的不断变化，城市化动力结构也在发生着不断的变化。

在马克思和恩格斯看来，城市、城市化的决定性因素是社会分工和社会生产力。在《德意志意识形态》中，马克思和恩格斯指出："某一民族内部的分工，首先引起工商业劳动和农业劳动的分离，从而也引起城乡的分离和城乡利益的对立。"自19世纪末韦伯分析经济增长与城市之间的关系以来，众多学者把城市化动力的研究放在经济增长，特别是工业化进程之上。韦伯认为城市的聚集性能创造出大于分散系统的社会经济效益，从而构成了城市化的基本动力。经济学家保罗·贝洛克从经济总量增长与城市化之间的关系、钱纳里从人均GNP（国民生产总值）与城市化水平之间的关系、库兹涅茨从产业结构高级化与城市化之间的数量关系等方面分析了城市化的动力因素。而佩鲁的增长极理论和缪尔达尔的"循环累积因果理论"，从城市增长方面指出了城市化的倾向。刘易斯-拉尼斯-费景汉模型、托达罗模型等理论模型从影响人口迁移的因素方面分析了城市化的动力。

中国的城市，部分是伴随国家重点工程建设而繁荣起来的工业城市，部分是具备良好对外开放条件的港口城市，还有一部分是历史文化名城。改革开放以来，我国城市化水平快速提高，2018年3月19日，《21世纪经济报道》从各地政府公布的数据了解到，2018年末，上海、北京、天津常住人口城镇化水平在全国最高，均在80%以上，城镇化率分别为88.10%、86.50%和83.15%，上海和天津分别比上一年提升了0.4%和0.22%，北京则与上一年持平；广东、江苏、浙江的城镇人口比重分别为70.70%、69.61%和68.90%，在全国也靠前。广东、江苏、浙江、辽宁等东部地区的城镇化率在70%左右；云南、甘肃、贵州、西藏城镇人口比重低于50%，数据显示，2018年，云南、甘肃、贵州、西藏城镇人口比重分别为47.69%、47.69%、47.52%、31%，但是中西部地区的城镇化率在2018年普遍提升了1%左右，尤其是河南、四川、贵州等地，提升比例在1.5%到2%之间。国家统计局数据显示，2018年末全国常住人口城镇化率为59.58%，户籍人口城镇化率为43.37%，分别比上一年提升了1.06、1.02个百分点。其中2018年全国常住人口城镇化率已经接近2020年60%的目标。我国地级及以上城市已经由1978年的111个增加到2018年的338个。同时，城市规模不断扩大，大城市数量增长迅速，同时出现特大城市、超大城市。以京沪津渝为例，2017年末，四地2017年常住人口分别为2 171万、2 418万、1 557万、3 075万，户籍人口分别为1 359.2万、1 445.65万、1 049.99万、3 389.82万。也就是说，2017年末，京沪津常住人口超过户籍人口，重庆则是户籍人口多于常住人口。若重庆的一些户籍人口未来回到本地就业，有望带来当地城镇化率的提升[①]。

在城市规划中，中国实行"严格控制大城市规模、合理发展中等城市、积极发展小城市"的方针。城市规模划分标准是由2014年10月29日颁布的《国务院关于调整城市规模划分标准的通知》明确提出的，即新的城市规模划分标准以城区常住人口为统计口径，将城市规模划分为五类七档：小城市、Ⅰ型小城市、Ⅱ型小城市，中等城市，

---

① 21世纪经济报道. 城镇化率接近2020年目标 中西部地区显现后发潜力［EB/OL］.（2019-03-20）https://baijiahao.baidu.com/s? id=1628484499011750841&wfr=spider&for=pc.

大城市、Ⅰ型大城市、Ⅱ型大城市，特大城市，超大城市。50万人口以下的中等城市和20万人口以下的小城市，在20世纪80年代后高速发展，而100万人口以上的大城市，则在其周围有计划、有重点地发展卫星城镇①。关于中国城市化发展动力机制的说法有以下几种。

首先，工业化动力机制。工业化动力机制包含两个方面，一方面是外推力和内拉力的动力机制，另一方面是产业结构变迁演进型动力机制。外推力和内拉力的动力机制，强调城市化动力产生的内力和外力。一般认为，一个国家城市化的基本动因主要有两个：一是城市工业的发展和扩张产生对劳动力的巨大需求，发达地区尤其是城市对农村劳动力产生巨大吸引力；二是农业劳动生产率的提高，农业走上集约经营，产生大量剩余劳动力，需要在农村以外寻求出路，出现一种非农化和城市化的权宜现象，劳动力外流的动力机制是农村地区对劳动力的外推力。前者称为"内拉力"，后者称为"外推力"。产业结构变迁演进型动力机制认为农业发展给城市化提供基础动力，城市发展的基本动力是产业向城市集聚以获得聚集效益；科技的进步，必然使城市的产业结构多样化，产业结构的变化必然引起城市空间格局的变化。工业化是城市化的核心动力，是城市化的直接产生和推动力量；第三产业发展给城市化以后续动力。另外，信息化带动工业化，促进产业结构升级转换，进而推动城市化；信息化促使市场体系演进，推动着城镇体系升级；信息化带来新型城市间劳动地域分工，参与全球城市体系竞争，发展高技术产业和高技术区成为城市化的一条途径。

其次，多元化主体推动的动力机制。多元主体动力机制的基础是二元动力机制，指的是自上而下型和自下而上型。前者指国家（主要是中央政府）有计划投资建设新城以实现乡村—城市转型，并随着经济转型，市场经济因素的介入，中国的城市化模式由过去的封闭状态转向开放系统。后者以乡村集体或个人为投资主体，通过乡村工业化实现农村城镇化，这以小城镇为主体，发生在农村地域，由地方政府和农民群体力量推动的城市化是一种自下而上的城市化过程，探讨了其在国家方针政策指导影响和政府、农民、外部力量共同作用下的运行机制。从多元主体角度来看城市化，中国城市化的动力机制可以概括为经济因素、人口因素、制度因素以及其他因素，其中经济因素又表现为工业化的推动、第三产业的发展、比较利益的驱动以及资本的基础作用，其他因素中技术因素尤为突出和重要。另有学者认为，中国城市化发展的四大基本动力是：产业的空间集聚、产业的结构转换、城乡间和城市间的相互作用以及技术进步。产业结构转换是城市化的动力机制之一，经济要素流动和集聚是城市化的生成机制之一，而制度安排与变迁是城市化的动力机制之一。

最后，政府政策动力机制。随着我国改革开放的深入，社会的各项制度也处于变革之中，制度安排是我国城市化的重要动力机制。政府所提供的政策，一方面降低城

---

① 国务院印发《关于调整城市规模划分标准的通知》[J].上海城市规划，2014（6）：159.

市化的交易成本，节省组织成本；另一方面通过推动工业化，加速了城市化的进程。制度创新通过降低城市化的交易成本和系统风险，减少了城市化势能的损失，并且增加了农村剩余劳动力城市化决策预算约束线的纵截距和斜率，从而促进了城市化水平的快速提升和社会福利水平的大幅度提升。特别是与计划经济直接相关的户籍制度、就业制度、土地制度、行政管理制度、城镇建设和投融资体制、市镇建设的有关法律制度、人口流动制度、各种社会福利保险制度等的变革，以及市镇设置标准的下降和设市设镇模式的变化，对我国城市化的进程产生了极大的推动作用。另外，工业化的作用间接地对城市化产生影响，包括民间资本积累与投资的激励机制、企业制度、投融资体制、财税制度等。

三、影响我国城市化发展的因素

（一）我国城市化的主体因素

首先是政府主体，由于特殊国情而一直存在的城乡二元户籍制度，始终是阻挡流动人口城市化的一面高墙，越是发达的城市，这种阻碍就越大。为尽可能减小户籍制度对流动人口的影响，国家出台了居住证制度和积分落户政策，以期推动流动人口的城市化进程。但是由于对申领居住证人员的限制较多，并且出于对城市人口容量的考量以及受到申领人员理性的权衡等多因素的影响，流动人口城市化的进程一直比较缓慢。此外，政府主体之间缺乏完善的沟通机制，使得居住证背后所附着的福利和保障与城市居民所享受的户籍制度带来的福利和保障相距甚远。居住证的办理只是一块敲门砖，流动人口并未真正享受城市户籍所带来的福利和完善的社会保障。居住证和积分落户政策一定程度上可以缓解流动人口在城市的尴尬处境，但是"治标不治本"。制度与现实需要的脱节和沟通机制的不畅严重阻碍了流动人口城市化进程。

其次是市场主体，从乡村和其他城市来到新城市的流动人口，大多数是为了寻找一份理想的工作，获得一份较高的收入，追求更加美好的生活。但是由于自身受教育程度和自身技能的约束，大多数流动人口并不能实现自己想象中的高薪，反而因为城市的生活、交通、医疗、教育等成本的增加，生活质量并没有得到很好的提升。市场主体提供的就业机会和就业质量是决定流动人口留下还是离开的物质基础。

最后是公众主体，主要包括城市居民群体和进入城市的流动人口群体。城市居民和流动人口因为人口迁移和地域流动而共处于同一个场域之中，不可避免地会发生一系列的社会互动。城市居民对流动人口的态度不仅影响流动人口的社会情绪，还会影响其对社区的归属感。有研究指出，城市本地居民对外来人口的态度为"能包容而不融合，有距离而不歧视"，主要表现为愿意与流动人口交往，但是不愿意建立更加亲密的关系；能够正确认识到流动人口对社会的贡献，但是仍然会与其保持一定的社会距离①。流动人口自身受教育程度较低、卫生健康意识薄弱、生活方式和行为模式与城市人口不一致等，导致城市居民对流动人口的社会包容度较低，这些都成为流动人口城市化治理的巨大障碍②。

（二）我国城市化可持续发展的影响因素

城市化可持续发展是指城市在一定的时空尺度上，在一定地域内与其外部相和谐、统一，城市内部组织结构和运行机制协调优化，以公平的原则实现城市资源和环境的管理，促进城市资源、经济、社会和环境之间协调发展的过程，是一种新的城市发展模式。其内容始终贯穿了对环境、经济、社会问题的综合思考，同时依赖于信息、技术、政策等方面的支持。这些方面的因素相互联系、相互依存，共同构成错综复杂的城市可持续发展系统③。

城市化的发展涉及可持续性、持久性的发展。城市可持续发展是指在一定的时空尺度上，以长期持续的城市增长及其结构变化，实现高度发展的城市化和现代化，从而既满足当代城市发展的现实需要，又满足未来城市的发展需求。1987年，在《我们共同的未来》报告中，布伦特兰夫人将可持续发展定义为："可持续发展是指既满足当代人的需要，又不对后代人满足其需要的能力构成危害的发展。"其内涵是：健康的经济发展应建立在生态可持续能力、社会公正和人民积极参与自身发展决策的基础上。随着可持续发展战略，特别是《21世纪议程》在全球范围内贯彻实施，我国于1994年制定了《中国21世纪议程》，提出我国可持续发展城市的目标是：建设成规划布局合理，配套设施齐全，有利工作，方便生活，住区环境清洁、优美、安静，居住条件舒适的城市④。影响我国城市化可持续发展的因素有以下几个。

第一，人力资本。人力资本是劳动者的知识水平和体力水平的度量，特别是劳动者掌握知识的程度、运用知识的能力以及进行创新的能力，是生产力诸因素中最活跃、最积极的因素，也是城市经济持续发展的关键。这可以从它对于经济健康持续增长、收入平等分配和人与自然关系（简称人自关系）和谐的作用中体现出来，并且人力资本的积累和结构的优化可以促进可持续发展意识的培养。

经济健康、持续增长是可持续发展的基础。丹尼森和美国劳工部对1948—1989年美国经济增长的源泉估算表明，教育和知识进步对经济增长的贡献率达到42%，超过了物质资本的贡献率（37%），若把投入生产的劳动力的数量贡献也包括进去，则人力资本的贡献率达到63%。舒尔茨等人的研究表明了人力资本对于收入分配的重要

---

① 孙远太.城市居民对外来人口的社会态度及其影响因素分析[J].调研世界，2016（6）.
② 谭日辉，王涛.留下、离开还是等待——流动人口城市化的群体分异及其治理[J].北京师范大学学报（社会科学版），2019：276（6）.
③ 螳群.城市可持续发展中的主要制约因素[J].中国工程咨询，2006（9）.
④ 王启仿.影响城市发展的十大因素[J].天地文化，2002（3）.

影响，国内有关研究也认为，教育等人力资本因素对于收入不平等的影响呈倒"U"形状，随着国民教育程度的提高，收入不平等会经历一个先扩大后缩小的过程。人力资本的平等化功能体现在两个方面：一是人力资本的收益率要高于物质资本的收益率；二是人力资本在社会成员中的分配更加平等，它不像物质资本和金融资本可以通过积累而扩大并仍然集中于所有者手中，人力资本在任何规模上的扩大都必须内含有它在人口中的更为广泛的分配。从这个意义上，随着人力资本的积累，收入分配会趋于平等。人力资本的积累还是缓解和克服贫困的有力手段。除老弱病残者外，使一个人或一个家庭贫困的原因各异，但有一点是相同的，即人力资本缺乏、受教育程度低、缺乏职业技术培训等。同时，人力资本能够促进人与自然关系的和谐。这体现为人力资本的积累能提高自然资源的利用效率，人与自然关系和谐要求减少某些资源特别是不可再生资源的开发和利用；同时，提高资源特别是不可再生资源的利用程度，需要改进技术、逐步减少污染以及对自然环境的其他破坏。

第二，科技发展。科学技术是第一生产力，是推动社会进步和实现城市可持续发展的重要手段。没有科学技术的支撑，就无从谈起人类的可持续发展。所以，实施可持续发展战略，就必须加快科技进步，实现科学技术的持续发展。同时，在协调人与自然的关系和持续发展的问题上，科学技术促进可持续发展还必须建立在科学本身持续发展的基础上。

科技进步是国家坚持科学发展观，实施科教兴国战略，实现自主创新、重点跨越、持续发展并引领未来的科学技术工作指导方针，构建国家创新体系，建设创新型国家的手段和成就。科技进步在经济增长中起着重要作用。科技进步的内涵包括两方面内容：一是科技活动自身的规模与水平的提高；二是科技对经济发展及社会环境影响力的增强。舒尔茨研究表明：美国第二次世界大战后农业生产的增长中物质资本积累的贡献率仅为20%，其余80%是由科学技术引起的。

我国的城市经济增长仍然以粗放型为主，技术水平特别是产业技术还比较落后，大部分企业还不具备研究开发能力。发展科学技术，利用科技进步实现经济增长方式的转变，是影响和推动我国城市可持续发展的重要因素。20世纪初，科技进步对城市经济总量增长的贡献率为5%～20%，50年代为50%～60%，90年代为60%～80%，这表明科技进步对城市经济增长的贡献已经超过资本和劳动力的作用。同时，2009年中国的科技进步对GDP（国内生产总值）的贡献率达39%，科技进步为我国经济高质量发展注入强劲动能。党的十八大以来，企业的科技投入日趋加大，科技创新中心引领作用不断增强，对经济社会发展驱动作用日益凸显。2012—2021这十年，科技创新在引领新兴产业发展、助推传统产业升级、支撑重大工程建设等方面起到重要作用。同时，企业科技投入力度不断加大，占全社会研发投入比例达到76%以上，企业研发费用加计扣除比例从2012年的50%、2018年的75%提升到目前科技型中小企业和制造业企业的100%。全国高新技术企业数量从十多年前的4.9万家增加到 2021 年的 33 万家,研发投入占全国企业投入的 70%,上交税额由 2012 年的 0.8 万亿元增加到 2021 年的 2.3 万亿元。在上海证交所科创板、北京证交所上市的企业中,高新技术企业占比超过 90%[①]。

调整与优化产业结构,发展高新技术产业和资本密集型产业,都需要依靠科技进步。科技进步将改变传统的城市产出方式和管理模式;它将使城市向立体空间发展,改变城市的空间结构形态;使城市建筑智能化,使城市废弃物资源化,使资源的综合利用率大大提高;改变人们的工作方式与生活方式……推动与促进城市的可持续发展[②]。

第三,城市污染。改革开放四十多年来,中国取得了举世瞩目的经济发展成就,但同时也出现了日益严重的水污染问题。生态环境部发布的《2018 中国生态环境状况公报》显示,截至 2018 年在全国 10168 个地下水水质监测点中,水质为较差和极差的监测点占比高达 86.2%。同时,2016 年,水利部出台了《水生态文明城市建设评价导则》,提出了相关指标体系,并指出水生态文明城市是指在城市内部达到水系完整、水体流动、水质良好、生物多样、安全保障、文化传承等目标要求,实现人水和谐的城市。截至 2019 年,已有 99 个试点城市圆满完成各项建设任务并通过验收[③]。

第四,城市人口。人口规模过小的城市,规模收益很低,而外部成本很高,经济效益较低。人口规模适度的城市可以提供良好的基础设施条件,较完善的生产、金融、信息、技术服务、市场,并且会由于企业和人口的集中而在技术、知识、信息传递、人力资本贡献等方面形成溢出效应,因而会产生较高的经济效益。在达到一定的规模后,边际收益的增加幅度会小于边际成本的上升幅度,而使经济效益下降。城市居民从城市中享受到的社会福利与城市人口规模也表现出类似的规律。

城市是生态系统中的子系统,它不能脱离环境这一载体,城市的一切要素来源于自然,产出的废物又都排向自然。而自然资源与生态环境都有一定的承载限度,如果超越这一限度,城市就会失去发展的潜力,甚至失去存在的自然基础。随着城市人口规模的扩大,有限的空间使城市基础物资供应越来越糟,城市供应成本越来越大,众多人口的存在对城市生态环境造成了相当大的威胁。

目前我国城市人口现状及其影响如下:一是人口增长过快对城市经济、社会、资源、环境带来较大压力,城市资源环境承载力受到严峻挑战。要实现城市的可持续发展,必须有一个适度的人口规模。适度的人口规模使城市系统整体达到最优状态,是城市经济效益、社会效益和环境效益的最佳容量规模。二是城市人口整体素质低成为

---

① 中国这十年——科技创新对经济社会发展驱动作用日益凸显[EB/OL]. https://m.gmw.cn/baijia/2022-06/06/1302983504.html. [2022-06-06]
② 王启仿. 影响城市发展的十大因素[J]. 天地文化,2002(3).
③ 邵帅,刘丽雯. 中国水污染治理的政策效果评估——来自生态文明城市建设试点的证据[J]. 2022(5).

社会经济发展的主要"瓶颈"。受城镇人口的低生育率影响,以及随着城市化水平的提高所带来的大量农村剩余人口,降低了整体人口文化素质。三是城市老龄化问题严重。伴随人口年龄结构的转型,人口老化问题已不可避免。我国现在已经成为世界上老年人最多的国家之一,老年人占全球老年人口总量的1/5。四是城市人口流动加速,剩余劳动力的转移与利用问题亟待引导和解决。2019年末我国流动人口2.36亿人,占全国总人口16.8%,且呈继续增长的趋势。五是城乡就业矛盾突出,劳动力资源不能得到有效的开发和合理配置。

特别需要指出的是,贫困和新贫困是城市人口中影响城市发展的主要因素之一。我国向市场经济体制转轨的过程中,由于企业改革进程加快,隐性失业状态的体制性冗员被大量排出;国民经济产业结构调整过程中结构性失业人数增加;增长方式向集约性方向转变,导致劳动要素不断为资本、技术要素所取代;经过长期发展后,卖方市场格局已被买方市场格局所取代;生产过剩导致减员,在工业化过程中农村剩余劳动力向城镇和非农产业转出;同时,分配制度向体现效率优先的原则发生转移;加上社会保障制度不完善,社会资源的分配不公,地区、行业之间的收入差距,权力腐败,贪污受贿,经济机会不均等因素,使得我国城市失业人数、下岗人数不断增加,造成一部分城市居民生存和生活陷入困境,收入分配差距不断扩大,城市贫困问题逐渐由隐性转向公开。至今,我国城镇居民收入差距还处在继续扩大的时期,城市贫困问题在相当长的时期内还会继续存在,如果这种状况得不到改善,城市贫富分化现象将会加剧,将会成为影响我国城市社会稳定、影响城市可持续发展的一个重要因素。

第五,城市文化。文化是人类创造的物质财富与精神财富的总和,城市是人类文化进步的产物。城市可持续发展的观念,不仅应体现在物质资源与自然资源的永续利用和可持续发展上,更重要的应体现在文化知识与人类精神文明的可持续发展上。

城市文化主要以城市人口文化素质(思想道德素质、文化科技素质、社区文化、服务文化)、文态存在形式(教育、文化艺术、广播电影电视、科研与技术服务)和物态存在形式(住区文化、企业文化、建筑文化、道路广场交通文化、市政公用设施文化、园林生态文化)表现,它们密切联系、相互交融,成为联结全体居民的精神纽带,形成了城市持续发展的凝聚力,给人们以感召和策动,具有吸引人才、技术、资本的独特性,它的保持和发展可以增加城市持续发展的各种社会价值、经济价值以及文化价值,降低持续发展的成本。如西湖与杭州相依两千余年,没有杭州就没有今天的西湖,在某种程度上可以说西湖文化即杭州文化,它对杭州城市的发展起着巨大的推动作用。

良好的城市文化,有助于城市居民形成向上的精神风貌,这样可以减少犯罪,从而减少安全的成本,同时还可以减少城市居民吸毒等危害自身和社会的行为,而让人把精力都转到城市的文化和经济的发展上,引导城市可持续发展。城市文化的社会价值具有广泛的外部性,城市文化的形成和发展,有利于城市自然环境的保护和发展、城市居民自身素质的提高和发展、城市创造力和创新的保持和发展、城市旅游业的保持和前进,所有这些都与可持续发展相一致。

第六,公共政策。城市可持续发展是一种全新的城市发展观,要求我们用系统、综合、辩证的观点去正确处理城市经济社会、生态环境的相互关系。由于市场机制存在外部不经济性、易受近期利益的驱动、对公共设施的忽略等缺陷,必须由城市政府倡导和督促,也必须依靠城市政府的计划调控、规划管制、财政税收、政策、制度、法律等公共干预方式来协调、推动,实现城市的可持续发展。

公共政策具有明确的规定性和明显的指导性作用。可持续发展是我国城市发展的基本战略,必须要有相应的政策体系,包括环境保护政策、经济发展政策和社会政策等,以及法律法规作为保证和后盾,通过法规约束、政策引导和调控,确保环境与社会经济的协调发展。总之,我们必须把社会、经济与环境作为一个整体来进行规划,实行环境与发展的综合决策。

公共政策中直接关乎民生的是社会保障。社会保障制度是现代社会的安全网,它直接关系到社会的稳定,关系着每一个人的切身利益,也直接影响着社会公平与经济发展质量和整体经济效益。在从计划经济福利保障体制向市场经济社会保障体制转变的过程中,我国社会保障体制仍存在许多问题:一是社会保障覆盖面太窄,尚未建立起覆盖全体公民的社会保障制度,特殊待遇仅仅针对一部分特殊社会群体,不少弱势群体成员(如农民工)依然游离在社会保障的范围之外。二是社会保障资金缺口大,基金收不抵支的问题亟待化解。三是整体缴费水平太高,加重了承担者的负担,特别容易使最需要社会保障的群体由于不堪重负而退出保障。四是现行社会保障的法制不健全,管理机构分散,政策不统一,缺乏良性的运行机制。因此,要实现社会保障的可持续发展,社会保障应在与经济发展相协调和配套的前提下,加快社会保障法制建设步伐,建立多层次的社会保障体系,保持社会保障基金来源的可持续性,完善社会保障管理体系,逐步优化社会保障运行机制①。

---

① 螳群.城市可持续发展中的主要制约因素[J].中国工程咨询,2006(9).

第三节　中外城市化发展进程

一、国外城市化及其问题

（一）美国城市化发展进程

美国是高度城市化的国家，早在19世纪就开始了从农村社会向城市社会的转变。工业化的启动以及国内市场的扩大使城市数量迅速增加、城市规模逐渐扩大，城市空间结构也随之发生显著变化，由最初的紧凑和密集结构向多中心分散结构发展。如今，美国的城市化又出现了一系列值得探讨的新趋势，其发展的一般规律以及特点对我国的城市化有重要的借鉴意义。

1. 推动美国城市化发展的主要因素

城市化的历史并不等同于城市发展的历史。城市出现于早期社会，其出现受到商品生产和交换的影响。美国城市发展始于1609年的欧洲移民，由于地缘因素以及自然优势，早期城市主要是港口城市，集中于美国东海岸，如纽约（1625年）、波士顿（1630年）、查尔斯顿（1680年）、费城（1682年）。城市化则是近代工业化的产物，工业化促使城市手工作坊转变为工厂，城市由原来的商品集散地转变为工业生产集中地，非农人口逐渐向城市集中并最终超过农业人口，这是初步的城市化。纵观美国的城市化历程，可以将美国城市化的历史分为三个阶段，即城市化酝酿时期（1690—1830年）；城市化开始、加速及初步完成时期（1830—1920年）；城市化的新阶段—郊区化时期（1920年至今）。每个阶段都具有鲜明的特征，结合各个历史阶段的特点，可以发现影响其城市化过程的一些主要因素。

（1）城市化的工业、交通。城市化和工业化是现代社会的一对孪生兄弟，从狭义的现代化观点来看，同被视为现代化的同义词，尽管现代化不仅包括经济的现代化，还包括政治的现代化、文化的现代化以及社会生活各个方面的现代化。内战后，美国的经济、社会重心由乡村向城市转移，经济发展和技术进步的推动，美国的城市化进程异常迅速，在半个世纪内完成了城市化。此后，城市经济及生活方式向郊区和乡村扩散、渗透，城市化向深层发展，城市和郊区、乡村间的差距不断缩小，整个国家的城市化趋于成熟。

19世纪末，科学技术得以普及和广泛应用，美国农业经历了一场技术革命。同时，农业机械化的广泛使用，使农业获得了长足的发展，生产率得到了很大程度的提高。农畜产品不仅满足了城市市场的需要，而且还远销海外市场。农业部门所生产的大量廉价产品，为城市发展提供了必要的食品。同时，农业生产率的提高还解放了大量的农村劳动力，并使这些农业人口以前所未有的速度走向城市，从而有力地推动了城市化进程。

大工业还创造了全国性的交通网络，城市沿着交通线从港口向内陆腹地推进，形成了全国性的城市网。内战前，美国的交通已有一定的发展，在东北部形成了水路和铁路的交通网，造就了东北部的地区性城市网。但是，中西部交通十分落后，有些地方甚至人迹罕至，这些地方的城市化程度之低是可以想象的。内战后，美国兴起修建铁路热，大铁路向西部延伸，铁路网迅速地覆盖了整个国土。纵横交错的铁路网将城市网从东北一隅逐次拉开，向西部、南部荒野撒去。大铁路切割了广袤无垠的西部荒野，村落逐渐增多，并成长为集镇，集镇又发展为城市，全国性的城市网最终得以形成。"荒野中城市"反映了这一时期城市的兴起，也反映了乡村国家向城市国家的转变。

市内交通状况的改善和高层建筑的兴起促进城市扩张，这是现代城市发展的重要特征。内战前，美国城市规模一般都不大，也就是从中心向四周辐射3英里（1英里≈1.61千米）的范围内[①]。城市狭小，人口不多，基本上不超过10万人，城市规模的无法大幅度扩大受制于落后的市内交通。19世纪中叶，美国城市交通工具是公共马车和在铁轨上行驶的马拉街车，这些交通工具运客较少，价格昂贵。内战后，城市交通领域发生了一系列变化。1867年，纽约市建成了第一条高架铁路。1887年，斯布拉在里士满把新发明的电车投入使用，从而开始了城市交通的革命。19世纪90年代，纽约等城市出现了地铁。

被誉为"金字塔之后最大公共工程"的州际高速公路，彻底改变了美国城市的分布状态。建设州际高速公路的初衷是希望通过建立城市间"无信号灯"的长途交通，使车辆能够快速进出城市来解决城市中心的交通堵塞问题，但原本为长途旅行建造的"城市外围环路"却逐渐演变为郊区的"交通干道"。

到20世纪初期，美国已具有高架、地面、地下并行的发达的城市交通系统。市内交通的一系列变化意味着安步当车的旧时代结束，城市开始向周围扩展。城市交通状况的改观还使早期的商业小城向现代大都市发展。乡村和小镇的人口以及工厂纷纷向城市聚集，城市规模迅速扩大，城区范围扩张到过去的郊区，并具有了更远的边缘和郊区。这一时期的纽约、费城、波士顿等城市都经历了剧烈的扩张，比半个世纪前扩大了5～10倍。

19世纪末，由于电梯的发明和优质钢材的生产，城市开始向高空垂直发展，建造高层建筑成为一种时尚，高楼大厦成了现代化的标志之一。到了20世纪初，几十层的摩天大楼相继拔地而起，构成了"城市风光"的主体。1929年，纽约市就有188幢摩天大楼，曼哈顿区则大厦林立。1906年，小说家亨利·詹姆斯曾对纽约港做过这样的

---

① 李庆余. 美国的现代化道路［M］. 北京：人民出版社，1994.

描述："无数的摩天大楼耸立在水面上，就像在昏暗中随便地把豪华的扣针往坐垫上到处插。"高层建筑使人口、工厂聚集到城市狭小的范围内[①]。

总之，到20世纪初，美国已具备了实现全国城市化的条件，它拥有发达的现代化大农业和大工业，拥有全国性的铁路网，拥有现代市内运输工具和高楼大厦，这为美国的城市化奠定了基础，是美国城市化及其后来发展的基础要素。

（2）人口流动和城市化。美国城市化是外激型而不是内生型的，是通过人口、工厂以及各种机构向城市流动，而不是通过城市人口的自然增长和工业经济的自我发展来实现的。工业化时期，人口、工厂、商业机构等向城市集中的第一个目的就是追求经济效益。在强烈地追求经济效益的市场机制作用下，企业必然向地理位置优越、社会经济环境有利的空间（城市）聚集。这方面中小企业表现得更为明显。按现在的标准看，19世纪的美国工商企业的规模一般都不大。小企业集中于城市，尤其是中心城市，才能互相补偿，最大限度地获得较高报酬，获得廉价劳动力。工厂、商业聚集城市促使乡村经济向城市经济转化。

对居民来说，聚集在城市也可以从中获利。城市居民接近工厂和劳务市场，可最大限度地选择报酬较高的工作，并可以节省工作往返所需要的交通费用；同时还能充分利用城市公共设施为己服务。

首先，人口向城市流动的最重要原因是城市所具有的凝聚力，这种凝聚力首先表现在文化生活方面。工业化时期的城市已呈现出一派繁荣的景象，城市街区光怪陆离，城市生活丰富多彩。戏院是人们最喜欢光顾的地方，这里上演古今名家的剧作，它像磁铁一样把城市各个角落的人吸引到中心。20世纪初期，电影开始出现，给城市生活注入了现代气息。1905年，电影院在美国开始出现，到1907年已有5 000多家。城市还有许多娱乐公园、博物馆、运动场及俱乐部等设施，它们为城市居民提供了娱乐和消遣的场所；城市居民热心于各种体育活动，如骑自行车、划船、打棒球等。城市酒吧则是社会下层消遣解闷的好去处，而红灯区的非法娱乐对商人、企业家又颇有吸引力。美妙的城市生活确实令人流连忘返。

其次，城市众多的公共设施为居民带来了方便，使人们享受了现代文明。电车、地铁等快速交通工具使居民工作和居住地之间的距离缩短；室外街道宽敞，室内电灯辉煌；电话电报沟通了信息。城市生活就是如此方便而舒适。城市教育，尤其是高等教育系统显示了城市的优越性，它培养了社会发展所需要的各方面人才，为人们提供了提高自身社会地位的有效途径。

城市凝聚力主要表现为经济机会众多和物质富裕。一幢幢营业大楼拔地而起，一座座新工厂相继出现，创造了无数的经济机会，吸引了庞大的劳动大军。城市中心的百货商店窗明几净，商品琳琅满目，向社会显示了城市的物质富裕。

---

① 李庆余. 美国的现代化道路［M］. 北京：人民出版社，1994.

城市繁荣和物质富裕，使其居民的收入远较乡村优厚。据1890年的统计，城市居民平均家庭财富超过9 000美元，而农村家庭则为3 250美元，收入差距悬殊。由于城市居民收入较多，其生活水准也相对较高，这对乡村居民无疑具有巨大的诱惑力。

再次，社会经济结构的变化。从社会流动的角度来看，社会分为封闭型和开放型两类。在封闭型社会，人口固定在特定的地方，缺乏流动性，社会结构经久不变，这阻碍了社会经济的发展。前工业社会就是典型的封闭型社会。由于农业自然经济的束缚，人口世世代代固定在原先的生活环境中，人口流动现象极为罕见。正是这种封闭性使前工业社会发展缓慢，城市化停滞不前。工业化使社会经济结构发生了变化，自给自足的经济被市场经济所取代，封闭型社会逐渐转变为开放型社会。开放型社会的人口流动性大，人们以空前的规模从一个地方流向另一个地方，从农村进入城市，从城市迁往郊区。社会流动对经济发展无疑是有利的，这是工业化和城市化不可缺少的动力。

最后，美利坚民族价值观。美国人很早就具有高度的流动性，这同其价值观是不可分的。美利坚民族是一个独特的民族，个人主义和平等为其重要的价值观，在边疆拓殖和西进运动中得到进一步的发展，使美国人处于高度流动之中。工业化时期，人口大规模地向城市流动，去开拓新的领域，追求新的成功。

向城市流动的人口主要是欧洲移民和乡村人口，这种价值观使美国的城市化得以迅速完成。工业化、城市化时期恰为美国历史上的第二次移民时期，移民如潮水般地涌入东部城市，还有一部分通过火车到达中部和西部城市。仅1860—1900年，进入美国的欧美移民就有1 400万。这些移民与早期移民的来源有所不同。前者大多来自南欧和东欧国家，被称为新移民；后者来自西欧和北欧发达国家，被称为老移民。老移民中许多人迷恋于杰斐逊的农业社会思想的田园诗般的乡村生活，持有传统的乡村价值观，憎恶城市，驻足乡间。新移民与老移民在定居方式上有所不同，新移民是为了寻找经济机会而来到美国，因而大多聚居在城市，城市给他们提供了充足的经济机会，使其得以立足。此外，城市还为他们同亲戚、朋友进行密切的接触提供了条件，并使他们保持同其母国的联系。据1900年的调查，外国移民构成了美国最大的十个城市人口的40%，移民第二代则构成了人口的20%。因而，移民及其子女构成了这些城市人口的大多数，这既反映了城市移民的比重之大，也反映了移民城市化的程度之高。

乡村人口向城市聚集是人口流动城市化的另一个源泉。乡村人口也像外国移民一样，是被城市丰富多彩的经济机会所诱惑而流向城市的。1860—1910年，美国城市人口增加了7倍，而乡村人口只增加了1倍。这从一个侧面反映了乡村人口向城市流动的程度。不仅如此，有些乡村地区人口因大量流失而出现大幅度的负增长，这种现象在东北部和中西部最为明显。东北乡村衰落是内战后的持久现象，邻近的繁荣的工业城市吸引了大量的青年男女，使乡村发生了被城市经济学家称为"倒流效果"的现象，经济呈现衰退萎缩之势。在人口向东部城市大规模聚集的同时，西进运动仍在继续。

西进运动使中西部边陲和西部荒野的定居点增多，城市随之成长起来。

美国的城市化就是在乡村人口流向城市、新城市大量兴起的过程中实现的。1870年，美国城市人口仅占其总人口的1/4，1910年则达到了1/2，1930年达2/3。在城市人口比例上升的同时，城市数量急剧增加。1860年，人口在1万以上的城市有100个，而到1910年则猛增到600个；同时，人口在10万以上的城市则由9个增加到5个。

美国城市化的发展不是平衡的，它带有很大的地区差异性。东北部的城市化程度最高。1900年，该地区城市人口占其总人口的6/10。相比之下，中西部仅有3/10，南方则有1/10。东北部是美国的经济重心所在，陆路和水上交通发达，因而形成了全国最大的工业带。在此工业带内，城市密集，全国最重要的大城市大多集中在此，如纽约、波士顿、费城和华盛顿等。这些城市及其周围的集镇和乡村后来发展成为东北集合城市。

2. 美国城市化过程带来的社会问题

（1）美国城市化过程中社会问题产生的原因。美国城市化的发展迄今为止已有200年的历史。在这200年的历史潮流中，城市化不仅推动了工业化进程，促进农业进步与技术革新，而且还推动了国家政治制度民主化与科学文化教育事业的发展。但是城市间发展不平衡，城市经济发展与市政管理机制转换、转变不同步等原因导致人们观念滞后，给城市化带来了许多社会问题，产生城市病。城市病在城市化的不同阶段其症状与严重程度均有所不同。从发达国家来看，城市化水平为50%左右时，城市病最严重。美国的城市化进程：1860年初步城市化，1920年基本实现城市化，其后进入高度城市化阶段。其中，1860年到1920年正是美国城市病发病的高峰期。在这个阶段中城市病最严重，问题最突出。其原因有如下三点。

首先，新旧体制转换出现断层，各种矛盾暴露无遗，且又未能妥善解决。城市化水平达到50%时，一个传统的乡村社会基本达到现代城市水平。城市的迅速发展特别是大城市的崛起，使城市社会日益复杂化。然而旧的自由放任机制虽然基本已不适用了，但新的有效的社会控制系统还未健全。于是便形成了一种机制与权力的"真空"，一些职业政客——政党势力、帮派势力、大企业的代理人乘虚而入，使得城市处于城市老板及其帮派的把持下。结果造成市政管理混乱和市政建设的无政府状态，市政腐败不堪，贪污、贿赂盛行，许多问题非但不能解决，反而越来越糟、越来越多、越来越难解决。

其次，在处理经济效益与生态效益、社会效益的矛盾时，往往只注重经济效益，不顾及生态效益与社会效益，于是就出现了诸如环境污染、住房拥挤、交通运输堵塞、治安恶化与犯罪率上升等一系列社会问题。一般而言，经济效益、生态效益与社会效益是互相联系、互相制约的有机整体。生态效益、社会效益需要经济效益作为后盾，反之它们也会促进经济效益的增加。然而城市化水平达到50%以前，由于经济实力不够强大，难以顾及其他，因此会出现只追求经济效益并"以经济效益高低论成败定政绩"的现象。同时，在基本城市化阶段，这三者相辅相成关系尚未充分显露，因而也难以被人们认识，由此而产生的社会问题及其危害就更加难以预料，所以未能把生态效益和社会效益当作重点来抓。

最后，在社会急剧变革时期，传统的法律、道德、观念与现实脱节或相互冲突，导致一些人心理失衡、行为失范。其极端表现就是：犯罪、吸毒、暴力、精神错乱等。就像当代美国学者罗伯特·默顿所指出的那样：凡是一个文化目标和达到这个目标所规定的手段之间发生脱节的地方，无准则的状况就普遍存在。当这种情况发生时，尖锐的犯罪问题和少年犯罪问题随之而起①。

(2) 美国城市化中社会问题的具体表现。如上所述，1860—1920 年美国处于基本城市化阶段，正是城市社会问题集中爆发时期，具体表现如下。

第一，城市环境和基础设施问题。城市的公用事业、服务性行业远远落后于城市发展的需要，于是垃圾、污水、工业废料、废气处理以及住宅、交通、消防、保健等问题接踵而来。例如 1884 年的匹兹堡："从最好的方面来说是个烟雾弥漫的阴森森的城市；从最坏的方面来说，世上再也没有什么地方比这个城市更黑暗、更污秽、更令人沮丧的了。匹兹堡位于软煤层地区的中心，从住家、商店、工厂、汽船等处冒出的一股股烟柱汇成一大片乌云，笼罩该城所在的狭窄山谷，直到太阳冲破重重乌云黑雾，显露它那黄铜色的圆脸来……城市住户和工厂燃烧的煤炭有很大一部分浓烟直冲九霄。"②

第二，随着生产和资本的积聚与集中，贫富差距日益扩大，贫民窟问题越来越成为社会问题最集中、最鲜明、最尖锐的反映。贫民窟多位于市中心区，居民主要是黑人、外来移民。在贫民窟里，不仅人口过度拥挤，房屋简陋不堪，而且公用设施及服务设施缺乏。"1890 年，美国平均每套住宅居住 5.45 人，而纽约却高达 18.52 人，辛辛那提是 8.87 人，芝加哥是 8.6 人，波士顿 8.52 人。" 1879 年，纽约市的贫民窟住宅即已有 2.1 万个，至 1900 年增至 4.3 万个，容纳居民高达 150 万，而当时整个纽约市人口尚不足 400 万。还有，在贫民窟集中区，卫生设施极不完备，甚至可以说根本没有。梁启超访美回忆中把城市化水平最高的纽约描述为"天下最繁盛者莫如纽约，天下最黑暗者殆亦莫如纽约"。据调查，贫民窟的死亡率很高，仅 1890 年，居住在贫民窟的 50 万人中，死亡率就比其他地区高 4 倍。霍乱、伤寒、猩红热等流行性疾病四处蔓延。1910 年，纽约市仅有 5% 的人活到 60 岁，1.5% 的人活到 70 岁，有 1/5 的幼儿不能活到 5 岁。1923—1927 年纽约哈莱姆贫民窟人口死亡率为 42%，婴儿死亡率与肺结核死亡率最高。19 世纪末从"陋巷"出现的流行性霍乱甚至威胁到了纽约的安全。此外，

---

① 斯卡皮蒂.美国社会问题 [M].刘泰星，等译.北京：中国社会科学出版社，1986：295.
② 菲特，里斯.美国经济史 [M].司徒淳，方秉铸，译.沈阳：辽宁人民出版社，1981：585.

由于居民文化程度低乃至是文盲，绝大多数是非技术劳动力，因而就业困难，黑人还遭受种族歧视，在1930年其失业率高达50%。

第三，人口、工厂集中于城市，使城市变得拥挤不堪。纽约、芝加哥、费城等在20世纪初人口已超过百万，其他城市人口增长的势头也很猛。人口激增，城市房屋已无法满足需求，致使现有的住宅十分拥挤。"1910年一个公寓委员会对纽约曼哈顿东区的居住情况做过调查，所有的房间中，三分之一的住着两个人，其余三分之二则住有3人以上。"城市住房拥挤，房主把老房屋租给新来者，由于年久失修，城市中出现了许多贫民窟，其居住条件令人难以忍受。城市长期奉行自由放任政策，没有长远规划，工厂区和住宅区混杂在一起。在匹兹堡，数百家工厂排出大量的废气，有"烟城"之称。大量的废铁、炉渣倒入河中，污染了城市的饮水源，严重威胁着居民的健康，城市居民的寿命低于乡下人。20世纪20年代，汽车开始涌入城市街道。越来越多的车辆集聚于城区狭窄的地区时，只能像蜗牛一样蠕动。根据1907年纽约交通调查，当时马车的行驶速度平均为每小时11.5英里，而汽车的速度每小时只有6英里。上下班交通高峰期，人们为候车、坐车或驱车穿越城市要花去几个小时。

第四，城市是个异质社会，城市各种族、各阶层在一定程度上处于彼此隔离的状态，这在美国被称为种族马赛克。具体地说，各种族、民族以同质形式居住在特定的街区，彼此间以拼图形式存在。贫穷的黑人和其他少数民族源源不断地涌进城市，20世纪20年代末，哈莱姆已完全黑人化了。南方黑人更是大规模地向城市流动，给城市白人居民带来巨大的压力，迫使白人以空前的速度从城市迁走。黑人大规模地向城市迁移带来严重的社会问题，引起了后来的种族骚乱和20世纪60年代的"城市危机"，还有道德沦丧、犯罪猖獗。20世纪初，城市道德沦丧主要表现为酒精麻醉和红灯区的糜烂生活。与此同时，由于两性关系紊乱，离婚率剧增，单亲家庭越来越多。据人口普查的有关资料，1880年到1890年，全国犯罪收监率上升了50%，大部分案件都发生在城市。

第五，市政腐败问题。市政腐败在当时各大城市中是司空见惯的现象。城市的迅速发展势必要修建公共设施、洁水设施、下水管道系统、码头和街道，也势必要大规模发展水、电、煤气和交通运输等公用事业。为此市政府也势必要发放大量的合同、特许权、补助金等。这些争夺的目标每项都无疑是一笔宝贵的财富，而准备好投标价格的掠夺成性的投机商比比皆是。按照大多数城市的管理规章，市议会有权发放市区铁路修筑特许权，签发承包公用事业的合同以及购置城市公共设备等。于是城市老板便操纵市议会，钻没有正式且严密的法定程序的空子，大肆出售特许权和承包合同，从中收受大量贿赂，并进行房地产、公用事业、股票投机活动，牟取暴利。种种以权牟利的肮脏交易，不胜枚举。这种城市老板操纵下的市政管理体制，已成为市政腐败的温床。

第六，犯罪问题。19世纪后半期，美国的犯罪率急剧上升，而大多数案件发生在城市，特别是大中城市。19世纪80年代监狱囚犯增加了50%，其中儿童占1/5。另外据芝加哥《时报》披露，从1881年到1898年，该市杀人案件从1266起剧增到7480起，增加了5倍之多[①]。

第七，面对当时城市快速发展而产生的大量的城市问题，城市政府却没能采取相应措施予以解决。于是握有市政实权的城市老板与各大企业沆瀣一气、互相利用，腐败之风充斥于市政管理，市政建设弊端丛生，出现了严重的无政府状态。城市公用事业、服务性行业等远远跟不上城市发展的需要。19世纪末，在费城和圣路易斯，其排水系统总长度仅相当于这两个城市街道总长度的一半多一点。而巴尔的摩、新奥尔良和莫比尔等城市依旧大部分靠露天排水沟排泄污水，污染问题相当严重。"城市老板还利用他们对市议会的操纵，明目张胆地出售特许权和承包合同，进行房地产投机和公用事业股票投机等活动。倘若妓院、酒吧的老板乃至某些罪犯能够给他们一笔相应的贿赂，就可为非作歹，肆意妄为。一些大企业向城市老板行贿后，不仅可逃税，甚至连永久的特许权都买得到。"

3. 美国城市郊区化发展趋势

郊区化是指由于大城市中心区地租昂贵、人口稠密、交通拥挤、环境恶劣，人口、产业从市中心向郊区迁移的一种离心分散化现象。郊区化主要包括三种外迁过程：一是人口外迁，主要是城市中心的巨大人口压力引发的；二是商业外迁，人口的外迁导致为城市居民提供服务的商业服务部门随之外迁；三是工业外迁，市中心以外的土地价格低廉、税收低等因素也吸引企业向郊区外迁。

一般认为，现代郊区化起源于20世纪中叶，其实质是城市功能流向郊区，中心区的人口增长低于人口迁出的过程，是城市化发展进程中的必然现象，关于郊区化的研究主要存在两种对立的观点。一种是支持通过郊区化实现城市的"分散"发展与追求有机秩序，以霍华德（Howard）的"花园城市"、赖特（Wright）的"广亩城市"理论为代表。城市规划实践中的卫星城和新城运动就是这些思想的典型体现；另一种是反对郊区化，强调城市的集中发展、多样化与追求功能秩序，以柯布西埃（Corbusier）的"集中主义"城市建设和更新理论为代表[②]。通过研究美国郊区化现象，在有效发挥郊区化作用和解决郊区化造成的问题方面借鉴美国的先进经验，对中国城市空间发展作出有效的把握和引导。

首先，关于美国城市郊区化过程。美国城市化开始于1830年，至20世纪20年代基本实现了城市化。美国的郊区化在第二次世界大战之前经历了萌芽阶段和形成阶段，郊区化进程到第二次世界大战结束之后才大大加快，进入快速发展阶段。城市交通运输条件进一步改善，特别是汽车的普遍使用与高速公路网的建立，为美国城市化

---

① 王旭. 美国城市史 [M]. 北京：中国社会科学出版社，2000：126.
② 刘艳艳. 美国城市郊区化及对策对中国城市节约增长的启示 [J]. 地理科学，2011，7（7）.

的迅速发展创造了有利条件。而随着城市化出现的城市病，如犯罪率居高不下、人口密度大、黑人贫民及老年人数量多、环境污染严重、居民生活费用高等，使中心城处境更加不利，加剧了人们向郊区的迁移。随着人口外迁，城市中心商业也移往郊区，郊区商业区位于公路交会处或邻里中心，拥有的购物中心，形成郊区消费网络，该网络包括影院、餐厅、俱乐部、运动场等娱乐设施。

到1920年，美国城市人口首次超过农村人口，随后城市扩展开始逐步转向郊区，但这时期市中心仍承载城市的主要功能。第二次世界大战后，联邦政府住房政策向郊区倾斜，私人小汽车和高速公路等主要设备逐渐增加，郊区化进程大大加快。1970年，郊区人口超过市区人口，郊区的独立性和离心倾向显著增强，政治和经济上摆脱对中心城市的依赖，避免城市空间的过度集中，郊区化有效地缓解了聚集不经济的矛盾，为城市发展提供了新的空间，促进城市各地区的平衡发展，推动美国大都市区由单中心结构向多中心结构发展。郊区化过程还形成了规模巨大、结构复杂的都市连绵区，使美国大都市区的规模不断扩大，数量不断增加。同时也加速了人口的重新分布过程，通过郊区化的过滤机制实现人口按照种族、民族和阶级的界限重新分布，形成美国大都市区特有的人口分布模式；推动了美国中产阶级的扩大，并形成一种与城市生活方式不同的郊区生活方式和郊区文化，并融入中产阶级的生活。

作为城市空间扩展的一种表现方式，郊区化是城市功能外延的产物，对美国社会经济发展产生了深远的影响。然而，美国城市郊区化的整个进程，建立在郊区土地无限蔓延的基础上，也导致生态环境破坏、城市结构瓦解、阶层分化隔离以及社会生活被侵蚀等问题[1]。

其次，关于美国郊区化特征[2]。与经济发展水平相当的西欧相比，美国城市的郊区化表现出不同的显著特点，我们可以从郊区化的发展速度、郊区的发展模式和中心城市的命运等几个方面来考察。

从郊区化的发展速度来看，美国郊区的发展起点低，速度快。美国郊区的发展之所以起点低，是因为美国的许多郊区社区或城镇是在人口郊区化的过程中创建起来的，人口基数很小，而西欧的许多郊区城镇古已有之，人口基数已经很大。所以美国郊区化的发展速度就显得格外迅速，早在20世纪20年代郊区的人口增长率就已超过了中心城。而直到50年代，西欧九国中心城的人口增长率仍然高于郊区，两者分别为13.21%和5.55%。到了60年代，西欧郊区人口的增长率才有大幅度提高，为10.73%，几乎与中心城的10.81%持平。

从郊区的发展模式来看，美国与西欧也存在很大的差异。西欧的郊区化是在国土规划指导下进行的，郊区的发展有统一的规范，综合性集约化的郊区城镇是西欧郊区

---

[1] 刘艳艳. 美国城市郊区化及对策对中国城市节约增长的启示 [J]. 地理科学，2011，7（7）.

[2] 由于涉及美国郊区化特征的参考文献不多，因此，本部分内容主要取自孙群郎. 美国现代城市的郊区化及其特点 [J]. 社会科学战线，2002（6）.

发展的主要模式。以英国为例，由于霍华德的花园城市思想在英国产生了很大影响，英国政府决定限制大城市蔓延性的扩展。于是，1938年英国议会通过了一个"绿带法案"，在伦敦周围建立了一条宽5英里的绿色环带，禁止在环带以外建立居民社区，从而限制了伦敦的扩张。为了限制郊区的发展，政府还限制郊区到伦敦的交通流量，因此，在进入伦敦市区的郊区人口中，大约只有8%乘坐私人汽车。1943年，英国城镇与乡村规划部成立，该部有权控制国土的使用和对地方政府行使司法权。此后，在伦敦郊区建立了一系列集约性的卫星城，以缓解伦敦的拥挤问题，但不允许建立蔓延式的郊区，这一做法为其他欧洲国家所效法。而美国的郊区化没有严格的总体规划，虽然20世纪30年代联邦政府也曾经提出过"绿带建镇计划"，但由于私人资本的强烈反对而成为泡影。另外，虽然美国的每个郊区都有自己的规划，郊区居民区和商业、工业用地是分开的，但这种规划规模太小，被称为"零零碎碎"的规划，不能有力地控制郊区的蔓延。不仅如此，第二次世界大战后美国还大力修筑高速公路，加速了市郊之间的通勤，还实行了鼓励居民到郊区定居的住宅抵押保险制度和补贴制度，因此，美国的郊区化在第二次世界大战后呈爆炸式或蔓延式的膨胀，住宅和人口密度很小。这种郊区化模式被称为"美国模式"。

美国和西欧国家中心城的命运不同。美国城市在郊区化的过程中流失了大量的就业机会和中上阶层，税收基础受到严重削弱，而穷人和少数民族却不断向中心城汇集，福利负担加重，财政开支捉襟见肘，城市设施不断老化，因此中心城日益呈现出衰败的迹象。第二次世界大战后西欧城市虽然也出现了郊区化现象，但由于郊区化速度缓慢，而且没有出现穷人和富人在市郊布局上的分异，人口分布比较均匀，所以中心城并未表现出衰败的迹象。这种差别主要与欧美文化传统有密切的关系。西欧城市有一个悠久的规划传统，每个城市的发展都有严格的规划，个人利益要服从集体利益，局部利益要服从整体利益。另外，西欧人认为文明是城市的产物，西欧每一个大城市几乎都是一个文化中心，有着深厚的文化底蕴和强大的魅力，人们不可能让一个象征着本民族文化的大城市衰落下去。而在美国则个人主义盛行，并且存在一种根深蒂固的反城市文化传统，当中心城生活恶化时，人们在力所能及的情况下便一走了之，再也不关心中心城的命运，任凭城市衰败。所以，西欧的许多城市虽然在第二次世界大战中被摧毁却能复兴，而美国城市虽然在和平的环境中发展却如同遭受了战争的浩劫。另外，欧美地方政府体制的差别也引发了各自城市的不同命运。西欧城市政府的权限较大，有权控制其周围乡村的发展，可以拒绝向其提供某些基础设施，如燃气、电力、排水和供水系统等，从而可以控制郊区的蔓延。而美国情况恰恰相反，中心城与周围的自治市是平等的，因而中心城无权干涉其他自治市的事务，它们之间要协调发展，就需要相互配合。从政策角度来讲，美国政府对城市发展向来持自由放任政策，第二次世界大战后美国的住宅政策、免税政策和高速公路建设等还对美国郊区的蔓延起了推波助澜的作用。而在郊区化高度发展和大都市区政治巴尔干化的情况下，协调发展谈何容易。所以，美国城市无法掌握自己的命运，无法控制郊区的发展和维护自身的地位，因而在郊区化过度发展的过程中出现了衰落的迹象。

总之，自20世纪20年代以来，美国城市郊区化的速度开始加快，第二次世界大战结束初期与50—60年代呈爆炸式发展。到70年代初，美国基本成为一个郊区化的国家，同时，郊区人口的异质性不断增强。在人口郊区化的同时，美国的制造业、商业、服务业乃至办公业也迅速向郊区转移。到80年代初期，美国郊区的就业已经将近占全国总就业的一半，而在某些大都市区，郊区就业已经超过中心城市。因此，郊区表现出越来越明显的城市性特征。与经济发展水平相当的西欧国家相比，美国的郊区化表现出明显的不同特点。

最后，美国郊区化发展带来的边缘城市。郊区化是美国社会的主导生活方式之一，在20世纪90年代约半数的美国人居住于郊区。80年代以后，美国郊区化的一个新趋势是在扩散中又有相对集聚，城市结构由单中心向多中心转变。这些位于郊区的新兴中心不仅是传统的居住中心，而且已经演变为商业中心、就业中心，从而成为城市学者研究的热点之一。一时间新概念层出不穷：外围城市（outer city）、卫星城市（satellite city）、新城市（new city, neocity）、郊区城市（suburban city）、城市边缘（urban fringe）、技术郊区（technoburbs）及边缘城市（edge city）。其中最为引人注目的是边缘城市。边缘城市的观点是《华盛顿邮报》（*The Washington Post*）记者Joel Garreau于1991年在他的《边缘城市》一书中所提出的。Garreau认为，边缘城市是美国城市发展的新形式，是位于原中心城市周围郊区新发展起来的商业、就业与居住中心，而这些中心在30年前还是农田、村庄或纯粹的居住用地。这些新的中心具备了典型的城市功能：居住、就业、交通及游憩等，但建筑的密度比中心城市小。Garreau认为，边缘城市代表了20世纪美国城市发展的"第三次浪潮"（"第一次浪潮"是20世纪50—60年代的人口居住郊区化；"第二次浪潮"是20世纪70年代以后以超级市场为代表的商业郊区化；"第三次浪潮"则是就业岗位的全面郊区化）。因而，边缘城市是人口、商业及就业等多种因素综合作用的结果。① 而边缘城市的特征包括：建筑低层、低密度，以第三产业为主体的专业化产业结构，人口的多样化、隔离化，行政上无主体，空间上无界限。Garreau提出边缘城市的概念以后，引起社会各界的不同反响。在对边缘城市的评价上，各学科从各自的角度对它进行褒贬。无论如何，边缘城市是美国社会的一种客观存在，它是人口郊区化、产业信息化、交通小汽车化等多因素综合作用的结果，是当今许多美国人的自然选择，是城市空间重组和功能重构的产物。它反映了城市由单中心向多中心结构转变的趋势，是在扩散中的重新集聚。无论是优还是劣，它是一个重要的社会动向。

---

① 孙一飞，马润潮.边缘城市：美国城市发展的新趋势［J］.国际城市规划，2009（增刊）.

（二）其他发达国家的城市化进程

1. 英国

英国的城市化是自然而然发生的。工业革命之前虽有城市，但其发展非常缓慢，英国的城市化肇始于18世纪工业革命时期。工业革命为英国城市化提供了物质基础和生产技术等必要条件，工厂的设立创造了大量就业岗位，同时农村土地的自由交易导致的土地兼并释放了大量的农村剩余劳动力，使得大批农民进城，促进了大城市人口的迅速增加。英国对农民进城没有限制，因为早在1215年英国《大宪章》中就规定：除战时与余等敌对的国家之人民外，一切商人，若能遵守过去的公正习惯，皆可免除苛捐杂税，安全经由水路与陆路出入英格兰，或在英格兰全境暂留或定居以经营商业。这一规定即为世界上最早的自由迁徙的法律规定。工业革命促进和带动了第三产业的发展，进一步促进了农村剩余劳动力的转移，到1851年英国的城市人口超过了农村人口，成为世界上第一个基本实现城市化的国家。在城市化进程中，农村人口大规模涌向城市，由于进城农民的收入水平较低，大部分人只能居住在由他们自己建设的简陋住房里，于是拥挤脏乱、疾病蔓延和治安恶化等"城市病"便纷至沓来。为应对这些问题，政府和慈善组织通过建设廉租房和提供贷款等一系列措施改造贫民窟，使底层贫困群体住房问题得到部分缓解。为了解决城市的建设发展需要大量的资金问题，英国早在18世纪就按居民家中炉灶数目课炉灶税，后改为按房屋窗户征税。经过近300年的发展，形成了现有的包含住房财产税和营业房屋税的较为完善的物业税制度。物业税的征收既解决了城市公共服务的资金问题，又抑制了炒房投机行为，降低了城市的房价，促进了农民融入城市的进程。英国的城市化率在2014年达到82.34%[1]，成为世界上高度城市化的国家之一[2]。

2. 德国

德国的城市化起步要晚于英国，19世纪初城市化水平非常低，但德国工业革命大大推动了其现代城市化进程，促进了工业的现代化和农村剩余劳动力的转移。尤其在19世纪40年代以后，随着工业革命的开展，德国农民在工商业经济吸引下大规模涌向城市，1852年其城市人口占总人口的比例达到了28.4%，19世纪下半叶第二次工业革命时期是德国城市化发展的高潮时期。德国的农民具有自由迁徙权，《德意志帝国宪法》第111条规定："一切德国人民，在联邦内享有迁徙自由之权，无论何人，得随意居留或居住于联邦内各地。"由于农民进城没有限制，德国的城市人口在这一时期出现高速增长，1891年德国的城市人口已经超过农村人口。同时，德国的土地可以自由交易，农民进城后的最大难题是住房问题，为解燃眉之急，他们在购买的土地

---

[1] 安邦咨询.高城市化率与经济发达并无必然联系[EB/OL].（2016-03-02）.
[2] 计迎春.中西城市化发展的比较研究[J].甘肃社会科学，2018（1）.

上搭建了大量简易房屋,导致了贫民窟的产生①。然而,在19世纪下半叶,德国在汲取英法两国贫民窟教训的基础上,在城市规划、住宅建设、产业布局和公共设施等方面采取了综合治理的办法,使贫民窟现象在德国城市化过程中逐步消失。而到20世纪初,德国的城市人口占全国人口的比例已达54.4%,远远超过美国、法国和俄国,1910年更是达到60%,仅次于英国。第二次世界大战结束后,德国的经济迅速崛起,到1960年城市化率达到71.4%,而到2014年德国的城市化率已达到了75.09%②。德国在城市化过程中,房价一直比较平稳,这其中物业税在遏制房价上涨方面居功甚伟。如在1990—2011年,德国人均国民收入增长了3倍有余,但其房价不仅不涨,还下跌了2.0%③。

3. 日本

日本是亚洲经济实力最强的国家之一,第二次世界大战结束后经过高度经济增长阶段,迅速实现了工业化和城市化,并长期保持较高经济发展水平。日本在第二次世界大战结束后城市化率增长速度远超中国,2015年日本城市化率为91.73%,目前处于城市化后期。日本城市化发展速度非常快,发展模式很有特色,欧美国家100多年走过的城市化进程,日本仅用30年时间就完成了。2015年中国城市化率为56.1%,等同于日本1955年的城市化率。中日两国城市化进程差别很大,起步不同,所处经济、社会环境不同,发展模式不同,发展速度不同。日本长期以来在城市发展中积累了丰富经验,形成了许多城市发展的先进理念,在城市发展规划、城市体系、城市交通、城市圈建设等方面都有许多创新和独特的做法。日本城市化发展的特点有以下几个方面。

(1)城市化发展速度快。与一些城市化起步早的西方国家相比,日本城市化进程虽然晚了百余年,但发展速度惊人。日本用很短的时间完成了初始城市化,较早地进入城市化快速发展通道。1945年日本城市化率为27.8%,1950年日本的城市化率达到37.3%,之后步入快速增长期,1975年达到75.72%,年均提高1.5个百分点,2013年日本城市化率,达到92.49%,到2018年达到93.08%。日本在短短几十年内迅速完成了城市化由缓慢发展到高速发展的过程,目前达到非常高的城市化水平,而这一过程欧美发达国家则经历了100多年。

(2)城市化空间分布高度集中。日本城市化进程是优先发展少数大型中心城市,使得人口在短时间迅速集中。当城市化达到饱和状态之后,日本城市化模式开始从集中转向分散。人口聚集主要出现在城市化初期(1945—1955年)和城市化高速发展阶段(1955—1975年,2001—2015年)。1920—1930年日本约有1/4的人口在城市里居住,

---

① 孟繁瑜,刘红海.城市化过程中的贫民窟问题[N].中国城市报,2015-07-06(7).
② 安邦咨询.高城市化率与经济发达并无必然联系[EB/OL].(2016-03-02).
③ 计迎春.中西城市化发展的比较研究[J].甘肃社会科学,2018(1).

从 20 世纪 50 年代中期开始，随着日本经济的增长、产业结构调整、城市发展规划，城市吸纳劳动力能力逐渐增大，城市就业机会增多，日本农村人口不断向城市转移，但随着后期城市化进程加快，大城市逐渐饱和，周边卫星城市发展加快，城市人口又由中心大城市向周边卫星城市、外围城市分散[1]。日本人口集中分布在经济最发达的"三湾一海"（即东京湾、伊势湾、大阪湾、濑户内海），也是充分利用日本海岸线的便利地理位置，形成了以东京、大阪、名古屋为核心的三大都市圈。1955 年，三大都市圈有城市 153 座，占全国城市总数的 30.8%。2000 年，三大都市圈有城市 256 座，占全国城市总数的 38.1%。其中东京大都市圈城市数达到 121 座，相当于每 100 平方公里有一座城市[2]。《日本统计年鉴》数据表明，2014 年日本共有近 800 个大中小城市，其中人口超过 100 万的有 12 个，包括东京特别区部、横滨市、大阪市、名古屋市等。这 12 个大城市共计有人口 2 900 万，占日本总人口的 1/4。

（3）工业化是加速日本城市化的驱动力之一。20 世纪 50 年代之后，日本工业化基本完成，对城市化发展推波助澜。1956—1973 年，日本工业生产增长 8.6 倍，年均增长 13.6%，是日本工业发展的黄金时期。相关资料表明，20 世纪 60 年代初期至 70 年代中期，日本人均国民生产总值、工业产值与日本城市化率相关性非常明显，工业化的发展对城市化进程有着很大的推动作用，是第二次世界大战后加速日本城市化的主要驱动因素，同时城市化进程也助推了日本工业化发展。1950—1970 年，日本城市人口由 3 136.55 万增加到 7 542.87 万，翻了近 2.4 倍。同期日本第一产业就业人数从 48.3% 下降到 19.4%，同期第二产业就业人数由 21.9% 增加到了 33.9%，第三产业就业人数从 29.8% 上升到 46.7%[3]。

（4）第三产业迅速发展助推城市化进程。从 20 世纪 70 年代开始，日本第三产业产值增加值占国内生产总值比重上升明显，服务业增加值占国内生产总值比重由 51.2% 上升到 2000 年的 67.3%。而同期工业增加值占国内生产总值的比重由 1970 年的 43.7% 下降到 2000 年的 31.1%。20 世纪 90 年代，日本的第三产业发展势头强劲，特别是在第三产业中占比重较大的交通运输、通信、服务业等行业增长较快，其强劲的发展主要得益于经济社会发展对相关行业需求旺盛、个人消费需求增长迅速，需求极大地拉动了相关产业发展，同时日本政府对相关产业扶持力度加大。日本第三产业的就业人数从 20 世纪 50 年代开始随着农村劳动力涌入城市而不断攀升，占全部就业人数比重逐年增加，服务业增加值占国内生产总值的比重也稳步上升。交通运输、通信、信息技术、金融以及服务等产业的快速发展助推了日本城市化进程，城市中心功能也逐渐向服务中心、信息中心、金融中心转变[4]。

---

[1] 李锦华，杨慧. 日韩城市化经验对推进环渤海区域城市化进程的启示 [J]. 城市，2013（6）.
[2] 郑宇. 战后日本城市化过程与主要特征 [J]. 世界地理研究，2008，17（2）.
[3] 孙波，白永秀，马晓强. 日本城市化的演进及启示 [J]. 经济纵横，2010（12）.
[4] 2013年日本城市分析报告 [EB/OL]. （2017-11-20）. http: //www.doc88.com/p—9099097245163.html.

1970—2013 年，日本三大产业增加值占国内生产总值的比重变动趋势明显。自 1990 年以来，日本农业增加值占国内生产总值的比重一直处于较低的水平，低于 2%，2007 年、2008 年最低，均为 1.1%，2009—2013 年持平，在 1.2%。工业增加值占国内生产总值比重显著下降，从 1970 年的 43.7% 下降到 2013 年的 26.2%，下降了 17.5%。而同期服务业增加值占国内生产总值比重呈上升趋势，从 1970 年的 51.2% 上升到 2013 年的 72.6%，上升了 21.4%。20 世纪 70 年代之后，日本经济经过一段时期的高速增长后，进入缓慢增长时期，经济总量变化不大，但产业结构变动及三大产业增加值对国民经济的贡献发生了很大变化，是日本城市化的新推力。当城市化发展上升一定的高度以后，已经不仅被经济增长所驱动，而更明显地受到产业结构变迁、第三产业迅速发展、卫星城市规划等多种因素影响。

（5）轨道交通引导日本城市功能布局。日本城市人口密集，尤其是在三大都市圈聚集区。然而一般情况下，日本道路依然很通畅。日本城市化发展过程中，轨道交通建设引导着城市功能布局。在东京、名古屋、大阪三大都市圈内，轨道交通是人们出行的最主要交通工具，居住在三大都市圈内的城市人口一半以上选用轨道交通工具出行。城市化进程中，人口聚集也呈现出以都市为中心，沿着轨道交通线路布局向周边发散式延伸的趋势。轨道交通的建设开发引导着日本城市功能布局，也形成了虽然繁密但便利和有条理的交通网络，明确勾画出城市的中心功能区，极大地便利了城市交通。日本在城市交通站点建设规划时，为了乘客方便换乘，也为了能较大限度地集中客流量，提升服务质量，优化交通布局，在城市中心区的主要交通要道集中多条轨道线路[①]。以东京为例，东京地铁网络分布十分密集，纵横交错，层层叠叠，呈密集网状覆盖整个东京都市圈，乘坐地铁能方便地到达城市的各个角落。便利的轨道交通网络、高度发达的公共交通系统、合理的乘车路线使得日本公共出行数量庞大，大大减少了私家车的出行，也极大地缓解了城市交通压力[②]。

4. 韩国

20 世纪 60 年代真正开启的韩国高速城市化进程，有几个显著的特征，尤其值得学业两界高度关注，以总结相应的经验与发展规律。从 1930 开始到 1950 年，韩国城市化率升至 24.5%，经历相同的城市化发展阶段，英国用了 120 年，美国用了 40 年。1990 年韩国的城市化率已经达到 74.4%，从而完全实现了城市化。从世界城市化进程中可以考证，城市化水平达到 80%～90%，西欧国家经过了 200 年到 250 年，韩国则用了不到 100 年的时间。在城市化过程中，中央政府的依法宏观调控效果显著，调控表现在城市土地规划、公共住宅建设、地铁交通建设、城市垃圾环境治理等公共服务或公共产品的提供上。

---

① 范毅. 日本城市化发展考察报告 [J]. 中国发展观察，2014（11）.
② 何德功. 日本解决城市化难题的"政府之手" [N]. 中国建筑报，2013-05-14.

各大中小城市的发展也并非同时均衡进行，而是优先发展中心城市。在高速城市化过程中，韩国依据自身国情，首先构建首尔－釜山轴心城市带，形成依托大都市圈推动国家城市化持续发展的模式。由于此间韩国产业重心一直分布在首尔－釜山这两个增长极地区，两大增长极地区的经济指标（包括收入、投资资产增加值等）都大大超过其他城市地区，所以有的学者将其概括为城市化空间的不均衡性或城市化非均衡发展模式[①]。

城市化进程与就业结构的调整变动紧密联系在一起，实现了以就业结构优化为导向的城市经济持续发展的良好格局。尽管完全意义上的韩国城市化起步晚，仅从20世纪60年代开始，但是在30年左右（或不到40年）的时间里，却走出了一条稳健、快速的城市化成功之路。

二、中国城市化发展历程

（一）新中国成立以来的中国城市化进程

回顾新中国70多年来的城市化进程，其大致可分为三个时期，即计划经济时期、改革开放（1978年）后至十八大和十八大至今。

1. 计划经济时期

新中国成立后，随着国民经济的逐渐恢复，我国开始启动城市化进程。然而，受"大跃进""文化大革命"等各种政治因素干扰，我国的城市化步履蹒跚，在很长一段时期内几近停滞。

新中国成立初期，我国城市总人口5 765万人，仅占全国总人口的10.6%。建制市132个，且大多分布在沿海地区，甘肃、青海、宁夏、新疆等地仅有一座建制市。计划经济时期的城市化大致可分为三个阶段。

第一阶段，城市化起步阶段（1950—1957年）。此时适逢中华人民共和国成立初期的经济恢复时期，当时实行土地改革后，农民分得属于自己的土地，工人也处于主人翁地位，生产积极性大为提高，这时经济发展迅速，城市化进程较快。从1950年开始，中央开始大规模布点和兴建城市，在东部地区有重点地建设一批枢纽城市，在广大中西部地区新建了一批工业城市。据统计，1949年至1957年，我国城镇人口占总人口的比重由10.6%上升到15.4%，年平均递增率高达70.5%，1957年城市化率达到15.39%。这一时期累计新设城市71个，主要分布在湖南、四川、河南、云南、甘肃、黑龙江、内蒙古、山西、河北、安徽、福建等省区。[②]

---

① 金元欢，王剑.韩国城市化发展模式研究[J].城市问题，1996（6）.
② 柳建文.新中国70年来我国城市发展观的三大转型[J].甘肃社会科学，2019（6）.

第二阶段，城市化剧烈波动阶段（1958—1965 年）。这一阶段我国采取"大跃进"发展策略，忽略经济发展和人口迁移的基本规律，人为加快城市化速度，这使得城镇人口急剧增加，从 1957 年的 9 949 万猛增到 1960 年的 13 073 万，新设城市 44 个，城镇人口占全国总人口比重快速跃升至 19.7%，城市化率也由 1957 年的 15.39% 上升到 1960 年的 19.7%。由于城市化速度明显快于工业化速度，城市就业和市政服务压力过重，特别是粮食供需矛盾突出，粮价上涨明显①。然而，后来"大跃进"失败，1961 年后中央开始压缩城市化规模，陆续撤销了 52 个城市，动员近 3 000 万城镇人口（相当于当时城镇人口的 25.7%）返回农村，1965 年，城市化率下降到 17.74%。由于"大跃进"造成了国民经济的严重破坏，为了适应当时供给不足的经济状态，实行城乡分割的二元户籍政策。一方面，出台《中共中央 国务院关于制止农村人口盲目外流的指示》，要求户口管理部门切实做好制止农村人口盲目外流的工作。另一方面，《中华人民共和国户口登记条例》获得通过，以严格限制农村人口向城市流动为核心的户口迁移制度形成。

第三阶段，城市化停滞倒退阶段（1966—1977 年）。这一时期正值"文化大革命"，此时整个国民经济濒临崩溃，为了缓解城市的就业压力所采取的新户籍制度将户口分为农业和城镇两种，严格限制农转非指标，户籍类型与日常生活消费品供给、就业、社会保障等挂钩，通过控制生活资源限制农民的社会流动。由于新中国成立初期要集中资源推动工业化的发展，户籍制度设计的另一个目标是充分保障城市居民特别是工业企业从业人员的住房、医疗、教育、养老等一系列福利。从内容上看，户籍制度是一种排他性的"社会屏蔽"（social closure）制度，它将社会上一部分人屏蔽于城市的社会资源之外，是一种带有排斥性的制度安排，将大量人口隔离在城市之外。另外，国家还通过各种手段，如实行知识青年"上山下乡"政策大量下放城镇居民、干部和知识青年以减少城市人口；受当时某些国际因素的影响，采取支援三线建设等政策，政府把大量的资金、设备和技术力量分散投入西南、西北等边远"三线"地区，"三线"企业的布局过于分散，阻滞了基建投资对城镇建设的促进作用，造成城镇迁出人口大于迁入人口，其结果是新城市很少建成，老城市无力发展。据统计，1966 年至 1976 年我国城镇人口年均递增率仅为 1.3%，低于同期城镇人口年均自然增长率 1.75%，使城市化率进一步从 1966 年的 17.86% 下降到 1977 年的 17.55%，这表明我国的城市化基本处于停滞状态②。

2. 改革开放（1978 年）后至十八大

改革开放之后，我国由传统计划经济体制向社会主义市场经济体制转变，这时以经济建设为中心，大力发展工商业，户籍制度也逐渐松动，大量的农民离开农村进城打工，我国的城市化进入正常发展期。1978 年 3 月，中共中央召开第三次全国城市工

---

① 杜润生. 杜润生自述：中国农村体制变革重大决策纪实［M］. 北京：人民出版社，2005.
② 顾朝林. 中国城镇体系——历史·现状·展望［M］. 北京：商务印书馆，1992.

作会议，重新启动了我国的城市化进程。其后，我国进入数十年的城市化提速阶段。2011年，我国城市化率突破50%，进入城市型社会发展阶段，这是改革开放以来我国社会经济发展的又一个重要的历史转折点，将对我国未来的发展产生深远的影响。

这一时期的城市化大致分为三个阶段：第一阶段，恢复阶段（1979—1984年）。在此期间，国家通过政策调整，有两千多万知识青年和下乡干部返回城市，同时高考的恢复也使得大量农村籍学生进入城市上学。此时的城乡壁垒逐渐打破，集市贸易的开放使得大量农民到城市和小城镇经商，出现了大量城镇暂住人口。这时我国的城市化率由1979年的19.99%上升到1984年的23.01%。第二阶段，小城镇高速发展阶段（1984—1994年）。由于城市数量偏少，制约了工业化发展，1978年召开的全国城市工作会议明确提出要"控制大城市规模，积极发展中等城市和小城市"，在上述思想指导下，我国中小城市和小城镇发展势头迅猛，开始进入城市化提速时期。从空间上看，城市的区域面积扩张幅度很快。户籍管理政策逐渐放开，政府允许农民进城兴办第三产业。此时乡镇企业和三资企业发展迅猛，新型城镇和小城市得到快速发展，从1987年到1994年，全国新设城镇5 492个。这一时期，我国城市化率由1984年的23.01%提高到1994年的28.62%，10年间提高了5.61个百分点；城镇用地规模平均扩大了50.2%，一些城市甚至超过200%。但与土地的城市化速度相比，人口城市化的速度却明显偏慢。统计显示，2000年到2011年10年间我国城镇建成区的面积增长了76.4%，但城镇人口数量却只增长了50.5%[①]。这是因为一系列不利于农村劳动力转移的政策仍然存在。第三阶段，城市迅速发展阶段（1994年至党的十八大）。在1994年实行分税制改革后，我国形成了激烈的地方政府竞争格局。城市作为区域经济发展的引擎，它的地位和作用得到政府更大程度的重视，这时各级地方政府大力推动城市化，各地纷纷建立经济开发区和新城区。由于城市的建设需要大量资金，为解决城市建设资金不足的问题，我国将香港的土地批租制引入内地，政府低价征收农村的土地，然后通过"招拍挂"的方式高价卖给地产商，以收取高额的土地出让金，促使我国土地财政的产生。土地财政使得我国地价和房价不断上涨，农民无钱购买城市的商品房，使得农民无法低成本地融入城市，形成了2亿多无法在城市定居的农民工。

3. 十八大至今

从实践中看，党的十八大以来，中央格外重视城市化，并将其作为经济新常态下推动可持续发展的重要抓手。2013年，习近平在山东省农科院座谈会上强调指出："城镇的发展终究要依靠人，要以人为核心，这是中国城市建设发展的一个最本质的问题。"[②]2014年，中央决定实施"新型城镇化"战略，其核心目标是促进人的城市化，

---

① 柳建文.试论新型城镇化的政治规制[J].天津社会科学，2015（5）.
② 习近平在山东农科院召开座谈会［EB/OL］. http://china.cnr.cn/gdgg/201311/t20131128_514264155.shtml.

内容包括保障城市常住人口稳定的就业和生活、推进城镇基本公共服务常住人口全覆盖、推进以满足新市民需求为出发点的社会保障和住房制度改革等。2014年7月，国务院印发实施《国务院关于进一步推进户籍制度改革的意见》，目前全国所有省（区、市）（不包括港澳台）均已出台户籍改革意见，建立了城乡统一的户口登记制度，存续多年的城乡二元户籍制度正式退出了历史舞台。2015年，中央召开第四次全国城市工作会议，提出了新时期推进我国城市化的基本思路，即转变城市发展模式，提高完善城市治理能力和体系，建设和谐宜居的现代化城市。其后，在相关的城市就业政策、教育政策、住房政策、医疗政策、社会保障政策的安排以及户籍制度、规划管理制度、涉及城乡关系的顶层制度设计方面，也出现了一些新的变化。为保障农业转移人口同等享有本地户籍人口的各类权益，2016年1月1日我国开始正式实施《居住证暂行条例》，根据条例，居住证持有人可享有国家规定的义务教育、计划生育、公共卫生等6项基本公共服务，享有申领机动车驾驶证等7项办事便利。截至2016年，已有25个省（区、市）出台《居住证暂行条例》实施办法，一些城市对居住证的公共服务项目有所增加，最多的有30余项。2016年国务院印发了《国务院关于深入推进新型城镇化建设的若干意见》，将农业转移人口市民化列为首要任务，规定除部分超大城市和特大城市以外，各类城市不得以房屋购置、纳税投资、积分等政策措施限制外来人口的落户需求，要求各地政府积极推动和保障居住证持有人与本地户籍人口享有同等的住房权利，并最大限度将符合条件的农业转移人口纳入地方政府的住房保障范围。2016年9月，国务院办公厅正式印发实施《推动1亿非户籍人口在城市落户方案》，明确把农村学生升学和参军进入城镇的人口、在城镇就业居住5年以上和举家迁徙的农业转移人口以及新生代农民工作为落户重点群体。由于农业转移人口落户过程中既存在因流动性强而无处落户的问题，也存在因无法适应城市却又难以重返农村而产生的顾虑，因此各地在实践过程中采取了集体户口、社区户口，以及实行来去自由的落户制度等多种方式方便农业转移人口落户或迁户。2016年12月，国家发展和改革委员会办公厅专门印发了《新型城镇化系列典型经验（农业转移人口市民化案例）》，为全国各地提供农业转移人口落户的经验借鉴。2019年，国家发展和改革委员会在新型城镇化建设的重点任务中进一步提出城区常住人口100万～300万的Ⅱ型大城市全面取消落户限制、城区常住人口300万～500万的Ⅰ型大城市要全面放开放宽落户条件，同时实现公办学校普遍向随迁子女开放，完善随迁子女在流入地参加高考的政策。城市政府要向已在城镇稳定就业生活但未落户的农村贫困人口优先提供职业技能培训等基本公共服务。为缓解地方政府推动农业转移人口市民化的财政压力，《国务院关于实施支持农业转移人口市民化若干财政政策的通知》中提出加快确立由中央和省级财政共同建立的支持农业转移人口市民化的财政转移支付制度，并根据每个城市吸纳农业转移人口的具体数量给予必要的财政补助，并要求政府将财政补助定向用于农业转移人口及其家庭成员的社会保障体系和保障性住房体系建设，完善医疗设施、义务教育和职业教育设施等。此外，该通知还特别提出要专门设置农业转移人口市民化的奖励资金，根据农业转移人口实际进城落户和地方政府提供基本公共服务的情况予以分配。

从这些发展理念、政策和制度的转变中我们可以明显感觉到，与强调城市扩张和单向度突进的传统城市化路径不同，当前我国的城市发展观已经开始出现转型，体现出"以人为本""公平统筹"和"协同推进"的三大特点①。

（二）中国城市发展规模和类型

自20世纪90年代中期我国进入快速城市化阶段，飞速膨胀的城市就引发了学者对原有城市规模标准的思考。1998年，王兴平教授就提出，我国城市规划法关于"以市区和近郊区非农业人口的数量作为城市的划分标准"中的"近郊区概念"缺乏操作性，应调整城市规模的衡量标准，并根据规划力度划分编制类型，扩大法律界定范围。雷菁、郑林等学者认为，以城市行政级别的高低和人口规模的大小来划分城市规模等级体系具有一定的片面性和局限性，提出利用城市流强度划分中心城市规模等级体系。姚士谋先生曾利用城市流强度将沪宁杭城市群的中心城市划分为高城市流强度值的中心城市、中城市流强度值的中心城市和低城市流强度值的中心城市。部分学者对人口规模进行了重新界定，例如有的将200万以上人口的城市定义为超大城市，100万～200万以上人口的城市定义为特大城市；有的将200万以上人口的城市作为特大城市，100万～200万人口的城市作为大城市。这些成果都为政府决策提供了重要参考。

新中国成立以来，为符合国情发展实际，我国对城市规模划分标准进行过多次调整。1955年国家建委《关于当前城市建设工作的情况和几个问题的报告》首次提出大中小城市的划分标准，即"五十万人口以上为大城市，五十万人以下、二十万人以上为中等城市，二十万人口以下的为小城市"，此后直到1980年国家建委修订的《城市规划定额指标暂行规定》又对城市规模划分标准进行了调整，重点将城市人口100万人以上的命名为特大城市。1984年国务院颁布的《城市规划条例》又回归到1955年的标准，1989年颁布的《中华人民共和国城市规划法》在明确1984年标准的基础上，指出城市规模按照市区和近郊区非农业人口计算。但2008年该法废止，取而代之的《中华人民共和国城乡规划法》并没有对城市规模加以界定。在后续国家颁布的文件中，已经具有初步调整的迹象。如《国家新型城镇化规划（2014—2020年）》《国务院关于进一步推进户籍制度改革的意见》中，均已有对现行标准进行改变的趋势。

各领域学者关于城市规模划分标准的理论研究和反复论证从未间断，理论成果已十分成熟，对于城市规模划分标准调整的理论价值不大，但实践意义十分突出。首先，中国改革开放以来，伴随着工业化、城市化进程加速，城市数量和规模都有了明显增

---

① 柳建文. 新中国70年来我国城市发展观的三大转型[J]. 甘肃社会科学，2019（6）.

长和扩大，原有的城市规模划分标准和方针已经难以适应城镇化发展新形势要求，导致城市发展过程中特大城市和大城市过度膨胀，中等城市和小城市竞相向大城市迈进，众多小城镇发展滞后。而且，原标准以非农业人口界定城市规模，难以切合实施新型城镇化规划让农民工落户的基本要求。其次，我国现有城市699个，但在高速城市化的最近10年，城市数量增长缓慢。根据原有标准计算，当前我国大中小城市比例为1∶1.42∶0.77，中等城市比例较小，小城市严重不足。这既不符合城镇化发展的金字塔规律，也不符合城乡统筹发展的客观要求，而且全国众多小城镇未计算在城市行列导致各种发展受政策限制。

基于以上问题，国务院于2014年印发《国务院关于调整城市规模划分标准的通知》（以下简称《通知》），对原有城市规模划分标准进行了调整，明确了新的城市规模划分标准。《通知》明确，新的城市规模划分标准以城区常住人口为统计口径。其中，城区是指在市辖区和不设区的市、区、市政府驻地的实际建设连接到的居民委员会所辖区域和其他区域。常住人口包括：居住在本乡镇街道，且户口在本乡镇街道或户口待定的人；居住在本乡镇街道，且离开户口登记地所在的乡镇街道半年以上的人；户口在本乡镇街道，且外出不满半年或在境外工作学习的人。将城市划分为五类七档：城区常住人口50万以下的城市为小城市，其中20万以上50万以下的城市为Ⅰ型小城市，20万以下的城市为Ⅱ型小城市；城区常住人口50万以上100万以下的城市为中等城市；城区常住人口100万以上500万以下的城市为大城市，其中300万以上500万以下的城市为Ⅰ型大城市，100万以上300万以下的城市为Ⅱ型大城市；城区常住人口500万以上1 000万以下的城市为特大城市；城区常住人口1 000万以上的城市为超大城市。①

新、旧城市规模划分标准比较见表2-1。

表2-1 新、旧城市规模划分标准比较

划分标准	共同点	不同点		
		空间口径	人口口径	分级标准
新标准（2014年）	对城市的界定一致，包括设区城市和不设区城市（县级市）。该区城市由所有市辖区行政范围构成，县级市即自身行政范围	城区，即城市行政范围内实际建成区所涉及的村级行政单元	城区（常住）人口，即居住在城区内半年以上的常住人口	五类七档： >1 000万（超大城市） 500万～1 000万（特大城市） 300万～500万（Ⅰ型大城市） 100万～300万（Ⅱ型大城市） 50万～100万（中等城市） 20万～50万（Ⅰ型小城市） <20万（Ⅱ型小城市）

---

① 国务院印发《关于调整城市规模划分标准的通知》[J].上海城市规划，2014（6）.

续表

划分标准	共同点	不同点		
		空间口径	人口口径	分级标准
旧标准（1980年和1989年）		市区和近郊地区，即全部城市行政范围	市区和近郊地区非农业（户籍）人口，即市区内具有非农业户籍的人口	四级： >100万（特大城市） 50万~100万（大城市） 20万~50万（中等城市） <20万（小城市）

资料来源：1980年国家建委《城市规划定额指标暂行规定》；1989年《中华人民共和国城市规划法》；2014年《关于调整城市规模划分标准的通知》。

不同类型视角下的我国超大城市分布现状见表2-2。

表2-2 不同类型视角下的我国超大城市分布现状

类型		数量/个	名称
人口大城：城区常住人口超过千万的超大城市		9	重庆、上海、北京、成都、天津、广州、深圳、武汉、苏州（哈尔滨、石家庄、杭州、保定、临沂的市域人口超过千万，但城区人口不到千万）
经济大城：GDP过万亿元的城市		17（9+8）	9个超大城市+南京、杭州、青岛、无锡、长沙、宁波、郑州、佛山
面积大城：超大区域城市	市域面积超十万平方公里	7	西藏那曲市面积达352 272.37平方公里，其余为内蒙古呼伦贝尔市、西藏日喀则市、甘肃酒泉市、新疆哈密市、西藏林芝市、西藏昌都市
	建成区面积超千平方公里	5	北京、天津、上海、广州、重庆
行政大城：省级政区城市	直辖市	4	北京、上海、天津、重庆
	副省级城市	15	广州、武汉、哈尔滨、沈阳、成都、南京、西安、长春、济南、杭州、大连、青岛、深圳、厦门、宁波

资料来源：2018年《中国城市统计年鉴》以及部分省市统计公告。

这次城市规模划分标准调整后，不仅增加了对特大城市的认定，而且对城市规模认定过程中不再拘泥于城市等级限制，真正依靠市场配置，根据城市所具备的承载力、人口集聚能力等方面进行认定。首先，新标准不仅与城市规模体系相互适应，而且以城区常住人口界定城市人口，更加符合劳动力的就业实际和人口空间分布常态，能够确保各个城市在规划基础设施和提供公共服务时最大限度地实现供需均衡，同时淡化了户籍对公共服务获得的影响，城市公共服务将扩大到常住人口。其次，标准改变后，我国城市数量将会大幅提升，我国1.94万个建制镇有很大部分有望改变成"市"，真正形成城市规模金字塔结构。再次，中国城镇化正处于深入发展的关键时期，调整城市规模划分标准,有利于更好地实施人口和城市分类管理,满足经济社会发展需要。《国务院关于调整城市规模划分标准的通知》与《中共中央关于全面深化改革若干重大问题的决定》《国家新型城镇化规划（2014—2020年）》《国务院关于进一步推进户籍制度改革的意见》是相互配套的政策。通过以上政策,将全面放开建制镇和小城市落户限制,有序放开中等城市落户限制,合理确定大城市落户条件,严格控制特大城市人口规模。以户籍管理制度为例,以此为标准,什么城市需要限制人口,什么城市需要适度放开限制,均一目了然。最后,新标准有利于新型城镇化,新标准统一了城市人口统计口径,淡化了户籍概念,为加快推进户籍制度改革扫清了一大障碍,同时为镇改市打开了一扇门。而且,新标准对小城市标准并没有设置下限,这为点多面广的县城和中心镇的发展提供了条件,有利于推进就地城镇化,促使城乡统筹协调发展的实质性推进[1]。

（三）我国城市化进程的特点

城市化具有两种表象及含义:一是城市人口占总人口比重的增加,二是城市生活的社会和行为特征的扩展[2]。前者强调量的变化,后者强调质的变化。新中国成立初期,我国处于经济起飞阶段,我国的城市化偏向于人口结构的改变,改革开放后很长一段时期,我国的城市化明显向经济层面倾斜,特别偏重于市场经济的驱动逻辑会影响社会资源的公平分配,主要表现为城乡差距、城市发展不平衡、城市内部公共资源配置不合理等现象。在过去几十年的城市化进程中,人、社会和生活等方面的内容被忽略,城市发展观体现出"重量而轻质"的特点。美国经济学家戴利曾针对这一现象指出,城市增长是一种物理上的数量性扩展,城市发展则是一种质量上、功能上的改善,而城市可持续发展就是一种超越增长的发展;强调可持续发展就需要对当前以增长为中心原则的城市数量性发展观进行清理,建立以社会公正和福利为中心原则的城市质量性发展观[3]。

新中国成立初期我国采取计划经济体制,城市化被作为调节人口结构和经济发展的重要工具,城市化率起伏不定,表现出"收缩扩张"的特点;改革开放后很长一段时期,城市化被单纯作为推动地方经济增长的抓手,体现出"极化增长"的特点。这一时期的城市化过于追求数量的变化,人、社会和生活等方面的内容被忽略,城市化表现出"重量而轻质"的发展特点。党的十八大以来,我国进入城市型社会,城市化开始步入一个新的发展阶段,该阶段政府以强化公共服务、改善民生、促进公平正义和协同发展为主要任务,尤其重视居民的获得感和城市与区域的协同发展。与传统的单纯追求城

---

[1] 王雪芹,王成新,崔学刚.中国城市规模划分标准调整的理性思考[J].城市发展研究,2015,22(3).
[2] 诺克斯.城市化[M].顾朝林,等译.北京:科学出版社,2009.
[3] 戴利.超越增长:可持续发展的经济学[M].褚大建,等译.上海:上海译文出版社,2001.

市扩张和经济增长的城市发展观相比,新的城市发展观体现出"以人为本""公平统筹""协同推进"的三大特点,蕴含着很强的人文关怀和全局观念,有利于促进我国城市化的可持续发展,也有利于创造一个公平稳定、和谐宜居的城市社会。

纵观这 70 余年城市化发展的历程,我国实质上采取的是一种人为控制城市化发展的政策,时而限制城市化的发展,时而又大力地推动城市化发展,呈现出以下几个明显的特点:其一,我国的城市化是由政府主导的城市化,政府既是城市化战略的制定者,也是城市化制度的供给者,还是城市化进程的执行者①。其二,我国的市场经济还不成熟,尚处于经济转轨期,土地、人口和资本等生产要素在城乡之间的流动受到严格的限制。如我国的土地承包经营权不能交易,集体建设用地不能入市和存在限制人口自由流动的户籍政策等。其三,我国政府以出售土地收取土地出让金的方式来解决城市建设资金不足的问题。

从国际发展趋势看,进入 21 世纪以来,城市的发展规划出现所谓文化转向(cultural turn),趋向生态化、人文化、家园化,城市由经济聚集体向人类聚落回归,城市与乡村走向融合。各国除了强调城市的经济竞争力,城市的以人为本、公平公正、社会包容、和谐幸福等已成为评价和衡量城市发展与转型的关键指标。随着我国步入城市型社会阶段,城市化的发展理念和思路也开始出现转变,逐渐以满足人的需求、促进社会公平和城市区域协同发展为重点。党的十八大以来,特别是随着"新型城镇化"的提出,我国的城市发展开始步入一个新的阶段,该阶段以强化公共服务、改善民生和促进公平正义为主要任务,重视城市的内涵式发展和居民的获得感。这些变化扭转了传统城市化单纯追求城市扩张和经济增长的导向,体现出很强的人文关怀。

另外,在经济全球化时代,城市的发展不仅包含城市经济规模的不断扩大,还包含城市发展空间的构建。城市的发展和竞争力的提升需要更为宽广的区域性视野,城市需要突破行政辖区的限制以获取更大的发展空间和持续的发展动力,需要形成全面、系统的城市发展观。中央城市工作会议确立了今后抓住"五个统筹"做好城市工作的纲领性思路来提高城市工作的全局性和系统性。从实践中看,党的十九大以来,中央积极推动城乡融合发展、通过设立国家中心城市和区域中心城市培育城市群,在城市群范围内引导人口与产业合理布局,协调城市间的利益关系,并将城市群的布局和"一带一路""长江经济带""粤港澳大湾区"等国际、国内区域发展规划紧密结合起来,体现出很强的全局观念。中央对于城市发展的战略调整实际上反映了当前城市与区域之间相互联系和促进的协同发展关系:城市的发展要突破行政地域的限制,积极扩展与其他城市的联系,这有利于区域经济的一体化;反之,城市也会在这种区域网络的构建之中汲取更多的资源来促进自身的发展。

最后,在经济发展步入新常态的背景下,城市化进程的稳定与否直接关系到我国

---

① 谷荣. 中国城市化的政府主导因素分析 [J]. 现代城市研究,2006(3).

未来经济结构的调整和可持续发展。"以人为本""公平统筹""协同推进"的新发展观有利于我国城市化的持续稳定发展,也有利于创造一个基本公共服务体系完善、生活方便舒适、人际和谐的城市社会。

特别需要补充的是,在稳步提升城镇化率的同时,需要意识到中国的发展不可能以消灭农村为终点。二元经济将长期存在,农村作为蓄水池与稳定器必不可少。在半工业化①乡村身上,看到在工业与农业之间、城市与农村之间中国乡村的一个归处。与完全工业化乡村相比,半工业化地区乡土性的社会结构尚未消失殆尽,构成了现代工业大机器生产的底色,乡村工业维系了生产中共同体成员的互相依赖,村民互动的场域只是由共同劳作的田间变为共同劳动的车间,乡土社会的行事逻辑并未发生断裂。与无工业化乡村相比,半工业化乡村的村民得以在不放弃农业的情况下获取额外的工资收入,碎片化劳动力的整合改变了家庭收入结构、代际关系、家庭关系与进城购房预期,子代入城之后,农村与城市通过血缘相互联系,形成稳健的"城乡连续统"。由劳动密集型向资本密集型与技术密集型的产业转型升级固然重要,但这目前更多是东部沿海地区急迫的需求,我们需要的是具有针对性的、精细化的区域发展战略。在评判欠发达地区的乡村工业时,除经济效益外,其对乡土社会存续的意义同样需要计算在内②。

三、中西城市化比较

(一)西方发达国家城市化与中国城市化的比较

中西城市化的相同点在于都是农村剩余劳动力向城市集中,城市数量的增加和城市规模进一步扩大,城市在经济发展中的主导作用更为突出。然而,中西城市化却存在着更多的不同点,其最主要的在于国外城市化进程与治理理论的发展相伴而行。罗伯特·罗兹(Robert Rhodes)认为,治理应该是多个治理主体协同共治,强调资源交换、

---

① "工业化"是生产活动中非生物动力逐步取代生物动力,现代企业制度排斥传统作坊、手工工场制度的过程。"半工业化"概念最早用来指代在大机器与家庭手工业的结合下,面向区域外市场的生产形式(参见彭南生. 半工业化[M]. 北京:中华书局,2007)。在半殖民地半封建的近代中国,若干农村地区的若干手工业行业不仅没有在外国资本和民族资本主义机器工业的双重竞争下消失殆尽,反而与大机器结合出现了扩展,其中较为典型的行业有织布、缫丝、针织、花边等,典型地区包括河北的高阳、宝坻、定县,山东的潍县,苏北的南通、海门,江南的无锡、吴兴,浙江的平湖,广东的南海、顺德等[参见彭南生. 半工业化:近代乡村手工业发展进程的一种描述[J]. 史学月刊,2003(7)]。时至今日,乡村工业化的行业类型更为丰富,其中,河北、山东等地依然普遍存在着半工业化乡村,浙江、广东一带的农村则已经凭借区位优势发展为完全工业化的类型。

② 李越,董磊明. 半工业化乡村与劳动力的"碎片整理"——工业化潮流冲击下的乡土社会的存续[J]. 北京师范大学学报(社会科学版),2019,276(6).

相互依赖、信任、协商[①]。国外的城市化进程主要分为物质扩展和文化传播两个阶段。物质扩展阶段主要是农村人口向城市转移，农业生产向非农业生产转移，农村地区逐步演变为城市地区；文化传播阶段是城市中的价值观念向农村地区渗透进而被接受，内化为农村人自己的行为[②]。由于城市地域的自然扩展与文化的逐渐渗透，国外乡村人口的生活方式和文化观念逐渐与城市居民一致，得以顺利地融入城市的生活。国外的人口城市化进程中，政府起到了文化传播和推动融合的作用，市场主体发挥了经济吸引和物质支持的作用，城市的居民主体吸纳和接受农村人口，农村人口主体主动接受新的文化模式和生活方式，作为新的劳动力进入城市中。两个主体之间彼此信任，相互依赖，共同推进了人口的城市化进程。

反观国内的人口城市化进程，由于两个治理主体之间缺乏沟通机制，不能合理有效地相互配合。有相当一部分农村人口和城市人口已经迁移到新的城市，但只是成为城市的"边缘"人口、"流动"人口，并没有顺利地融入城市生活。这一群体的"城市化"之路面临着巨大的困难与挑战[③]。

1. 市场主导的城市化 vs 政府主导的城市化

西方发达国家的城市化基本上是由市场主导的，政府较少进行干预或调控，市场需求是西方国家城市化的主要动力，城市的发展是商品经济和科技革命推动的结果。在城市化进程中，市场主导的城市化模式响应市场机制的调节，城市化与此同时也因满足了工业化对劳动力、土地、资本和技术等生产要素的需求而获得持续的推动。在西方发达国家的城市化进程中，政府也是必不可少的，要发挥一定的引导和规划等作用。然而，在我国的城市化中，政府的作用大大超过其他国家，我国城市的建设和发展几乎是在政府主导下完成的，如政府对于城市战略的规划、城市人口的规模、行政区划的调整、新城区的选址、农用地转用的审批和城市建设用地的供应等事务有着严格的审批和直接决定的权力。此外，在政府主导的城市化模式下，城市布局依托行政等级体系，政府的行政级别就成了推进各地城市化过程最重要的资源。行政级别高的城市就可以利用自身的优势来吸收汇集土地、资金、人才和企业等生产要素，导致城市发展的严重失衡，即大城市尤其是行政级别较高的大城市异常扩张，而中小城市则发展严重不足。

2. 农民自由的城市化 vs 农民受限制的城市化

西方发达国家的农民具有自由迁徙权，因而他们是可以在全国自由流动的，政府不限制任何人在各类城市自由地选择落户，而我国历史上存在严格限制农民进城的城

[①] 俞可平. 治理与善治［M］. 北京：社会科学文献出版社，2000.
[②] 孙全胜. 国内外城市化道路的研究综述［J］. 中共宁波市委党校学报，2018（3）.
[③] 谭日辉，王涛. 留下、离开还是等待——流动人口城市化的群体分异及其治理［J］. 北京师范大学学报（社会科学版），2019，276（6）.

乡二元户籍制度。改革开放后,虽然户籍制度逐渐松动,国家允许农民进入中小城市落户,但是在特大城市和超大城市落户却仍然受到限制。如 2014 年《国家新型城镇化规划(2014—2020 年)》要求"特大城市"政府采取积分制等阶梯式落户途径,调控落户规模与设定"积分"主要依据就业年限、学历及该城市发展所需专业人才。超大城市当然比"特大城市"更为严格,入籍途径主要是"积分制",并对"高污染、高能耗、土地利用率低、几无税收贡献"的劳动密集型企业实施政策性淘汰,将在此类企业就业的农民工排除出超大城市[①],其目的就是要由中小城市承担起农民工城市化的重任。另外,有一些城市虽然提出要扩大人口规模,但是也提出了极为苛刻的条件。如只愿意吸收具有较高学历、技能和资本的人,即能为城市作出较大贡献的人,而不愿意向学历及技能相对较低的清洁工、建筑工和保姆等群体敞开户籍大门,认为这些人给城市做的贡献不多。

3. 人的城市化 vs 土地的城市化

西方发达国家的农民进城是带着家庭的,他们进城没有落户限制,只要愿意到城市居住,就能定居在城市里。这是因为这些国家的法律赋予了他们自由迁徙权,即使他们在城里没有稳定工作或居住在贫民窟里,政府也不能够基于市容维护等原因而驱逐他们。因而西方发达国家的城市化与人口的城市化是同步的。经过两百多年的发展,西方发达国家目前绝大部分人口都居住在城里,成为世界上发达的城市化国家。

4. 低成本的城市化 vs 高成本的城市化

西方发达国家城市化的成本较低主要表现在以下三个方面:一是西方发达国家城郊的土地大多是私人的,在城市化初期和中期西方各国还没有农田管制制度,因而其城市建设用地的供应是多元的且比较充足,地价和房价较为便宜。二是西方发达国家政府在城市化过程中对贫民窟持普遍包容的态度,贫民窟吸收了大量的农村人口,为农民低成本地融入城市发挥了巨大作用。三是西方发达国家对超过一定面积和价格的住房征收物业税。物业税的征收遏制了炒房投机的行为,除了几个超大城市外,西方发达国家大部分城市的房价都维持在一个合理的水平,这样进城的农民就买得起住房,因而得以融入城市。

5. 农民带着资本进城的城市化 vs 农民赤手空拳进城的城市化

西方发达国家农民的土地和房屋等不动产是私有的,他们享有这些不动产的完全所有权,可以自由支配和处分。在他们迁居城市后,他们的房屋和土地可以自由抵押和交易,既可以出售给市民,也可以卖给农民,由于出售的对象选择面广,因而能够卖出一个相对理想的价格,从而实现到城市安身的资本积累。

---

① 曹锦清. 中国土地制度:农民工与工业化、城市化 [J]. 社会建设,2015(3).

（二）亚洲国家的城市化和中国城市化的类似之处

1. 先集中后分散的发展模式

虽然日本东京、名古屋、大阪三大都市圈城市聚集程度很高，但日本的中小城市也居住了一半人口，日本走的是大中小城镇均衡发展的道路。日本城市化过程的主要特征是人口首先向大城市集聚，推动少数中心城市优先集中发展起来，然后再不断向周边扩散，周边城市再不断发展壮大，形成新的城市聚集区。日本城市先集中后分散的发展模式与其工业化发展进程密切相关①。

据联合国《2014全球城市化发展报告》预计，到2030年，中国城市人口将达到10亿，城市化率达68.7%。鉴于中国城市化发展的客观实际，可以借鉴日本大中小城市均衡发展的经验，在继续支持大中城市发展的同时，加大对中小城市的扶持力度，通过优化中小城市的城市规划、规模结构、交通布局，加大基础设施投入，推进公共资源共享等途径，不断完善中小城市功能，提升中小城市的城市化质量。中国经济区域经济发展不均衡，东中西部地区的城市化发展各具特色，须因地制宜，注重发展规律。东部城市人口密集，交通便捷，要以城市带为中心，全面推进；中西部地区人口集聚，重点发展大中城市，逐步带动推进。

2. 产业结构转变加快了人口向城市聚集

第二次世界大战结束后，随着快速的国家工业化浪潮的到来，日本进入经济高速增长时期，日本大力发展经济建设，产业结构加快调整，工业、服务业产值占国内生产总值比重不断上升，就业劳动力人数不断增加，日本农村人口快速地流向城市地区。20世纪70年代，第三产业的充分发展，为新进城的农村劳动力提供更多的就业机会和就业岗位，成为吸纳劳动力最快最多的行业，成为城市人口集中的行业领域。城市化合理、有序、可持续发展与经济增长、产业结构变迁是紧密相连的。我国城市化进程中，通过制定合理的产业政策，规划产业发展，加快我国第三产业发展，合理引导产业人口流动，才能更好地促进我国城市化的进程。

3. 规划先行引领城市发展

在城市化的过程中，日本政府十分重视城市发展规划的编制，通过提前设计城市布局与发展规划，主导着城市化的发展方向。1953年出台了《特定区域综合开发规划》，1962—2008年又先后六次制定《全国综合开发规划》，针对全国的土地资源开发、城市空间结构分布、基础设施建设、交通网络规划、产业布局等进行了系统规划。这些措施对中国城市化发展有很好的借鉴意义。

---

① 王莉.日本城市化进程、特点及对中国的经验借鉴[J].安徽农业科学，2018，46（15）.

4. 政府主导与市场机制相结合

在城市化进程中,日本政府适时推出有关土地、城市发展、产业政策的规划和立法保障。日本城市化过程顺利进行依靠着日本健全的法律法规体系。1950年日本颁布的《国土综合开发法》,明确提出了"以国土的自然条件为基础,从综合考虑经济、社会、文化等相关政策的角度出发,谋求对国土的综合利用、开发和保全以及产业布局的合理化,同时,为提高社会福利做出贡献"的规划目的。1953年日本又在此基础上出台《特定区域综合开发规划》。日本在100多年的城市化过程中相继制定和修订了许许多多相关城市化发展和建设的法律法规,日本政府找准角色定位,既遵守市场运行规律,弥补"市场"失灵的作用,又很好地发挥政府重要的、决策性的导向作用。韩国政府在城市化过程中具有重要作用。特别是中央集权的依法宏观调控,是推动韩国城市发展与城市化稳健快速完成的一个重要经验。这种依法宏观调控,首先表现在一系列有利于城市规划、建设、管理,乃至城市各方面发展的法律制度安排上,以及在这种制度安排下的大都市经济圈的构建。一方面,韩国政府在经济建设和城市化进程中,就国土资源集约利用及城市空间问题等制定了各种法律。另一方面,首尔作为韩国首都,韩国中央政府基于京釜轴线,规划、构建首尔—釜山轴心城市带,推动形成大都市圈,同时也注重发挥首尔在全国经济、政治和文化生活中的领头雁作用。

中国在城市化过程中,政府角色与市场规律的界限常常模糊不清。有的是政府干预过度,有的是政府缺位、作用失灵。在中国城市化过程中,政府的作用不可或缺,应该发挥必要的甚至主导作用。借鉴日本的城市化经验,发挥政府宏观统筹规划、配置基础设施和资源的作用,制定和完善相关规划和法律法规及经济政策。城市化是一项系统工程,要正确处理好政府角色与市场规律的关系,用政府调控弥补市场规律的不足,才更有利于发展。

5. 统筹城乡发展,提升城市承载力

日本在城市化进程中始终高度关注农村发展,城市化发展必须以农村发展为依托。日本在农村建设方面出台大量法律法规,遍布于土地改革、基础设施、农业振兴、农村教育培训、财政保障、社会保障等诸多方面。日本在农村建设上投资很大,每年用在农村基础设施建设上的投入1万亿日元以上。日本公共教育投资超过经济增长,基础教育的普及、高等教育和职业教育的进步成为产业发展的前提。日本建立了城乡统一的社会保障制度,建立健全了城乡基本一致的公共医疗和养老保障体系。为避免首都城市圈体系内的城市过度发展,谋求国土均衡利用,城市政府重点支持开发新区基础设施。无论在城市化集聚阶段还是在城市化分散阶段,先进的基础设施都是推动城市化稳健快速发展的重要力量[1]。

中国是农业人口大国,农业人口数量庞大,在城市化发展过程中,城乡发展差异

---

① 马先标.韩国城市化历史演变回顾[J].中国名城,2018(1).

明显。中国城乡之间在经济上、社会上、文化上存在密切的渗透性与传导性，在城市化发展过程中，要加强农村基础设施建设，推动农村相关产业发展，保障农村发展，提升农民生活质量，缩小城乡差距，通过改善农村条件，使得农村人口迁移的有序性得到保障。

6. 加强配套设施建设和环境保护治理

首先，加强交通网络建设。城市化的发展带来日益增大的城市交通压力。日本公共交通特别是轨道交通的建设对日本城市化发展意义重大。日本人口密集，为解决人们的出行问题，几乎所有城市都有轨道交通，充分有效利用地下空间，大力发展地下轨道交通，更好地解决城市交通阻塞的大问题。

中国城市化进程中在交通网络建设上要将城市发展规划、功能布局与城市交通枢纽综合起来，在城市中心以及城市交通主干道上规划设立具有复合功能的站点，设计好站点的链接与换乘功能，在人流聚集的地区加强分流引导。通过城市轨道交通的建设，引导城市功能分布和人口空间合理布局，在推动城市化快速发展的同时，也方便城市人口顺利出行，有效缓解城市交通压力。

其次，注重城市环境保护与环境治理。城市化发展过程中必然带来很多问题。随着城市化进程的加快，大气污染、水污染、车辆噪声、城市生活垃圾堆积等各种问题会不断呈现出来。日本于20世纪90年代出台了《环境基本法》，把城市化过程中的环境问题及全球环境恶化纳入法律体系中。日本民众环保意识很强，会自发组织群众性环境保护运动，宣传环保知识，监督环境污染，向政府建言献策。政府的高度重视和国民自发的环保活动，有效地加强环境保护治理。日本人环保理念、节能科技世界领先。

中国随着城市化的不断推进，城市化过程中的环境问题不可避免。在城市化进程中，把环境污染防范和治理纳入法律范畴，做好国民环保宣传，加强城市环境治理，使得城市化的发展是量的发展，更是质的提升。

（三）具有中国特色的"空间协同"的城市化模式

中国以中心城市高速发展层级辐射外围郊区或农村的早期城市化发展选择，是基于西方的城市、郊区、农村依次城市化的"单线推进"经验。但人口先向城市集中再向外围扩散的西方道路，在中国早期的"以乡补城"实践中因城市中心人口过密、版图过度扩张而引发诸多问题，且坚持"以城带乡"的新型城市化也未能打破"城市独大"的发展格局。当前中国仍处于城市化阶段，但同时郊区化、逆城市化现象叠加。中国城市化道路从尚未进入郊区化或逆城市化阶段的"单线推进"模式，向城市、郊区、农村和谐共进的"空间协同"模式变革，不仅在政府主导型市场经济体制下具有强适宜性，而且是促进城市化持续健康发展的有效途径。因此，推动城市有度、郊区有界、农村有质的协同发展，全面加快一体化进程，才能真正体现中国城市化的"新型"之义。

1. "单线推进":西方城市化道路示范下的中国早期城市化实践

西方发达国家的城市化普遍遵循"城市化—郊区化—逆城市化"的"单线推进"发展模式,即在人口、经济要素聚集、分散再聚集的过程中,城市、郊区、农村空间依次逐步实现城市化。这种城市、郊区、农村依次城市化的"单线推进"发展模式,为改革开放后中国城市化的发展提供了西方经验。但通过"以乡补城"牺牲农村、农民利益,实现城市优先发展,在实现城市化水平快速提高的同时也出现了一系列的发展弊端。这一时期中国围绕土地城市化进行经济建设,偏向城市规模化发展的城市化建设导致土地城市化远快于实质意义上的人口城市化①,城市化逐渐倾向于单纯的空间构造,并相应产生了一系列如产业结构失衡、供需结构失衡、城乡发展失衡、生态环境恶化、空间过度透支、传统文化缺失等副作用②。

2. 新型城市化:打破"单线推进"发展模式的初步探索

在城乡两极分化导致的一系列问题日渐凸显的状态下,中国城市化质量亟待全面提升。因此,为破解"单线推进"模式下出现的城乡二元对立问题,以人为核心,促进城乡均衡发展的新型城镇化战略应运而生。随着新型城市化建设的深入推进,中国城市化道路的新特征日渐凸显。

首先,"以城带乡":中国新型城市化的发展态势。2012年党的十八大提出新四化,其中之一就是新型城市化,推动城乡一体化发展。根据《国家新型城市化规划(2014—2020年)》分析,新型城市化意在:一是以人的城市化为核心,推动人口市民化以实现人的无差别发展,让城里人和农村人都能够自由全面发展;二是增强城市辐射带动功能,促进小城镇、乡村的发展,改变城乡二元对立的局面,平衡城乡二元的利益分配。通过"以城带乡"的方式推动城乡一体化发展,实现全民共享发展成果,实实在在地分享发展红利。新型城市化的提出,正是基于"单线推进"暴露出的城市挤压农村的发展弊端,在一定程度上否定了"单线推进"发展模式对当时中国发展的适用性。

其次,郊区化、逆城市化现象叠加的城市化阶段。近年城市化发展过程中人口迁移呈现的"城市减速、郊区增速、回流农村"特征,引发了学界对中国是否已经从城市化进入郊区化、逆城市化阶段的争论。总体来看,中国目前处于城市化阶段,大规模真正意义上的郊区化、逆城市化尚未出现。但政府调控等多重因素的影响导致地区间发展不平衡,不可否认北京等少数大城市城市化水平显著高于平均水平,已经率先进入郊区化阶段,主要表现为近郊郊区化③,进而涌现的返乡创业、就业、养老等逆城市化现象,也仅局限于少数区域而未成为总体性特征。因此,中国目前的城市发展

---

① 丁成日,高卫星.中国"土地"城市化和土地问题[J].城市发展研究,2018(1).
② 李阿琳.近15年来中国城镇空间构造的经济逻辑[J].城市发展研究,2013(11).
③ 王放.从第六次人口普查看北京市郊区化的发展[J].人口与发展,2015(6).

呈现"叠加"特征①，即在全国大量人口向城市聚集的城市化阶段，少数大城市进入人口向郊区迁移的郊区化阶段，与此同时出现多样性与特殊性并存的逆城市化现象。

再次，推动"以城补乡"的城市化发展方式。新型城市化推行的初衷，是为打破中国早期城市化"单线推进"模式下城市规模发展导致农村资源受到严重挤压的状态。在西方发达国家"单线推进"模式的示范下，中国早期城市化通过"以乡补城"的方式推动城市发展，在改革开放初期，物资匮乏，集中力量发展大城市有其现实合理性和必要性。在我国政府掌管资源的权力、范围较大，政府和市场的资源配置手段都极大地有利于大城市的发展，行政资源和市场资源大规模向大城市聚集并产生"虹吸效应"。当中国积累了一定的物质基础后，城市外延式发展的局限性显现，即经济发展是以牺牲农村户籍人口利益、环境资源等为代价换取的。因此，推动"以城带乡"、促进城乡一体化的新型城市化就极为重要。

3. 中国城市化道路的现实选择：空间协同②

城市化的本质和关键是"空间协同"发展。"空间协同"的城市化，有助于消解数十年来中国"单线推进"发展模式下形成的城乡二元对立格局，这种一体化的发展思路符合人类社会发展的客观规律，城市、郊区、农村的互补和均衡是推动城市化持续健康发展的有效途径。基于上述对中国城市化发展模式的分析，如何在现实层面推进"空间协同"城市化的发展成为当前面临的重要问题。具体而言，在构建城市、郊区、农村协同发展体系的同时，针对不同的空间应制定相应的发展路径。

一是城市空间的有度发展。城市是社会发展的重要推动力量，规模化资源缺乏则难以形成竞争优势，只有发展好大城市，才能充分发挥城市的主力军作用，带动周边区域发展。但是，现实已经证明城市的发展并非越大越好，超级城市的建设、治理速度远赶不上人口的增长速度，人地矛盾的日益突出势必加剧社会冲突风险。因而城市发展的关键在于有度，在城市化过程中政府要扮演好指导、调控角色，科学编制城乡统筹发展规划。

二是郊区空间的有界发展。郊区作为城市和农村的中间地带，应同时具备承接城市休闲、产业等部分传统城市功能，以及满足农村日常生产、生活等需求的条件。然而，在"单线推进"的发展模式下，我国大部分郊区被默认为城市扩张的后备地带，成为非城非乡的无清晰界线空间，进而缺乏特定的功能规划，陷入不城、不郊、不农的无目的发展的尴尬局面，这就要求在城乡土地的利用严把土地关，坚持节约集约用地原则，制定严格的土地一级开发政策并落实规划指标。

三是农村空间的有质发展。农村发展得好坏直接关系到我国的城市化进程。因此，

---

① 李培林. "逆城镇化"大潮来了吗 [J]. 人民论坛, 2017（3）.
② 徐晓军，张楠楠. 从"单线推进"到"空间协同"：改革开放以来中国城镇化的实践历程与发展进路 [J]. 河南社会科学, 2019（12）.

农村城市化的核心在于挖掘农村内在的发展力量,在确保完善农村空间规划、基础设施建设和公共服务的基础上,依据地域优势资源、既有基础、现代技术等,谨慎、精心地选择农村主导产业,并遵循市场驱动理念,推动生产要素在城乡间的合理流动,培育壮大优势龙头产业,发挥其带动效应,以实现农村经济的优质高效发展,即不是以破坏美丽乡村为代价建设"翻版"城市,而是要实现农村绿水青山、文化传承与经济效益共赢的高质量发展。城市、郊区、农村的有度、有界、有质的协同发展才是中国特色新型城市化的应有之义。

本章小结

在我国,城市是由行政界定的。我国关于城市没有单独界定,却一直提起的是"城镇"。城镇,是以非农业活动为主的人口集中点。对于城市化来讲,并没有一个明确的定义,社会学界却有一个普遍的认识:城市化是人的生活、行为和社会活动由农村转变为城市的过程。其进程取决于来自农村的"推力"和城市的"拉力"所形成的合力,即城市化动力决定着城市化的速度和水平。

城市可持续发展是指城市在一定的时空尺度上,在一定地域内与其外部相和谐、统一,城市内部组织结构和运行机制协调优化,以公平的原则实现城市资源和环境的管理,促进城市资源、经济、社会和环境之间协调发展的过程,是一种新的城市发展模式。其内容始终贯穿了对环境、经济、社会问题的综合思考,同时依赖于信息、技术、政策等方面的支持。这些方面的因素相互联系、相互依存,共同构成错综复杂的城市可持续发展系统。

拓展阅读

1. 蔡昉. 城市发展中的人口、政府和公共服务[J]. 国外社会科学,2020(2).

2. 谢立中. 未来中国城镇化的理想水平与乡村治理的中国方案[J]. 武汉大学学报(哲学社会科学版),2020(5).

3. 柳建文. 新中国70年来我国城市发展观的三大转型[J]. 甘肃社会科学,2019(6).

4. 蒙昱竹,杨先明. 中国成功避免"过度城市化"困境及其原因[J]. 云南社会科学,2020(2).

5. 马晓河. 美国经济崛起过程中的城市化及对中国的启示[J]. 经济研究参考,2020(4).

6. 芒福德. 城市发展史——起源、演变和前景[M]. 宋峻岭,倪文彦,译. 北京:中国建筑工业出版社,2005.

7. 曲凌雁. 城市人文主义的兴起、发展、衰落与复兴[J]. 城市问题,2002(4).

8. 韩俊. 失地农民的就业和社会保障[J]. 科学咨询(决策管理),2005(7).

9. 王春光. 农村流动人口的"半城市化"问题研究［J］. 社会学研究，2006（5）.

10. Phillips P C B，Perron P. Testingfor a unit root in time series regressions［J］. Biometrica，1988.

关键词

城市动力（city power）　　　　　　起源（origin）
城市化（urbanization）　　　　　　郊区化（suburbanization）
动力机制（driving mechanism）　　　边缘城市（edge city）
礼俗社会（gemeinschaft）　　　　　法理社会（legal society）
异质性（heterogeneity）　　　　　　匿名性（anonymity）
空间协同（spatial coordinated interaction）

思考题

1. 城市的起源和发展历程是怎样的？
2. 我国城市发展的动力因素有哪些？
3. 城市起源学说有哪些？
4. 美国城市化过程对我国城市化有什么启示？
5. 我国城市化发展的趋势和发展方向如何？

典型案例

新中国70年城市化演进逻辑、基本经验与改革路径[①]

我国的城市发展呈现出与西方城市发展不同的路径。赵冈认为，我国历史上的城市化过程并非一个正常的过程，在世界上是独一无二的特例。弗里德曼也指出，我国城市化是一个多维度的社会——空间发展过程，首先应理解为一种内生过程，这一过程引导特殊的中国式现代化的形成。新中国成立70年来，我国城市化演进的逻辑轨迹具有如下特征。

一、我国城市化的演进逻辑

（一）演进理念：物质决定主义演化为人本主义

新中国成立70年以来，我国城市化的思想方法较长时期偏好于物质空间决定论，强调了城市化主客体的相互作用和对立，较大程度上忽略了马克思主义的人本主义哲学思想。物质决定主义的实质在于通过物质空间变量的控制，解决城市发展中的社会、

[①] 刘家强，刘昌宇，唐代盛. 新中国70年城市化演进逻辑、基本经验与改革路径［J］. 经济学家，2020（1）.

经济、政治等诸多问题。因而，物质决定主义也就成了我国城市功能分区和空间联系的思想基础，强调城市规划是一种基于长、宽、高三度空间的科学。在这一思想影响下，一方面，城市化表现为土地城市化与人口城市化的非同步发展。GDP崇拜、土地财政的诱惑，地方政府以土地城市化逆推人口城市化。2004—2014年，我国城市化水平提升了13.1个百分点，而城市的建成区面积却大幅增长了85%以上。另一方面，虽然连续的户籍制度改革对人口流动的限制有所放宽，但人户分离现象仍然十分突出。2000年，我国人户分离人口1.44亿，2012年达到2.79亿。2015年，我国常住人口城市化水平为55%左右，户籍人口城市化水平仅36%左右，两者缺口近20%。土地城市化与人口城市化、常住人口城市化与户籍人口城市化的偏差意味着，"经营城市""经营土地"的行为取向与物质决定主义衍生出了城市化发展过程中的"目标悖论"，我国城市化本质上是一种以城市为核心、以增长为导向的"物化"的城市化。

物质空间固然是影响城市生活的一项十分重要的变量，但城市化的决定性因素是城市中不同人群的文化、社会交往模式和政治结构，需要以社会文化论构建我国城市化发展的基本思想。美国著名城市学家理查德·瑞吉斯特指出，城市是一个复杂而充满活力的创造物，如果按照健康的社会经济代谢过程组织和建设城市，那么城市问题就可以得到理解和解决。我国城市化通过合理的制度安排、政策选择、法治建构，实现了城市化运行模式的转换。在经济城市化的基础上，社会城市化和体现人文精神的城市化更能实现城市化过程中不同人群的诉求。随着城市中各项制度改革的有效推进，我国户籍人口城市化和常住人口城市化分别从2012年的35.3%、52.6%提高到2017年的42.35%、58.52%，户籍和常住人口城市化差距缩小了16.17个百分点。2018年，国家发展和改革委员会出台《关于督察〈推动1亿非户籍人口在城市落户方案〉落实情况的通知》，我国城市化进程中的市民化制度性通道拓宽，城市管理在农业转移人口向自愿落户、自由流动等方面迈出了一大步，这意味着人本主义的城市化发展理念逐渐植根于城市化的治理过程。

（二）演化主体：政府主导演化为市场主导

看得见的手与看不见的手相结合，是经济理论的共识，然而两者如何结合仍然是一个前沿问题。新中国成立后很长时间内，由于城乡制度安排的特殊性，我国形成了一条独特的城市化道路和模式，城市发展主要由政府行政命令调控。一是充分发挥了政府的调控作用。由于工业化和市场发育的自然历史条件先天不足，我国的工业化、城市化建立在农业提供资本原始积累的基础上，其制度基础为城乡二元体制以及与之联系的城乡要素不平等交换。这一体制的特点是大部分资源要素由政府直接配置，这决定了我国城市化必然是政府主导型的城市化，并非同发达国家一样与市场化同步。改革开放以后，以2008年为分界线，第一个阶段，政府主要利用低的工业地价、低的劳动力市场价格吸引各市场主体撬动城市的发展，称之为"以地引资"阶段；第二个阶段，以土地为载体，利用资本杠杆实现资本累积，推动城市化发展，称之为"土地财政"或"杠杆"城市化阶段。二是对土地和城市数量规制。其中，土地规制表现为两方面：其一，征地规制，即土地财政制度。较长时期以来的征地制度是政府低价征收土地然后高价卖出，这一征地制度为我国城市化作出了历史贡献，但也在一定程度上牺牲了农民的利益，因而不能持续。其二，对城市用地规制，即土地配额制度。这一制度并不能完全体现各地区城市化进程中对土地资源的真实需求，使得人口与土地在空间上的配置不适应。城市数量的规制则表现为对城市行政级别设立上的限制，我国建制镇中人口规模超过10万的有300多个，这些建制镇均具有"城市特征"，然而受制于城市行政级别的规定不能设市。我国传统的城市化以政府全面主导的"一元化"方式推进，弱化了市场机制的作用。

我国城市化道路和模式应该由谁来主导以及如何主导？事实上，城市化过程中的政府主导并非孤立的政府推进。城市化是人的城市化，我国城市化道路和模式理应更加关注城市可持续发展理念，从某种角度来说，现代意义的城市化就是可持续发展的一个公约子集。我国传统城市化的三大动力，即统筹城乡发展、工业反哺农业以及区域一体化，如能够与可持续发展理念进行恰当嫁接，就完全有机会实现我国现代意义的城市化的换挡提速特别是版本升级。中国特色社会主义市场经济决定了市场在资源配置中的决定性作用。2012年，中央明确提出的新型城镇化道路，2013年召开的改革开放以来第一次中央城镇化工作会议，都找到了我国城市化进程中的核心能力和长期动力，合理的利益导向是城市化道路和模式的题中之义。从内在经济体制上看，我国已演化为较为完善的市场经济体制，不同于计划经济体制和20世纪80年代之后转轨过程的混合经济体制，市场理应替代政府成为城市化新的发起人。现阶段，政府致力于为城市可持续发展创造制度环境、编制发展规划、建好基础设施、提供公共服务。在继续发挥政府宏观调控作用的同时，政府也通过合理的制度安排激励了城市利益相关者等微观主体参与城市发展，如PPP模式、BOT模式、BT模式等，通过启动后发优势培育市场以获取城市化新的核心能力。政府调控与市场优势形成合理的分工协作关系，构成了我国城市化道路和模式的突出特色，持续保持着我国城市化道路和模式的制度优势。

二、我国城市化的基本经验

新中国70年以来的城市化变迁，虽然面临一些困难和波折，但也取得了城市化道路创新和城市化模式持续优化的突出成就。我国城市化进程的成功实践，为新时代中国特色城市化道路和模式的完善提供了宝贵经验。

（一）城市目标模式从速度扩张向以人为本的内涵提升转型

诺瑟姆曲线（Northam curve）揭示了城市化发展水平同发展阶段的对应关系，以城市人口占总人口比重的城市化率表征不同的城市化阶段。1949年我国城市化水平10.6%，位于诺瑟姆曲线的"初级阶段"（25%以下），城市化进程缓慢。1982年家庭联产承包责任制正式出台，随着农业劳动生产效率的提升，农村剩余劳动力开始释放，加之1984年中央一号文件首次明确允许务工、经商、办服务业的农民自理口粮到集镇落户，1985年中共中央、国务院进一步放开农民进城的限制，我国城市化进程开始加快，1987年城市化水平达到25.32%，进入诺瑟姆曲线的"加速阶段"（25%~70%）。2011年我国城市人口首次超越农村人口，占比达到51.27%，2018年城市人口占比近60%，趋近诺瑟姆曲线的"第二拐点"，其基本特征表现为农业人口大量向城市转移。不过，由于难以逾越的体制机制障碍，形成"离乡不离土"的转移格局，我国城市化目标的评价标准只是简单的"城市人口比重"，外来人口和普通劳动者落户的"隐性门槛"仍没有完全消除，城市化仍然属于典型的"人口数量转移型"模式。

现代意义的城市化的价值目标在于社会的公平和正义。从内涵式城市化的角度审视，如前文所述，2015年我国户籍人口城市化和常住人口城市化分别为36%和55%，两者缺口近20%，2017年分别为42.35%和58.52%，两年时间二者的差距缩小了3个百分点左右。数据显示，我国城市化质量和人本主义内涵处于加速提升阶段，流动人口进入城市后长期居留乃至户籍迁移现象逐渐普遍化。究其原因，主要是因为近年来中央和地方创新和出台了多个社会政策，如《国务院关于进一步推进户籍制度改革的意见》《居住证暂行条例》《国务院关于实施支持农业转移人口市民化若干财政政策的通知》等，推动了农业转移人口在社会身份、社会权利以及生产生活方式等方面向城市居民的全面转化。2017年党的十九大报告提出，我国社会主要矛盾已经转化为人民日益增长的美好生活需要和不平衡不充分的发展之间的矛盾。基于城市化视角思考，这必然要求建立一个平等的城乡人口发展和转移发展体系。我国城市决策者进一步设立了宽松、和谐、具有人情味的城市准入制度，破除妨碍劳动力、人才社会性流动的体制机制弊端，关注乡—城农业转移人口和城—城流动人口的价值和尊严问题，让城市化主体——流动人口有了平等的城市参与权、发展权和保障权。

（二）城市化道路模式从城乡分离向城乡有机体模式转型

我国城市化道路和模式的选择，仍然肩负着在体制改革层面上突破城乡二元分割、协调城乡发展的历史使命。新中国成立以来，城市化从以城市为核心的城市化和以市镇为核心的农村城市化两个层面展开，呈现出城镇二元的城市化结构和城乡分离的城市化道路。一是基于中心城市集聚与扩散的城市化模式，被称为"离乡不离土"的"农民进城"城市化模式；二是基于小城镇和乡镇工业的城市化模式，被称为"离土不离乡"的城市化模式。传统城市化强调人口从农村向城市转化，是与传统工业化相适应的城市化，属于人口数量转移型的初中期城市化道路和模式。20世纪80年代，我国开始城乡一体化实践的探索，城乡一体化肇始于对计划经济时期城市搞工业、农村搞农业造成的城乡二元结构与城乡差距拉大这一严峻现实的反思提出的，具有典型性的是苏南"乡镇企业为动力"模式、珠三角"以城带乡"模式、上海"城乡统筹规划"模式和北京"工农协作、城乡结合"模式。这一阶段的城乡一体化模式采取了城市化发展的方向，通过中心城市现代化辐射推动郊区城市化进程，从而实现城乡统筹的快速发展。虽然这一模式探索了新的城市化道路，但受制于理论和视野的局限，还是一种"概念性市区"或"半城市化"。传统城市化的发展特征表现为，人口和经济活动由农村向城市集中，城市空间结构以单核或单中心为主，郊区处于依附地位，城市呈现规模增长与外延扩张。这一阶段城市化的后果是"城市病"严重与中小城市活力不足并存，城乡公共资源平衡配置机制和要素平等交换还不完善，城市工商资本"下乡"仍然面临较大约束，城乡有机联系不够。

2012年提出了新型城镇化概念，这一城市化道路的核心体现为"人的城市化"。围绕我国新型城镇化道路建设，有三个地方的实践模式值得关注：一是重庆"地票制度"模式。这一模式一方面为进城的农村居民提供资金，把部分农村居民转化为城市新移民，实现农业规模经济和乡村振兴，另一方面为城市发展增加建设用地，拓展城市发展空间。二是杭州"区县协作制度"模式。杭州市利用域内旅游资源丰富的比较优势，实施城乡区域统筹的旅游西进战略，让经济实力较强的城区与郊区结对协作，实际上是城乡协同发展的一种模式。三是内蒙古"公司＋合作社＋农户"新型农牧业生产组织模式。内蒙古三主粮公司与固阳县三主粮农牧业合作社共同创造"千亩作业单元"农牧业生产组织模式，实现农牧业生产的规模经济。三种城市化实践模式的共同特征表现为，在保持城区发展的同时注重外围农业农村的发展，并在人口市民化、成本分担机制，多元化、可持续投融资机制，创新行政管理体制等方面形成了一些好的经验，释放了改革协同共振效应。新型城镇化是与新型工业化相适应的城市化道路和模式，强调了我国经济社会结构由传统社会演进为现代社会，实现从农村社会向城市社会以及从城市社会向信息化、知识化的城乡动态平衡转型，谋求城市发展质量的提升，体现出了一种真正意义的城乡一体、有机发展的城市化道路和模式。

> **思考题**

1. 我国城市化道路由哪些因素决定？其特征有哪些？哪些特征是自身的历史和特殊性规定的？
2. 适合我国国情的城市化道路和模式是什么？

即测即练2

第三章
城市文化

本　　章　　提　　要

　　本章通过对文化、城市文化等概念的解析，使读者辨别文化在不同学科的解释，城市文化和乡村文化的区别，以及不同城市文化间存在的冲突和融合，并指出其必然趋势是走向共存。城市文化在实践中体现为城市文化资本的建构和发展，以及树立良好的城市形象和对城市的营销。了解中国城市文化建设的现状和存在的问题，有助于城市文化的良性发展。

第一节 城市文化概述

文化，是人类创造的物质财富和精神财富的总和，是一个国家、民族、城市的灵魂，是推动社会发展的强大动力。对于任何城市而言，文化都是其最具个性的非物质文化遗产，是孕育于城市的精华，是城市的灵魂。城市文化伴随着城市的发展应运而生，并推动着城市的发展与壮大。

一、文　　化

（一）文化的含义

文化可以看作是一个关于描绘人类生活和活动的概念，是指人们在实践活动中所创造和使用的一切物质的、精神的、制度的等形式的事物。文化是一个抽象而广泛的概念，对它进行精确和严格的界定并非一件容易的事情。古往今来，许多社会学家、历史学家、人类学家、语言学家都从各自的领域对"文化"下过定义。据统计，有关"文化"的定义有 200 多种。

"人类学之父"爱德华·泰勒[1]认为，文化是一个复杂的整体，其中包括知识、艺术、道德、法律、风俗以及人作为社会成员通过学习所获得的任何技巧与习惯。文化的特点在于它是人类后天习得的，并为人类所共同享有。英国人类学家马林诺斯基[2]认为，文化包含了器物、货品、房屋、船只、工具以及技术、思想、习惯及价值等，这概念包容着及调节着一切社会科学。他进一步把文化分为物质的和精神的，即所谓已改造的环境和已变更的人类有机体两种主要成分。在泰勒的基础上，他给文化增加了物质部分的内容。

莱斯得·怀特[3]认为，文化是一个组织起来的一体化系统，可以在这个系统中划分出众多的亚种或不同层面。基于不同的目的，可以将文化划分出三个亚系统，即技术系统、社会系统和思想意识系统。其中，技术系统是由物质的、机械的、物理的和化学的仪器以及使用这些仪器的技术；人类作为一种动物，依靠技术系统使自身同那自然的生息之地紧密联系。社会系统由人际关系构成，这种人际关系是以个人与集体

---

[1] 泰勒.原始文化[M].桂林：广西师范大学出版社，2005.
[2] 马林诺斯基.文化论[M].费孝通，译.北京：华夏出版社，2002.
[3] 怀特.文化的科学：人类与文明研究[M].沈原，等译.济南：山东人民出版社，1988.

的行为方式来表现的。在该系统内有社会关系、亲缘关系、经济关系、伦理关系、政治关系、军事关系、教会关系、职业关系、娱乐关系等。思想意识系统由思想、信仰、知识构成，它们以清晰的言语或其他符号形式表现，其中包括神话与神学、传说、文学、哲学、科学、民间智慧以及普通常识。怀特认为，上述三个亚系统从总体上构成人类文化系统；三个亚系统在人类文化系统中的作用并不一样；三者之间相互贯通、相互影响。

《苏联大百科全书》（1973年第3版）对"文化"的定义是：文化，是社会和人在历史上一定的发展水平，它表现为人们进行生活和活动的种种类型和形式，以及人们所创造的物质财富和精神财富。文化这个概念用来表明一定的历史时代的社会经济形态，具体社会，氏族和民族的物质和精神的发展水平（例如古代文化、社会主义文化、玛雅文化），以及专门的活动或生活领域（劳动文化、艺术文化、生活文化）。"文化"这个术语从较狭义的意义来看，仅指人们的精神生活领域[1]。

《现代汉语词典》[2]有关"文化"的定义为：第一，人类在社会历史发展中所创造的物质财富和精神财富的总和，特指精神财富，如文学、艺术、教育、科学等。第二，考古学用语，指同一个历史时期的不以分布地点为转移的遗迹、遗物的综合体。同样的工具、用具、制造技术等是同一种文化特征，如仰韶文化、龙山文化。第三，运用文字的能力及一般知识：学习文化、文化水平。

在中国，关于文化的意识可以追溯到东周。孔子曾极力推崇周朝的典章制度，在《论语·八佾》中，他说："周监于二代，郁郁乎文哉。"此中的"文"已深含文化的意蕴。然而，如果从词源来说，汉语"文化"一词最早出现于刘向的《说苑·指武篇》："圣人之治天下也，先文德而后武力。凡武之兴，为不服也；文化不改，然后加诛。"之后，南齐王融在《三月三日曲水诗序》中写道："设神理以景俗，敷文化以柔远。"由此看来，中国最早关于"文化"的解释应该是"文治和教化"。

在长期的历史发展进程中，学者们更倾向于认为，文化有广义与狭义之分。广义的文化，泛指人类在社会历史实践中所创造的物质财富和精神财富之和，特指社会意识形态。其涵括了"器物文化""制度文化""精神文化"三个层面，包含了生产资料、衣食住行、社会制度、家庭伦理、道德规范、宗教信仰、生活方式等内容。而狭义的文化指的是在意识形态领域所创造的精神财富，特指意识形态的精神文化以及与之相适应的制度和组织结构，包括宗教、信仰、风俗习惯、道德情操、学术思想、文学艺术、科学技术、各种制度等。文化再也不是以前人们所认为的是个静止不变的、封闭的、固定的集装箱。文化实际上变成了通过媒体和互联网在全球进行交流的跨越分界的创

---

[1] 陈华文.文化学概论[M].上海：上海文艺出版社，2001.
[2] 中国社会科学院语言研究所词典编辑室.现代汉语词典（修订本）[M].上海：商务印书馆，1996.

造。我们现在必须把文化看作一个过程,而不是一个已经完成的产品①。

基于上述观点,本书认为文化是人类在社会实践中所创造、具有时间累积性、能影响人们生活、行为、思想、道德,并能为人类所共享的各种物质财富和精神财富的总和。文化因民族、地域的不同而有所差异。但是,不同的民族、不同的地域又是以文化为载体进行交流与交往,并进而碰撞的。最终,有的文化保持着原有的生命力,有的文化却吸取其他文化的精华而演化成一种新文化,或者完全融合到另一种文化中。概括地说,文化具有五个基本要素。一是精神文化要素,其中价值观念是精神文化的核心,它决定人们赞赏什么,追求什么,选择什么样的生活目标和生活方式。二是语言和符号要素,它们是文化积淀和贮存的手段,人类借助语言和符号进行沟通,只有沟通和互动才能创造文化。三是规范体系要素,它是人们的行为准则,调整着人们的各种社会关系,规范着人们活动的方向、方法和式样。四是社会关系和社会组织要素,社会关系既是文化的一部分,又是创造文化的基础,社会组织是实现社会关系的实体。五是物质产品要素,经过人类改造的自然环境和由人类创造出来的一切物品,都是文化的有形部分,凝聚着人的观念、需求和能力②。

(二)文化的分类

对文化的进一步研究,就会涉及文化的分类。文化根据构成的地域差异分为本土文化和外来文化、东方文化和西方文化;根据在社会中的作用不同分为主文化和亚文化;根据性质的不同分为高雅文化和通俗文化、城市文化与乡土文化等。文化就层次不同分为精神文化、行为文化和物质文化。总之,文化可以表现为衣饰、建筑、生产工具、生产器具等物质形态的文化,还可以表现为语言、价值、风俗、道德、法律、规范等非物质形态的文化,以及既含有物质形态又含有非物质形态的过渡性文化③。

根据文化的内部结构可以将文化分为四个层次:物态文化、制度文化、行为文化和心态文化。

物态文化层是指人类在长期改造客观世界的活动中所形成的一切物质生产活动及其产品的总和,是文化中可以具体感知的、摸得着的、看得见的东西,是具有物质实体的文化事物。物态文化是由物化的知识力量构成的,是文化诸要素中最基础的内容。物态文化是人类的第一需要,直接体现了文化的性质、文明程度的高低。

制度文化层是指人类为了自身生存、社会发展的需要而在社会实践中所形成的各种社会行为规范,是人类在物质生产过程中所结成的各种社会关系的总和。它包括社会经济制度、婚姻制度、家庭制度、政治法律制度、家族、民族、国家、经济、政治、宗教社团、教育、科技、艺术组织等。制度文化一方面构成了人类行为的习惯和规范,

---

① 李从军. 价值体系的历史选择[M]. 北京:人民出版社,2004.
② 单霁翔. 关于"城市""文化"与"城市文化"的思考[J]. 文艺研究,2007(5).
③ 章友德. 城市社会学案例教程[M]. 上海:上海大学出版社,2003:195.

另一方面也制约或主导了精神文化与物质文化的变迁。制度文化由三个层面构成：一是传统、习惯、经验与知识积累形成的制度文化的基本层面；二是由理性设计和建构的制度文化的高级层面；三是包括机构、组织、设备等的实施机制层面。

行为文化层是指人际交往中约定俗成的以礼俗、民俗、风俗等形态表现出来的行为模式，或者是人类在生活、工作中所贡献的，有价值的，促进文明、文化以及人类社会发展的经验及创造性活动，具有鲜明的民族、地域特色。

心态文化层是指人类在社会意识活动中孕育出来的价值观念、审美情趣、思维方式等主观因素，相当于通常所说的精神文化、社会意识等概念，是文化的核心部分。心态文化层可分为社会心理和社会意识形态两个层次。社会心理是人类在日常生活中所呈现出来的精神状态以及思想面貌，是尚未经过理论加工和艺术升华的流行的大众心态，比如人类的要求、愿望以及情绪等；社会意识形态指的是经过系统加工的社会意识，往往经由文化专家的理论归纳、逻辑整理、艺术完善，并以著作、艺术作品等物化形态固定下来并跨时空传播。

（三）文化的特征

文化作为人类社会一个不可或缺的因素，具有以下重要特点：文化来源于社会实践，并随着社会实践的变化发展而变化发展，具有动态性和时空性；文化是人类适应、利用、改造客观环境为自身谋利益的能动性创造。文化既对人类行为具有指导作用，又对客观世界具有反作用；由艺术、知识和观念所构成的精神文化是一切文化的母体，其中观念具有决定性作用；社会的组织、制度和行为是社会文化的能动载体，是推动社会前进的基本条件；文化创造物质文明和精神文明。作为社会学研究的文化具有如下特征。

超理性和超个人性。人不只是简单地模仿他人，而且从教导他们的人那里学习到有关他们所生存其中的世界的知识，这一过程是通过语言实现的[1]。文化是人类后天学习得来和创造的，不能通过生理遗传；文化决定着人类的生理满足方式，并决定着这些需求如何得到满足；文化寓蕴于人类的生存活动中，同时，也是前人类生存活动的结果。

大众性。文化的大众性指的是文化作为一种精神力量，通过一系列的社会宣传，对人们的意识、心理产生潜移默化的作用，并在人们的政治、经济、生活等方面表现出来的一种特性[2]。文化是一系列共有的概念、价值观和行为准则，是使个人行为能力为集体所接受的共同标准；文化与社会紧密联系，没有社会就不会存在文化，然而，却存在没有文化的社会。在同一社会内部，文化具有不一致性。比如，在任何社会中，

---

[1] 卡伦，维吉伦特. 社会学的意蕴 [M]. 张惠强，译. 8版. 北京：中国人民大学出版社，2011.
[2] 袁德. 社区文化论 [M]. 北京：中国社会出版社，2010.

男性的文化和女性的文化就不一样。另外，不同的年龄、职业、阶级等之间也存在着亚文化的差异。

复合性。文化是一个巨大的复合体。英国功能学派的人类学家马林诺斯基、拉德克利夫·布朗认为，每一种文化都不是孤立的，而是以一个统一的不可分割的社会整体存在的，只有把文化作为一个社会体系来研究，才能看出它在不同社会结构中的地位和功能。

象征性。人类在生产劳动和社会生活实践中自由地创造出了以语言为代表的象征符体系，从而摆脱了自然和生物学意义上的束缚。这种象征符体系一旦形成，便具有相对的独立性，并作为一种能动的力量作用于社会。文化的意义要远远超出文化现象所直接表现的那个窄小而具体的范围，总是具有更为广泛而深刻的意义。

传递性。文化是一种架构，包括种种内隐或外显的行为模式，一经产生，就会被他人模仿和利用，并通过符号系统发生纵向和横向的传递过程。文化是一种累积的东西，由传递而普遍遗留下来。

变迁性与文化堕距。由于自然条件的变化，不同文化之间的接触和交流以及重大的技术发明、发现和创造，使得文化总是处于不断的变迁之中。促使文化产生变迁主要有两个原因：一是内部的，由社会内部的变化而引起；二是外部的，由自然环境的变化及社会文化环境的变化而引起，诸如迁徙、与其他民族的接触、政治制度的改变等。

在研究文化变迁的特性时，美国社会学家威廉·奥格本[①]提出了"文化堕距"（culture lag）理论。该理论认为，互相依赖组成文化的各个部分在发生变迁时，由于各部分变迁的速度不一致，物质文化先于非物质文化发生变迁；就非物质文化的变迁而言，一般又总是制度首先变迁或变迁速度较快，其次是风俗、民德的变迁，最后才是价值观念的变迁。

二、城市文化

（一）城市与文化的关系

城市是人类的伟大创造，是人类社会进入文明时代的鲜明标志[②]。城市观察家认为，城市是一个以人为主体的创造物，城市的个性是一个历史的产物和文化的凝结，一旦形成便永远难更改；城市就像一个人，有自身的外貌形象和性格内涵，而具有特殊文化品格和精神气质的城市，无疑是具有吸引力而叫人难忘的。一个城市只有在历史和文化的传统上不断塑造和美化自己，激发活力，才会有真正的魅力。而独特的民

---

① 奥格本.社会变迁：关于文化和先天的本质[M].王晓毅，等译.杭州：浙江人民出版社，1989.
② 陈柳钦.城市文化：城市发展的内驱力[J].学习论坛，2011（1）.

俗风情是最具有地域色彩的元素，也是展现城市个性的重要环节；文化是一个城市的脊梁，悠久的历史文化将会让一座城市呈现出与众不同的性格①。

城市作为人类聚集的形态，伴随着文明的演进而发展。城市是人类文化的容器，是文化的舞台，是社会财富的集中地，也是人类思想文化的创新地；文化是历史的积淀，文化无所不在，城市本身就是一件杰出的文化产品；城市是文化的中心，都市人类学认为，城市文化作为人类文化发展的高级形式，是文化的产物，比原始文化具有更甚的丰富性，我们应该用文化的角度来看城市；城市是文化的体现，是文化在地理景观中产生的最清晰、最集中、最有意义的印记。城市从本质上讲是人类进行贸易和文化交流的催生物，是人口密集的政治和军事上的集成物，是市民集聚生活、进行活动、表达理念、传承文明的共同空间，是活生生的生命体相互依存、创意创业的动态平台。

西方社会学家阿·霍雷说："在文明史的曲折发展过程中，城市曾起过，并至今依然在起着重要作用。确实，城市和文明是同一事物的两个不同侧面。"② 所以，城市本身就是文化。"城市"与"文化"的联姻，是历史发展的必然产物，也是历史进步的必然产物。人造城市，城市造人，人与城市相依造就了城市文化。城市文化极具复杂性，国内外的学者大多选择并明确城市文化的具体所指对象，以达到其学术研究的目的。关于城市文化的定义，主要存在两种不同的思维：第一，从文化的定义进行推理演绎；第二，根据城市本身的特征进行定义。

（二）城市文化的概念

著名学者杨东平③通过对北京和上海两座城市的文化精神比较，认为城市文化是市民在长期的生活过程中共同创造的、具有城市特点的文化模式，是城市生活环境、生活方式和生活习俗的总和。城市文化具体包括以下五个方面：一是城市的历史传统和社会变迁，城市社会的变迁是一个文化大题目，它的外在表现是城市人文景观；二是城市的制度组织和社会结构，这是在文化制度层面上对城市现代化程度的观测；三是城市的文化建设和文化产品，这是从狭义的文化角度看待城市文化状态；四是城市的人口构成和文化素质，这既是城市文化形成和发展最活跃的动因，也是城市文化的有机组成部分和重要指标；五是市民的生活方式和生活质量，这是城市文化的深层基础。台湾学者张丽堂等④在泰勒关于文化人类学"文化"概念的基础上，认为城市文化"系人类生活于都市社会组织中，所具有的知识、信仰、艺术、道德、法律、风俗，和一切都市社会所获得的任何能力及习惯"。

尽管关于城市文化的理解众说纷纭，但一般说来，城市文化有广义与狭义之分。

---

① 中国城市活力研究组. 北京的性格 [M]. 北京：中国经济出版社，2005：前言.
② 王保舍，罗正齐. 中国城市化的道路及其发展趋势 [M]. 北京：学苑出版社，1993.
③ 杨东平. 城市季风：北京和上海的文化精神（修订本）[M]. 北京：新星出版社，2006.
④ 张丽堂，唐学斌. 市政学 [M]. 台北：五南图书出版有限公司，1983.

其中，广义的城市文化，是指组成城市各个要素之间的相互作用之和，几乎涵盖整个城市人类所有的物质生产与生活方式。一方面，它包括众多的非物质实体，诸如科技、教育、体育、文学、艺术、社会心理、价值观念、道德、服务业的服务质量、企业管理及政府形象等；另一方面，它还包括各种各样的物质实体，比如城市建筑、园林街景、雕塑装饰、公共设施、教堂、环境卫生状况等。狭义的城市文化则指的是指导城市人类生产和生活的精神意识形态，主要包括教育、科技、语言文学、艺术等精神理念和精神产品，是城市文化的精神层面。因此，城市文化是人类进入城市生活的产物，是城市的人格化表现，是人类生活的空间化表述，体现了城市的历史文化、城市的建筑风格、城市的形态格局，反映了城市社会成员的综合素质、文明程度、价值取向、思想情操和精神风貌[1]。

依据以上对城市文化的归纳与概括，我们给城市文化下的定义为：在特定城市区域范围内，生活于该领域的人们通过社会实践活动所共同创造出来的、可供共享的物质财富与精神财富的总和[2]。

（三）城市文化的特征

城市是人类文化积淀的物质形态，是在一定的地域范围内聚集了各种不同形态的文化特质的承载体。在城市发展的长河中，城市发展的历史其实就是一部文化发展的历史。城市兼收并蓄、包罗万象、不断更新的特性，促进了人类社会秩序的完善、文化的聚变和财富的积累[3]。城市的魅力在于它发达的社会文化，城市文化具有以下特征。

聚集性[4]。虽然城市现象的辖地现实是模糊的，但是，相对于乡村而言，城市作为一种社会空间形态，无论人口、物质还是功能都具有聚集的趋势与状态，城市文化的集中性正是源于城市本身的这种集聚性。再者，城市是人类所创造的绝大部分物质文化和非物质文化的集中地，城市不仅是人口密集的场所，而且是产业、资金、技术和建筑物密集的场所。马克思、恩格斯指出，城市本身表明了人口、生产工具、资本、享乐和需求的集中，而在乡村所看到的却是完全相反的情况——孤立和分散。城市文化的集聚性主要表现在资源与人两方面，具体为：一是城市是文化人的"集中地"，二是城市是各种文化资源的"集中地"。在城市集聚的文化有来自不同时代的文化（古代文化与当代文化）和来自不同方向的文化（民族文化和外来文化），这些文化不仅在城市集聚，而且在城市融合、渗透和创新。同时，城市社会所拥有的文化设施是农村社会所无法比拟的。从形态上看来，城市集聚着大量人口，而且集中着各种资源，这些人与资源以各种组织形式散落在城市的各个区域。这些多样化的组织并非独立存

---

[1] 王兰芳，陈晓忠. 略论我国城市化进程中的城市文化建设［J］. 魅力中国，2010（4）.
[2] 向德平. 城市社会学［M］. 武汉：武汉大学出版社，2002.
[3] 陈柳钦. 城市文化：城市发展的内驱力［J］. 学习论坛，2011（1）.
[4] 蔡禾. 城市社会学讲义［M］. 北京：人民出版社，2011.

在，它们相互依存，功能互补，在城市中发挥的特定功能不同于乡村。总之，城市以其独有的向心力使人类的财富、信息、权力乃至全部生活方式都以城市为中心进行汇集。这个集中过程使城市文化更加社会化，它的涵盖面越来越大、凝聚力越来越强，这必然带来文化在城市的聚集和繁荣，进而逐步形成多民族文化特色。

开放性和兼容性。随着城市工业化进程持续推进，城市生活质量普遍提高，并不断地吸纳农村人口。城市文化在茁壮成长的同时，并不排斥对于外来文化的学习与借鉴，而是兼收并蓄，主动或被动地与外来文化接触、沟通、碰撞与磨合，并吸纳了其中有利于城市文化自身发展与建设的成分，并带来了城市文化的开放性与兼容性。因此，城市文化的开放性与兼容性其实就是城市本身发展规律所决定的；现代城市的开放性与兼容性本身不可避免地涵盖了文化的开放性与兼容性。

辐射性与反辐射性。城市文化伴随着城市的聚集而产生，它使城市成为一个地区或区域的中心。一般说来，城市文化的辐射主要有两种途径：一是城市文化由城市区域向周边农村区域辐射，二是城市由中心城市区域向城郊或周边城市辐射。然而，这种辐射并非单向的，城市文化在向城市自身之外的区域传播、辐射和扩散的同时，也吸纳着周边的"反辐射"。因为，城市无法孤立地存在，它必须依赖周边的资源。

法治性。乡村社会与城市社会的重要不同体现在调整社会关系的规范的性质不同上，用滕尼斯的话讲，乡村社会是"礼俗社会"，城市社会是"法理社会"，因此现代城市社会具有法治性。现代的城市社会是一个存在着大规模社会分工和交换的复杂社会，需要以正规的控制手段——法律来进行调整。究其原因，首先是现代城市社会中的经济关系，用韦伯的话讲是"理性的资本主义"。其特点是：资产所有者或市场经济的参与者特别重视对于长期利润的精细和有系统的计算，而不是通过简单的投机行为和短期行为获取暴利。这就需要社会中存在着的确定性规则来保护整个交易的长期性和稳定性。法律的功能正在于建立和保持一种可以大致确定的预期，以方便人们的相互交往。此外，在现代市场经济条件下，交换经常发生于陌生人之间，又是跨地域、跨国度、跨文化的，交易双方既无法在短期内建立起足够的信任，又无共同的习惯或惯例可以依赖；这时社会习惯所起作用是有限的，只能依靠法律来约束当事人的行为。其次，现代城市社会中存在着广泛的、大规模的分工。现代城市社会由许多不同特征、从事不同职业、不断变动着的个人组成。社会连带性的基础不再是其成员的相似性，而是他们的差别性。由于社会分工，人们之间形成了相互依赖的关系，而现代城市社会的开放性和复杂性，又使得相互依赖的人们之间的社会交往的非直接因素不断增加，这就使得适用于调整直接交往关系的礼俗规范失去了时效，而必须以法律这样正规的控制工具来代替[①]。

多元性。在消费文化和时尚文化趋同性的背后，各个城市或者城市各个区域的传

---

① 张雪筠."城市性"与现代城市文化特征[J].天津大学学报（社会科学版），2005，5（3）.

统文化、社会文化差异性仍然可见。正是这种差异性造就了城市多元文化格局。这种多元文化格局具体表现为追求地域性、追求创新性、追求本土化，因此，城市是一个多种文化的共存体。美国作家A. J. 雅各布斯（A. J. Jacobs）认为，"多样性是城市的天性，城市的多样性，不管是什么样的，都与一个事实有关，即城市拥有众多人口，人们的兴趣、品位、需求、感觉和偏好五花八门、千姿百态。"不同国家的城市，由于历史发展和传统文化等各种因素的影响，形成了不同的城市文化。正如美国人类学家鲁思·本尼迪克特（Ruth Benedict）所说："一种文化就如一个人，是一种或多或少一贯的思想和行为的模式，各种文化都形成了各自的特征性目的，它们并不必然为其他类型的社会所共有，各个民族的人民都遵照这些文化目的，一步步强化了自己的经验，并根据这些文化内驱力的紧迫程度，各种异质的行为也相应地愈来愈取得了融贯统一的形态。一组最混乱地结合在一起的行动，由于被吸收到一种整合完好的文化中，常常通过最不可设想的形态转变，体现了该文化独特目标的特征。"多元异质性的城市文化环境为每个市民提供了拥有多种选择的可能，个人同其同类相分离的可能性不断发展，并且共性中的个性差别不断强化。可以说，世界上的城市是千差万别的，根本的差别就在于城市文化的不同。

有序生存和持续性[①]。城市文化同城市的自身发展一样，具有有序生存和持续发展的特点。城市文化从初级形态向高级形态、由初级阶段向高级阶段，连续不断地持续发展，永无穷尽。它伴随着城市的自然环境和社会环境的变迁而变迁，其内容的增加或减少所引起的城市文化系统结构、模式、风格的变化，称为城市文化变迁。城市文化变迁和城市社会变迁既有联系，又有区别。前者主要是城市文化教育环境现象的变化，如文化特质、文化教育模式、文化风格等的演变和发展；后者主要是城市社会环境诸种现象的变化，如城市社会关系、社会群体、社会生活等演变。一般来说，城市文化变迁受到城市社会变迁的制约，城市社会变迁又会引起城市文化的变迁，城市文化变迁主要是通过文化革新和文化传播来实现的。同时，从城市文化变迁中也可以看出，城市社会变迁所涉及的方方面面更为广泛，而根本点在于保持其发展的持续性。

（四）城市文化的层次

城市文化是城市发展动力——创造力的基础，是城市经济社会发展的引擎。城市的持续发展与城市文化有着非常密切的关系，城市文化具有各种社会、经济以及文化价值，同时城市文化的发展和保持有利于降低城市可持续发展的成本。

若将城市文化分为四层，一是表层，即"各项基础设施，市场上流通的各色商品以及道树、草地、花卉等人工自然环境构成的城市物质文化的外壳"[②]。二是浅层，即"正

---

① 朱铁臻. 城市发展学[M]. 石家庄：河北教育出版社，2010.
② 梅保华. 城市文化刍议[J]. 城市问题. 2000（1）：14-15.

在进行生产、分配、交换、消费等各种活动的城市居民,他们在这些活动中创造的文化,是城市文化的浅层。其中比较突出的是生产和消费"①。三是中层,即"由城市的上层建筑所构成的城市的制度文化"①。四是深层,即"城市居民的行为方式和指导、影响、支配行动的一整套规范、准则,以及他们的价值观念和行为心理等城市的精神文化"①。相似地,城市文化可以分为物质秩序或物质文化层、管理—制度文化层、生活与行为方式层,以及心理—观念层。四个文化层面的灵魂与核心是人文价值,整个城市文化不过是由这一核心外化而构成的文化价值体系②。

更具体地说,按照杨东平抛开器物层面的物质生产、行业技能等不谈,可以从五个方面认识城市文化③:第一,城市的历史传统和社会发展。城市社会的变迁本身是一个文化的大题目,它外在表现的是城市建设和人文景观。"城市是一本打开的书",城市的规划、布局、生态环境、市政设施、建筑文化等所构成的人文景观,是城市的面貌和仪容,从中展开了城市的历史和现状、城市的抱负和理想、城市的光荣和骄傲,以及城市的困惑和失落。第二,城市的制度组织和社会结构。城市的权力结构、自主程度、决策和管理、政治生活和公共生活、社会分工和专业分工、社会团体和组织程度等,是在制度文化层面对城市现代化程度的观测;反映出城市是充满活力的、高效的和有机的、以人为中心的,还是僵硬而低效的、非理性的、见物不见人的两种不同的管理和制度。第三,城市的文化建设和文化产品。按广义的文化含义,城市文化状态包括学校、学术机构、图书馆、博物馆、体育馆、公园、剧院等文化设施的建设,文化艺术活动、新闻出版、广播电视、文化团体的建设,以及各种文化产品的数量和质量、价值和功能、风格和特色、品位和层次等。第四,城市的人口构成和文化素质。人口在民族、年龄、职业、信仰、健康状况、教育程度、流动情况等方面的状态,是城市文化形成和发展最活跃的动因,也是城市文化的有机组成部分和重要指标。第五,市民的生活方式和生活质量。城市人的风俗民情、人际关系、人格心理、行为特征、价值观念、婚姻家庭、闲暇生活、对生活的不同态度等市民的世俗生活和日常表现,是城市文化的深层基础,也是令人感兴趣的部分。

(五)城市文化的结构

城市文化作为一种独特的文化形态,是城市重要的无形资产,是随着城市的产生、发展而形成的。城市文化结构是指不同文化层次的内在有机构成,是由各不相同的文化子系统或体系组建而成的。这些文化子系统或者体系所表现出来的不同层次,就是城市文化结构。这些文化的不同层次在相互的影响过程中构成了城市独特的文化系统,表现着一个城市的文化个性,并以独特的魅力来吸引人。城市文化的结构主要包括以

---

① 梅保华.城市文化刍议[J].城市问题,2000(1):14-15.
② 任平.时尚与冲突——城市文化结构与功能新论[M].南京:东南大学出版社,2000:7.
③ 杨东平.城市季风[M].北京:东方出版社,1994:64-65.

下几个层面。

空间层面。城市的经济区域是在特定空间范围内集中了高密度的人口和经济而表现出的特殊区域;城市的发展是空间形态不断改变和腹地范围逐步扩大以及城市之间的联系逐渐深化,最终形成具有城市群网络特点的复杂过程①。城市公共空间的形成是与其独特的自然环境、区位条件及人文历史息息相关的,这样说来,不同城市的公共空间就具有其独一的特点,不同的城市形态就具有其独特的空间特征。因此,空间特征不可替代地成为城市第一层文化底色,使城市具有自己与生俱来、与众不同的地域特色。

时间层面。这是城市文化的第二特征,城市独特的历史背景和人文传统给城市留下抹不去的文化烙印。时间维度作为城市的纵向脉络,是城市文化最忠实的记录者。冯骥才曾说过,"城市和人一样,也有记忆,因为它有完整的生命历史"②。它保存着城市的记忆,见证着城市的历史,延续着城市的文明脉络。每个时代都会给城市刻下烙印,留下记忆,包括遗址、建筑、街区,以及民间艺术与市井生活。时间在历史纵向维度上展开,点点滴滴的日常生活片段,折射出城市及城市文化发展变迁的绚烂图景。

制度与规章层面。所谓制度,一般是指在特定社会范围内统一的、调节人与人之间社会关系的一系列习惯、道德、法律(包括宪法和各种具体法规)、戒律、规章(包括政府制定的条例)等的总和。制度与规章对城市居民的行为方式具有指导性和约束性,鞭策和激励城市居民遵纪守法、共建城市,并为城市的工作和活动提供可供遵循的依据。制度与规章直接影响着城市文化的属性、形态及发展,规定着城市文化发展的机制与走向。

物态环境层面。物态环境直观而立体地凸现出城市的气质、形象,是城市文化品位的显性标记和感性认知对象。城市的文化品位是城市的文化形式与价值观念的总和。美好的城市形象可以唤起城市居民的归属感、荣誉感和责任感。在挖掘城市文化时,不但要研究城市外貌、建筑特征以及文化遗产等能给人直观感受的文化,更重要的是要研究城市的精神和特质。高品位的城市文化将有助于城市经济和其他方面的发展。城市精神融入城市社会生活的方方面面,它能在广场、商场、博物馆、图书馆和居民社区中感受和触摸到。沙里宁曾说过,让我看看你的城市,我就知道你的人民在文化上追求什么③。

城市文化设施、文化活动和精神文化产品层面。这些因素的建设或产出,是城市文化发育、发展的标识,直接从数量和质量上反映城市文化的状态。城市的文化资源、文化氛围和文化发展水平,在一定程度上体现了城市的竞争力,决定着城市的未来。

---

① 姚永玲. 城市管理学[M]. 北京:北京师范大学出版社,2008.
② 冯骥才. 思想者独行[M]. 石家庄:花山文艺出版社,2005.
③ 转引自方可. 当代北京旧城更新:调查、研究、探索[M]. 北京:中国建筑工业出版社,2000.

因此，应该努力发展文化产业，把文化价值转变成经济价值；同时，促进文化的传播，并提高市民的文化素质。

经济发展层面。随着城市化的逐渐推进，城市经济在我国国民经济中的重要地位和作用日益显现。经济不断地发展能够促进民生问题逐渐得到解决，如就业岗位增加、工薪水平大幅提高，也能够促进城乡居民的消费水平明显提高、居住条件大大改善、生活质量不断提高。因此，一定程度上来说，经济发达程度决定着人们的物质生活水平，从根本上规定和制约着城市文化发展的潜力和未来高度，也制约着人们的文化消费心理和水平。

其他层面还包括城市人口结构、市民素质、精神面貌、生活态度、生活方式、风俗人情、价值观念、行为特征、人格心理、婚姻家庭、闲暇生活、消费心理、饮食习惯等，它们作为城市文化的一部分，也参与构建了完整的城市文化。

（六）城市文化的功能

城市文化反映人类社会文明的集聚效应，是城市全面发展的推动力、城市的灵魂、城市的综合竞争力、城市形象的基础。刘易斯·芒福德在研究人类城市发展演变时，特别重视城市与人类文化的内在关系，同时，他非常重视城市的文化功能，他形象地将城市比喻为容器、传播者和流传者，把文化贮存、文化传播和交流、文化创造和发展称为城市的三项功能。

通过对城市文化的缘起及发展、演变研究，可归纳出城市文化具有以下几个功能。

首先，城市文化具有社会规范的功能。所谓社会规范，指的是人们社会行为的规矩、社会活动的准则。它是人类为了社会共同生活的需要，在社会互动过程中衍生出来、相习成风、约定俗成，或者由人们共同制定并明确施行的。城市以其制度文化规范和制约着城市所有社会成员的行为，调整城市所有社会成员各个方面的社会行为，维护着城市的社会秩序，城市区域里的成员行为必须受既定的社会规范所约束，其越轨行为将受到制度文化的制约与制裁。因此，城市文化维护着城市的社会秩序，控制并尽量避免城市问题的出现，从而保证城市得以健康、有序的发展。

其次，城市文化具有社会化的功能。所谓社会化，指的是由自然人向社会人的转变过程，每个人必须经过社会化才能将社会行为规范、准则内化为自己的行为标准，这是社会交往的基础；并且社会化是人类特有的行为，只有在人类社会中才能实现。城市社会成员的社会化是其接受城市文化遗产，完成城市文化延续与传递的过程。城市社会成员要想适应社会生活，完成从生物到社会人的转变，就必须获取必要的知识和技能、扮演合理的社会角色，而这一系列转变的过程正是城市社会成员接受城市文化影响、认识并认同城市文化的过程。

再次，城市文化具有社会融合的功能。所谓社会融合，指的是城市社会成员以良好的价值观和道德观与周围人接触、交往，形成融洽的环境，并以制度、法律、条约、合同等制约社会中的每个人，进一步建设人类创造的物质文化和精神文化。由于城市的多元性与异质性，城市中必然存在着多种不同的文化，而这些文化在城市文化中所处的地位是不一样的，可分为城市主文化与亚文化。其中，为城市绝大多数成员所认可与肯定的主文化代表绝大多数城市社会成员的利益，引导城市社会成员的价值观念和行为方式，维系不同城市社会成员之间的团结，并协调及整合不同社会群体之间的利益，从而使城市得以和谐发展。

最后，城市文化具有娱乐休闲的功能。城市文化所具有的娱乐休闲的功能主要表现为以下两方面：一是城市文化的发展推动着科技和知识水平的不断提升，使人们的知识水平不断提高；二是以体育健身、游园、聚会为代表的群众文化等极大地满足了城市居民的娱乐休闲需要。随着我国经济水平的提高，以及人们的生活和消费观念的改变，各大城市的娱乐休闲活动迅速展开。

三、案例分析：北京城市文化

谈及北京文化，首先应该在北方文化的基础上来分析。不同的地理环境使人们形成不同的物质生活的生产方式，借用马克思的观点是物质经济基础决定上层建筑，也就是"物质生活的生产方式制约着整个社会生活、政治生活和精神生活的过程"[①]。日本学者青木正儿在论及中国古代文艺思潮时曾经这样认为：中国南方气候温暖，土地低湿，草木繁茂，山水明媚，物产丰富；北方气候寒冷，土地干燥，草木稀少，风景既不美，天然物也不多。南北相互比较：南方人民生活安逸，有空闲时间，可以远思冥索，耽于玄想，偏于感情或很容易倾向于安逸华美、游荡的生活，其文艺思潮是浪漫的；而北方人民，每日必须为生活努力，重在力行，偏于理智，其文艺思潮则趋于现实的、质朴的一面[②]。

北方文化以孔孟的儒家哲学为基础，呈现出刚烈、雄浑、粗犷、苍劲的总体风格。儒家精神是现实的、富有道德教化的要素，注意客观现实的条件、追求谨严庄重，具有积极的"入世"态度，是主动的，注重男性的刚强[③]。孔子周游列国，席不暇暖，对现实采取的是"知其不可而为之"的态度；"三军可夺帅也，匹夫不可夺志也"，"发愤忘食，乐以忘忧"，不努力的人是不可救药的；要有"富贵不能淫，贫贱不能移，威武不能屈"的大丈夫气概[③]。相应地，对人的教育应该是人为的训练和教化。这样，北方人基于儒家哲学态度恪守礼法，循规蹈矩，讲究现实；聚族而居，落地生根，安

---

① 马克思.政治经济学批判·序言[M]//中共中央马克思恩格斯列宁斯大林著作编译局.马克思恩格斯选集：第二卷.北京：人民出版社，1972：82.
② 青木正儿.中国古代文艺思潮论[M].王俊瑜，译.北京：人文书店，1922.
③ 宋聚轩.白马秋风塞上杏花春雨江南——略论南北文化之差异及其成因[J].山东师范大学学报（社会科学版），1998（2）：85.

土重迁。另外，北方人诚实、温柔敦厚、重面子、讲信用、追求亲密和谐、邻里协作、义气当先。这方面体现在文学作品上，多表现出阳刚之美；在绘画上，唐代以李思训为代表的北宗工笔画，表现的是笔法严谨，注重写实；在书法上，北方尚壮美，以碑取胜，总体风格是粗犷质朴，天资纵横，不修边幅而自有情趣，"落笔峻而结体庄和，行墨涩而取势排宕"；在舞蹈上，北方充满英风豪气，如公孙大娘舞剑；在民间戏曲上，北方的二人转等表现出沉雄的韵味①。因此，虽然北方文化也有婉转之音，但多为粗犷的、有魄力的、刚烈的、雄壮的、动态的、男性的文化。

北京作为历史悠久的古都和传统的政治文化中心，它的文化在历史上一直表现为上下两个层面，即宫廷文化和民间文化。20世纪30年代后，表现为京派知识分子文化和京味民间文化，后者主要表现为北京的地域文化。传统的北京被认为是"皇城"文化，有值得骄傲的悠久历史，有非凡的城墙和城门——中国的"城市"之谓由此产生②，疏落、空旷的建筑和街道布局；低矮灰暗的四合院民居中，间或露出殿宇的红墙黄瓦或寺塔的身影；厚重的皇城建筑无不显示出古都和古城的优越性。凝聚着黄河流域的古老文明，巨大的官场和众多的学术机构，一代代士大夫和知识分子薪火传炬，使北京成为文人墨客的会首之地。它向现代转换，是在20世纪初帝制崩溃之后。王气默然地孤独，敦厚宽容、和平幽默的民气上升。京派知识分子文化与京味民间民俗文化相得益彰，营造着浓厚的人文气息。形容京派的是这样一些语词：贵族的、高雅的、严肃的、传统的、学院派的（士大夫的）、官气的。北京人多有"天子脚下"的优越感和贵族精神，以及正统感。

然而，无论是传统的北京还是现代的北京，历来集中了大量的物质财富，人口密集、经济活动频繁、信息交流充分，是全国的政治、经济、文化、科技重镇。新中国对北京的重建，使它集政治、军事、经济、文化、科技、交通、通信等于一身。1988年10月，北京市常住人口突破1 000万大关，提前12年实现了规划在20世纪末达到的人口规模，成为继上海之后中国第二个千万人口的特大城市。1978年以来，中国几乎所有重要的思想、文化、理论都从这里发源，所有的新锐的艺术探索和文化创造首先在这里澎湃。这是一个古老而年轻、保守而激进、大雅而大俗的城市。从全国各地源源不断吸纳优秀人才的"文化特权"，使北京成为当代中国移民化程度最高、知识分子最为集中的城市，这使得北京保持着旺盛的文化活力和创造力。森严的体制文化之外，是活泼的民间文化空间。这里汇集了众多的民办科技企业，民间教育、学术和文化机构，以及大量的文化个体户和艺术家。

---

① 宋聚轩.白马秋风塞上杏花春雨江南——略论南北文化之差异及其成因[J].山东师范大学学报（社会科学版），1998（2）：86.

② 杨东平.城市季风[M].北京：东方出版社，1994：5.

第二节　城市文化传播、冲突和融合

自人类文化产生与发展以来，不同文化间的交流与传播就从未消失。由于文化的符号或观念的特质，其在不同领域间的传播以及促进文化间的同化与异化成为可能。文化间的这种传播与互动必然会带来文化借鉴、文化冲突、文化融合与文化共生。尽管文化的冲突实际上并非以城市为阵营，但由于城市是人类文明的集聚地，多元文化的对立与冲突往往集中在城市展开。因此，城市文明的历史是一个从多元文化冲突走向融合和共存的历史。

一、城市文化的传播

城市文化传播指的是，城市社会成员在社会交往实践中，把思想观念、经验技艺及其他文化特质从一个城市向外辐射传播，以及城市间或城市区域间的文化散布与互动过程。

（一）城市文化传播的过程

任何一种文化现象都是社会现象，它在社会交往实践中产生与发展，并得以传播。言语与文字是文化现象，同时又是文化的载体。除此以外，实物也可以传播。文化人类学家 R. 林顿认为，城市文化传播过程主要包括以下几个阶段。

接触与显现阶段。所谓接触，指的是碰上，或者挨上，或者接近并发生交往或冲突。城市文化的开放性与兼容性，决定了城市社会中总有新的外来的文化元素出现。当一种或几种外来的文化元素在一个社会中显现出来、被人注意时，城市文化传播便开始了。

选择阶段。对于显现出来的新的外来的文化元素，城市文化是不是"来者不拒"，不加选择？当然不是。城市文化的有序生存和持续性，决定了城市文化在传播过程中，对于这些显现出来的文化元素必然要"取其精华，去其糟粕"，进行批评、选择、筛选，最后决定采纳或拒绝。

采纳融合阶段。从空间维度视角来看，城市文化传播一般是由城市中心向周边扩散。根据传播中信息递减的一般规律，离城市中心区域越远之处，越不能保持文化元素的原形。在一种文化元素由城市的一个区域传播到城市的另一个区域的过程中，文化发生散逸以及被采纳过程中的主观修改，接纳区域把决定采纳的文化元素融合于本民族文化中，这时文化的形态和含义已不同于原来的。所以，城市中传播的文化只会存在相似之处，完全相同的城市文化几乎是不存在的。

（二）文化传播的方式与媒介

城市文化传播的方式主要有两种：一是直接采借，即把外来的文化元素或文化丛直接接纳过来。二是间接传播，即一种文化元素或文化丛传入一个地区，引起当地人们的思考，由此引发传入地创造一种新文化，这种现象也叫"刺激性传播"。

城市文化传播的媒介主要来自人的迁移和流动，尤其是人群的迁移。首先，移民、入侵和占领等是文化传播的重要途径。人们从一个城市进入另一个城市，或者从城市的一个区域进入另一个区域，将带来异质的文化，而强势文化总是要把自身的文化强加给或者自觉地影响弱势文化。其次，通商、旅游以及其他人员的流动，也是城市文化传播的重要媒介。当前，城市文化传播已不仅仅局限于人的迁移和流动，通信技术手段极其发达，城市文化传播的媒介不断地增多。城市文化通过各种途径，以空前的规模与速度传播着，城市文化间的同质性因素得到增加。

二、城市文化的冲突

城市文化冲突指的是，在城市文化传播过程中，不同城市文化系统或文化元素之间的矛盾。这既表现为不同城市文化系统，即本土文化与外来文化之间的冲突，也表现为同一城市文化系统内部不同文化元素，即主文化与亚文化之间的冲突。以辩证的观点来看，文化冲突就像一把双刃剑，既使城市的发展充满机遇，又对城市构成了严重的挑战；文化冲突会导致一系列社会问题和社会矛盾，但并非"洪水猛兽"，文化冲突可能会改变文化的结构，改善文化的形态和内容，最终推动文化向前发展。

（一）城市文化冲突的原因

冲突论社会学者刘易斯·科塞[1]对冲突的定义为：在由于不满意现状而联合在一起的限度内构成完全同质的群体针对有关价值、稀有地位的要求、权力和资源的斗争，对立双方的目的是破坏以致伤害对方。他把冲突看成是促进社会融合与适应的过程，强调社会变迁是改良性的局部的社会调整，而非社会革命。达伦道夫的辩证冲突从政治理论视角认为，社会冲突的根源在于权利的分配不均，而非马克思所说的经济分配不均。科塞的功能性冲突论则从社会学视角出发，关注非物质因素，认为人们对分配不均所表现出的失望情绪是诱发冲突的关键。冲突产生的原因会因文化而有所差异。Olsen[2]认为，冲突可能是工具型的也可能是情绪型的。工具型冲突来自目标或习惯的差异，而情绪型冲突就是敌对仇恨情绪的发泄。

由于城市、区域间的文化差异，不同城市文化在相互交流过程中难以避免产生不

---

[1] 科塞.社会冲突的功能[M].孙立平，译.北京：华夏出版社，1989.
[2] OLSEN M. The process of social organization [M]. New York: Holt, Rinehart, and Winston, 1978.

和谐，因此，文化冲突的出现是一种必然。文化冲突是在多元城市文化的传播、接触与交流过程中，不同范式的异质文化由于差异所引发碰撞的文化现象。城市文化冲突从某种意义上来说，是异质文化的"竞争"。随着城市经济、社会的加速发展，各城市不仅发现了自身文化的长处和缺陷，而且发现其他城市、区域文化的优势与劣势。另外，由于不同城市之间的不同文化、不同历史背景影响人们在思维模式、行为规范、价值取向等多方面的差异，因此，冲突在各种文化间出现。在冲突中，城市文化一方面捍卫着自身的立场，另一方面又对异质文化有不同程度的认同和吸纳，冲突成了城市文化传播的必然。

（二）城市文化冲突的主要特征

城市文化冲突具有普遍性。城市文化是开放性与多元性的集合体，当异质文化与原城市文化在进行交流与传播时因本身的个性分歧，便不可避免地产生冲突。文化传播是普遍的文化现象，因而传播过程中产生的文化冲突也具有普遍性。

城市文化冲突具有时代性。城市文化是城市社会成员在长期的社会实践中创造的文化成果，并与城市社会成员的新陈代谢保持一致；随着城市经济社会的不断变迁，城市文化也处于不断发展、创新与改造过程中，这一过程实质上也是新旧文化更替吐纳的过程。

城市文化冲突具有民族性。文化的民族性对于本民族来说是根，是文化的脊梁，是文化的价值所在，是文化能够发挥积极作用的基础和前提。在多民族的社会中，一个城市既有代表多数民族成员个性的城市民族主文化，也有代表少数民族成员个性的城市民族亚文化。

城市文化冲突具有区域性。处于流动状态的社会成员代表着其所在区域特定的城市文化或社区文化，这些成员在交往互动中会因文化的异质而发生冲突。城市文化冲突从某些方面来说可以完善社会契约，增加人的生存机会；防止社会系统僵化，促进社会整合；增强社会组织的适应性等。

三、城市文化的融合

城市文化融合指的是，城市文化在传播过程中不同城市文化系统或者不同城市文化元素之间通过相互接触、交流进而相互吸收、渗透、融为一体的过程；原来相对稳定的城市文化体系随之消失或改变形貌，产生出一种新的城市文化体系或城市文化子系统的过程。文化融合主要包括三个过程：接触、撞击和筛选、整合。

（一）接触

随着工业化以及城市化进程的不断推进，每个城市都不可能局限于自身狭隘的空间结构里独立发展，而需要与外界进行频繁接触，异质的城外文化元素或者域外文化元素随之进入城市。接触是文化融合的前提，在城市中两种或两种以上的城市文化元素由于传播而频繁接触或冲突，最终将导致一方或双方体系改变。随着城市区域的扩大，城市经济的相互关联越来越紧密，在城市、区域间实现文化的接触与共享已成为城市社会生存和发展的必需。

（二）撞击和筛选

不同质的城市文化元素在接触中，具有顽强地表现自己的文化元素、排斥异质城市文化元素的特性，异质文化的进入在某种程度上侵蚀着本土文化，因此，两种城市文化元素接触后会产生冲突，发生撞击。在冲突与撞击过程中，城市文化遵循着强者生存的原则，进行社会选择，择优汰劣。强势文化在传播过程中表现出对它的拥有者而言在政治上、经济上处于相对优势地位，具有强大的兼容性、包容性，因此强势城市文化较为可能入侵弱势城市文化或者直接取代之；然而并非所有强势文化都是先进文化或者优秀文化，因此，经过撞击和筛选所形成的文化并不一定是最佳的。

（三）整合

经过筛选、调整、适应，于不同的两个城市文化体系中选取的城市文化元素最终融为一体，形成一种新的城市文化体系。这是城市文化冲突的结果，是城市文化新陈代谢的结果，也是城市文化对传统文化和外来文化扬弃的过程。城市文化的形成实质上是一个动态的变迁过程，外来文化影响城市文化的传播与变迁，若干年后可能成为本土文化的一部分。中国历史上的游牧民族入主中原后，大多被汉族同化，原先的异族文化转而变成了中国传统文化的一部分。佛教虽然源自印度，传入中国后经过传播与文化融合，现已成为中国传统文化的一部分。本土文化不断地与外界接触、撞击与冲突，同时也融合着异质文化，并实现自身的发展。

不同文明之间的交流，历史已经多次证明其是人类文明发展的助推剂。希腊学习埃及，罗马借鉴希腊，阿拉伯参照罗马帝国，中世纪的欧洲又模仿阿拉伯，文艺复兴时期的欧洲又仿效拜占庭帝国。在许多文化的交流和撞击中，作为"学生"的落后国家有可能会超过作为"老师"的先进国家。在中国文化与外来文化交流的过程中，假若中国是学生，那么中国也会有可能超过她的先进老师[①]。城市文化便在城市文化交往中，继承优秀传统，关注城市文化的人文精神，抛弃不合理的传统成分，使城市文化实现超越；同时吸取其他城市文化的精华，进行不断整合并创新，从而不断地完善自身文化或者形成一种独具特色的新文化。

---

① 罗素.一个自由人的崇拜［M］.长春：时代文艺出版社，1998.

四、城市文化发展趋势

随着全球化与城市化的进程，不断出现的文化冲突最终体现的是一种多元文化存在的状态，而这种状态有利于激发城市文化的活力，有利于促进城市文化的发展。米歇尔·迪尔[①]曾谈到民族文化混杂的城市文化，他称之为"异质城邦文化"。他认为，异质性建筑已向人们表明：在各种类型的混合、地域的打破、风俗的更替，以及对边缘习惯的借鉴与吸收的过程当中，会产生出非凡的优点与旨趣。正是由于城市文化的冲突与融合，各种文化得以共存，以文化为本质特征的现代都市获得了活力与创造力，并得到了发展。

（一）全球文化与本土文化的共存

城市本土文化是一个城市的生活特色、风俗习惯、情感素质、审美方式、思想内容、语言思维等心理结构在文化中的综合体现。它在城市社会成员的意识或潜意识中表现，支配着城市社会成员的日常生活。同时，城市本土文化又通过民族文化的价值观念、历史传统、城市社会成员的行为方式、意识和精神体现出来。在经济、社会、文化的全球化驱动下，城市文化必然融入全球化中不断扩张和壮大，因此，城市文化的交流也必定烙上全球化的印记，然而文化本身不能"全球化"。由于各个城市的形成过程是不同的，其文化底蕴也不同。

由于城市文化的异质性，城市文化也具有多元性、多样性的特点。随着经济、信息的日益全球化，文化的日益全球化也是一种趋势，各城市间或各城市区域间的文化作为实践成果是可以为全人类所借鉴的，因此全世界便也接受了先进的科学技术和方便快捷的生活方式。但如果每个城市都仅仅是修复几幢古建筑，建造几处微缩的景点和古街市，恢复或发掘几个历史上的古迹，就会使城市彼此趋于雷同，"千城一面"，并从而丧失其独特的个性。

尽管随着世界经济全球化的进一步发展，各国的文化交流日益频繁，本土文化被不同程度地消解，但是，我们无法"闭关锁国"，因为伴随着本土文化的消解，本土文化又以一种受全球文化影响的统一的文化形态呈现给人们。所以，应该尊重不同质的文化。保持城市本土文化，有利于增加城市社会成员间的文化认同感，有利于城市精神文明的建设。因此，在经济全球化的趋势下，我们必须保护和弘扬本土文化。在不同的城市文化接触、交流与互动中增进理解，在合作或冲突的过程中，求同存异，共同发展，走多元化的道路。

---

① 迪尔.后现代都市状况[M].李小科,等译.上海：上海教育出版社，2004.

（二）强势文化与弱势文化的共存

强势文化由于其对受众的吸引力大，处于相对优势地位，因此，具有强大的兼容性、包容性、复制性和可持续性；但强势文化并不一定就是先进文化，也并不一定就是优秀文化。弱势文化是依赖强者的道德期望而破格获取的文化，也是期望救主的文化，其本质是依靠和跟随；弱势文化没有自信与强者在同一个规则下公平竞争，所以，从本质上讲弱势文化是懦弱的生存哲学。

随着经济的全球化，文化也相继出现了跨国、跨地区传播，而"跨文化传播恐惧论"随之而来。尹韵公认为，在汉语的解读中，"跨"有超越、跨骑、凌驾的意思，那么跨文化传播，可以理解为谁的文化可以超越、跨骑、凌驾谁的文化吗？……如今，新的传播技术使世界各国的文化交流在范围、速度、强度、种类等方面都达到了历史上未曾有过的高度和规模；另外，西方发达国家主要是美国凭借和依仗科技优势给其带来的话语霸权，大肆推销、宣扬和传播西方主流文化及其价值观念，恶意贬损和摧残发展中国家的历史和文化，力图使发展中国家的历史和文化在全球化的过程中，不是失语就是褪色，或者被边缘化[①]。因此，在城市文化传播中，我们应该避免文化凌驾、文化殖民与文化霸权，而力求在互相接触中达到相互认可与相互融合。

诚然，人类不同文化之间的传播具有一个普遍的基本规律，即通常不是双向的对称性交换，而以强势文化向弱势文化的信息输出为主。但是，工业化以及城镇化的发展，人口的迁移以及文化的传播，不可避免地造成强势文化与弱势文化的并存。

（三）西方文化与东方文化的共存

西方文化以其强势的经济话语权，不断地冲击着东方古老文化。随着经济与社会的全球化，这种影响似乎越来越强烈。兴起于20世纪90年代的中国城市房地产市场，历经短短的30多年，可谓高潮迭起，几乎是以一路狂奔之速发展。城市房地产广告从一开始就受到西方文化的巨大影响。最初的广告中，城市房地产商通过对西方建筑文化和西方生活方式的渲染来俘获城市居民芳心，西方的建筑文化似乎成为高品质的象征。城市房地产广告以西方文化形象、西方建筑文化的形容词，为城市社会成员构建了一个所谓高档生活的审美标准，影响着人们对西方文化与西方生活方式的认知。而当"欧美风"扫过之后，市场转而出现了另一种需求，人们开始寻找失去的传统，一些汲取中国传统建筑风格的住宅受到了追捧。

从本质上来说，西方文化是一种个体文化，东方文化是一种整体文化。而有学者认为，整体文化与个体文化都是提高社会系统功效的重要因素，无论是东方文化，还是西方文化，都以各自的特点，获得不同人群的认可，都可以找到自己的立足空间，因此，东西方文化是互补的，是可以融合的。但是，这种互补与融合有一个极为漫长

---

① 姜飞.跨文化传播的后殖民语境［M］.北京：中国人民大学出版社，2005.

的过程。在经济全球化的过程中,东西方文化的互补与融合是必要的,同时,经济全球化也有助于推进东西方文化的互补与融合。正是由于东西方文化的互补与融合、城市兼收并蓄各种文化,人类世界才得以朝着和谐的方向发展。

(四) 城市文化与乡村文化的共存

我国城市现在还处于农业社会向工业社会的历史转型期,因此,城市具有新的特色,是在西方现代化已经完成,并开始向后现代转变的情况下起步的[①],它使得原本应以历时的形态依次更替的农业文明、工业文明和后工业文明及其基本的文化精神在中国的嬗变和演进,却由于中国置身于开放的世界体系之中而展现为同时存在的形态,不同的文化精神同时挤压着这个寻求现代化的民族[②]。

由于这种特殊的社会转型的历史方位,城市文化具有了前所未有的复杂的价值构成,也面临着史无前例的文化冲突。再者,我国城市处于大力扩张的时代,农村人口不断地流向城市,成为新城市居民。虽然这些新城市居民身份和地位发生了变化,但是,随之带来的根深蒂固的文化、思维、价值,使得城市文化的冲突更为复杂与剧烈。而城市化进程的加快,又需要吸纳这些农村人口,在这种两难困境中,城市文化与农村文化在交流和撞击中共存。

第三节 城市文化资本和城市形象

一、城市文化资本概述

(一) 文化资本

法国当代著名的人类学家、社会学家皮埃尔·布迪厄通过对马克思资本概念进行非经济学的解读与扩展后,突破了纯政治经济学的视角,在《文化再制与社会再制》一书中首次使用了文化资本的概念。他以场域作为进行社会学研究的基本单位,并将资本作为一种工具把对场域的分析扩大及整个社会,从而在一定程度上拓展了社会学的研究领域。

"资本"概念是布迪厄理念体系中的一个核心范畴,但是他并没有给出一个确切的含义,而是在隐喻的意义上使用"资本"这个概念。他将资本分为三种不同的基本

---

① 常东亮,董慧.文化冲突与城市文化活力 [J].社科纵横,2011 (4).
② 衣俊卿.全球化的文化逻辑与中国的文化境遇 [J].社会科学辑刊,2002 (1).

形态：一是经济资本（economic capital），即对包括钱、财、物等经济资源的拥有；二是文化资本（culture capital），即知识的类型、技能、教育等任何一种个人可以让其自身在社会上获得较高地位的优势；三是社会（关系）资本（social capital），即群体上的资源、关系、影响与扶持的网络。布迪厄认为，三种资本形态之间是可以相互转换的，经济资本是资本的最有效形式，是其他各种资本的来源，经济资本可以直接转换成金钱的形式，具有代际传递的特点，即从上一代传递给下一代。

不同于马克思资本概念，布迪厄的资本概念强调了文化资本、社会（关系）资本等非物质形式的资本。在他的研究范畴中，其资本概念已不具有马克思主义理论中榨取剩余价值或驱动资本主义原始的剥削的含义，资本成了超历史的、能产生权力的资源，实际上以一种权力的形式存在，并且终将对个体本身以及他人的未来具有控制和支配的能力。进而，布迪厄认为，个体所能积累的资本界定了其社会轨迹，即资本界定了个体生活的可能性及机遇。

在《资本的形式》一书中，布迪厄第一次完整地阐述了文化资本的基本概念。根据他的观点，作为资本形式之一的文化资本，指是的借助不同的教育行动传递的文化产品，是一种表现行动者文化上有利或不利因素的资本形态，即包括了可以赋予权力和地位的累积文化知识的一种社会关系。文化资本、社会资本并不具有经济资本的基本特征，并不是真正意义上的资本，而只是在某种程度上表现出了与经济资本的相似性。文化资本包括三种基本形态：一是身体形态，即文化能力，以精神和身体的持久性的形式；二是客观形态，即以文化商品的形式（图片、书籍、词典、工具、机器等）；三是制度形态，以一种客观化的形式，这一形式必须被区别对待（如学术资格、学位证书），因为这种形式赋予文化资本一种完全原始性的资产，而文化资本正是受到了这笔财产的庇护。他还认为，在一定的条件下，文化资本是可以转化为经济资本的，并且可以通过教育领域证书的形式予以制度化。因此，文化资本在本质上是人类劳动成果的一种积累。

通过与其他资本的对比后，布迪厄认为，文化资本具有其独有的特征：一是增殖性。从某种程度上来看，文化资本的增殖等于经济资本和社会资本的增殖，因为经济资本和社会资本的增殖是以文化资本的运作作为支撑的，缺少了文化资本的运作，就无法把资本和劳动有机统一。二是与主体的不可分割性。文化资本是转化成为个人组成部分的外部财富，是转换成习性的外部财富；需要主体投入精力、时间，身体力所能及才能最终获得；不能转让或者借贷，是主体自身不可分割的组成部分。三是不可继承性。文化资本是属于人性的东西，与主体具有不可分割性，将会随着主体的灭亡而消亡。文化资本的所有者可以把文化遗产通过著作的形式传给后人，但后人仍需学习才能获得，这不是一种直接、现成的继承。

（二）城市文化资本

南京大学张鸿雁教授在布迪厄"文化资本理论"的基础上首次提出了"城市文化资本"这一概念，该概念冲破了布迪厄"文化资本理论"关于微观层面的个体文化资本（即教育和相关文化资源）的限制，进而上升到宏观层面——城市文化资本。有别于布迪厄的"文化资本理论"，"城市文化资本"强调的是"城市业已存在的精神文化、物质文化、制度文化和财富的'资本性'意义"，如城市自身的历史物质文化遗存、流芳千古的人物和精神价值，以及城市自身创造的一系列文化象征与文化符号等[①]。该理论集中体现在社会公共财富的价值意义上。

美国著名哲学家、作家、诗人爱默生曾说过："城市是靠记忆而存在的。"诚然，随着社会、城市的不断发展，城市的有些印迹将随时间的流逝烟消云散，但是，有些却如烙印一般不灭，甚或成了城市的符号。如西安的兵马俑、杭州的雷峰塔等，它们记录了城市的某段历史，"成为一种历史的象征，既是城市的财富，也是人类社会的财富，并构成城市的文化符号和'城市文化资本'的形式。"[①]城市的记忆都依附于城市符号而存在，并因为城市符号而根深蒂固。"旧时王谢堂前燕，飞入寻常百姓家"，记录了南京乌衣巷的印痕；"故人西辞黄鹤楼，烟花三月下扬州"，流传着扬州的美好。

张鸿雁教授认为，每个城市都有其个性化的文化要素与内涵，而个性化的伟大文化是一个国家发展的文化"软实力"。它是城市的灵魂，也是现代经济社会中城市发展的核心竞争力之一。他以林语堂《京华烟云》一书为例，揭示了个性化的"伟大文化"对人类记忆的影响。他摘录了书中的数百字，凝练出了50多个"老北京文化元素"：黄琉璃瓦宫殿、紫绿琉璃瓦寺院、宽广的林荫路、长曲的胡同、繁华的街道、四合院、石榴树、金鱼缸、富人的宅第庭园、夏天的露天茶座、松柏树藤椅子、茶馆儿、热腾腾的葱爆羊肉、白干儿酒、达官贵人、富商巨贾、引车卖浆者、戏院、灯笼街、古玩街、每月的庙会、什刹海的马戏团、天桥儿的戏棚子、街巷叫卖声、走街串巷的理发匠的钢叉震动声、卖冰镇酸梅汤的一双小铜盘子的敲振声、旗装的满洲女人、雍和宫的喇嘛、数来宝、唱莲花落的乞丐、玩儿票唱戏的和京戏迷……所有的这些个性化元素，还原了近代老北京城市街区的历史，让我们如同身临其境。由此可见个性化的城市文化元素在整个城市发展过程中的重要性，它是城市发展的生命力。只有这些个性化元素与其内涵的存在，城市才得以继续前行。城市正是依凭这些要素才得以创造现代的伟大。而所有的这些终将转化成"城市文化资本"，从而推动城市持续发展。

张鸿雁教授认为，"城市文化资本"随着市场经济关系的深化其意义越来越重要，并在更多的层面上展现着文化资本的功能。正如杭州灵隐寺与北京故宫所具有的"文化垄断性资源"功能一样，自身产生着无限的、与时俱增的价值与人文意义。"城市

---

① 张鸿雁.城市形象与城市文化资本论——中外城市形象比较的社会学研究[M].南京：东南大学出版社，2002.

文化资本"与经济资本的一个属性差异是,"城市文化资本"是人类精神与物质文化的一种新意涵,是人类发展的一种精神支柱,是人类社会进化的文化"动力因"。"城市文化资本"在更重要的意义上集中体现着人类文明的进程,集中体现着人类精神的本质[①]。

(三) 城市文化资本是城市永续发展的"动力因"

城市文化资本是一个城市所拥有的各种形态的象征资本,在一定条件下,可以成为交换价值并转化为经济资本。刘易斯·芒福德指出:"用象征性符号贮存事物的方法发展之后,城市作为容器的能力自然就极大地增强了:这不仅较其他任何形式的社区都更多地聚集了人口、机构、制度,它保存和流传文化的数量还超过了个人靠脑记口传所能担负的数量。这种在时间或空间上扩大社区边界的浓缩作用和贮存作用,便是城市所发挥的独特功能之一。"[②]

城市文化资本以海纳百川的胸襟包容了各种形式的财富,并以文化价值积累的形式表现出来。这种不断的积累最终将引起物品和服务等的不断流动与增值。从而,城市文化资本成为城市永续发展的"动力因"之一,成为城市价值增长的传承密码。根据张鸿雁教授的观点,这种动力作用体现在以下几个方面。

首先,城市的作用之一在于改造人类。美国著名人类学家、社会学家罗伯特·雷德菲尔德曾经说过:"缔造和改造人类自身,正是城市的主要功能之一,在任何一个时代中,相应的城市时期都产生了多种多样的新角色和同样丰富多彩的新潜力。这些东西带来了法律规范、举止风度、道德标准、服装、建筑等各方面的相应变化,而这些变化最后又将城市转变成一个活的整体。"汉娜·阿伦特曾说过:"积极的生活,亦即处于积极行动状态的人类生活,总是植根于人与人造物的世界之中,这个世界是永远不可能脱离或彻底超越的。人与物构成了人的每一项活动的环境,离开了这样的一个场所,人的活动便无着落;反过来,离开了人类的活动这个环境,即我们诞生于其间的世界,同样也无由存在。"[③]因此,城市离不开人类的活动,城市在改造人类的同时,实质上也在改造着其自身,它们在某种程度上处于一种互相改造的过程。

其次,世界范围内的"城市文化资本"的建构也是解决人类危机的一种途径。当今社会,许多城市交通拥挤不堪,而"城市文化资本"运作十分关注城市交通环境的改善,从而促进城市进入信息流、物流、人流和资金流的高级化状态,以方便人们的出行以及社会流通的快捷,最终为人们的"行"、沟通、互动、交往方式及消费方式

---

① 张鸿雁. 城市形象与城市文化资本论——中外城市形象比较的社会学研究 [M]. 南京:东南大学出版社,2002.
② 芒福德. 城市发展史——起源、演变和前景 [M]. 倪文彦,等译. 北京:中国建筑工业出版社,1989.
③ 汪辉,陈燕谷. 文化与公共性 [M]. 北京:生活·读书·新知三联书店,1998.

方面创造良好的条件。从根本上来说，城市交通的建设就是在降低城市中人类的生活时间成本。事实证明，越是发达的社会，个人的时间成本越高，商务成本也越高；而降低时间成本、降低商务成本是一个城市现代化程度高的反映。城市人的交通方式和交往方式在城市交通变化中产生新的结构性变迁，如人际交往半径增大，就业区间扩大，交往中花费在交通中的时间也同时在减少①。

最后，"城市文化资本"运作就是把城市建设成"创造性文化产业的地点"，也就是改变城市空间环境和创造城市形象，进而达到城市改善空间环境与提升生活质量的目的。人类工业化进程曾为人类制造了一场噩梦，那是一场非人性的人类文化灾难。从历史发展的角度来看，虽然这个过程有其存在的必然性，但是，其带给人类的灾难性结果是难以估量的。"城市文化资本"运作的过程，就是试图在全新意义上解放人类的城市生活本身，用一种智慧型的生产模式，取代落后的生活方式和生产方式，使人类和地球能够长久和谐共处。而这直接的效果是城市人居环境的美化和生活质量的提高。目前，全世界范围的城市都在朝着生态城市的方向发展，使城市更适合人居、更适合人的生存，使人与自然和谐相处①。

二、城市文化定位与城市形象

（一）城市文化定位与城市形象的塑造

城市文化是城市发展的内驱力，是人类文化中的一种特殊形态，指的是一个城市发展历史过程中所创造的所有物质文明与精神文明的积累和沉淀。荷兰国际集团中国投资有限公司首席执行官胡旭成认为，历史文化名城的文化产业首先要解决好城市的文化定位问题，"你的城市一旦定位好了，就可能影响你几十年、一百年"。因此，我们的城市发展要求有鲜明的文化符号，要求融合历史文化从而赋予城市功能以最高的价值。美国建筑大师沙里文曾说过，"根据你的房子就能知道你这个人，根据城市的面貌就知道这里城市居民的文化追求"，"有灵魂的生命才是有活力的，有完善的城市文化体系的城市才会有生命力"。城市形象不仅在于城市表象的简单展现，更在于提炼与蕴含一种内在的文化。因此，从某种意义上来说，城市文化定位与城市形象塑造是相辅相成的。

首先，城市文化定位是城市形象塑造的基础。城市形象作为一种外在的表象，彰显着城市的精神、气质和品位，是城市最真实、最直观的表情，影响人们的心理感受。城市形象的特质蕴含于城市源远流长的历史文脉中，并构筑了城市历史文脉。而文化是城市名片的核心价值，没有城市文化，城市名片就丧失了内在的生命力。因此，我

---

① 张鸿雁."城市文化资本"与"伟大文化"的建构［J］.中国名城，2009（3）.

们应该从城市文化定位中树立城市形象，使城市历史传承、城市标志、人文积淀、市民气质、生态环境等要素融为一体，使城市形象不仅是鲜活的，而且是洋溢着内在生命力的。由此说来，城市文化定位是树立城市形象的基础。这种定位是对城市形象的综合评价以及选择方式，是一种价值准则，它培育了城市的气质，确立了城市的品位，赋予城市形象以深刻的内涵。

其次，城市文化定位是塑造城市形象的核心。芬兰著名建筑师伊里尔·沙里宁在其1942年所撰写的《城市，它的生长、衰退和将来》一书中指出，今天趋向衰败的城市，需要有一个以合理的城市规划原则为基础的革命性的演变，使城市有良好的结构，以利于健康发展。他说："让我看看你的城市，我就能够说出这个城市的居民在文化上追求的是什么。"城市形象凝聚的是独特的社会文化环境，是具有个性特色的文化内涵。凡世界上形象良好的城市都有其演进的文化、传承的精神和延续的历史。它们浸透着城市的历史，记录着城市曾经的辉煌，折射着城市的精神。如世界浪漫之都巴黎、世界音乐之乡维也纳、世界高度自由和安全的城市香港等，这些城市的文化定位赋予城市形象以美好的品质，并使其具有特殊的文化品格和精神气质。因此，城市文化定位是塑造城市形象的核心，它凝聚着城市的灵魂，引导着城市居民的思维。

最后，城市文化定位是传播城市形象的关键。城市形象中最富有吸引力、最能展示自己内涵魅力与精神实质的是城市的文化特质，城市形象建设的根本在于城市文化建设。从城市文化定位的角度去传播城市形象，会使人们对城市具有准确的理性理解和感性认识，凝聚公众注意力，提升城市居民层次，增加公众对城市的兴趣和向往，进而予以城市形象无穷的魅力。如中国哈尔滨冰雕节、潍坊风筝节、青岛啤酒节等，在积极传播城市形象的同时，展示了城市风格，增添城市魅力。因此，城市文化定位是传播城市形象的关键，城市形象对内创造城市凝聚力，对外创造城市辐射力，进而又促进城市文化的可持续发展[①]。

（二）城市形象塑造中空间文化的社会意义

1974年，法国哲学家列斐伏尔《空间的生产》的出版，改变了原有的"空间"定义，其不再是局限于几何学与传统地理学的物质概念，而是关乎一个社会关系的重组与社会秩序实践性的建构过程；是一个动态的、矛盾的异质性实践过程。他使用"空间实践—空间的表征—表征的空间"的"回溯式进步"来强调社会—历史—空间三者之间的辩证统一关系。而福柯则侧重于空间与身体、权力和知识的关系，希望借助空间来重新证明权力与知识之间的关系。

学者王志弘[②]认为，空间一开始就是社会的空间，是社会的一个切面，跨越社

---

① 臧毅，徐小龙.城市文化与塑造形象[J].作家杂志.2010（1）.
② 王志弘.流动、空间与社会[M].台北：田园城市文化事业有限公司，1998.

的所有领域,是社会存在与运作的展现和结果、凭借和中介,我们无法想象一个没有空间而能存在的社会。詹姆逊在1984年的《后现代主义,或晚期资本主义的文化逻辑》一文中,从文化的层面切入后现代社会的空间议题,将空间议题置于批评理论架构之中以回应资本主义的不断发展和变化。而爱德华·索雅则致力于整合不同的空间论述以形成具有一般意义的后现代空间理论,提出了第三空间认识论。他试图用不同的方式来思考空间的意义,并且认为:空间性概念是空间与社会互为辩证的关系。综上,无论是哪种空间认识论,都是从社会的角度出发,来分析城市社会空间。

基于城市社会空间理论,城市形象作为一种空间表现形式,其不只是表征,还具有一种空间社会意义与时代意义。"从城市社会存在的意义上,空间作为社会人的附属物与城市人的生存质量是相关的,同时,城市空间的安排、变化、流动,是城市社会的一种秩序,这种秩序是在对人的某种空间限定中完成的。所有的城市形象要素都占有空间,城市空间是所有正在成长的要素(包括个人和组织)想要获取的有价值的生态'位势',空间和空间的行为一定要加以规范,这就是一种塑造。"① 因此,从此种意义来说,城市形象塑造是在一定的城市空间内进行的,从而规范和调整着城市空间。

实际生活中,每个城市都有其天然的"位势",使其区别于另外的城市。正如鲁道夫·阿恩海姆所说的:"只有让'部分'保持某种程度的自我独立,才展示出'部分'的真正特征。一个'部分'越是自我完善,它的某些特征就越易于参与到'整体'之中。当然,各个'部分'能够与'整体'结合为一体的程度是各不相同的,没有这样一种多样性,任何有机的'整体'(尤其是艺术品)都会成为令人乏味的东西。"② 而这些"部分"成了城市形象塑造的关键,并赋予了城市空间文化以强烈的社会意义,即融合自然存在与人为创造,使其和谐共生,最终体现人与自然的和谐。

(三)城市形象塑造中贯穿的人本主义追求

城市能否成为诗意的生活环境,文化是主要因素。古希腊哲学家亚里士多德曾说过:"人们来到城市是为了生活,人们居住城市是为了生活得更好。"因此,在塑造城市的过程中追求人本主义,充分地把城市文化资本价值最大化,是城市发展的最终目标之一。

人本主义规划思想是城市规划理论中的重要组成部分,其起源可以追溯到古希腊时期。古希腊是西欧文明的摇篮,其文化深深地影响了欧洲的建筑史和城市史。古希腊的城市是村镇包围的城邦,其中以雅典和斯巴达为代表。在古希腊,人们多信奉神教,而且古希腊神代表的是幻想的人,是永生不死的人,因此,古希腊文化中孕育着人本的思想,其对于城市的定义为:一个为着自身的美好生活而保持很小规模的社区。

---

① 张鸿雁. 城市形象与城市文化资本论——中外城市形象比较的社会学研究[M]. 南京:东南大学出版社,2002.
② 阿恩海姆. 艺术与视知觉[M]. 滕守尧,等译. 成都:四川人民出版社,1998.

在这些社区中，人们怀着一个共同的目标：追求美好的、正义的生活。因此，古希腊的城市规划和建设最突出的特征就是追求人的尺度、人的感受与人同自然环境相协调。

到了文艺复兴时期，古罗马的维特鲁威的《建筑十书》遗稿多次谈到了人本主义的规划思想。这个时期出现了各种理想城市的布局形态，城市建设活动突破了中世纪城市宗教内容的束缚，形成了一批像意大利的威尼斯、佛罗伦萨等生机勃勃而又完美精致的城市。

1898年，英国社会活动家霍华德在其书《明日——一条通向改革的和平之路》中，提出了著名的"田园城市"理论。他认为，"城市和乡村必须成婚，这种愉快的结合将迸发出新的希望、新的生活、新的文明。"[①]他期望利用社会城市来取代旧的、充满弊病的大城市，为此，他构建了"田园城市"模型，为居于其中的居民提供便利而舒适的生活。

苏格兰生物学家、社会学家盖迪斯从人类生态学的角度出发，提出了人本主义城市规划思想。他认为，城市规划不仅是地点规划和工作规划。如想取得成功，必须是人的规划；城市的演变和人的演变必须同步进行；大城市并不就是把政府宫殿放在放射大道的顶点上炫耀，真正的城市，不论大小，是由市政大厅中的市民来管理他们自己，并且表达出指导他们生活的精神理想。[②]由此可见，他高度重视人本理念与精神文化要素对城市的作用。

进入20世纪，人本主义规划思想巅峰的使者芒福德从历史的角度来研究分析城市，试图找出城市发展的正确途径。他在经典著作《城市发展史——起源、演变和前景》一书中写道：我们必须使城市恢复母亲般的养育生命的功能，独立自主的活动，共生共栖的联合，这些很久以来都被遗忘或被抵制了。因为城市应当是一个爱的器官，而城市最好的经济模式应当是关怀人和陶冶人[③]。芒福德独特精辟的见解，为我们深层次理解城市、建设城市提供了很好的理论基础，为始终坚持正确的发展方向确立了标准——以人为本，这便是芒福德城市理论的精髓所在。

张鸿雁在《城市形象与城市文化资本论——中外城市形象比较的社会学研究》一书中指出，城市形象塑造的人本主义是城市社会心理归宿的文化创造。城市是社会全员享受的价值实现机体，为个人提供生存和发展空间。城市人以主人翁的姿态，对城市空间具有某种支配权。另外，城市在创造社会差异中寻找整体公平性；城市应该是人类心灵的归宿，那是真正的归宿，是一个实实在在的心灵与人格上的归宿[④]。

---

① 曹康.西方城市规划思想研究[D].南京：南京大学，2005.
② 金经元.近现代西方人本主义城市规划思想家：霍华德、盖迪斯、芒福德[M].北京：中国城市出版社，1998.
③ 芒福德.城市发展史——起源、演变和前景[M].倪文彦，等译.北京：中国建筑工业出版社，1989.
④ 张鸿雁.城市形象与城市文化资本论——中外城市形象比较的社会学研究[M].南京：东南大学出版社，2002.

三、城市营销——以城市文化资本提升城市形象

（一）城市营销理论的发展及实践探索

城市营销的历史源远流长，最早可追溯到14世纪的意大利，但其理论系统的形成却推迟了6个世纪左右，其诞生于20世纪80年代末90年代初的美国。随着全球化的推进，城市活动也冲破了区域的限制，并从国内走向国际。城市间的竞争摆脱了原来的停留于自吹自擂自身城市产品，而是通过理性、逻辑的方式及创新的理念来制定长期的城市营销策略。

20世纪初，欧洲的一些滨海城市开始尝试城市营销，目的是促进旅游；但此时的城市营销实践实际上仍停留在城市推销或者城市促销阶段。到了20世纪末，拜里、艾斯沃斯与沃德、科特勒以及史密斯等人，在深入研究城市的营销实践之后，系统提出了"城市营销"（city marketing）和"场所营销"（place marketing）的概念。以艾斯沃斯与沃德为代表的城市营销理论学派以政治为导向，追求社会与经济功能最大化，将城市营销视作一个整体协同的过程，注重协调城市社会发展与经济增长。另外，影响较大的是科特勒、波特等人的场所营销概念，他们把经济发展作为城市营销的最终目标，城市营销所做的一切努力都是为了地区或城市的经济发展和增长。科特勒认为，城市营销的前提是将城市看作一项产品，为达到提高城市竞争力的目的，采取营销策略吸引现有的和潜在的目标顾客群，以促进城市财富的增长。但其不足之处在于，它对更广泛的社会、文化、环境和政治问题关注不够。正是由于艾斯沃斯与沃德、科特勒等城市营销理论的局限性，后来的学者突破政治、经济因素，开始将城市营销的焦点向文化转变。英国国家品牌专家西蒙·安霍尔特（Simon Anholt）从文化视角出发，突出强调了文化在建立国家、城市和地区品牌形象过程中的中心地位和价值基点。他认为，文化日益成为国家或地区的一个独特的营销卖点，在城市发展与地区品牌化进程中，文化可以成为一个国家或地区的摇钱树。

在我国，对于城市营销的理论研究长期存在着一个误区，即把城市管理与城市经营混为一体，而实际上这两者之间存在着差异。从职能上来看，城市管理是一种综合职能的体现；而城市经营是城市经济职能的要求。从资源上来看，城市管理着眼于城市内部资源要素的配置，而城市经营更多地强调城市内部资源和外部资源的整合。

（二）彰显城市文化资本对于城市形象的提升作用——以上海世博会为例

城市孕育着新文化，是人类文化资本的"容器"。每个城市都拥有或新的或旧的"文化资本"，但如果置这些文化资本于"容器"中而不加处理的话，它们也许发生不了任何变化，那么，城市终将是原来的城市，也许会停滞不前，甚或渐渐"老去"。因此，为了让城市出现新容颜，焕发崭新的生命力，必须进行"城市文化资本"运作。

为了提升和传播城市形象，必须采取城市营销策略来经营城市、管理城市、创新城市。

纵观如今的城市营销发展，很多城市都通过城市品牌战略的发展来达到提升和传播城市形象的目的，如举办大型活动，又称重大事件或者大型节事活动。城市品牌作为城市营销理论的衍生品，指的是城市消费者对城市独特个性的一种综合印象和心理感知，由城市名称、标识、标志、景点、文化、精神等要素或者要素组合来综合体现，以便与其他城市相区别。

因此，就城市品牌而言，举办大型活动是一种十分有效的品牌传播策略，通过大型活动本身的品牌效应扩大城市的影响力，提高公众对城市的认知度、认同度与美誉度，提升城市品牌形象。以上海世博会为例，可见城市营销过程中，城市文化资本对城市形象的提升作用。

首先，城市品牌定位有助于传播城市形象。一直以来，上海都是中国的经济强市的代名词，充满着浓厚的商业气息，品牌定位只是停留于"中国商业之都""中国经济中心"。《上海城市总体规划（1999—2020 年）》提出："2020 年，把上海初步建成国际经济、金融、贸易中心之一，基本确立上海国际经济中心城市的地位，基本建成上海国际航运中心，国家历史文化名城，并将逐步建成社会主义现代化国际大都市，国际经济、金融、贸易、航运中心之一。"由此可以看出，上海市城市品牌定位发生了变化，即"世界级大都市及世界经济中心之一"。

世博会是一项以城市为依托的大型活动，是城市竞争力的标志，蕴含着"国际化"元素。其每一届东道主城市都是世界一流的大城市，因此，其给予上海一个强化城市品牌积极联想的机会，其特殊性为上海带来了城市品牌识别。

其次，城市营销有助于改善人类生存环境。为了举办大型节事，城市的基础设施往往要升级，老城区必须进行改造，并且建造各种具有彰显赛事功能的标志性建筑。由此，城市的整体形象将得到较大提升，人居环境将得到改善，提升城市品牌的美誉度。

为了成功举办世博会，上海对城市的基础设施、老城区、标志性建筑等进行了大规模、全方位的改造。经过新一轮基础设施建设，上海中心城道路比 2008 年增加了 11%，并新增 8 条地铁线路。许多老城区以及具有标志性建筑的百年外滩，也迎来了有史以来最大规模的一次综合改造。同时，城市绿化、社区环境等方面也获得了很大的改进。最终，上海城市的整体环境焕然一新，城市形象上了一个新台阶，从而促进了上海城市品牌的建造。

世博会结束后，世博园区也将被规划为"世博公园"，成为城市新景点载入上海的"史册"。而"中国馆"等特色建筑也将继续保留，成为一个新景点，成为上海新的标志性建筑物之一，成为上海城市品牌的一部分。

最后，城市品牌传播有助于提升城市形象。大型活动本身可吸引新闻媒体及公众的关注，增加城市的媒体曝光量，从而大大提高城市的知名度、认知度。大型活动的举办使大众在一个短暂但十分集中的时段内极大地关注一个特定的地方，城市因此获得面向国际传媒推销自己精心策划的特定形象的机会。所以具备较高经济、政治、文化实力的城市通过举办世界级的大型活动进行城市营销与品牌传播，有利于让公众在活动中更好地了解、感受城市，提升城市形象。

世博会之所以能成为推动城市发展的大型活动，是因为它自身的知名度。举办城市在举办过程中会受到全世界的关注，从而使城市品牌取得跨越式传播。上海市有意识地通过各种世博会宣传海报、广告宣传片等成功地"嵌入"了"上海市"本身，采用"嵌入式营销"的方法，展示了一个全新的上海城市形象，对传播和提升上海城市形象有着十分积极的意义。由于世博会的国际性，上海市在海外媒体也频繁曝光，无形中大大提高了上海城市品牌在国外的品牌渗透率，增加了上海的国际知名度。如上海世博会的宣传海报中，除了熟悉的上海世博会标志和吉祥物"海宝"，我们还可以看到上海的市貌和标志性建筑，它们反映上海改革开放以来的成就，体现出上海市繁华、现代化的一面。

第四节 中国的城市文化建设

一、中国城市文化建设的表现形式

城市文化建设是城市发展的重要内容与动力。从本质上来说，城市文化建设是创造城市物质财富和精神财富的过程。城市物质财富的创造过程包括城市经济的发展和为经济发展创造条件所进行的城市环境建设等；精神财富的创造过程包括城市制度建设和城市精神文明建设。城市的物质实体体现了文化的精神、理念和模式，而精神文化需要物质载体或物质手段来表达。前者是有形的、可见的，而后者是无形的、难以直接观察到的，其成效也更难直接评估[1]。

（一）城市物质文化建设

城市物质文化是城市文化的表层结构，作用于人们的视觉系统，是城市文化风貌最生动、最直观、最形象的呈现。它以固化形态保存下来，保持并体现着与自然环境、历史人文的紧密联系。正如城市设计泰斗凯文·林奇所指出的，城市文化的物质方面是一个交流和沟通的媒介，展现着明确的与不明确的符号，这些符号告诉我们其所有权，以及社会地位、所属的团体、隐性功能、货物与服务，还有许多其他有趣或有用的信息。城市的任何一种具体的物质现象，都可以使人感受到不同城市的文化韵味，

---

[1] 蔡禾.城市社会学讲义[M].北京：人民出版社，2011.

体现不同城市的性格。总之，不同城市的物质文化体现了不同时期、不同地域的不同文化价值观念或宗教价值观念①。城市物质文化展示了城市的智慧水平与精神状态，奠定了整个城市的文化基本格局和文化风格基调。

城市物质文化建设指的是经过城市社会成员改造的自然环境和由其所创造的一切物质设施，是对于形成城市社会文化的精神层面具有较大作用的物质条件和物质设施。从这个意义上来说，城市物质文化建设包括公益文化建设、城市环境文化建设、城市商业文化建设等。这些有助于城市社会成员获得文化服务，有利于他们交流与沟通。城市物质文化的出现与形成，既体现了城市社会成员的价值观念，同时也是城市社会成员的智慧结晶。城市物质文化不仅是城市社会成员开展正常生活的必要前提，而且是城市社会有序发展的保障。

（二）城市精神文化建设

城市精神文化是城市文化结构中的深层部分，是城市文化的灵魂和核心，是城市的精神象征和精神文化现象。它包括一个城市的理念、观念、心态、信仰、艺术、道德、法律和习俗等。不同时代积淀下来的精神文化特质常常以信仰、理念和风俗等不同形式展示该城市的生活、人情、风貌，体现不同城市间的文化差异性。城市的精神文化决定着城市的发展，体现着城市的时代精神和风貌。

根据城市文化的不同表现形式，可以将城市精神文化建设概括为三个方面。

首先是城市文化产业的发展。城市文化产业是拉动现代城市经济发展的重要动力，是第三产业的重要组成部分，以日益显现的经济价值作为新的经济增长点，是发展第三产业的重要载体。因此，在城市文化的建设发展过程中，城市要充分利用有利的各种资源，进一步解放思想，科学规划文化形态布局，促进多元资本参与城市文化建设，大力发展城市文化产业。

其次是城市社会成员素质的培养。培养城市社会成员的素质是城市文化建设的根本任务之一，而城市社会成员的素质培养既依赖于教育，又离不开管理。如今，城市教育尚存薄弱环节，结果是在城市文化建设中未能建立起完整的城市社会成员教育体系，广大城市社会成员缺乏市民意识和社区成员意识，进而缺乏对城市和所在社会的关怀意识、参与意识、维护意识、建设意识，在公共生活中欠缺公德意识，出现不文明的行为方式。因此，在城市文化建设过程中，要培育、培养、提高城市社会成员的素质，须注重对城市社会成员的关怀与尊重。

最后是城市行为文化建设②。文化是重要的人的行为体现，人的行为在城市文化中创造并承载着城市特有的文化信息，文化意义和经济功利追求发生最直接的关联，

---

① 张丽萍.论城市文化结构与品位提升［J］.怀化学院学报，2009（7）.
② 张永刚，马继明.云南城市文化建设的实践路径与风格理念［J］.思想战线，2011（1）.

体现着巨大的创造价值并培育着城市的活力。因此，城市文化建设必须重视打造人的行为文化。

（三）城市制度文化建设

城市制度文化是城市文化的中层结构，是城市文化的制度化、规范化的表现形式，城市文化的变迁必然通过各种制度的变迁表现出来。城市的制度文化以物质文化为基础，但主要满足于城市居民的更深层次需求。陈立旭[①]认为，城市制度文化最主要的是家庭制度、经济制度和政治制度。在现代城市中，家庭的演变过程在很大程度上反映了乡村文化和城市文化，以及城市社会和文化自身的变迁轨迹。在城市制度文化中，经济制度是极为重要的内容。一方面，经济制度是城市文化的重要表现形式；另一方面，城市文化又是城市经济制度的重要塑造力量。政治制度既是城市社会文化形态的建构，同时也在建构城市的社会文化形态；不仅可以展示一座城市的文化性格，而且也能在一定程度上折射出一个时代、一个社会的精神特征。总之，不仅不同的城市文化会使不同的城市呈现不同的政治制度风格，而且城市文化的变迁也必然伴随着作为城市文化组成部分的城市政治制度的变迁。

城市制度文化建设是城市文化的骨架，是城市社会个人和组织行为的制度规范，在一定程度上约束着城市社会个人和组织行为，也是统治阶级利益的反映。在城市社会生活中，城市制度文化实际上发挥了在隐性领域惩恶扬善的文化导向功能。它积极引导着城市社会成员的行为，是城市社会整合不可或缺的文化要素，是城市社会成员在交往实践中合理处理个人间、个人与群体间关系的规则。城市制度文化建设包括各城市所共有的普遍性制度、不同城市所特有的地方性法规、城市习俗、惯例等非正式制度的传承和发展。城市制度文化是明文建立的城市社会规范，城市社会中的每一个体都必须遵从。

二、中国城市文化建设的现实困境

中国城市文化建设的现实困境，表现为缺乏统一的认识、城市社会成员参与度低和管理错位三个方面。

（一）缺乏统一的认识

就城市文化建设的价值取向来说，存在着两种分歧，一是"西化论"，二是"传统论"。由于缺乏统一的认识，有些城市追求西化的城市文化建设模式，喜欢做面子工程，强调外在形态，要比较好看、能够提升城市形象的设计；甚至放弃本城市传

---

① 陈立旭.都市文化与都市精神——中外城市文化比较[M].南京：东南大学出版社，2002.

统特色，照抄照搬、模仿、复制西方模式。如今，在中国一些城市，我们经常可以见到一些欧洲风格的小区建筑，这些建筑虽然外形很美观，但就如同东方人的脸上长出了西方人的眼睛、鼻子，看上去不伦不类，与周边环境不协调。相反，另一些城市则过于强调中国传统城市文化建设。

就城市文化建设目标来说，也存在着两种矛盾，一是经济发展观，二是综合发展观。经济发展观过分强调经济的发展，注重城市经济效益，采取单一依赖土地经营和房地产开发来拉动经济增长的方式，任意开发城市用地，出现"造城运动"和"圈地运动"，而忽略城市文化建设，忽略非经济意义上的文化价值。综合发展观认为城市的发展应该是经济、文化与社会的相互协调，共同发展。

就城市文化建设的工具取向来说，存在着"人文主义"与"科学主义"之争。科学技术是第一生产力，在一定程度上体现出城市的竞争力，并决定着城市的未来。同时，科学技术本来就是一把"双刃剑"，正如芒福德对于科技进步本质的深刻反思，他深入分析了科学技术给现代城市带来的弊端。因此，人文精神为城市文化建设所呼吁。

（二）城市社会成员参与度低

城市的物质财富与精神财富的创造离不开创造主体，而创造主体除了包括城市社会成员，还包括城市文化建设部门、街道办事处、居委会、各社区、各企业和家庭。我国目前的城市文化建设模式大多是政府推动型，广大城市社会成员参与积极性不高，忽视城市生存品质，文化保存意识淡薄。而且，在文化领域，一些人的价值观扭曲错位，"文化危机"问题以及伴随而来的种种不良社会现象日益严重。

（三）城市管理错位

城市管理不仅要为城市社会成员提供一个工作方便、生活舒适、环境优美、安全稳定的物质环境，而且要提供一个宁静和谐、礼让互助、精神高尚的文化环境，文化意识因而被提上议程。现实生活中，一些城市在城市管理内容上重表象、轻内涵，在管理手段上重经验、轻科学，在管理效应上重近期、轻长远。由于城市管理缺乏长远的战略眼光，缺乏应有的文化视野，城市的问题成堆、积重难返，从而产生了系列"城市病"以及后遗症。

城市精神文化的沉沦。精神文化作为一种文化要素，在城市社会文化中占着主导地位，是城市文化的核心部分。一种健康积极的城市精神，将会使城市社会成员理解和接受城市的追求，并转化成城市社会成员的文化自觉。然而，目前一些城市沉沦于物质的追求，而置文化生态和人文精神于一边。热衷于经济的增长，忽视了人文精神；倾向于过度的商业化和严重的趋利导向，而忽略了传统特色，以致丧失了城市的认同感。

破坏城市历史记忆。城市文化是城市的灵魂，是城市历史的积累与沉淀，城市记忆是城市文化价值的重要体现。如今，一些城市在进行旧城改造时，过于注重扩张城市外延，破坏旧城，试图拓宽旧城的道路，兴建高层建筑，以此来解决交通、环境等问题。这导致那些有着丰富人文信息的历史街区被夷为平地，那些具有浓厚传统文化特色的传统民居被无情拆毁。在城市经济不断发展、城市人口不断流动中，由于过度的商业化，往往忽视了对文化遗产的保护，从而破坏了城市的文化空间，割裂了城市的历史文脉，解体了城市的社区邻里，最终城市记忆消失。

城市文化遗产保护忽视文化遗产环境保护[①]。我们在进行文物保护工作时，注重文物本身的保护，一般没有考虑到文物的周边环境保护，也就是文化的生存环境保护。1964年5月31日通过的《威尼斯宪章》指出，保护一座文物建筑，意味着要适当地保护一个环境。一座文物建筑不可以从它所见证的历史和它所产生的环境中分离开来[②]。为此文物保护的概念扩大了，从个体的文物建筑扩大到历史街区、建筑群乃至一个完整的古城，强调要保护历史环境，保护历史环境是从保护文物建筑周围的环境开始的。因此，我们在保护城市文化遗产的同时，要重视文化遗产环境的保护。

三、加强中国城市文化建设的思路

城市文化是一种具有品牌效应的无形资产，是城市持续健康发展的精神支柱和动力源泉，是城市核心竞争力的重要组成部分。城市社会要健康和谐发展，城市社会成员要生活得更美好幸福，最根本的是要让城市适合人性化生存与发展，凝聚人文特色和人文精神。因此，城市文化建设，必须强调人才聚集、思想汇聚、文化交融、制度创新，具有地域特色和浓厚的人文意识，不断提升城市的形象。城市文化建设不仅仅是物质文化建设，更是精神文化建设。

（一）需要提高认识，统一思路

由于不同文化体系或不同文化元素间存在着共通性，城市应该具有一种开放、包容的文化心态，接受、认识城市文化发展过程中的多元化，并通过扬弃使得城市文化健康、和谐发展。另外，辩证地看待经济、社会与文化之间的发展关系。城市的发展最直接的动力应该是经济的增长，然而，经济的增长很大程度上依赖文化的促进。因此，城市发展不仅要以经济建设为中心，大力发展经济，而且要重视文化建设。把文化融入城市建设中，提高城市的文化含量，以文化意识指导经济建设，充分合理地利用城市的文化资源，营造良好的文化氛围，提高城市的文化发展水平，给城市发展以明确的方向。加强城市文化建设，实现经济与文化共同发展，应该成为当今城市发展创新

---

① 刘军昭. 西安市城市文化建设存在的若干问题及反思 [J]. 西安石油大学学报（社会科学报），2010（1）.

② 鲍世行. 城市规划新概念新方法 [M]. 北京：商务印书馆，1993.

战略。统一人文精神与科学技术，一要注重传播科学知识，加强科学研究，发展科学技术，重视人才，加大科技的投入力度，提高科技水平；二要关注人的主体性，注重人文关怀，重视人文精神的建设与回归，给城市社会成员以归属感、荣誉感和责任感。

（二）提升城市社会成员的参与积极性

各种城市社会文化活动是城市社会文化的主要内容和推动城市社会文化发展的主体力量。换句话说，高频率的社会参与性城市社会文化活动不仅有利于提高城市社会文化的总体水平，而且能产生跨越城市间的社会影响。因此，为了保证城市社会文化的运行机制获得源源不断的动力源泉，为了推动城市社会文化运行的持续和文化成果的扩大，必须提升城市社会成员的参与积极性，主要可以通过以下几种途径实现：第一，加大教育力度，让城市社会成员形成一种参与城市文化建设的普遍自觉意识，不仅让他们充分共享城市文化建设的成果，而且让他们认识到自己既是城市文化建设的主体，也是城市文化建设的推动力量。第二，城市应加大城市文化建设的宣传力度，通过历史文化教育、科普教育等来提高城市社会成员的综合素质。第三，充分引入激励机制，政府通过奖励或资助形式对文化设施进行投入，对城市文化建设的认同者给予鼓励，注重对城市文化建设人才的发现、培养和激励，为城市文化建设注入源源不断的动力和活力。

（三）提高城市居民文化素质

城市社会成员是城市文化的建设者，是城市的主题，也是城市文化的载体；城市社会成员的文化素质，将直接决定着城市的形象。因此，需要提升培养城市社会成员的文化素质，形成良好的社会风气和精神风貌，以及健康的心态和良好的行为习惯，城市文化才能健康发展。

（四）健全城市文化建设机制

全球化经济带来了文化商品流动和文化形态撞击，强势文化中的文化霸权正逐渐影响世界上越来越多的地区。发展文化产业，健全城市文化建设机制，不仅可提升一个城市的文化竞争力，而且对整个国家、民族都具有举足轻重的意义。健全城市文化建设机制主要可以从以下几个方面着手：其一，在社会主义市场经济条件下，市场机制充分发挥作用的同时，也存在自身的缺陷。因此，城市文化建设离不开政府的宏观调控。从这种意义上来说，政府应该确立自己在城市文化建设中合理的角色和地位，在城市文化建设中发挥保障、推动与指导作用。其二，建立有效的城市文化建设激励机制，调动社会成员的参与热情，让他们自觉参与到城市文化建设中来。其三，健全城市文化建设的法律和制度，保障城市文化建设的合理、有序发展，健全有效的法律和制度是延续"城市之根"的有力武器。欧洲的城市文化能完好地保存下来，便是因为它们具有健全的法律和制度。因此，我国城市应该坚持多种建设机制相结合，实现多种建设机制的互补与结合，推动城市文化建设的进程。这既是城市和城市化发展的大趋势，也是城市和城市化的现实所需与希望所在。

本章小结

文化，是人类创造的物质财富和精神财富的总和，是一个国家、民族、城市的灵魂，是推动社会发展的强大动力。对于任何城市而言，文化是其最具个性的非物质文化遗产，是城市的灵魂。由于文化的符号或观念的特质，文化在不同领域间的传播以及促进文化间的同化与异化成为可能。文化间的这种传播与互动必然带来文化借鉴、文化冲突、文化融合与文化共生。因此，城市文明的历史是一个多元文化冲突，并且走向融合和共存的历史。

"城市文化资本"融合了人类精神文化与物质文化，成为人类发展的精神支柱，是人类社会进化的文化"动力因"。其集中体现着人类文明的进程和人类精神的本质。城市形象作为城市的资源与资产，其凭借城市文化资本进行整合，并采取城市营销的方式与策略，从而达到提升城市整体形象的目的。最终，基于对人本主义的追求，城市将是社会全体成员的价值实现机体、将成为人类心灵归宿的和谐"家园"。

城市文化建设是城市发展的重要内容与动力。城市文化建设具体表现为物质文化建设、精神文化建设和制度文化建设。目前，虽然中国城市社会、经济等获得了长足的发展，但事实上，在城市文化建设方面仍然面临着诸多的现实困境，因此，应该从提高认识、提升社会成员的参与积极性、提高城市居民文化素质以及健全城市文化建设机制等不同方面寻求解决的途径。

拓展阅读

1. 帕克，等. 城市社会学 [M]. 宋俊岭，等译. 北京：华夏出版社，1987.

2. 张永刚，马继明. 云南城市文化建设的实践路径与风格理念 [J]. 思想战线，2011（1）.

3. 徐剑. 国际文化大都市指标及评价 [J]. 上海交通大学学报（哲学社会科学版），2019（4）.

4. 陶希东. 上海建设卓越全球城市的文化路径与策略 [J]. 科学发展，2018（12）.

5. 仇立平. 城市文化：特大城市社会治理的基础 [J]. 青年学报，2020（1）.

6. 邵颖萍，张鸿雁. 集体记忆与城市文化资本再生产——"昆曲意象"文化自觉的社会学研究 [J]. 南京社会科学，2019（5）.

7. 波特若. 论城市伟大至尊之因由 [M]. 刘晨光，译. 上海：华东师范大学出版社，2006.

8. 芒福德. 城市文化 [M]. 宋俊岭, 等译. 北京: 中国建筑工业出版社, 2009.

9. 陈立旭. 都市文化与都市精神——中外城市文化比较 [M]. 南京: 东南大学出版社, 2002.

10. M OLSEN. The process of social organization [M]. New York: Holt, Rinehart, and Winston, 1978.

关键词

城市文化（city culture）　　　　　文化（culture）
城市文化资本（city culture capital）　　城市文化建设（city culture construction）
城市形象（city image）　　　　　城市营销（city marketing）

思考题

1. 城市文化区别于一般文化的特征有哪些？
2. 城市文化建设中存在哪些问题？
3. 城市文化资本的积累和发展需要哪些条件？
4. 如何树立和维持良好的城市形象？

典型案例

历史文化名城的保护与发展模式[①]

2019年3月21日，住房和城乡建设部、国家文物局发布了《关于部分保护不力国家历史文化名城的通报》，对保护不力的城市点名通报批评，受到社会的广泛关注。历史文化名城一直以来就承受着"旧城改造"式的破坏，例如，1995年，成都的明代蜀王府皇城城墙和城门全部被毁掉；2007年，大理的龙首关古城墙因修路遭到拆毁，等等。随后，聊城、洛阳、哈尔滨等也在这股潮流中出现了对古城或历史街区进行"大拆大建"等建设性破坏行为。然而，由于受到旅游业和房地产利益的驱动，也有很多地方耗巨资新建人造古城，比如武汉首义古城、唐山滦州古城、北京淶县古城等。

文化遗产一方面在城市建设中遭到摈弃，一方面又受到市场的追捧，各地不断出现了古城新建和复建项目，如何处理好这个矛盾，需要统筹考虑保护与发展理念、历史文化名城保护的基本原则，选择适合自身发展的合理保护模式。

历史文化名城是中华传统优秀文化的重要载体，其文化价值意义重大。习近平总书记指出："历史文化是城市的灵魂，要像爱惜自己的生命一样保护好城市历史文化遗产。"然而，历史文化名城屡次遭到建设性破坏的原因，主要是文化遗产的保护与

---

① 王长松. 历史文化名城的保护与发展模式 [J]. 人民论坛, 2019 (9).

发展理念的错位，比如唯GDP观念、政绩因素，以及修复旧城投入的成本大于收益等。面对这些问题，应以坚持保护文化遗产为首要任务。文化遗产可以作为城市文化基因和城市文化资本双重身份在城市发展中发挥作用。

城市文化基因，也就是城市地方性的衡量指标，地方性的形成，是由无文化的空间（space）到有文化的地方（place）的演变过程，经过长时期人类活动和特定区域的互动影响，渐渐呈现出与其他区域差异化的文化。我们常说的城市性格、城市特色、地方文化等都是地方性的体现，不同区域存在相异的文化，文化的多样性与生物多样性同等重要。当我们从一个城市到另一个城市，住在连锁酒店，打开窗户后，看到的却是同样的景观，这是最乏味的一件事，也是城市失去地方性的表现。如何增强城市文化基因的生命力？除了保护文化遗产外，我们还可以通过城市视觉识别系统、规划设计过程、人文环境营造等方式突出展示城市的地方性。

城市文化资本具有公共价值属性，本质是公共财富的制度性安排和历史结晶，并能够推陈出新再生产，成为城市可持续发展的驱动因素。历史文化名城中的文化遗产无疑可以转化为独具魅力和强大吸引力的文化资本。在文化遗产转化为文化资本的过程中，文化地产、旅游地产等是比较常用的再利用方式，还可以通过文化产业或创意产业进行转化。此外，城市文化资本还具有社会公共价值，文化遗产在民生环境的改善、公共文化服务，以及城市形象的塑造和传播中发挥社会效益。

真实性与完整性是国际社会普遍认同的保护文化遗产的基本原则。作为文化遗产大国，中国政府早在1985年12月12日就正式批准加入了《保护世界文化和自然遗产公约》，并在国际社会中发挥越来越重要的作用，中国的世界遗产也成为真实性和完整性保护的典范。同样，这两项基本原则也已成为中国文化遗产评估的重要标准，在国务院于2008年通过和实施的《历史文化名城名镇名村保护条例》中，第二十三条明确提出，"在历史文化名城、名镇、名村保护范围内从事建设活动，应当符合保护规划的要求，不得损害历史文化遗产的真实性和完整性，不得对其传统格局和历史风貌构成破坏性影响"。同时也采用了濒危名单制度，强力推动文化遗产的保护工作。

在以真实性和完整性原则作为文化遗产保护理念的模式下，形成了相应的技术性保护文化遗产的原则，诸如我们比较熟悉的"修旧如故""补新以新""风貌协调"等文物修复原则。另外，真实性和完整性还体现在国际文化遗产保护实践中的两个重要趋势中，即区域化保护和过程性保护。区域性保护就是保留与文化遗产的发展相依存的生存环境以及文化基因相似的遗产群落，从而促进文化遗产的高效保护和管理。过程性保护指的是注重文化遗产生长的过程和岁月的痕迹，因之蕴含着不同的时代特征和文化类型。比如在北京旧城的保护中，曾有人提出要恢复某片历史文化街区在清朝"康乾"时期的盛况，这种观念无疑会造成其他文化因素的消失，像是"冻龄"，没有了生长的痕迹，不仅谈不上真实，更无异于另一种破坏。因此，文化遗产的保护必须要摈弃这种"盛世"思维。

思考题

1. 文化遗产如何作为城市文化基因和城市文化资本双重身份在城市发展中发挥作用?
2. 对文化遗产进行区域性和过程性保护,应遵从怎样的原则?

即测即练 3

第四章
城市居住和公共空间

本　　章　　提　　要

　　本章在介绍了城市空间结构的理论、方法和模式，以及中国城市空间结构研究之后，介绍了城市居住空间的国内外研究成果和研究趋势，并进而介绍了中国在城市居住空间结构变化的历史背景和存在的问题及其原因。同时介绍了城市公共空间的相关概念、研究、现状及存在的问题。

第一节　城市空间结构

城市是一个复杂的系统,具有一定的层次结构和功能。一般说来,城市结构分为城市的功能结构、城市的规模等级结构和城市空间结构三个方面。城市空间结构是城市地理学和城市社会学研究的重点领域之一。城市空间结构是各种人类活动与功能组织在城市地域上的空间投影,包括土地利用结构、经济空间结构、社会空间结构、人口空间分布、就业空间结构、交通流动结构、生活活动空间结构等。从城市的地理空间角度,可以将城市简要地分为物质空间、经济空间和社会空间,因此社会空间结构是城市研究的重要组成部分[1]。城市空间由居民、政府、各种社会组织以及物质实体空间组成,它是人类的主要聚居场所,也是社会、经济与文化发展到一定阶段的产物和反映。城市生活中的人类行为和目的,赋予了城市空间丰富的含义,人们不同的行为场所构成了多样的城市空间。在城市空间中,邻里是城市社会的基本单位,是相同特征人群的汇集地,也是个人交往的主要空间,是外部力量和地方影响的冲突点。由若干邻里单位构成了更为复杂的空间形态——城市社区。对城市空间的社会学特征的关注便产生了城市社会空间结构的研究[2]。

一、城市空间结构的理论和研究方法

(一) 城市空间结构的理论

长期以来,城市社会空间结构一直是多门学科竞相参与的研究领域,尤以地理学、社会学、建筑学的研究为最。关于城市社会空间结构研究,无论在城市社会学界,还是在城市地理学界,乃至城市规划学界,已形成多种学派。不同学科关注重点有所不同:建筑学主要强调实体空间和城市形态;地理学则以土地利用结构为主线,探讨城市经济活动的主体综合作用下的城市内部各群体的时空过程;社会学主要强调人及人群的行为和社会构成在空间上的表现[3]。特别是在社会学的发展史上,空间分析占有非常重要的地位,芝加哥学派的兴起,在很大程度上源于对城市空间居住形态及其机制的阐释。在当今城市研究中,城市居住模式、居住隔离、犯罪与自杀、城市亚文化研究

---

[1] 王开泳,肖玲,王淑婧.城市社会空间结构研究的回顾与展望[J].热带地理,2005,3(1).
[2] 顾朝林.城市社会学[M].南京:东南大学出版社,2002.
[3] 马仁锋,刘修通,张艳.城市社会空间结构模型研究的评述[J].云南地理环境研究.2008,3(2).

等问题的讨论中，空间分析一直是一个非常重要的维度。在西方社会科学界中，空间的概念和技术在流行病学、公共卫生与健康、人口学、社会学、政治学等学科中一直得到广泛的应用。但是中国的社会科学界，尤其是社会学界，对空间概念的关注多侧重人文主义方面，比较缺乏实证分析的案例[①]。

顾朝林在其《城市社会学》一书中总结了城市社会空间结构研究有六大流派，分别是：①景观学派，对城市地域的研究最初是通过外部观察开始的，把城市实体景观作为理解城市地域的首要形式；②社会生态学派，认为不同社会集团在各种人类活动竞争中出现有空间特色的结构，其代表为芝加哥学派；③区位论学派，比较典型的如杜能的农业区位论；④行为学派，注重人的行为对空间的决定作用；⑤结构主义学派，分为制度论学派和马克思主义学派，关注空间现象背后所隐含的政治、经济体制；⑥时间地理学学派，注重围绕各种制约条件，在时空轴上连续地反映人类活动对城市空间结构的影响。

（二）城市空间结构的研究方法

在研究方法方面，有学者总结了西方的城市社会空间结构研究的方法历程。[②]他们指出，城市空间结构研究兴起于20世纪初，以美国的芝加哥学派的建立为主要标志，以帕克、伯吉斯和麦肯齐等人为代表，运用人类生态学和城市生态学的理论，对城市社区、种族集聚、城市犯罪、阶层和居住分异等问题做了初步研究，并运用人类生态学方法构建起城市空间结构的三大经典模型及其演变模式。随后，美国社会学家史域奇和威廉斯于1949年在《洛杉矶的社会区》一书中进行了社会区的研究，涉及城市内部人口统计小地区的一种类型化方法。1953年，史域奇和贝尔合著《社会区分析》，方法论更加精确。

20世纪60年代后，西方国家经济复苏和调整，随之出现了大量的社会问题和社会矛盾。不同领域的学者开始关注城市生产活动的各个方面，全面开始了对城市社会空间结构的研究。受计量革命的冲击，许多数量统计方法逐渐引入城市空间的研究中，进行定量化的因子分析和聚类分析。因子生态分析法（factorial ecology）运用的前提条件是运用计算机大量处理数据、多变量解析统计方法的开发以及城市内部小地区统计资料的整理。同时，实证主义、人本主义、结构主义等哲学思潮的涌现，扩展了城市社会空间结构的研究视角。20世纪70年代，生态学派、新古典主义学派、行为学派兴起，并成为城市社会空间结构研究的主流学派，其后新马克思主义学派和新韦伯主义学派成为主流学派。80年代后，文化回归的思潮使得文化价值分析、伦理分析、情感分析等非物质的分析方法开始对城市社会空间结构进行解释。20世纪后期，在人

---

① 孙秀林. 城市研究中的空间分析[J]. 新视野，2015（1）.
② 王开泳，肖玲，王淑婧. 城市社会空间结构研究的回顾与展望[J]. 热带地理，2005，3（1）.

本主义思潮的影响下,不同学者开始运用时间地理学的方法进行居民出行和社会空间的研究,体现一种人文关怀,不断关注人们的购物、休闲空间和生活质量。总之,通过借鉴新古典经济学、行为科学、人类生态学和辩证唯物主义的诸多理论方法,运用因子生态分析、绘制城市意象地图、问卷调查和统计分析、系统分析、行为分析等方法,对城市社会空间进行了大量的研究。

综合来看,城市地理学对城市空间的研究主要是从城市土地利用方面来考察的,这方面的研究成果比较多;但是从外观上研究城市景观的方法,虽然考察了作为人类活动空间的城市社会空间结构,但没有涉及作为城市社会空间结构形成机制的人类活动本身。而以城市地域社会为对象、说明城市形成发展机制的社会生态学方法却过于把人机械化和一般化看待而受到批判。行为论方法注意人类主观,却只强调了人类活动的主观因素,而忽视了制约人类活动的各种客观因素,因而,最近的城市空间研究考虑产生人类活动各种社会制约的政治、经济制度的结构主义方法;考察各种制约条件,动态研究人类活动的时间地理学方法[①]。

二、经典城市空间结构模式

(一)传统城市空间结构模式

城市社会空间结构模型是城市社会地理学的研究核心,主要分析城市中的社会问题和空间行动,揭示城市中社会组织和社会运行的时空过程和时空特征。城市社会空间结构模型可以从整体上、宏观上反映和把握城市社会空间的变迁规律,是城市规划、城市治理重要的科学依据[②]。

城市社会空间结构分为经典模式和现代城市社会空间结构模式两种。其中,经典模式又分为同心圆模式、扇形模式和多核心模式三种[③]。

同心圆模式是由芝加哥大学社会学教授伯吉斯于1925年提出的关于城市地域结构模型。20世纪初,随着快速的工业化,美国大量移民迅速聚集到城市地区,出现了纽约、芝加哥和费城等一些大城市。以芝加哥为例,这个1833年还仅有数千居民的小镇,到19世纪一跃而成为百万人口的大都市,到1930年人口数量达到350万人。在快速工业化、城市化的过程中,芝加哥出现了很多问题,比如贫困、人口拥挤、犯罪、移民融合等[④]。在这种背景下,20世纪20年代,以研究芝加哥城市问题为核心的芝加

---

① 顾朝林. 城市社会学 [M]. 南京:东南大学出版社,2002:119.
② 马仁锋,刘修通,张艳. 城市社会空间结构模型研究的评述 [J]. 云南地理环境研究,2008,3(2).
③ 以下内容参考顾朝林. 城市社会学 [M]. 南京:东南大学出版社,2002:123-127.
④ 孙秀林. 城市研究中的空间分析 [J]. 新视野,2015(1).

哥学派异军突起。帕克和伯吉斯合作的《城市》为其代表作[1]。同心圆模式认为：城市以不同功能的用地围绕单一的核心，有规律地向外扩展形成同心圆结构，实际上这一理论将城市划分为中央商务区（CBD）、居住区和通勤区三个同心圆地带。其中，居住区分为三个层次，紧靠中心区的第一圈层为海外移民和贫民居住带；第二圈层为低收入工人居住带；第三圈层为中产阶级居住带。而通勤区临近居住环境良好的郊区，分布着各种低层高级住宅和娱乐设施，高收入阶层往返于城郊间的通勤区。

扇形模式是由美国经济学家霍伊特通过对142个北美城市房租和地价分布的考察提出的，高地价地区位于城市一侧的一个或两个以上的扇形区内，并且从市中心向外呈放射状延伸，在一定的扇形区域内又成楔状发展；其低地价地区也在某一侧或一定扇面内从中心向外延伸，扇形内部的地价不随离市中心的距离而变动。据此得出结论：城市总是从中心沿主要交通干线或阻碍最小的路线向外延伸。城市社会经济结构主要依扇形形式而变化，因地租的差异形成不同分布格局，具体表现为：①最高价的居住区从城市中心向外呈扇形排列；②中产阶级在高租金区的两边；③低租金区位于与高租金区相悖的地方；④形成高租金的原因是富裕阶层沿主要道路向外扩展，或为躲避洪灾向高地迁移，或倾向于靠近领导阶层的住所。

多核心模式，是由美国地理学家哈里斯和乌尔曼在研究不同类型城市的地域结构时提出的，除CBD为大城市的中心外，还存在其他副中心可以支配一定地域。这一理论认为，居住区分为三类：低级住宅区靠近中央商务区和批发、轻工业区，中级住宅区和高级住宅区为了寻求好的居住环境常常偏向城市一侧发展，而且它们具有相应的城市次中心；重工业区和卫星城镇则分布在城市的郊区。

第二次世界大战结束后，城市经济得到迅速发展，城市对周边地区越来越保持着一种非常深刻的相互依存关系，在现代城市社会空间结构模式中城市社会学家开始了城区—边缘区—影响区三分法的探索。

在迪肯森的三地带模式中，住宅区充填于中央商务区向外放射伸展的放射线之间。在塔弗的理想城市模式中，住宅区分布在中心边缘区、中间带、外缘带和近郊区；其中，中间带由高级单元住宅区、中级单元住宅区和低级单元住宅区组成，且高密度住宅区距中央商务区较近，低密度住宅区分布在其外围；在外缘带，中等收入者多在此拥有独户住宅，形成连片的住宅区；在近郊区也逐步形成近郊住宅区。

除以上主要的模式之外，还有麦吉的殖民化城市模式、洛斯乌姆的区域城市结构模式和穆勒的大都市结构模式。

综上，在城市空间结构模式方面，西方城市内部社会空间结构模型源于伯吉斯根据芝加哥的土地利用结构提炼而形成的三大经典模型，然而对社会组织、文化价值、自然和历史等因素的忽略，导致模型不断被修改。随着工业经济发展和城市化阶段的

---

[1] PARK R T，BURGESS E W. The city [M]. Chicago：The University of Chicago Press，1925.

演变，模型的主要影响因素不断变化，而且在不同的国家（或区域）表现出巨大差异，这些主要内容的变化，使发达国家与发展中国家的城市社会空间结构模型显示出巨大差异。城市空间结构的传统研究领域为城市物质空间与社会空间的分异、居住分隔与住房空间、城市日常生活空间、社会群体和城市机构的分布、城市中的政治经济、城市居民的生活质量等。城市社会空间结构研究强调社会差异的时空性，关注种族的空间分布、公共政策、贫困、城市管理、公共空间、公共服务和设施、社会福利、社会空间的组成等。20世纪80年代以来，城市社会空间结构研究又加强了对市民社会、城市底层、新贫困、种族主义、城市主义、社会网络的分析[1]。在城市空间结构的研究方法和理论方面，研究对象的多样化使得城市社会空间模型更具复杂性和客观性。城市空间结构分析的方法论演化路径基本呈现从量化到质化、从客位到本位的变化；积极借鉴其他学科的研究方法，尤其是社会学、人类学等的研究方法。因此，方法的多样化，使得模型复杂性和客观化；然而并未能脱离"三大经典模型"，只是在更小或更大的空间尺度，如社区尺度或都市带（圈）尺度进行多因素的实证分析与修正。同时，随着城市化的进程，城市问题不断涌现并发生变化，驱动着城市社会空间结构的模型研究。

（二）社会区因子分析：城市空间研究的实证主义流派

进入20世纪中期之后，西方学者开始提出"社会区"（social area）的概念，对城市空间分布形态进行分析。他们认为，作为现代城市社会的空间表现，城市内部空间结构可以用经济地位（economic status）、家庭类型（family status）和种族背景（ethnic status）三种主要特征要素的空间分布加以概括。每个特征要素可以用一组相关的人口普查变量加以表征，根据这些变量的组合情况，将人口普查单元划分为不同的社会空间类型，然后据此分析城市社会空间的结构模式。综合来看，城市空间研究的社会区因子分析范式具有下面几个非常明显的特点：在研究单位上，因为社会区因子研究使用的数据多为普查数据，所以研究对象的基本单位是街区（census tract）；在具体研究技术上，多采用因子分析和多元回归的统计方法；在研究逻辑上，通过不同社会区因子的空间分布形态，关注城市空间形成的动力机制。

20世纪60年代，计算机技术的快速发展，为复杂的统计计算提供了有利条件，也为大规模的实证研究提供了技术条件。多元统计方法（multivariate statistical methods），特别是因子分析方法（factor analysis）被广泛地应用于城市空间结构分析。因子分析作为一种归纳技术，可以把多个人口普查指标简化为几个主要的维度，形成在统计上相互独立的若干主因素，作为城市空间的要素特征，来分析这些要素对城市

---

[1] 马仁锋，刘修通，张艳. 城市社会空间结构模型研究的评述[J]. 云南地理环境研究，2008，3（2）.

空间分布模式的影响。其中，尤以默迪对多伦多城市社会区的研究为著名[①]。这一分析技术在随后的城市空间分析中，得到广泛应用。西方学者利用这一分析手段，对北美、欧洲、印度、中国香港等多个国家和地区的城市空间形态及其历史变迁做了详细分析[②]。进入21世纪之后，这一研究范式一方面继续深入，并扩展到欧美之外的大城市研究，如开罗、墨西哥城、香港、北京、上海等；另一方面，社会区因子分析的方法开始应用到城市研究的其他经典题目中，如对于城市种族隔离、城市犯罪、城市贫困、旧城改造等的研究。

然而，社会区因子分析模型虽然引入几个最主要的特征变量来理解城市的空间形态，试图提出一种关于城市生活的理论体系，但实际研究中，进行城市空间因子分析的学者却多纠缠于不同指标体系的构建、不同因子分析技术的优劣对比、不同城市之间的维度差异分析，却很少关注普遍理论的构建。另外，几乎所有的社会区因子分析都高度依赖普查数据，这在某种程度上限制了社会区因子分析。因此，需要在技术层面以外引入人文主义视角。

（三）新城市社会学：城市空间研究的人文主义转向

芝加哥学派又称为人文生态学派，这与伯吉斯等使用生态学的理论来解释城市空间分布有关。然而这一学派具有强烈的社会达尔文主义色彩，尤其是使用的"侵入"（invasion）、"演替"（succession）等概念过于强调竞争在人类社会发展过程中的作用，而忽略了人类行为的情感性和符号化的作用。人文生态学派[③]在社会学的城市研究范式中虽然饱受争议，却一直是主流学派，直到20世纪70年代"新城市社会学"兴起，才打破其一枝独秀的地位。相对于人文生态学派关注城市空间形态分布的做法，新城市社会学派主要关注城市中资本主义的作用、国际经济秩序对城市建设的影响、财富的积累与权力的集中、阶级阶层的关系等。他们反对以芝加哥学派为代表的社会空间分析，认为这一学派过于关注城市空间分布，是一种"空间拜物教"（fetishism of space）。

新老学派的一个重要区别在于对城市空间理解的不同，芝加哥学派认为空间是城市研究的自变量（independent variable），城市中一切问题都是城市空间分布形态

---

① 默迪考察了多伦多1951年的86个人口指标和1961年的78个人口指标，利用因子分析的技术，从中抽离出种族、社会经济状况、家庭状况三个因子，以此来划分城市居住的空间分布形态，被称为社会空间因子分析，或者是社会区分析。他发现社会经济状况因子、家庭状况因子在空间分布上呈同心圆状，种族因子呈扇形分布，这三个因子的叠加，就可以解释多伦多居住空间的形态以及历史变迁。随后的一系列实证研究的结果表明，北美城市具有比较相似的社会空间结构模式。经济地位的空间分异是城市内部空间结构的最重要的表征因素，其空间分布呈现为扇形模式；其次是家庭类型，其空间分布呈现为同心圆模式；然后是种族背景，其空间分布呈现为多核心模式。

② 如戴维斯和默迪利用1981年24个加拿大都市区的3 000个街区数据对加拿大不同人口等级规模城市的因子分析，戴维斯对英国莱斯特1971年541个街区与20个城市次级行政区划的因子分析，亨特对芝加哥75个街区20世纪30—60年代的因子分析等。

③ FIREY W. Sentiment and symbolism as ecological variables [J]. American sociological review, 1945（10）：140-180.

所导致的；而新城市社会学派则与此相反，他们从一个新的视角来理解城市，把马克思的资本理论引入对城市的研究中，认为城市空间不是自变量，而应该是一个因变量（dependent variable），恰恰是财富、资本、国际经济秩序等资本主义制度的要素，决定了城市空间的分布形态①。

新城市社会学在英国以雷克斯和帕尔为代表，在美国以哈维为代表，在法国以卡斯特尔为代表②。雷克斯和帕尔将住宅作为阶级形成的基础，认为住宅对阶级形成和阶级冲突具有重要的作用，城市资源的分配不平等是造成城市社会冲突的根本原因。哈维认为，城市化的过程，一方面资本积累促成生产在地理空间上集中分布，另一方面阶级斗争促成受剥削、受压迫的工人阶级在同一个地方大量集中，形成社会极化和空间分异③。卡斯特尔试图建立一个"结构主义马克思主义"的城市理论体系，解释资本主义城市化的结构与进程。他认为，现代资本主义越来越依赖国家提供的城市物品和服务，城市社会运动与工人阶级斗争相结合，能够带来整个资本主义社会的变革④。与此同时，随着全球化的进程，一部分社会学家进一步将马克思的城市化理论扩展到全球化的社会空间中来理解。列斐伏尔认为，随着资本主义扩展到整个世界，由消费主义所开启的全球化空间的生产，会造成对差异性和个体性的普遍压制，导致人被城市空间所异化。在这种情况下，城市空间也是一种资本主义生产，城市的空间分布形态恰恰表现了资本主义关系，城市居民被分散到郊区也是一种资本主义关系的产物⑤。随着整个世界进入国际资本快速流动的全球化阶段，以纽约、伦敦、东京为代表的"全球城市"（global cities）开始兴起⑥，对城市空间产生了深远的影响。"国际大都市"成为城市空间产生的全球化话语。同时，这种全球化所促成的社会极化，随着资本主义的全球扩张，也在全球的各个大城市中得到复制、强化⑦。

三、中国城市空间结构研究

中国的城市空间结构研究分为三个阶段：传统期城市社会空间研究（1949年之前）、当代城市社会空间研究（1949年至改革开放之前）和改革开放至今的城市社会空间研究⑧。

---

① 夏建中. 新城市社会学的主要理论 [J]. 社会学研究，1998（4）.
② ZUKIN S. A decade of the new urban sociology [J]. Theory and society, 1980, 9（4）: 575-601.
③ HARVEY D. Social justice and the city [M]. London: Arnold, 1973.
④ CASTELLS M. The urban question: a marxist approach [M]. London: Edward Arnold, 1977.
⑤ LEFEBVRE H. Everyday life in the modern world [M]. London: The Penguin Press, 1971.
⑥ SASSEN S. The global cities: New York, London, Tokyo [M]. Princeton, N. J.: Princeton University Press, 1991.
⑦ 吴宁. 列斐伏尔的城市空间社会学理论及其中国意义 [J]. 社会，2008（2）.
⑧ 以下观点和内容参考姚华松，薛德升，许学强. 城市社会空间研究进展 [J]. 现代城市研究，2009（7）.

（一）1949年之前

1949年之前由于特殊的政治和文化地位，北京成为传统城市社会空间研究的焦点。历史学家李洵通过对历史资料 Social Justice and the City（D. Harvey）的分析和考证进行了开创性研究；台湾学者章英华以"20世纪初北京内部社会空间结构"为题完成其博士论文，进行了较为系统而深入的研究；赵世瑜等从建筑布局特色、产业功能分区等角度探讨了明清时期北京的社会空间分布与特征[①]。王均等研究了清末民初时期北京的城市社会空间[②]，认为当时的社会空间特征有：社会中上层倾向于居住在市政附近、活动便利的中心地带，贫民在房租地价的压力下被迫迁居边缘地带；家庭规模和经济条件成正相关，户量由中心向边缘降低；满汉畛域逐步化除，出现"大分散、小集聚"的分布态势。另外，使馆区等西方事物成为影响城市空间形态的重要因素。蒋建国研究了晚清广州的酒楼消费空间，认为酒楼作为一种公共消费场所，促进消费文化的发展与传播，也反映了特定的社会制度。[③] 张世明等研究1644—1949年中国边疆移民塑造的社会空间[④]。通过对城市历史资料的考证，庄林德、张京祥发现殖民地时期的中国城市社会空间布局基本上呈现老城区、租界区、自发形成的工业居住混合区和有一定规划的新市区等四类城市社会空间。[⑤] 另外，一些外国学者也注意到了我国半殖民地半封建社会时期城市的社会空间分异现象，如Logan[⑥]研究发现一些沿海城市如上海、广州、大连等被割裂为"外国"和"本土"两部分，即所谓"上只角"和"下只角"，分别是外国人、外侨的高级住宅和乡村农民、难民集中地。

（二）1949年到改革开放之前

新中国成立到改革开放之前这一段时间，由于我国政府实施的是计划经济体制，受单位制的影响，将工作单位和居住糅杂在一起，不同身份地位人群混居的异质性社区成为城市社会空间的主体，社会空间分异表现为单位大院之间的分异，居住空间的质量取决于单位在计划资源分配链上的地位。由于城市居民的职业相对单一，收入差距不大，空间分异的形式简单，对城市发展影响相对较小。

（三）改革开放至今

改革开放以后，尤其是20世纪90年代市场经济的发展和全球化浪潮的到来，加

[①] 赵世瑜，周尚意.明清北京城市社会空间结构概说[J].史学月刊，2001（2）：112-115.
[②] 王均，祝功武.清末民初时期北京城市社会空间的初步研究[J].地理学报，1999，54（1）：69-74.
[③] 蒋建国.消费文化的社会空间——以晚清广州的酒楼消费为例[J].消费经济，2004（4）：43-47.
[④] 张世明，龚胜泉.另类社会空间：中国边疆移民社会主要特殊性透视（1644—1949）[J].中国边疆史研究，2006（1）：78-88.
[⑤] 庄林德，张京祥.中国城市发展与建设史[M].南京：东南大学出版社，2002.
[⑥] LOGEN J R. The new Chinese city: globalization and market reform[M]. Oxford: Blackwell, 1999.

上一系列政策改革（包括住房市场化、土地有偿使用、户籍制度的相对放松、政府企业化倾向等），客观上产生了中国城市社会分化的土壤。由经济分异决定的各类空间分异现象开始出现，居民的职业构成复杂化，收入差距拉大，贫富分化严重；跨国公司职员和城市农民工在劳动力市场、收入、住房上的极化；高级地产项目、郊区别墅和浙江村、新疆村等外来人口集聚地的强烈对比；新城市贫困现象也日渐突出。总之，新的社会分层和住房市场的多样化正在重塑中国城市社会空间，城市社会空间分化已经成为当今城市居民日常的城市映象。主要研究内容和方面涉及城市社会空间结构研究、城市人口分布和迁移的动态研究、城市意向空间研究。此时中国国内对城市社会学的关注，具有非常明显的人文主义色彩，缺乏比较量化的实证分析；尤其是在西方城市社会研究中已经非常成熟的社会区因子分析的研究范式，在中国城市研究中尚未得到足够重视，这种情况在某种程度上可能会阻碍对当前中国快速城市化背景下的城市研究。

  总体上看，由于中国统计部门工作的日渐完善，城市资料与数据的可获得性大大增强，国内学界在社会空间领域的研究成果丰硕，这些都较好地展示了中国当代大城市社会空间分异总体格局与规律，但囿于统计和人口普查本身的针对性和局限性，往往无法充分揭示具体的空间发展过程和发生机理。中国本土社会空间研究与国际研究水平相比，差距仍然明显，主要表现为：重视宏观层面的社会空间性机制解析而缺乏微观层面的深入论证；重视社会区的空间划分，但对空间的社会与文化意义的剖析不够，方法上过分依赖自上而下层面的官方的人口普查资料而缺乏自下而上层面的参与式调查①。因此，应借鉴西方城市空间研究中形成的定性和定量研究相结合的发展模式，以及除了社会区因子分析外重点应放在归纳分析、解释论证和理论概括等方面；国内城市社会学的研究，即使引入量化研究的范式，也要从理论层面讨论中国城市发展的机制和内在逻辑。

第二节 城市居住空间

  通过观察多数学者实际关注的问题不难发现，城市社会学研究的核心问题基本是一致的，即人类群体生活与都市环境的关系。这一核心问题通过帕克具有学科开创性的《城市：对城市环境中人类行为研究的建议》一文的标题便可见一斑。如果说城市社会学与其他分支社会学存在不同的地方，抑或是城市社会学有独特的研究视野，那便是城市社会学更关注"空间"，即人类群体和活动在城市空间的展现②。

---

① 姚华松，薛德升，许学强. 城市社会空间研究进展 [J]. 现代城市研究，2009（7）.
② 蔡禾. 城市社会学教材建设中的问题和思考 [J]. 杭州师范大学学报，2010，3（2）.

"住房是一种特殊商品",不仅具有一般商品没有的复杂性,而且,围绕房地产与消费者需求的"社会内容和服务流量"更具有特殊性、复杂性。居住水平的提高是一个国家与社会福祉进步的标志之一,所有的国家都有独特的房地产"社会场域"、空间占有关系及"文化消费习惯"。房地产作为特殊的市场要素,不仅与国家的政治属性、文化传统、城市制度等具有某种"社会互适性"联系,而且与民族文化心理结构、土地资源存量等有深刻关联。进一步推论,房地产开发过程不单是一个国家或一个城市的"空间再生产形式",也是一个国家或一个城市及个体经济资本在社会资源再分配前提下的"空间再生产过程"[①]。住宅作为城市重要职能的物质载体和城市空间结构的重要组成部分,长期以来使得地理学、经济学、社会学、政治学等不同学科的学者一直关注城市居住和相关理论的研究。各学科的学者从各自的研究领域出发,对城市的居住空间进行了大量的理论和实证研究,并在研究理论和方法上形成了许多学派。

一、国内外关于城市居住空间的研究

(一)国外城市居住空间研究

1. 生态学派

城市居住空间的生态学研究可以追溯到20世纪20年代的芝加哥学派,其理论基础来源于人类生态学。该学派借用生态学的基本概念和原理,对城市居住空间演变进行了系统的研究。该学派最大特征是主要采用了阶层、生命周期和种族三个指标来描述社会群体在城市的空间分布,并借鉴"生态隔离""入侵和演替""竞争"和"优势"等生态学观点,来分析和解释特定类型的城市居民在特定地区、相邻地区的活动和分布,把城市居住空间的变化过程看成一种生态竞争过程,并把城市居住空间的演变规律概括为"同心圆模式""扇形模式"以及"多核心模式"。

在上述理论和模式研究基础上,许多学者进一步发展了该学派。Simons 在 1965 年采用了社会阶层、城市化和居住隔离等指标进一步分析了三种模式。他认为:就社会阶层来看,高收入人群居住区和低收入人群居住区呈扇形分布;从城市化角度来看,不同家庭构成的居住区呈同心圆分布;而从种族隔离来看居住区,则呈随机分布。类似的研究还有其他几位学者,但总的来看,基本是从不同的视角或者研究方法来验证三种模式的可行性,或者说明其存在的问题。

从研究方法来看,20世纪60年代以前,以定性描述为主,分析和解释城市居住空间的形成和演变。60年代以后,随着相关学科研究方法的革新,定量研究得到了广

---

① 张鸿雁. 空间正义:空间剩余价值与房地产市场理论重构——新城市社会学的视角[J]. 社会科学,2017(1).

泛的应用。其中因子分析和主成分分析等多变量统计方法在居住空间的结构和分异研究中使用最为普遍。如 R. A. Murdie 采用演绎分析方法对加拿大多伦多的居住空间结构进行了实证研究，B. T. Robson 运用归纳法对英国城市桑德兰进行了归纳研究，森川洋和 David 使用因子分析法分别对日本和英国城市居住空间的分化等进行了研究。

2. 新古典经济学派

新古典经济学派把社会作为一个由个体组成的集合，并以地价为基础，从宏观角度研究住宅的供需，具有严密的逻辑推理性。

该学派在分析经济行为时假定了四个前提条件：第一，商品生产和服务业反映了消费者的喜好；第二，所有的住户和企业都具有对称的信息；第三，家庭和公司分别能够实现效用最大化和利润最大化；第四，生产要素具有流动性。在上述前提条件下，新古典经济学派研究居民最佳的居住区位选择和合理的土地开发模式，即研究住宅区位的空间选择和交通费用之间的关系，并试图建立两者之间的均衡模型。研究表明：离城市越远，交通费用越高，而住房价格越低，否则相反。住户总是在一定的预算约束下，选择合适的交通成本和住房价格，以实现效用最大化。在假定城市是单中心、所有就业机会都位于中心商业区、所有的就业者都往返于城市中心与住所之间的前提下，讨论标准的住宅区位模型。在新古典模型中，住户在一个完全竞争的土地上为可得到的空间区位投标，土地拥有者将土地出售给竞价最高者。住户的竞租（bid rent）函数是住户对不同区位的地租愿意投标的数值，在均衡的条件下，竞标地租最高者占据城市中心区位。

3. 制度学派

制度学派的研究重点是城市住房供给和分配的制度结构，有两个不同的起源：以研究美国城市为代表的区位冲突学派和以研究英国城市为代表的城市管理学派。

区位冲突学派关注权力、冲突和空间之间的关系，由北美的政治学者最先研究，涉及区位政治学。区位政治学认为土地利用的变化不是在自由而没有组织的土地市场中由无数个体决策的结果，而是由有着不同目标、不同权力及影响力程度的各个利益集团之间冲突的结果。空间不只是由政府／市场所分配的一种有价值的东西，而且具有权力资源的特征，空间资源的分配过程直接反映城市政治过程。因此，区位与权力关系的分析是城市政治研究的主要内容，对城市住房市场的研究具有重要意义。总体来说，城市居住空间结构是由不同利益集团、组织（发展商、地主、房地产机构、金融机构、邻里组织）和地方政府之间的冲突形成的。区位冲突学派的分析较好地反映了政府干预较少的美国城市现实，多应用于美国城市研究。

（二）国内关于城市居住空间的研究

1. 关于迁居问题的研究

国内关于城市居住空间研究首先涉及的是迁居问题，由于不断迁居，原有的居住结构改变并逐步形成城市居住空间模式①。西方关于城市住房与迁居的研究早在20世纪70年代就开始丰富起来，我国关于城市居民迁居行为的研究从90年代后期开始起步。早在80年代，唐子来和朱介鸣率先运用新古典经济学和行为科学的分析框架，研究了住房及其外部环境对迁居和人口分布的影响。

周一星等通过对北京市1 000户新房迁居户的调查指出，中青年已婚的核心家庭是北京市迁居户的主体，户主主要从事第三产业。李思名等通过对广州和北京的居住流动进行分析指出，居住流动峰值年龄比西方市场化国家偏低，生育子女对居住流动的作用很小；不同性质的单位职工居住流动概率不同，股份制企业员工最高，其次为集体企业和私营企业员工，最低为国有企业和事业单位员工。住房权属对居住流动的影响显著，自置房屋者迁移概率相对较低；房改房住户居住流动概率低，除非放松限制房改房上市政策，原有单位制社区才会彻底瓦解。易峥指出，我国居住流动率总体呈上升趋势，其中社会阶层高的人群流动性更高。

关于迁居因素的考察。李铁立在对北京市的研究中指出，不同住户群体在对居住区位进行选择时，所考虑因素的重要程度又不相同，而居住选址行为将促使北京市居住分异，进一步形成新的城市住宅格局。居住流动的目的不完全是调整住房需求；易峥认为改革开放以来影响中国城市居住流动的因素主要为家庭生命周期、结构性因素、个人经济状况等；居住主要向城市的新城流动，外来人口也主要集聚在新城区。陶小马等通过对上海市的白领阶层的调查指出，收入低于3 000元者偏好于市中心以外房价较低的区位，当居民月收入超过3 000元时，购房因素、房价因素让位于社区环境、生态环境和交通因素，月收入7 000元以上者更加重视生态环境因素。刘旺、张文忠以万科青青家园为例，指出在微观居住区位的选择上，具有相同社会经济属性的群体趋向于选择相同的居住区位，社会经济属性的作用和居住分异现象在居住区位选择中开始凸显；受房价和经济实力的约束，年轻型家庭居住区位的选择方向已向郊区外移；对于有子女的家庭来说，教育资源的丰富与否则是居住区位决策的重要因素之一；现工作地和居住地之间的通勤时间对居住区位的选择具有决定性的影响；家庭生命周期、原居住地、消费观念和信息搜寻等对微观居住区位的选择具有一定影响。

关于迁居空间的研究，周春山以广州市为例，指出当时我国大城市人口以单位分房主导的被动迁居为主，且迁居呈短距离、蔓延式向外扩散。在市场经济下，以房地产开发商为代表的市场力量是研究住宅区位形成的切入点，还应将居民择居行为和

---

① 以下内容参考杨卡. 中国城市社会空间研究进展［J］. 国际关系学院学报，2009（3）.

以城市土地规划等为代表的政府干预综合起来。周一星等通过对北京市的调查指出：1990—1995年北京市的近郊区成为人口迁居的净流入区，中心区为净流出区；迁居距离50%集中在5公里以内，超过10公里的不足11%；迁居的主要动力是改善居住生活空间，迁居后的平均住房面积增加了一倍。杨卡在《中国城市社会空间研究进展》的研究中认为，受多核心组团式城市内部结构模式的作用，深圳市民迁居以在市辖区内部迁居为主；受地域空间特征差异的作用，深圳市民迁居特征的空间差异较大，特区管理线内部与外部地域之间的差异尤为显著。居住主要向城市的新城流动，外来人口也主要集聚在新城区。

居民对边缘城市认知程度和主观评价会直接影响其迁居意向，对迁居目的地比较熟悉的居民和对迁居目的地的设施服务评价高的居民，最有可能成为新兴边缘城市未来的居民；与新兴边缘城市之间存在经常性和稳定性联系的居民表现出较强的迁居意向，而联系较弱的居民迁居意向较弱；居民从母城迁往新兴边缘城市而产生的工作地和居住地的分离是居民迁居新城区的最大障碍。朱熹刚等以南京市为例，指出南京城市绅士化的特点主要是主城内原有分散的高收入者与新生的城市高收入阶层的内城再集聚，房地产市场的发展、中心区产业结构的转型、政府的政策引导、市民的择居观念与行为等是推动当前南京城市绅士化发展的主要动力。

城市化和人口的变动情况是我国城市研究者关注的热点之一，对于我国城市居民的迁居行为的特征、因素和机制等的探讨已经比较深入和广泛，已经有了针对很多城市的案例研究和探讨。但是由于缺乏数据、城市行政区划的变动等，我国学者在获取城市人口变动的更详细特征方面存在较大的困难，因此较少从人口的生命阶段、家庭周期、社会阶层等方面进行系统的迁居行为考察和研究。

2. 关于城市居住空间的研究

自1978年改革开放以来，我国城市化进程明显加快，城市住房制度不断变革，城市住宅投资开发力度明显加大，居住空间变化加快，开始出现分异现象。尤其自1998年下半年开始，全国城镇停止住房实物分配，实行住房分配货币化，更加剧了大城市住宅空间分异的进程。我国关于城市居住空间的研究有以下一些方面。

其一，关于居住区的布局与规划的研究。居住区的布局与规划的研究主要以城市规划学界的研究为代表，他们从住宅区布局与规划的原则、住宅区与其他都市功能区的关系、住宅区的形态和小区内部规划等角度进行研究。总的来看，研究主要侧重于规划技术手段。

地理学派关于住宅区位的研究多见于城市地理学和区位论的相关论著中，一般是在介绍西方城市研究学派和区位理论时，涉及住宅区位理论的研究。近年来，也可以看到研究城市住宅区布局理论的文献，但主要侧重城市住宅区位的形成因素及其机制分析。

其二，居住空间结构及其分异研究。关于居住空间结构的研究文献相对较多，主要集中在以下两个方面：一是关于城市居住空间扩张的历史过程、现状特征、演变趋势等方面的实证研究；二是关于居住社会空间地域结构及其分异机制研究，这是我国地理学界对居住空间的重点研究领域之一，也是研究最深入的领域之一。

20世纪80年代后期，我国城市规划和地理学者最早开始运用因子生态分析方法对上海和广州进行了实证研究，研究发现我国主导城市社会空间分异的主要因素（人口密度、文化职业和家庭）与美国城市社会空间分异的三个解释变量（社会经济地位、家庭和种族）不尽相同。近年来我国社会转型和住房制度改革，加剧了城市居住社会空间分异的程度，并开始引发社会问题和矛盾，地理学者对这一现象进行了充分的关注，涌现了大量的研究成果，研究成果主要集中在居住社会空间极化及其分异机制，以及由此引发的社会问题等方面。其中，以王兴中等学者所著《中国城市社会空间结构》最具有代表性，该书以西安市为例，对西安市居住社会空间形态与结构、居住社会空间分异的动力机制、居住迁移与居住社会空间的关系进行了深入细致的研究和探讨，其研究方法和研究框架具有重要的理论和实践意义。

其三，城市住房消费与社会分层研究。这是以住房消费为切入点，对市场转型与社会分层关系的争论进行了再探讨，研究发现，在社会转型期，随着中国渐进式改革的发展，人力资本在市场体制中利益回报提升的同时，政治资本也在再分配机制和市场机制中继续并同样得到利益的满足，社会分层的再分配机制一定程度上还在延续，而市场机制也同时在并行地发展着。城市居民之间的住房消费存在着贫富分化的趋势，住房改革制度的分割性使住房改革加速了中国的贫富分化，强化了中国社会的贫富分割。[①] 也有学者发现中国改革的动力激发机制是财产权利的转移，在城市是住房权利的转移，由此造就了"恒产者"社会结构，对中国社会分层的影响颇为深刻。

其四，住宅郊区化研究。20世纪80年代以来，我国的一些主要大城市不同程度进入住宅郊区化阶段。住宅郊区化的研究主要集中在以下几个方面：一是中西方住宅郊区化的对比研究，以及我国住宅郊区化基本特征与发展趋势的实证研究；二是住宅郊区化与房地产开发相互关系研究；三是城市人口迁居与住宅郊区化的相互关系研究。

其五，危旧房改造、经济适用房与住房政策研究。在市场经济和住房私有化条件下，城市居民可以自由选择住房，如果没有强有力的规划和行政手段，城市不同收入阶层的居民在空间上出现分化和隔离不可避免。因此，住房政策历来受到各国政府和学者的重视。住房政策的研究主要是在介绍发达国家和地区住房政策的基础上，探讨中国住房政策的基本方向和价值观念的取向。

---

① 毛小平.社会分层、城市住房消费与贫富分化——基于CGSS2005数据的分析[J].兰州学刊，2010（1）.

（三）城市居住空间的研究趋势

随着我国城市化进程加快，城市居住空间将进一步扩张，而且在市场经济体制下，城市居住空间分异是不可避免的一种现象。城市居住空间这一复杂的社会和经济结构必将引起地理学者进一步的研究。

1. 居住空间的分异和隔离

城市居住空间分异是一种居住现象：在一个城市中，不同特性的居民聚居在不同的空间范围内，整个城市形成一种居住分化甚至相互隔离的状况。在相对隔离的区域内，同质人群有着相似的社会特性、遵循共同的风俗习惯和共同认可的价值观，或保持着同一种亚文化；而在相互隔离的区域之间，则存在较大的差异性[①]。目前我国许多大城市居住空间分异的格局已初现端倪，现有文献主要集中于居住空间分异的机制研究，而对居住空间分异引起的社会问题关注不够。因此，如何兼顾公平和效率，实现社会公平和社会整合，避免社会分裂将成为亟待研究的课题。

2. 特殊群体的住宅问题

据联合国人口司、经济和社会事务部的相关数据，20世纪80年代以来，我国60岁以上的老年人口平均每年以3%的速度持续增长，1997年已经超过1.2亿，到2011年达到1.78亿，占总人口的比重接近10%，开始进入人口老年型国家行列。国家卫健委老龄健康司于2021年10月15日发布的《2020年度国家老龄事业发展公报》指出，截至2020年11月1日零时，全国60周岁及以上老年人口26 402万人，占总人口的18.70%；全国65周岁及以上老年人口19 064万人，占总人口的13.50%；全国老年人口抚养比为19.70%，比2010年提高7.80个百分点。到21世纪中叶，60岁以上的老年人将达到4亿左右，约占亚洲老年人口总数的36%，约占世界老年人口总数的22.3%。我国老年人口规模之大，老龄化速度之快，高龄人口之多，都是世界人口发展史上前所未有的。因此，从地理学角度，研究老龄人的住宅区规划、设计和建设将成为未来城市居住空间研究的热点之一。

3. 弱势群体的住宅问题

在我国大中城市，几乎都存在这样的情况：一大批外来农村人口聚居或散居在城乡接合部的窝棚或自建房屋内，居住条件极差。这一群体居住条件的改善事关城市整体居住水平的提高。《中国21世纪议程——中国21世纪人口、环境白皮书》提到"人类住区可持续发展"的目标之一就是"向所有人提供适当住房"。因此，弱势群体居住条件的改善必须纳入城市整体住宅建设中，并且制定出切实可行的住房政策，实现"人类住区可持续发展"目标，推动社会整体进步。目前我国对于城市外来人口居住

[①] 师春梅. 城市居住空间分异问题研究综述［J］. 黑河学刊，2010，11（11）.

问题的研究多集中于探讨外来人口聚居区的形成和由此产生的社会和环境问题等方面，而缺乏对外来人口的居住区和城市整体居住规划建设一体化的研究，以及有关外来人口住房政策的研究。

4. 住宅郊区化与土地资源问题

住宅郊区化是大城市发展的必然现象，住宅郊区化的发展势必会占用大量土地资源。而我国又是土地资源缺乏的国家，有限的土地资源将制约住宅郊区化发展。城市住宅郊区化与土地资源之间的相互关系将是一个重要的课题。

5. 居民住宅区位选择的微观机制

由于城市的形成历史、制度和发展水平等方面不相同，影响城市居民个人住房选择行为的因素及其选择过程与发达国家存在一定程度的差异。因此，关于我国城市居民个人住房选择行为的影响因素及微观机制、居民个人社会属性特征与住房消费行为和空间偏好之间的关系等研究领域也将成为今后研究的重点。

二、我国城市居住空间结构变化的背景

（一）我国城市居住空间结构变化的理论基础

城市空间是人们生活、工作、休憩和社会交往的场所，不同的空间承载着不同的功能。国际现代建筑协会于1933年发表的《雅典宪章》认定，现代城市有居住、工作、游憩、交通等四大功能。城市居住空间结构是指为了满足不同群体居民的居住目的，在不同主体共同作用下形成的物质空间结构和社会空间结构。我国经济处于转型过程中，伴随着城市经济的快速发展和住房的商品化进程，城市居住空间结构发生了很大的变化，出现了许多新的问题。城市居住空间结构的形成是政府、房地产开发商和居民三个主要城市主体共同作用的结果。因此，要找出我国城市居住空间结构问题的根源，就需要分析城市居住空间结构形成的背景以及在此背景下不同主体的行为。

"住宅阶级"概念是英国新城市社会学派提出的，虽然对这一术语学者有诸多分歧，但就其强调住宅可以作为阶层区分标志、象征这一点来讲是获得总体认同的[①]。当然，这里的"住宅阶级"在本质上是一种"阶层化"的描述，与以往阶级对立的认知方式是有区别的。雷克斯认为：因为土地级差等因素影响，对不同区位住宅的拥有就产生了不同的"住宅阶级"[②]。人们通过不同区位住宅的购买和制度性分配，形成了将住宅作为外在形式的社会差异化符号：富人区与穷人区。不同地段的住宅已然成

---

① REX J, MOORE R. Race, community and conflict: a study of Sparkbrook [M]. London: Oxford University Press, 1967.

② 夏建中. 新城市社会学的主要理论 [J]. 社会学研究, 1998 (3).

为社会地位与身份的象征。虽然房屋多数是以购买的形式完成的——似乎市场是公平的,但社会空间在具有社会公共性的同时,还具有区位空间价值的差异性,使得"购买住宅的各阶级"在不同价值空间形成了空间正义非平衡性的结果。雷·帕尔在城市与住房供给的论文中提道:"城市研究的核心应该是空间制约与社会制约的相互影响,正是这些制约决定了住房和其他城市资源的分配。"[1]在中国,这种制约又具有特殊性,可谓要素错综复杂:一是土地级差价值和土地权属的复杂性,使得房地产市场缺乏典型的"空间制约";二是土地市场转换方式与层级的复杂性,使得房地产市场无法形成法制型"社会制约",只有单纯的"行政权力制约";三是因人口众多,优质稀缺的空间成为少数人的要素资本,区位空间成为典型的增值性价值符号,如学区房、景观房等;四是土地流转过程制度设置缺陷,使土地成为"权力寻租"的资源。这些因素强化了"住宅阶级"的分化。很显然,在这样的文化场域内,"空间消费"和"空间再生产"很难形成"空间正义"意义上的社会分配机制,相关法律平衡和控制机制形同虚设,必然出现"超经济房地产市场",由此而产生的忽左忽右、忽上忽下的房地产政策也是必然的了[2]。

(二)我国城市居住空间结构变化历程

对中国来说,房地产开发受国有土地制度、集体土地制度和私有土地制度三者之间的博弈关系所制约。城市居住空间结构的形成与我国土地使用制度及住房制度的改革和城市化进程等密切相关,回顾这个过程对于理解我国城市居住空间结构形成及问题的产生具有重要的意义。

1. 我国城市土地使用制度的演变

从新中国成立后到 20 世纪 80 年代初,我国土地制度是公有公用的制度,土地配置的方式是行政划拨,具有"无偿、无限期使用、无流通"的特点,土地资源配置的效率很低。相应地,城市居住空间结构呈现无序的外延扩张模式,住房建筑密度和容积率都非常低,土地利用强度低,居民的平均居住面积很小。从 20 世纪 80 年代后期开始,我国土地开始实行公有出租的模式,市场开始在资源配置中发挥作用,出现协议出让和行政划拨并存的双轨制。双轨制的存在使得土地供给主体多元化的弊端凸显出来。在多方利益体的博弈中,居住用地被政府遍地开花的"开发区"等政绩工程挤占,土地的功能设置和建设的先后顺序出现混乱。这不仅制约了城市发展,而且为后来城市居住空间结构发展带来了许多难以消除的后遗症。2004 年,国土资源部、监察部联合下发的 71 号令更规定自 2004 年 8 月 31 日起取消协议出让,所有经营性土地均实行

---

[1] 诺克斯,平奇. 城市社会地理学导论 [M]. 柴彦威,张景秋,译. 北京:商务印书馆,2005:169.
[2] 张鸿雁. 空间正义:空间剩余价值与房地产市场理论重构——新城市社会学的视角 [J]. 社会科学,2017(1).

"招、拍、挂"方式，这是经营性土地资源配置完全市场化的开始。这样，土地供给由多元主体供给转变为地方政府统一收购、统一开发、统一储备、统一出让和统一管理的垄断供给。城市竞价机制开始发挥作用，围绕各城市中心出现类同心圆的等价线，不同阶层的居民在居住上出现分离。

2. 我国城市住房制度的改革

城市的住房制度改革与土地制度改革相辅相成，城市的住房制度改革也与社会转型在时间上大体一致，社会转型的一些基本特征在住房领域得到体现，住房中逐步显现的问题也折射了社会转型的阶段和水平[①]。城市居民的住房消费差异是社会主义制度下阶层分化的一个主要方面。在再分配时期，中国城市住房制度改革的目标是住房均等化，城市居民住房以享有低租金住房为特征（租金约占家庭收入的1%～2%），住房主要是通过工作单位进行分配的。个人所在单位的"好坏"，很大程度上决定了他所能得到的住房面积和质量。而单位提供住房的能力，又与单位所有制类型（全民或集体）和单位的行政级别相关。在单位分配住房时，"满足职工基本生活的需要"是主要原则；而对于单位来说，面积大、质量好的住房是一种资源，可以用来奖励那些处于管理职位、资历老、有技术，或者社会资本充裕的人。1980年，中国城市住房改革拉开序幕。1988年，国家进行了第一次住房制度改革，将住房建设投资由过去国家、单位统包的体制改革变为国家、单位、个人三者合理负担的体制。1994年，国务院颁布文件，提出建立与社会主义市场经济体制相适应的住房供应制度，明确住房供应体系应由三个部分构成，即为高收入群体提供商品房，实行市场价；为中低收入群体提供经济适用住房，实行政府指导价；为最低收入群体提供廉租住房，由政府给予补助，并在企事业单位设立了住房公积金制度[②]。

1998年前，我国住房建设资金由政府统一管理，通过实物分配的方式，按照一定的标准将住房分配给不同单位的职工。住房实物分配标准中没有考虑家庭结构和规模，更不会考虑居民的位置偏好等，因此并不能真正反映家庭住房实际需求。在这种住房制度下，住房与工作单位往往在同一区位，同一单位人群在居住方面是一个聚落群体。不同职位、不同收入的同单位居民居住在一起，形成了单位内异质性和单位间相对同质性的稳定的分子型居住空间结构。1998年以前，我国城市住房供给方式的本质是实物分配与货币分配并存，并逐渐向市场化的商品房供给过渡。1998年，国务院下发了《国务院关于进一步深化城镇住房制度改革、加快住房建设的通知》，要求1998年下半年起停止住房实物分配，逐步实行住房分配货币化。住房分配货币化的实施，使住房的

[①] 李斌.分化的住房政策——一项对住房改革的评估性研究[M].北京：社会科学文献出版社，2009：1.

[②] 毛小平.社会分层、城市住房消费与贫富分化——基于CGSS2005数据的分析[J].兰州学刊，2010（1）.

供需关系发生变化,并形成了开发商自主开发、居民购买住房自由选址和政府宏观调控的格局。城市住房竞价机制发挥作用,原来的以单位为居住聚落的形态逐渐衰退。

3. 我国的城市化进程及人口流动

根据《中华人民共和国国家标准城市规划基本术语标准》,城市化指人类生产与生活方式由乡村型向城市型不断发展完善的过程。城市化主要的衡量指标是人口比例指标和土地利用状况。从量上看,我国的城市化水平已经比较高。随着城市化进程加快,我国人口流动加快,其流动地域范围之广,数量之多,都是史无前例的。流动人口中有50%以上是跨县域跨省域流动,有些城市已经成为"移民城市"。在人口流动过程中,来自不同地域人们的行为方式和居住文化发生碰撞,难以在短时间内融合。而来到城市工作和生活的漂泊感,使得这部分流动人口对归属感和社会交往的需求更加强烈,他们往往根据民族或地缘聚居在一起。这使得城市居住空间结构和社会问题纠缠在一起,空间结构与社会结构相互影响、相互作用。

另外,在当前快速城市化进程中,城市发生翻天覆地的变化,人口大幅度流动,形成了形形色色的新型居住社区。在社区类型划分的研究上,根据地理区位差异,研究者将特大城市社区划分为旧城社区、单位社区、城中村社区和城乡接合部社区等类型;根据社会空间特征,将特大城市社区划分为均质型社区、异质型社区、并制型社区与转制型社区;根据历史演变和发展形态,将城市社区划分为传统街坊式社区、单一单位式社区、综合混合式社区、过渡演替式社区和现代商品房社区等类型。在实践中,政府部门也认识到了社区分类的重要性,2019年上海市民政局出台《关于推进城乡社区治理突出问题分类指导工作的通知》,将中心城区的社区划分为老公房居民区、商品房居民区、涉外居民区、大型居住社区、混合型居民区等类型,社区类型及其焦点问题的多样化属性,要求面对不同的社区应施以不同的治理策略[①]。

三、我国城市居住空间结构中的问题及其出现的原因

(一)我国城市居住空间结构的主要问题

贝克认为:"在发达的现代性中,财富的社会生产系统伴随着风险的社会生产。相应地,与短缺社会的分配相关的问题和冲突,同科技发展所产生的风险的生产、界定和分配所引起的问题和冲突相重叠。"[②] 现代社会除了科技与生活高度结合带来的某些高风险外,还包括财富向一定阶层快速集聚所造成的"非平等化""被剥夺感"

---

① 冯猛. 特大城市社区分类治理:理论框架与实践应用 [J]. 福建论坛(人文社会科学版). 2020 (11).
② 贝克. 风险社会 [M]. 李瑞华,等译. 南京:译林出版社,2004.

带来的阶层冲突风险，而业已形成的"住宅阶级"正在"生产、界定和分配"社会风险，成为当代中国社会分层的主要表征之一。在高新技术获得全新发展、网络智慧获得普遍应用、社会财富总量高速增长的当代，为什么我们所面临的社会问题却越来越多，而解决社会问题的手段却越来越少，甚至是束手无策？其关键原因之一就是我们对某些社会问题本质的认识还存有严重偏差，对某些利益主体和利益关系的调整还受制于政治观念、制度体系及文化价值取向的滞后性，一些理论分析和研究也受制于本土化理论体系不完善，而不能形成有效指导①。

1. 城市居住空间"分异"

中国城市住房从福利分房到双轨制再到住房货币化的改革，城市的住房消费同样体现了社会转型的基本特征，主要表现在以下三个方面：第一，在日益发展的住房商品市场上，拥有住房的数量，拥有住房的面积，拥有住房的价格，是个人或家庭成就的标志之一，也是贫富分化的标志之一；第二，个人或家庭是否有能力购买更大、价格更高的住房，与个人或家庭成员的贫富成正相关；第三，市场能力是社会成员获取住房资源的主要依据，政府提供的住房政策也会分化各类住房群体，因此，市场能力与住房政策共同影响社会成员获得住房资源。李斌认为，总体上，住房利益的变动是居民"社会空间位置"与"市场能力""共谋"的产物。而精英比非精英拥有更多的政治资本和人力资本，精英的社会空间位置更高，市场能力更强，在市场改革中会得到更多的回报②。可见，精英比非精英在住房改革中会得到更多的住房利益。在土地与住房市场化以及快速城市化的背景下，我国城市居民的居住特征越来越多样化。居民住房的空间距离与居民的社会距离同步增大，出现了城市居住空间的"分异"。

基于此，我国城市居住空间"分异"表现为不同阶层的居住分离③，以及不同居住区在区位特性上的巨大差异。从某些城市居住社区的分类就可以看出我国城市居住空间的分异状况。

（1）豪宅区。居住人群主要为社会各界的精英、社会的最高收入阶层。社区的区位特点为：或商业氛围浓厚，生活设施齐全，交通便利；或具有代表居住者地位的"贵族"的空间符号；其共同特点是自然环境、社会环境以及邻里环境等区位较为宜居。

---

① 张鸿雁.空间正义：空间剩余价值与房地产市场理论重构——新城市社会学的视角［J］.社会科学，2017（1）.

② 毛小平.社会分层、城市住房消费与贫富分化——基于CGSS2005数据的分析［J］.兰州学刊，2010（1）.

③ 居住分离，指在城市中，人们生活居住在各种不同层次的社区中，这是西方城市的一大特点。像美国社会隔离明显，各类社区均有其自身发展的独特性，邻里单位组成各类社区。城市社会分离表现在城市生活中最明显的是居住隔离。居住隔离可以包含两种情形，一是对两个（或以上）团体（阶层群体）而言，居住隔离必须满足两个条件：①居住空间的隔断；②团体的主体互不接触。也就是说，没有社会交往。二是对一个特定的团体（阶层）来说，其居住分布区是由两个或两个以上有一定空间距离的地区组成，在中间地区里没有该团体居住（黄怡，2004）。

（2）高档住宅区。这类社区往往居住事业有成的青年群体，一般在临近CBD的中心城区，如自然环境优美以及配套齐全的传统的高档居住区，城郊经济型联排别墅等。

（3）中档商品住宅区。主要居民为普通工薪阶层。区位特性表现为社区人口密度大，居民文化素质差异大，职业构成复杂，功能配套设施的水平不高。

（4）低档住房区或经济适用房区。这类社区居民的收入水平低。其分布，一是城市中心附近的旧房，二是传统工业区的老的职工宿舍，三是由政府规划或开发商拆迁安置的近郊区的商品房。从区位特性看，这类社区或者住房质量差、区位环境的宜人性水平低；或者交通不便、到主要活动场所的距离大，往往又二者兼而有之。

（5）棚户区。主要居民为外来季节性流动的贫困群体。"城中村"是这类社区的典型表现。随着各城市的空间重构，"城中村"有向"城郊村"转化的趋势。棚户区各方面的环境非常恶劣，而且是犯罪的多发区。

这些不同档次的社区往往彼此隔离。居住高档社区的群体占据了优美的自然环境和人文环境，社区往往是完全的封闭式管理，排他性极强。[1]而棚户区则是另外的世界：用木板条、石棉瓦、塑料布搭建的简易栖身所，垃圾污物四溢，似乎是出现在"垃圾堆"中的"悲惨的世界"。总体上，城市居住空间已经出现"分异"：城市中具有较高生态质量和景观品质的地段几乎无一例外地被高档居住区占据，距离就业中心近、公共设施和服务好的区位则往往建成了密度高、档次高的公寓，普通住宅区的区位宜人性水平与公共设施和服务水平都比较差，而在城区或城市边缘地带形成了一些以地缘关系为联结纽带的流动人口聚落或异质社区。

2. 居住与就业地点的"空间失配"

哈佛大学学者卡因于1968年提出"空间失配"的假说。其主要内容是，居住在城内的其他人群与居住在郊区的相对富裕的白人，彼此形成了居住的"分异"和隔离，而就业中心主要分布在郊区，这造成了在内城居住的居民交通出行时间偏长，从而导致了这部分居民的失业状态。在我国，同样存在低收入居民的居住与重要活动场所的"空间失配"问题。

20世纪80年代，我国城市推行了"退二进三"的产业政策，工业和提供大量就业机会的服务业之间发生演替。同时，随着城市化水平的提高，我国城市面积和规模不断扩大。在政府主导下，城市呈现单中心的同心圆形态，功能区分布单一。不仅就业中心单一，而且许多与居民日常生活相关的重要活动场所分布也很集中。以北京为例，由于历史文化等原因，好的医疗设施、教育设施等城市公共服务系统主要集中在

---

[1] 根据李远行、陈俊峰对南京市东山新区个案的实证研究，高档社区有门卫，严格盘查的概率是100%，无事可进入的概率为0。参见李远行，陈俊峰. 城市居住空间分化与社区交往——基于南京市东山新区个案的实证研究[J]. 开放时代，2007（4）：50-61.

三环以内，个别在三环以外，而四环外的服务设施远远跟不上内城区的水平。

从人口分布看，就城市固定人口而言，目前我国城市贫困人口的 47% 由下岗职工和城市失业者组成。他们一般拥有固定住房，但是伴随城市改造，他们的住所逐渐远离城市中心，即与工作机会远离，并且有高交通成本等出行障碍。改革开放 40 多年来，中国城镇化进程快速推进，截至 2018 年末，中国城镇常住人口已经达到 8.3 亿人，较 1978 年末增加 6.6 亿人，常住人口城镇化率达到 59.58%，比 1978 年末提高 41.6 个百分点。中国科学院中国现代化研究中心预测，2050 年中国城市化率为 77%～80%，城市人口为 11 亿～12 亿，每年有 1 200 万农民转为城市人口。这部分迁移人口中，有相当部分是收入和文化水平低的进城务工人员，他们没有固定的住房，很多租住在城中村里，北京、上海等城市租住在城中村的人数甚至超过外来人员数量的一半。

学者们对不同城市的实证研究论证了我国居住空间分布普遍存在的圈层分布特点，大量的居住社区呈蔓延趋势不断向外扩散。受住房支付能力的影响，收入低的居民区位选择自由度低，往往被动选择在郊区居住[①]。而郊区的交通、教育、商业、医院等配套设施建设落后于人口集聚的进程，居住在外圈的低收入居民到医院、学校、购物场所等主要活动场所的距离都很远。城市中较高的交通成本降低了这部分居民与就业机会接触的概率，而相似情况的居民的聚居也不利于彼此就业信息的沟通。王兴中（2000）对西安的社会空间结构进行了实证分析，描述了西安城市内部日常生活地域类型的变化规律。从中我们可以看出，伴随着城市的发展以及土地利用的变化，城市向外部地区蔓延使就业与居住出现了空间失配。郭永昌对上海的"空间失配"进行了测算，研究表明当空间匹配细分到镇进行微观分析时，上海的居住与就业一致性很差，如浦东新区就业人口与居住人口之间的相关系数为 -0.015，基本上不具有相关性，即存在"空间失配"问题。

（二）我国城市居住空间结构问题出现的原因

在住房商品化、土地市场化、城市化和社会流动水平高的背景下，我国城市居住空间结构问题的出现，可以从开发商、政府、居民等主体的行为中找到原因。

1. 开发商行为

在住房市场中，房地产的不可移动性以及与区位对应的空间资源的稀缺性决定了卖方市场的垄断。因此，开发商不惜牺牲公共利益，通过囤积土地，加大对空间资源的占用力度；另外，为了避免彼此的恶性竞争，采取人为 STP 策略和价格合谋的策略。

---

① 住房支付能力反映了家庭从市场购买或租赁住房的交易能力，常用房价收入比来表示。区位选择指居民根据自己的偏好对某一居住区以及该区位所特有的自然环境、社会环境、邻里环境以及公共设施进行选择。这一选择受制于居民的住房支付能力以及住房的供给状况。在住房供给一定的情况下，住房支付能力高意味着居民的区位选择自由程度高，反之亦然。

城市中不同区位可以实现货币化的空间资源不同，尤其是自然环境、人文环境等稀缺资源分布不均造成了不同区位的经济地租差异很大。开发商往往利用垄断的市场特征，最大可能地将这部分经济地租握到自己手中。他们不惜牺牲城市的生态影响，千方百计地占有绿地、河流周边的土地；不惜牺牲城市历史文化，想法占有并任意改造城市的文化街区。在这些区位上开发的高档住房社区，由于其昂贵的住房价格，成为高收入阶层的独占区位，低收入阶层只能望楼兴叹。这造成了空间资源的不平等分配，并形成了城市居住空间的分异。比如上海的苏州河滨水区。对苏州河的改造，政府仅环境综合整治一期和二期工程就耗资110多亿元，约占同期城市建设投资比例的8.7%。随着河水变清，开发商立刻占据这一区位资源，相继在苏州河两岸圈地建成各种以此为主题的楼盘，并成为上海房产一个价格居高不下的热点区域。整治后的苏州河，不再是普通市民休闲游憩的场所，也没有实现政府设想的功能，而是失守于开发商，最终成为高收入阶层的专属享用区。

开发商的STP策略包括市场细分、目标市场选择和市场定位三个步骤。通过STP策略，开发商把住房市场分成了不同档次的住房子市场。有满足旧城改造动迁户需求的普通住宅，有针对城市白领和私营业主的高档社区，也有城市精英阶层居住的别墅住区。这样，在开发商一系列的营销手段和物业管理手段下，在居民区位选择过程中，空间"分异"的现象就自动产生了。

在同一区域的住房市场上，为了避免恶性竞争从而获得最大的利润，同时为了避免在巨额的房地产投资中损失沉淀成本，开发商之间往往形成默契，通过价格合谋控制住房价格，使住房价格居高不下，人为降低居民的住房支付能力。这样的行为结果便是住房价格高出居民收入承受能力，住房支付能力低的居民被排斥在外，不得不选择更加远离就业地点的位置居住，使"空间失配"等问题变得更加严重。

2. 政府行为

政府通过土地规制、基础设施建设和税收这三大工具影响城市居住空间结构。另外，在我国土地公有制制度下，政府作为土地一级市场的唯一供给者直接参与住房市场。政府行为是造成城市居住空间结构问题的另一个重要因素。

一是基础设施建设滞后。与由自然或历史原因形成的区位特性相比，城市公共设施或公共服务决定的区位特性取决于政府的提供，具有可变的特点。导致我国城市居住空间结构问题的重要原因除了不变的区位特性外，还包括公共设施和公共服务的分布不均。在我国城市扩张过程中，城市的基础设施建设远远落后于居住区的建设。基础设施不健全，大大增加了很多居住区居民的出行困难，即使这部分住房价格不高，但是通勤成本的增加，也会使居民的居住成本增加，并造成居住地与就业地等重要活动场所的"空间失配"。

二是土地供给中的"土地财政"及房地产税收问题。目前土地出让金是地方政府的重要财政来源，有地方政府的"第二财政"之称，其收入约为地方财政一般预算收入的40%。目前我国实行土地储备制度，在相关的法律规定尚不规范的情况下，土地储备机构担当着两种相互矛盾的角色，很难找到政府行为与市场行为的最佳衔接点。土地财政增加了开发商的土地成本。目前在房地产的总成本中，土地成本所占比例最高，达到了41.2%，加上市政工程和公共配套设施的支出，企业向政府的支出大约占总成本的44%。同时，房地产税收也是政府的重要财政来源。在房地产的开发和销售环节，一共涉及8个税种，这些税与土地成本相加，占总成本的63.19%。最终这部分成本会转移到居民身上，降低了居民的住房支付能力。在土地财政的利益刺激下，为了获得最大的土地财税收入，地方政府往往利用土地规制手段，在确定土地用途、规模、发展次序时，出现"越位"和"失位"现象，在城市空间结构上表现为商业用地对居住用地的挤占，高档住房用地对低档住房用地的挤占等。最终结果则是居住用地与商业用地发展不平衡、居住用地中高档与低档住房用地发展不平衡，从而造成城市居住空间结构的问题。

3. 居民行为

在住房市场化背景下，居民对居住在不同区位有选择的自由，居民在选址时体现一定的价值取向，形成了不同的居住聚落。另外，居民的选址过程也体现了城乡之间、不同收入阶层之间以及不同地域之间的文化冲突，引发城市居住空间结构问题。

城市的不同居住区位代表了独特的空间符号，这种空间符号带给居民不同的心理感受，体现居民不同的价值取向。空间符号既可能由历史原因形成，也可能由外部性原因形成。城市居民对这种区位特性作出判断，并形成一定的"骄傲—耻辱"序列。一般来讲，"骄傲—耻辱"序列的总排序是：越具有大型区域公共利益的、对本社区环境有消极影响的形态类型越带有"耻辱"性，如垃圾站等；对社区越有利的形态类型越具有"骄傲性"。高收入阶层对这种空间符号非常敏感，因此，他们为了展示自己的财富和地位，往往不惜千金，选择与经济实力和社会地位相当的人群聚居。相应地，由于住房支付能力低而区位选择自由少的低收入阶层只能被迫选择这个序列的另一端。

另外，不同价值取向与不同文化的冲突共同影响居民的选址行为。我国不存在西方国家的种族歧视问题，但在城市中也存在两个层面的文化冲突。一是城乡居民的文化冲突。在一些城市居民的观念中，城市是城里人的城市，不是乡下人的城市。因此，他们在进城就业的农民工面前常常以主人自居。二是城市居民之间的文化冲突。居住在市中心的居民，为了拥有更大的居住面积或因拆迁到近郊区居住，往往与原来居住在城市边缘区的居民不融合。比如上海城市以苏州河为界形成"上只角"和"下只角"之分，这种城市居住区域分化成了社会学的遗传因子，至今还在有些人的头脑里生根发芽。居民不同的价值取向以及文化冲突造成了不同居住区之间的"分异"和隔离。

第三节 城市公共空间

一、城市公共空间的概念辨析

城市公共空间，不仅是城市生活必不可少的物质条件，也是承载城市生活的舞台，它的形态和特征也是体现一个城市个性特色的重要窗口，兼具物质的、精神的、文化的、社会的、经济的、历史的多重功能。尽管"城市公共空间"一词处于建筑和城市社会及其理论的中心，反复出现在各类专业学术文献和大众媒体的，但其概念仍然是模糊的和不准确的，似乎并没有简单明确的定义可以涵盖城市公共空间这一概念的复杂性。

凯文·林奇对于城市"开放空间"（open space）的论述，在许多文献中被引用为"城市公共空间"的定义，他认为"只要是任何人可以在其自由活动的空间就是开放空间，开放空间可以分为两类：一类是属于城市外缘的自然土地；另一类则属于城市内的户外活动区域，这些空间大部分由城市居民选择来从事个人或团体的活动"。

王建国的《城市设计》①、《现代城市设计理论和方法》②，主要针对"开放空间"进行城市公共空间的研究，"开放空间意指城市的公共外部空间（不包括那些隶属于建筑物的院落），包括自然风景、硬质景观（如道路等）、公园、娱乐空间等"。

张庭伟等在针对"城市公共空间"的开发和管理的研究中也提到相似的情况③，一般认为，城市公共空间应该是由城市生产的，处于公共领域（public realm）中的开放空间（如公共广场等），它应该向全社会开放；还在文中引用了美国学者马丹尼普的说法，认为城市公共空间应该是由公共机构提供的，供所有社会成员共享和使用，并在文中拓展了"城市公共空间"仅由城市公共机构提供这一说法，阐述了私有公共空间的可能性。这是对城市公共空间问题看法的一大突破，明确了公共空间在使用上的公共性及其权属的脱离，城市公共空间的类型具有了更多的可能性。

土地权属问题的解决，给"城市公共空间"概念的界定提供了契机，如果更进一步从城市公共空间所服务的对象——使用者——的角度来审视这一概念，那么城市公共空间在使用上的公共性表现为唯一的、排他的属性，这点意义非凡。在使用者的城市行为中，城市公共空间只对由步行交通引发的行为具有实质性的意义。因此城市公共空间的界定就不再模糊，可以把上述思想表述为：城市公共空间是城市中向公众开放使用的，满足以步行行为为主要特征的各类活动要求的场所。在这里，人们排除了土地的权属问题，排除了空间的物质形态问题，排除了非步行行为的使用问题。因此，

---

① 王建国. 城市设计 [M]. 南京：东南大学出版社，1999.
② 王建国. 现代城市设计理论和方法 [M]. 南京：东南大学出版社，2011.
③ 张庭伟，于洋. 经济全球化时代下城市公共空间的开发与管理 [J]. 城市规划学刊，2010（5）.

可以明确之前城市公共空间中一直困扰人们的城市道路问题，如果城市道路主要涉及机动车交通，那么便是属于城市的基础设施，如地铁线、高架桥等是市政公共设施，而不是城市公共空间。根据这种界定，城市公共空间就不仅是那些笼统的广场、街道、公园、绿地等，而可以拓展到建筑物用地内的场地空间以及建筑物内向公众开放使用的空间等。

作为城市规划设计的城市公共空间，根据向公众开放使用的程度不同（开放时间、开放条件等）具有不同的等级，最高等级就是全天候开放、无条件使用，符合上述界定的城市公共空间，包括自然环境空间、人工环境空间（其中也包括符合条件的建筑室内外空间）。针对不同的公共空间类型，学者们分别作出不同的分析和研究。其中，日本学者芦原义信专门针对街道的设计进行研究，在《街道美学》一书中，芦原义信论述了城市空间（主要是街道）的形式感与人对空间体验感受之间的规则和设计方法，提出著名的"积极空间"和"消极空间"的概念，并提出针对人的不同感受对街道空间进行量化研究的方法，对于城市空间（外部空间）的形态美的分析和设计操作影响深远[1]。罗伯·克里尔（Rob Krier）用类型学的方法，研究了大量的欧洲中世纪广场，进而归纳出城市空间的形态类型，并提出多样性的城市街道空间和广场空间赋予了城市空间以个性和特征。其代表作柏林郊外新城科坦菲尔德（Kirshsteigfeld）就在规划中采用了他从欧洲传统城市空间中提取的各类城市空间形态，是一个比较成功的现代住区规划案例。而凯文·林奇（Kevin Lynch）对城市空间的研究则主要关注人在城市中的活动和感受，强调城市意象是个别印象经过叠加而形成的公众意象，其城市意象理论把城市空间感知提到一定的高度，即把人作为参与者来考虑城市空间问题，为城市设计提供了指导性的设计和分析方法[2]。柯林·罗（Collin Rowe）继承并发展了卡米罗·西特"图底关系"的分析方法，运用独特的图底关系分析方法揭示了现代建筑把"肌理的城市"转变为"实体的城市"的关键所在[3]。丹麦的扬·盖尔（Jan Gehl），美国的威廉·H. 怀特（William H. White）等则从使用者行为、心理以及社会学角度研究城市公共空间，也都强调建筑对于城市公共空间的重要性[4]。

国内学者如蔡永洁在《城市广场——历史脉络·发展动力·空间品质》[5]一书中系统全面地研究了城市广场的历史发展和相关空间形态类型，并提出了分析城市广场的形态学方法，把城市广场的形态要素归纳为"基面、边围、家具"，清晰地阐述了创造良好城市广场空间品质的非物质要素及物质要素。由分析广场这一特定的城市公共空间而形成严谨的研究方法，建立了分析和评价城市公共空间的基本框架，对我国

---

[1] 芦原义信. 外部空间设计 [M]. 尹培桐, 译. 北京: 中国建筑工业出版社, 1985.
[2] 林奇. 城市意象 [M]. 方益萍, 何晓军, 译. 北京: 华夏出版社, 2011.
[3] 罗, 科特. 拼贴城市 [M]. 童明, 译. 北京: 中国建筑工业出版社, 2003.
[4] 盖尔. 交往与空间 [M]. 何人可, 译. 北京: 中国建筑工业出版社, 1992.
[5] 蔡永洁. 城市广场——历史脉络·发展动力·空间品质 [M]. 南京: 东南大学出版社, 2006.

建设城市公共空间具有重要的指导意义。韩冬青等的《城市·建筑一体化设计》，主要关注现代城市空间与建筑的紧密关系，认为现代城市与建筑在需求与限制的矛盾中双向互动发展，并从城市设计角度建立起城市空间与建筑的关系，指出目前建设功能多样化的大型建筑综合体已成为一种趋势，也成为创造新型城市公共空间的重要手段；并倾向于采用建设城市大型建筑综合体的方式解决空间与建筑互相脱离的关系，并从功能组织、空间构成、层次类型等方面就其设计原则和方法进行剖析与阐述，为当前大规模的城市建设提供了具体的城市空间设计操作策略和方法[1]。

二、城市公共空间的相关研究

我国学术界从 21 世纪初期开始聚焦城市公共空间研究。从发表的论文来看，通过对"城市公共空间"的主题进行检索，主要是社会学的主要刊物；出版物方面，具有代表性的主要是上海人民出版社"都市文化研究译丛"，社会科学文献出版社"城市译丛"和商务印书馆"城市与社会译丛"，这三大系列国外经典城市社会学著作的相继出版，把国内城市公共空间研究推向高潮。

在研究课题方面。围绕着空间社会的转型，关于城市社会学最突出的四大研究领域（城市公共空间的"公共性"、城市公共空间的历史变迁、社区公共空间的实践、城市公共空间的新兴领域）从宏观到微观、理论到实践构成了研究城市公共空间的支柱。

研究方法方面。在城市公共空间研究中采取定量方法和定性方法各有特色。有少部分学者尝试通过引进建筑学和地理学等领域对公共空间的"可达性"的指标，对公共空间衡量城市群体交流及分层体系。而较多的社会学及社会科学学者更加侧重于定性研究，通过对"公共领域""市民社会"等理论拓展和实务操作来考察城市公共空间。总体而言，方法的运用主要根据研究问题的需要而定。

研究视角方面。近些年来社会学界在论述传统"公共领域""市民社会"和公共空间的"发展形态"外，逐渐增加了对社区公共空间建设和网络公共空间兴起的重视。尤其是在社会治理的主体思想下，对"社区社会资本与公共空间""社区公共空间建设机制""网络公共空间建设利弊"等方面主题形成了较多的探讨。

（一）城市社会学的"公共空间"

虽然不同学者对城市公共空间研究的角度较多，但都首先需要对"公共空间"进行概念界定。"公共空间"词源的复杂性来自"公共"与"空间"两者概念多维重合解读的模糊性，"公共"和"空间"的同步构成始于社会学与政治哲学层面。公共空

---

[1] 韩冬青，冯金龙. 城市·建筑一体化设计 [M]. 南京：东南大学出版社，1999.

间的认识早在古希腊罗马时期已经有所探讨，但其作为一个专有名词出现，则要追溯到20世纪50年代查尔斯·马奇《私人与公共空间》文章和汉娜·阿伦特《人的条件》的著作，二者为以后公共空间的研究奠定了理论基础①。"公共空间"是一个动态发展的过程，在不同学科的知识话语体系下，呈现出不同的认知视角和发展路径。

1. 作为"开放场所"的公共空间

对"公共空间"的概念界定，城市规划和建筑学等空间学科一般把"公共空间"定义为开放的、客观的、实体的、可容纳人群及其活动的物质性空间，包括街道、广场、绿地、公园等大众共享共用的场地。早期亚里士多德的"处所空间"观以唯物主义的视角阐明了空间与物质的关系，认为没有分离存在的虚空，虚空与物体是一体的，是能够如容器之类的形构之物。现代城市规划和艺术设计方面的部分学者从城市形式、建筑布局、空间设计、城市审美等方面出发，对于城市公共空间的形构价值和原则提出了不同的建议，丰富了城市公共空间的建设理念。扬·盖尔在《公共空间·公共生活》一书中强调城市设计和市民活动的重要性，认为"公共空间"需要满足人们的生活功能，吸引更多的市民在该场所中停留、小憩、聚集和娱乐②。在20世纪中后期资本主义城市化危机的席卷下，雅各布森等人也在著作中批评早期城市现代主义的功能结构划分，提出重构混合式的城市街道肌理，回归满足多样化人群的交往和便利需求③。自此，作为"开放场所"的公共空间已经承载了公共价值和集体生活的寓意，逐渐回归社会主体层面。

2. 作为"公共领域"的公共空间

如何回归社会主体的公共空间，早期欧美社会学家呈现不同的发展脉络。在欧洲，马克思、韦伯、涂尔干、齐美尔等人对资本主义城市经济方式和生活形式进行了初步探索，意识到了城市空间与经济社会之间的微妙关系。而在美国，以帕克、伯吉斯等人为代表的芝加哥学派对城市功能生态区分的建构，城市公共空间逐渐成为区分城市阶级结构的物理场所，统一于城市生态规划，开始涉入社会结构中的空间关系讨论。

早期社会学者只是将公共空间看作是独立的、客观的研究对象，忽视了其背后的社会动力机制和权力运作体系④。而后对城市空间的实质性研究离不开新城市社会学的推动，核心是把空间作为一种理解社会的方式，探讨社会与空间之间的互动与互嵌关系。

列斐伏尔关注对城市空间的生产实践批判，公共空间作为城市资本与权力催生的

---

① 陈竹，叶珉.什么是真正的公共空间？西方城市公共空间理论与空间公共性的判定[J].国际城市规划，2009（3）.
② 盖尔.公共空间·公共生活[M].汤羽扬，译.北京：中国建筑工业出版社，2003.
③ 雅各布森.美国大城市的死与生[M].金衡山，译.南京：凤凰出版社，2005.
④ 张品.城市社会学研究的空间转向[J].社会纵横，2010（6）.

特殊产物,一直处于妥协与抗争的脉络之中①;哈维进一步从"空间正义"的角度,认为城市公共空间的价值需要通过生产正义来实现,即对资本主义生产方式的变革来消除地理空间中的不公平②;苏贾的"第三空间"理论从后现代视角通过引入历史的维度,超越顽固的二元论,尝试性地建构一种反抗"第一空间"与"第二空间"统治秩序的空间结构③。卡斯特则关注由国家和政府提供的公共物品和集体消费形式,构成了塑造公共空间的重要动力机制,一定程度上缓解了城市的阶级矛盾,也为利益群体形成了政治力量;通过对政府施压,争取更多的利益④。公共空间的研究同时也受到阿伦特、哈贝马斯等关于"公共领域"(公共性)思想的影响,转向建构现代公民社会的价值和实践基础。故此,"公共空间"也就一定程度上等同于"公共领域",作为区分于"私人领域"的政治社会批判领域,较多强调公共场所内人们的交往、互动和社会批判价值。从以上可以看出,"公共空间"的概念可以从不同视角进行归类分析,其最终逐渐走向多学科交叉的社会学话语体系。公共空间在社会学领域则是由全体市民共同创造和共同享有的一个互动、交往的批判空间。只有当公共空间与社会结构、主体行动和历史发展等结合在一起时,才能进一步探索公共空间发生及发展的动因。

(二)我国城市公共空间研究

我国城市公共空间研究起步晚,但发展迅速。这与我国高速发展的城市化和相继出现的城市问题分不开。为区分于"农村"地域,我国"城市"研究范围主要聚焦县级及以上行政规模的城市地域。近20年来,随着国内学者对列斐伏尔、哈维、卡斯特、泰勒和雅诺茨基等学者研究成果的译介,初步形成了"空间—社会"和谐与均衡研究的价值共识,为城市公共空间的深入研究提供了理论基础和实践基础。当下,我国社会学领域的城市公共空间主要围绕四个主题展开:城市公共空间的"公共性"研究、城市公共空间的变迁研究、城市公共空间的社区实践、城市公共空间的新兴领域崛起。

1. 城市公共空间的"公共性"研究

"公共性"是"公共空间"的本质属性,是城市社会学空间研究的重点。由于其属性的复杂性与广延性,不同的社会学者在对其研究之前都有相关的论述。当下城市公共空间的"公共性"的研究主要聚焦两类领域,即对"公共性"的价值判定和"公共性"的实践判定。

关于"公共性"的价值判定。虽然西方阿伦特与哈贝马斯的公共领域思想为"公

---

① 吴宁. 列斐伏尔的城市空间社会学理论及其中国意义[J]. 社会,2008(2).
② 张佳. 大卫·哈维的空间正义思想的探析[J]. 北京大学学报(哲学社会科学版),2015(1).
③ 唐正东. 苏贾的"第三空间"理论:一种批判性的解读[J]. 南京社会科学,2016(1).
④ 牛俊伟. 城市问题马克思主义化的典范——卡斯特《城市问题》析微[J]. 国际城市规划,2015(1).

共性"的研究开辟了重要研究方向，但因为国情的差异，学者首先需要对公共性进行本土化价值的探索。早期学者通过探讨我国"公共领域"中"国家与社会"的二元关系，认为传统"公共"与"私人"的界限为"公共性"本土化研究创造了可能。张江华基于对中国传统差序格局的解读，认为中国的公共领域实际上由私人领域扩张与转化而来，并受其支配，对于以公德为基础的公共空间而言，依旧无法突破以伦理关系为核心的个体私德[①]。许纪霖则通过考察近现代中国社会公共领域的现实形态，如学校、通商口岸、报刊等公共空间，认为近代社会公共性在现代西方思想的冲击下开始脱离了血缘、地缘等亲情关系的维持，契约关系逐渐成为新的价值准则[②]。任文利在考察中晚明朝的邸报的兴起时，探讨了当时形成"公论"政治生态，是一次典型的公共舆论领域的革新，其公共性更多偏向于公共舆论的形成[③]。

关于"公共性"的实践判定。由于"公共性"的模糊性和复杂性，社会学对于"公共性"的塑造和构建更多从社会行为与社会组织层面进行。李友梅、肖瑛、黄晓春从社会参与与社会组织的角度出发，倡导社会公共性的培育不仅需要国家制度的支持，还需要社会大众认知层面的提升，在"社会协同、公众参与"的理念下参与到超越"利己"的公共活动中[④]。唐文玉则进一步通过分析我国不同历史阶段的公共性形态，认为当下社会组织能够成为拓展社会公共性的重要角色，其公共言论功能和公共服务功能是形成市民社会的基础[⑤]。杨仁忠在系统研究西方"公共领域"的基础上，进一步阐述了具有中国特色的"公共领域"的可能，需要从完善制度、培育社会力量等方面入手，走一条上下结合的自觉道路[⑥]。

从上述可看出，我国城市公共空间的"公共性"研究内涵逐步侧重于中西之间和现代与传统之间的对话，更加强调其社会价值的实践层面。在对公共空间"公共性"进行社会学和政治哲学价值判定的基础上，不断去绝对客观性的物理属性和去抽象化的哲学属性，通过多层面的界定，完整地表达出社会学公共空间的价值内涵和实践内涵。

2. 城市公共空间的变迁研究

第一，城市公共空间的"失落"与"再生"。从20世纪中后期起，国际学术界重点研究了西方城市公共空间的衰落问题，也是对哈贝马斯、桑内特等论述资本主义公共领域衰败的延续。一方面，以桑内特、列斐伏尔、卡斯特等为主的批判资本主义

---

① 张江华.卡里斯玛、公共性与中国社会有关"差序格局"的再思考[J].社会，2010（5）.
② 许纪霖.近代中国的公共领域：形态、功能与自我理解——以上海为例[J].史林，2003（2）.
③ 任文利.邸报与中晚明的公开议政[J].社会，2014（3）.
④ 李友梅，肖瑛，黄晓春.当代中国社会建设的公共性困境及其超越[J].中国社会科学，2012（4）.
⑤ 唐文玉.社会组织公共性：价值、内涵与生长[J].复旦大学学报（社会科学版），2015（3）.
⑥ 杨仁忠.公共领域论[M].北京：人民出版社，2009.

学者认为在消费主义时代下，空间生产的资本逻辑已经使公共空间私有化，公众在商品符号空间中丧失了无差别的准入权，人们不再将城市公共空间当作有意义的场所，基于互动和交流的公共领域被排除在外。另一方面，以 Worpole 和 Knox 为主的部分学者认为公共空间的演变本质与人的需求演变有关，公共空间的商业化和殖民化适应了当代城市人的消费生活，应该区别于政治生活的层面，当代的公共空间虽然具有私有化和商业化的倾向，但这也迎合了当代市民公共生活的需要①。

在国内，城市公共空间的"失落"还是"再生"的问题也常被学术界引入。许凯等对比了中国情况，认为目前城市公共空间整体处于衰落状态，单纯公共空间数量的增加并没有提升社会的公共性，还需提升城市公共空间的开放度和功能混合度②。另外，杨震、徐苗否定城市公共空间的"失落"，认为以消费时代下"公共度"的视野来审视公共空间的所有权和物质观的弊端是不可靠的，而应该转变视角，更多考虑使用者的"可共享度"和"受欢迎程度"，这样才能辩证地认识到商业化为公共空间带来的生机，从而破解城市公共空间失落的伪命题③。城市公共空间是随着时代背景和社会需求的变换而不断改变其功能和属性的，并不存在绝对的衰落一说。

第二，城市公共空间的历史演变。对于我国城市公共空间的变迁，学术界呈现出宏观和微观两种不同的视角。宏观空间叙事方面，从历史变迁的"长时段"来看，国内学者也效仿西方研究了城市公共空间的发展史；由于我国与西方国情的差异，城市公共空间的历史起源，可以追溯到早期封建社会具有代表性的公共领域，以街巷空间和市井生活、宗教节庆活动为主要内涵的城市公共空间的发育过程；杨震、徐苗则继承西方"公共领域"的研究视角，整体考察了我国公共空间历史发展的五个阶段，初步勾勒出我国城市公共空间的发展面貌④。微观空间叙事方面，王笛通过历史资料和地方志，从城市居民生活的空间形态和功能演变历程，考察了公共空间的发育状况和变迁逻辑，观察了当地社会政治角力、经济关系和文化生态等方面⑤。

总之，以上关于公共空间变迁的衰落问题和"历史—空间—社会"变迁的逻辑，是吉登斯所描述的"现代性制度全球扩张"的必然产物，其核心是现代话语下私有化带来的公共空间变异的问题。消费文化和资本权力对于公共空间的变迁机制的内在影响，直接决定了公共空间的形态和功能，在我国现代化进程中表现出传统与现代结合的特点。

---

① WIRPOLE K，KNOX K. The social value of public space [M]. New York：Joseph Rowntree Foundation，2007：123.
② 许凯."公共性"的没落到复兴——与欧洲城市公共空间对照下的中国城市公共空间 [J]. 城市规划学刊，2013（3）.
③ 杨震，徐苗. 消费时代城市公共空间的特点及其理论批判 [J]. 城市规划学刊，2011（3）.
④ 杨震，徐苗. 西方视角的中国城市公共空间研究 [J]. 国际城市规划，2008（4）.
⑤ 王笛. 街头文化：成都公共空间、下层民众与地方政治，1870—1930 [M]. 北京：中国人民大学出版社，2006.

3. 城市公共空间的社区实践

"社区"作为滕尼斯笔下区别于社会的共同体,是一种传统的组织生活方式,通过享有共同的地缘关系结成了社会的关键单元。公共空间的社区实践主要探索微观社区中公共空间形成的可能和功能。

第一,社区公共空间的对象考察。我国目前面临旧城市改造和新城区建设等实际问题,社区公共空间在行政化和市场化的双重压力下被不断压缩和侵占,其意义与功能走向了衰弱。从历史的角度看,周东华通过近代来华传教士对晚清杭州、福建等地的公共空间的建设,分析了公民精神和公共文化的缺失,认为传教士所引入的西式公共医疗模式和生活方式对建设现代社会公共生活空间具有一定意义①。从生活的角度看,部分学者考察了社区广场、绿地、活动场馆中的公共参与状况,认为公共空间对于居民集体行动与舆论具有功能性作用,并以空间、文化、规范和个人之间的不同互动关系,还原了人们在社区公共空间中的交往过程。从行动的角度看,郭于华等从"居住政治"的视角解析社区中不同力量(市场、国家、社会)之间复杂的互动关系及其内在机制②。在此意义上,"居住空间"被等同于"公共空间",集中探讨居民抗争与维权的"公共性"过程。

第二,公共空间的社区营造。公共空间的批判性和反思性功能决定了社区营造的政治诉求,建设社区公共空间的机制和模式离不开社区社会、文化资源的重组与外部政策的介入。首先,社区公共空间的形成因素。黄宁莺、郭为桂基于对福州典型小区的考察,发现公共精神的养成与社区公共空间的物质供给等存在正相关关系,否定了学术界关于熟人社区必然产生公共精神的伪命题③;陈捷、卢春龙则认为社会资本在社区公共空间中会有不同的形态表现,对政府治理产生不同的影响,需要培育社区兴趣团体,增加公共空间的活动任务④;王星进一步引入了"利益分化"的概念,认为城市基层社区是一个混合了多种关系的场域,社区自治和公共空间的不足除了国家控制外,社区参与主体之间利益关系的纠缠与利益分配的不均衡,共同解构了共同体之间的社会资本⑤。其次,社区公共空间的建设机制。一方面,石发勇等认为在单位制解体与社会管理创新的双重作用下,社区社会组织能够成为参与公共空间生产的重要

---

① 周东华. 公共领域中的慈善、福音与民族主义——以近代麻风病救治为例[J]. 社会学研究,2010(3).
② 郭于华,沈原,等. 居住的政治:当代都市的业主维权和社区建设[M]. 桂林:广西师范大学出版社,2014.
③ 黄宁莺,郭为桂. 和谐社区何以可能?——基于福州典型小区公共空间与公共生活状况的调查研究[J]. 经济社会体制比较,2016(3).
④ 陈捷,卢春龙. 共通性社会资本与特定性社会资本——社会资本与中国城市基层治理[J]. 社会学研究,2009.
⑤ 王星. 利益分化与居民参与——转型期中国城市基层社会管理的困境及其理论转向[J]. 社会学研究,2012(2).

力量，在社会组织中孕育社区民主的土壤，是一套自下而上的建设逻辑[①]；另一方面，阿兰纳·伯兰德、朱健刚通过对绿色社区建设的对比研究，指出国家社区治理下的公共空间建设，并非内生于市民社会层面，而依然是行政权力的逻辑支配社区资源的"表演性参与"，实质还是回归到自上而下的逻辑[②]。田毅鹏考察了"单位共同体"社区变迁的过程，指出企业、政府和社会的协同治理是重塑社区公共空间的关键，也是实现"单位认同"向"社区认同"的路径和模式[③]。再次，社区公共空间的功能。吕大乐、刘硕从中产阶层住宅小区入手，微观讨论了中产阶层在社区内的行为话语和消费符号，从而将其内化为小区整体的道德秩序，更多的居民在互动与交流中走出"私域"，建构社区的公共空间以寻求群体权利[④]。

对于公共空间的研究，社会学进一步着眼于基层社区实践，探讨公共性建设的意义与路径。社会学认为社会资本始终是社区权力结构的重要组成部分，对公共空间社区资本的建构，还需要进一步从实践机制着手，解决建构什么、如何建构、谁来建构的难题，为社区公共治理与社区行动提供目标和框架。

4. 城市公共空间的新兴领域崛起

进入21世纪以来，随着网络信息技术革命的深入，网络空间逐渐成为新兴领域。曼纽尔·卡斯特较早讨论了虚拟网络空间的社会意义，强调流动空间与地方空间之间的关系，虽然流动空间不能替代一个形式、功能和意义共存的物理空间（地方空间），但流动空间新的组织和互动方式促成了社会的转型和重组[⑤]。社会学者研究了网络公共空间的发展状况和对传统公共空间的影响，认为网络公共空间具有双重作用。

从MSN到QQ再到微信，虚拟公共空间突破了现实时空的限制，为人们参与公共事务讨论提供了技术平台。一方面，较多学者持欢迎的态度，认为网络公共空间的成长对于弥补中国政治公共空间发育不足有重要的现实意义，在深度和广度上拓展了社会基层民主；另一方面，部分学者认为就传统公共空间中的交往共同体比较而言，网络群体的"间接性""流动性""宽泛性"和"去空间化"，容易导致网络公共空间"公众领域"的非理性扭曲、行动价值的弱化和伦理问题的出现，是一种"伪公共性"。朱瑾、王兴元等认为网络信息技术为社区综合治理提供了新型的治理机制与方式[⑥]。张承安、邹亚楠通过对具体社区网络治理案例分析，探讨了社区公民网络参与的机制与意义、虚拟公共空间与实体公共空间的有机结合等相关问题，是深化虚拟公共领域

---

① 石发勇.准公民社区：国家、关系网络与城市基层治理[M].北京：社会科学文献出版社，2013.
② 伯兰德，朱健刚.公众参与与社区公共空间的生产——对绿色社区建设的个案研究[J].社会学研究，2007（4）.
③ 田毅鹏."单位共同体"的变迁与城市社区重建[M].北京：中央编译出版社，2014.
④ 吕大乐，刘硕.中产小区：阶级构成与道德秩序的建立[J].社会学研究，2010（6）.
⑤ 卡斯特.网络社会的崛起[M].夏铸九，王志弘，译.北京：社会科学文献出版社，1996.
⑥ 朱瑾，王兴元.网络社区治理机制与治理方式探讨[J].山东社会科学，2012（8）.

建设的有效尝试[①]。

总之，网络公共空间是一把双刃剑，一方面能够通过其虚拟性、平等性、开放性、共享性和自由性促进公共领域的发展和壮大，提高人们的公共参与水平；另一方面，对实体公共空间提出较大的挑战，需要我们从不同的角度权衡网络公共空间的利弊，在此基础上让网络技术服务微观实践层面，探索与城市、社会、社区等不同主体相结合的发展机制。

（三）城市公共空间研究的发展趋势

现代人越来越重视私人领域所展现出的舒适感与安全感，而忽视公共生活的群体性和民主性。公共空间作为塑造社会公共精神的重要纽带，也是形成居民良好"城市性"的必备要素。只有借助公共空间，市民才得以与城市产生关联，充分享有城市才得以成为可能。我国城市公共空间研究需要从以下三个方面进行。

第一，我国市民社会生活与城市公共空间"脱耦"还需要理论上的探讨。哈维关于社会和空间互相塑造的结构告诉我们，缺少任何一方，"城市—社会"都是不完整的。现实城市空间生产（资本与权力）支配市民生活的逻辑是不正常的也是不合理的。列斐伏尔、索尔和福柯等对"空间正义"已有所论述，如被资本充斥的"伪公共空间"（商场、主题公园等），仅仅满足人们的消费需求而已；被权力压抑的"政治空间"（维权、上访等），更多释放的是一种集权暴力的功能性符号。让公共生活回到公共空间中去，以"社会公众"为主体来塑造公共空间，是进行"再嵌入"的关键，需要探索空间生产中资本、权力和社会之间理想型的平衡结构。

第二，公共空间与社区治理技术性操作需要进一步探讨。当下，微观社区实践主要通过技术与组织的渠道不断扩大市民的合作广度和深度，出现了一批流动的自媒体空间和自组织群体，处理好其与政府的关系，将可能成为中国微观社区治理实践的合法性来源。例如，当下我国网络化的"智慧"社区和"驿站"社区兴起，在公共舆论的管理方式上，社区社会组织在实践的权责上与当下公共空间的综合治理有较紧密的联系，如何有效合理地进行社区治理还需进一步研究。

第三，从营造性的公共空间如何到行动性的公共空间，才是城市社会学对空间批判的实质。目前我国还处于公共空间实践的初级阶段，这与市场经济主义思想和全能性政府结构密切相关，人们还无法在公共空间中形成空间记忆和符号想象，通过对广场、绿地、街道等公共空间的营造，形成约束自我的公共秩序任重道远。近几年共享单车发展所面临的"空间尴尬症"等问题，其实质是城市居民实践中仍然缺乏"秩序感"，对于建设怎样的公共空间没有清晰的认识。故而，一批"城市猎人"在共享单车领域

---

① 张承安，邹亚楠. 网络化社区治理中培育公共精神的可能路径[J]. 湖南科技大学学报（社会科学版），2016（6）.

尝试性进行"打猎行动",说明人们和自组织已经认识到行动性公共空间的重要性。

三、我国城市公共空间的发展现状

我国现行的城市规划受功能分区理论的影响很深,从各类规范到设计、管理等各环节,在理念上、制度上、政策上都有许多误区,规划和建筑的学科分化也加剧了规划和建筑各自为政的现象,加上"城市公共空间"概念定义的模糊和不确定,造成在城市规划和建筑设计中"城市公共空间"存在较多盲点。在城市规划的用地中,有关"城市公共空间"的内容包含在诸如广场用地、道路用地、公园用地、绿地绿带等中,所暗示的"城市公共空间"具体对象无法涵盖全面;而在建筑设计中,由于建筑用地被规划确定后,与城市公共空间的关系仅仅是出入口设置、退界、限高等相对较为机械和技术的限定条件,似乎建筑与城市公共空间无关。虽然,城市设计是弥补这一盲区的学科领域和城市建设管理程序的重要环节,然而目前的主流城市设计理论主要针对城市空间的形态,而对于空间公共性、城市公共空间与建筑空间互动等问题缺乏相应关注和因程序、技术条件制约而无法深入。

我国当前城市建设中由于忽视城市公共空间而产生的问题很多,主要有以下几个方面:城市公共空间数量缺乏、品质不足;现有城市公共空间及城市公共建筑公共性不足;城市公共空间对城市生活的支持度不高。

(一)城市公共空间数量缺乏、品质不足

相对于城市中心区的人口密度,城市公共空间在数量上存在着总量不足的问题。中国城市的街头与国外很明显的差异就是大量的人流,当然从城市空间的人气和活力来讲是有优势的,甚至就算设计得单调乏味的街道也不乏人流,公园、广场和其他公共设施也是如此,公共场所经常人满为患。城市新建城区的人口密度相对较小,然而封闭式小区模式的开发,加上机动车优先的道路,实质上的城市公共空间少之又少。

在数量缺乏的同时,城市公共空间的品质也不尽如人意,大多的公共绿地比较注重绿化的视觉效果,而对市民如何在其间活动,即对空间的参与性关注较少。新拓宽的道路,主要服务于机动车,人行道绿化覆盖率不高,也没有可供人停留、活动的可能性,同时,在解决人行交通问题的时候,仍然考虑机动车优先,人行空间处理单调。新建的人行天桥等硬件设施因缺乏城市公共空间的相关设施(如座椅、遮阴、观赏逗留点等)和功能支持(如零售商业等),对行人的吸引力不够,且行人过街不够方便。大多新建的广场,空间平铺直叙,缺乏空间的趣味性和对多样性城市生活的支持。

建筑和建筑之间的衔接空间处于无人关心的状况,通常形成城市的废弃空间,而业主为了明确自身的领域,即使空间没什么用处也要想办法围合起来,不让别人涉足。街道空间往往是宽阔的车行道和线形的人行道,行人活动余地狭小,街道边上的设施各自

为政,行人很难在交通行为之外有什么偶发行为产生,如小憩一会儿,看看报刊等,加上人流过马路时间有限,造成车流和人流冲突,从而使城市公共空间的品质不尽如人意。

(二)现有城市公共空间及城市公共建筑公共性不足

当前我国城市公共空间存在三种病症:橱窗化、私有化、贵族化。这三种病症归根结底是城市公共空间的公共性不足造成的,其实质就是未能充分考虑城市公共空间的主要使用者——城市居民的使用要求。

城市公共空间的"橱窗化"现象,一语道破我国现阶段大多数城市在兴建城市公共设施时的动机,有不少这类工程的兴建是为了向上级或其他短期到访者显示政府工作的政绩,而对是否能真正服务于市民的日常生活则考虑得较少,因而喜欢使用一些纪念碑式的建筑物来给人强烈的视觉冲击力,给短期到访者或一掠而过者留下强烈的印象,因而市民很少能真正从中获益,成了脱离城市生活的虚假"橱窗"。虽然近年来全国许多城市兴建了不少大尺度的广场,但这些新建的广场除了在城市里起着调节空间密度以及衬托重要建筑的作用以外,很少能真正成为市民日常生活的舞台。

根据前文对城市公共空间的定义,城市公共建筑应该是城市公共空间体系的组成部分,公共建筑名义上是为所有公众服务,但其服务的对象只可能是公众的一小部分,而且服务的时间有限。因此,公共建筑的公共性具有排他性和即时性,一些人被允许使用,而另外一些人则受到限制(如需要购买门票才能准入);人们可以使用的时候,它就具有公共性,关闭之后其公共性就无法体现。另外,"形象工程"的建设动机普遍存在满足建设单位自身利益或管理需要的现象,使大多数城市公共建筑用各种方式把建设用地内的空间拒行人于樊篱之外。再者,大量地面停车空间的设置也是造成公共建筑周边空间公共性不足的客观原因之一。

(三)城市公共空间对城市生活的支持度不高

目前,许多现有城市公共空间包括街道、广场、公园等对于人们的实际使用考虑较少,缺乏与公众活动相关的设施和空间尺度。一些城市的广场如上海的世纪广场,大部分为硬地,缺乏遮阴设施和大型乔木遮阴,可坐憩的设施也极少,人们进入广场活动后就很难找到地方舒适地休息一会儿。虽然这样的广场在双休日和节假日还是人满为患(这说明城市公共空间的缺乏),但使用舒适度是可想而知的。若不是我国的城市居住密度那么高,这种广场只能是一个摆设。城市道路两旁的人行道基本上是人流输送通道,缺乏对步行行为的功能支持,如可坐憩设施、遮阴以及可供人停留的空间节点等。

另外,现有的城市公共空间与市民日常工作、生活等的结合度不高,市民日常生活中随意的、偶发的行为找不到合适的场所。大部分的城市公共空间还只停留在满足必要性活动的层面上。如街道主要作为满足交通功能的线形公共空间;广场、公园就是人们用来小坐片刻或饭后信步漫游的地方。

本章小结

　　社会空间结构是城市研究的重要组成部分，城市空间的社会学特征促使了城市社会空间结构的形成，而近年来关于居住空间和形式问题更是热点问题。在城市空间结构方面有景观学派、社会生态学派、区位论学派、行为学派。研究方法方面，从城市土地利用方面来考察的研究成果比较多。另外，有人类生态学和城市生态学，受计量革命的冲击，许多数量统计方法逐渐引入城市空间的研究中，进行定量化的因子分析和聚类分析。在城市空间结构模式方面有同心圆模式、扇形模式和多核心模式，还有迪肯森的三地带模式、麦吉的殖民化城市模式、洛斯乌姆的区域城市结构和穆勒的大都市结构模式。中国的城市空间结构研究分为三个阶段，分别为传统期城市社会空间研究（1949年之前）、当代城市社会空间研究（1949年至改革开放之前）和改革开放至今的城市社会空间研究。

　　国外关于城市居住空间的研究有生态学派、新古典经济学派、制度学派；国内关于居住空间研究首先涉及的是迁居问题，然后是关于居住区的布局与规划的研究、居住空间结构及其分异研究、城市住房消费与社会分层研究、住宅郊区化研究、危旧房改造研究、经济适用房与住房政策研究。并且，随着我国城市化进程加快，城市居住空间将进一步扩张，而且在市场经济体制下，城市居住空间分异是不可避免的一种现象。

拓展阅读

　　1. 蔡禾. 城市社会学教材建设中的问题和思考［J］. 杭州师范大学学报，2010（2）.

　　2. 杨卡. 中国城市社会空间研究进展［J］. 国际关系学院学报，2009（3）.

　　3. 姚华松，薛德升，许学强. 城市社会空间研究进展［J］. 现代城市研究，2009（7）.

　　4. 赵世瑜，周尚意. 明清北京城市社会空间结构概说［J］. 史学月刊，2001（2）.

　　5. 张鸿雁. 空间正义：空间剩余价值与房地产市场理论重构［J］. 社会科学，2017（1）.

　　6. 张品. 社会空间：城市社会学研究的一种新视角［J］. 理论与现代化，2018（9）.

　　7. 桑德斯. 空间、城市与城市社会学［M］//格利高里，厄里. 社会关系与空间结构. 谢礼圣，吕增奎，等译. 北京：北京师范大学出版社，2011.

　　8. 崔宝琛，彭华民. 空间重构视角下"村改居"社区治理［J］. 甘肃社会科学，2020（3）.

　　9. 王均，祝功武. 清末民初时期北京城市社会空间的初步研究［J］. 地理学报，1999，54（1）.

　　10. LOGAN J R. The new Chinese city: globalization and market reform［M］. Oxford: Blackwell, 1999.

关键词

空间结构（spatial structure）　　城市居住空间（city residential space）
生态学派（ecological school）　　新古典经济学派（new classical economic school）
制度学派（institutional school）　　同心圆模式（concentric circle model）
扇形模式（sector model）　　多核心模式（multi-core model）

思考题

1. 关于城市空间结构的理论有哪些？
2. 城市空间结构的研究方法有哪些？
3. 城市居住空间的研究趋势如何？
4. 我国城市居住空间存在哪些问题？

典型案例

城市化、居住分异与教育空间生产——0~3岁儿童照顾空间嬗变的一个分析框架[①]

自2016年实施"全面二孩"生育新政以来，学界对该政策的影响与成效保持着高度关注，同时聚焦于政策直接利益相关者——处于育龄期女性的生育意愿。在以往对职业女性"工作—家庭平衡与冲突"的研究中，都会聚焦于职业女性的生育困境——其作为生育行为的直接承担者与养育的参与者。最新的相关调查数据显示，60.7%的一孩母亲因为"没人看孩子"而不愿意生二孩，也正是因为无法找到低龄儿童的照护人，有28.1%的一孩母亲认为如果生育二孩会"影响工作和事业发展"而没有生育意愿，或生育意愿较低，究其根本原因与前者同源。当下，照顾婴幼儿特别是已生育二孩的核心家庭，在婴幼儿公共托育服务的匮乏时期，遭遇越来越多的"不能"与不可协调的照顾困境，"婴幼儿及儿童早期的照护"困境成为生育新政持续显现成效的第一道生育屏障。

城市空间一方面是社会变迁的发生场所，另一方面又蕴藏着社会变迁过程中社会分层和利益争夺的社会问题，更是"城市中各种力量的成长、组合和嬗变"的承载空间，可以概括为"城市空间重构与社会结构变迁相伴而生"。本文从社会空间视角阐释处于社会转型期的中国城市的空间重构经验，以为解决儿童照顾危机和困境提供一个不同的视角。

如果站在社会空间的角度来分析这种育儿资源的匮乏，很容易就会发现一个事实——各区域基础资源的不平衡，即空间分析揭示出了地理不平衡发展，正如苏贾指

---

① 张文馨. 城市化、居住分异与教育空间生产——0~3岁儿童照顾空间嬗变的一个分析框架[J]. 教育发展研究，2019（24）.

出的:"区域性的不充分发展,是延伸的抑或扩大的再生产不可分割的一部分。"在城市化进程中,不断拓展开发新的空间,制造出空间与空间之间的不平衡状态,在商业空间、行政空间等不同空间集聚的同时,人的生活空间也日益被割裂,不仅时间日渐碎片化,空间也逐渐碎片化,而这种因资本形成的空间集聚对于城市化发展来说是必需的。传统制度结构论对0~3岁儿童公共托育福利资源配置长期缺位的解释,忽略了空间结构的影响。

社会学家厄里宣称:"20世纪社会理论的历史也就是时间和空间观念奇怪的缺失的历史。"然而,"日常生活与城市,是不可分割地联系在一起的,同时,产品和生产,通过这两者而占据着一个空间"。基于社会空间的视角,儿童照顾在国家的结构性和过程性的变迁中,一方面呈现出的是一种特定社会群体中的社会互动,儿童与照顾者之间的关系变迁;另一方面也折射了个体、家庭与国家之间的复杂融合,这些都与社会空间重组密切联系,"时空变化构成了一切社会变化的最基础的层面",即经济、社会制度的转型背景下原有的社会空间被重新划分,这种划分"并非仅仅是地理意义上的划分,而主要是一种经济、社会、政治地位的空间分化,一种制度化的空间隔离"。我们长久地忽视了时空变化是包括儿童照顾在内的个体生活变化的基础性原因,当被卷入空间分化与隔离之中时,就迫切需要从空间角度构建新的儿童照顾变迁的分析框架。

通过对儿童照顾空间变迁的分析研究,社会转型时期已经不再适用曾经的以单位为单位的生活、生产、政治、消费等融合式的城市空间结构。相较于计划经济时代,居住空间分异,城市化的发展,每个新的住区就由政府包办建立一所独立的托儿所也已是不可能。

一方面,在我国市场经济环境下,空间被商品化,城市空间被空间投资者视为一种可供资本积累的交换价值;"政府则将其视为一种集交换价值(土地财政)与符号价值于一身的共同体",将廉价的劳动力从便宜的住区吸引到昂贵地价的空间中来参与生产实现这种城市功能上的"交换",但由于收入仍然无法支撑在中心区域的生活,进而导致不断加剧的居住分异,以及城市空间在各个利益集团之间的不断博弈,很难出让任何空间资本。

另一方面,仍以过去的单位空间概念已经不能描述现有的城市空间结构特征了,也就无法复刻曾经的单位托儿所的儿童照顾空间模式,住区与生产区的割裂也是现代生产空间的重要特征,空间的同质性基础上各个功能上的独立与分化虽提升了效率,但也入侵了一部分人的日常生活。当空间的隔离不再是围墙而是距离与阶层化,空间碎片化也就导致了个人时间的碎片化与压缩;各种现代化的城市轨道交通在成为居民的空间补偿方式的同时,也不断推动着城市化的进程,真正的受益者却已不再是城市生活的缔造者——他们的日常生活从老旧社区被逐渐逐出到了城市的边缘,不但失去了原有的空间资源,而且面临自身资源的严重匮乏,城市的边缘住区并不是没有儿童照顾需求，而是看不到被需要照顾的儿童——他们被留守在了更远的家中。

学者孙立平曾使用"自由流动资源"与"自由互动空间"两个概念工具来分析中国体制改革中的作用机制及其促成的社会结构变迁，"在改革前的中国，除家庭中的'自然生活'之外，几乎全部的社会性活动领域均处于国家的垄断之下。经济、政治、文化、教育等，莫不如此"。当国家控制绝大多数资源和几乎全部活动空间时，一个人要首先获取城市的户口，以明确自己的身份，其次成为城市某单位中的一分子，才能被纳入这个总体性体制，这意味着公有住房、公费医疗、子女就学和就业、粮食和稀缺的副食品的定量供应以及其他社会福利等资源的获得。可见，教育在改革过程中从一个被控制的资源成为自由流动的资源，然而，显而易见的也是，在这种资源状态转变过程中，有一些教育空间和资源，如儿童早期照顾的空间虽不再被控制，但是也没有自由流动，而是转而由其他资源——祖辈照顾替代了，而独生子女政策下的家庭四二一结构（四个老人，两夫妻，一个孩子）使得祖辈照顾成为可能，这一平衡却恰好在二孩政策到来时被打破了。改变生活，然而，我们必须首先改变空间。

■ **思考题**

1. 如何深入解释当下遭遇的公共托育缺失以及曾经遍布城乡的托儿所的消失？
2. 儿童照顾方式的变迁应该被看作一种制度上的主动调整还是一种被动的策略性行动？

即测即练4

第五章
城市社区与治理

本　　章　　提　　要

通过本章学习，理解社区的内涵与分类，了解社区的构成要素和中西方社区建设的发展历程，并在了解"治理"与"统治"区别的基础上领会社区治理的内涵、基本原则，识记社区治理的主体与内容，思考如何针对不同社区进行分类治理。

第一节 社区概述

对社区内涵、构成要素、分类、性质及其变迁的了解,是我们理解社区治理的理论基础;中西方社区建设的发展历程是我们把握当前城市社区治理的现实基础。

一、社区的定义

"社区"对当前中国普通老百姓来说不陌生,但若仔细追问"何为社区"能解释清楚者却寥寥无几。这实际上与"社区"概念复杂有关,其复杂不仅表现为社区概念的古今差异,还表现为社区概念的中西差异,以及在信息时代社区概念所获得的新内涵。

(一)中国传统语境中的"社"与"区"

"社区"是个外来词,在我国古代社会里,只有"社"和"区"的概念,没有将两个字合称的"社区"的概念。

那么,在中国传统语境中"社"表示什么意思呢?据罗竹风主编的《汉语大词典》和陈宝良所著的《中国的社与会》一书的研究,"社"大致有以下几种解释[①]:①指称古代的土地神;②指古代祭祀土地神的坛;③指祭土地神,后来也泛指民间在社日举行的各种迎神赛会;④指古代乡村基层行政单位,其所管辖的范围大小和人口多少,依时代不同、地方不同各有变化;⑤指信仰相同、志趣相投者结合在一起的社会团体;⑥指行业性的团体。

"区"在我国古代也有几种含义:①隐匿的意思;②指有一定界限的地方或范畴,即区域;③指住宅或小屋;④指畦田;⑤区别、划分的意思;⑥指微小的,如"区区小事"中的用法;⑦用作数量词,其意义相当于"所""处""座""尊"等。

从上述初步的梳理中可以发现,中国传统语境中的"社"与"区"与当前对"社区"的理解还有一定的差距。罗建平在对"社"和"区"的语源追溯的基础上,结合相应的心理原型,分析社区的本质属性,由此揭示社区原型。他认为,"社"是社神,是土地神,"神"的象征意义在于对居住地的敬仰和热爱,就像古希腊人对城邦的敬仰和热爱。在此基础上,才有活跃的社区生活,从前的社戏、今日的社交都与本土属

---

① 罗竹风. 汉语大词典:第七卷 [Z]. 上海:汉语大词典出版社,1991:831;陈宝良,中国的社与会 [M]. 杭州:浙江人民出版社,1996:1-5.

性相联系。这就是社区中"社"的原来含义。"区"的区域性不单是地理特征的区域，而且是蕴含着资源特征的区域。因此，"社"是大地的本源，人的心性的归属地；"区"是社区政治人的实现形态，体现了社区的内在动能和主导力量。在此基础上，可以把社区理解为类似于古希腊的城邦，一种原生态的政治①。可见，我国古代的"社"与"区"的概念，实际上已经包含了一定程度的现今"社区"的内涵。

（二）现代社会学语境中的"社区"

"社区"一词源于拉丁语，意思是"共同的东西"和"亲密伙伴的关系"。作为社会学的专门术语，"社区"这个概念最早源于德国社会学家滕尼斯出版于1887年的 *Gemeinschaft und Gesellschaft* 一书。该书后来由美国学者查尔斯·罗密斯翻译成英文，书名为 *Community and Society*。而中文的"社区"一词就是在20世纪30年代由英文Community转译而来。而事实上，把德文Gemeinschaft译成英文Community，再译成中文"社区"都不是十分确切的。但是，在这个词汇的两次不十分确切的转译中，却可以使我们获得怎样去把握和理解社区的本质特性的启发②。

滕尼斯最早提出Gemeinschaft这个概念，用它来表示由"本质的意志"所引发的、建立在自然情感一致的基础上的、联系紧密的、排他的社会联系或共同生活方式，这种社会联系或共同生活方式产生关系亲密、守望相助、富有人情味的生活共同体。当时这一概念并不突出"地域性"内涵。滕尼斯本人非常欣赏这种社会共同生活形态，但他同时看到，这种形态在社会迈向工业化、城市化的进程中，正在为由"选择的意志"所引发的，建立在外在的利益合理的基础上的，以契约、交换与计算为形式的社会联系或共同生活形态即Gesellschaft所取代③。

当Gemeinschaft被翻译成Community以后，其意和滕尼斯的原意就有了一定的差别。受芝加哥学派的影响，Community的内涵就开始具有了地域性的特征。芝加哥学派的著名代表帕克在《人文生态学》一文中就把Community看作是：①一定区域内组织起来的人群；②他们程度不同地深深扎根于居住的地盘；③生活在多种多样的依赖关系之中，这种相互依存关系与其说是社会的，不如说是共生的。

当中国学者将Community翻译成新创的"社区"一词时，更加突出了具体的地域性特征。费孝通在1948年发表于《社会研究》第77期的论文《二十年来之中国社区研究》谈到"社区"一词的形成过程。"当初，Community这个介绍到中国来的时候，那时的译法是'地方社会'，而不是'社区'。当我们翻译滕尼斯的Community和Society两个不同概念时，感到Community不是Society，成了互相矛盾的不解之词，因此，我们感到'地方社会'一词的不恰当。那时，我还在燕京大学读书，大家谈到

---

① 罗建平. "社区"探源［J］. 华东理工大学学报（社会科学版），2009（2）.
② 王小章. 何谓社区与社区何为［J］. 浙江学刊，2002（2）.
③ 滕尼斯. 共同体与社会［M］. 北京：商务印书馆，1999：53.

如何找一个确切的概念。偶然间，我想到了'社区'这么两个字样，最后大家沿用了，慢慢流行。这就是'社区'一词的由来"。在费老看来，"社区是一定地域范围内的社会。"①

从 Gemeinschaft 到 Community 再到社区的转换表明了人们对"社区"含义理解的变化过程，而回顾和追溯这个变化的过程则启示我们至少应该从两个方面来理解社区的本质属性，一是它的地域性，即具有一定边界（通常以居民能经常地进行直接互动从而能相互熟识为限）的时空坐落；二是它的社会性，即人们在共同生活中存在和形成的功能上的、组织上的、心理情感上的联系。社区是存在于具有一定边界的地域中的、其成员有着各种稳定的社会和心理的联系的人类生活共同体。

自滕尼斯把"社区"这一概念引入社会学以来，社区研究与时俱进，成为社会学、人类学等领域的一个研究热点。人们从不同的研究角度和研究目的出发，对社区作出不同的界定，但他们在社区包含地域性和社会性两个基本要素上还是达成了普遍认同。

（三）中国官方界定下的"社区"

前述主要是西方社会学界和中国早期社会学者对"社区"内涵的基本理解，而在实践领域，我国民政部门对"社区"的认识更多的是从管理体制的角度考虑的。20世纪50年代开始，许多国家的政府以及联合国都认识到，为了改善人民的生活，提高生活质量，不能单纯靠国家制定各种政策，在很大程度上要靠从基层做起，即由公众参与，提出自己的需要，并加以解决。这种自下而上的管理体制的基础就是社区。②

我国官方于20世纪80年代中后期开始引进"社区"概念，从最初的"社区服务"逐步发展为"社区建设"，进而发展为"社区治理"，这也带动学术界关注并深入研究这一领域的问题，"社区"成为中国百姓日常生活里使用频率很高的词汇之一。随着社区建设的发展，城市"社区"的范畴发生变化，社区建设和社区治理在何种层次开展、不同类型的社区相应的治理方式有何区别等问题必须加以明确下来。

2000年11月3日的《民政部关于在全国推进城市社区建设的意见》指出，社区是指聚居在一定地域范围内的人们所组成的社会生活共同体。目前，城市社区的范围一般是指经过社区体制改革后做了规模调整的居民委员会辖区。根据多数城市社区体制改革的实践，大多数社区居民委员会辖区的规模为1 000～1 500户。当然，这里所说的社区实际上是一个类行政区划概念（但社区本身并不是行政区划概念），除有市民居住外，还有机关、企事业单位等机构驻在其中，并非单纯的居民区。据此，学者唐忠新结合我国现阶段社会的特点，特别是城市社区发展的特点，把我国基层社区划分为基层自然社区和基层法定社区两大类。基层自然社区的主要表现形式有居住生

---

① 费孝通.当前城市社区建设一些思考［J］.社区，2005（13）.
② 姜芃.社区在西方：历史、理论与现状［J］.史学理论研究，2000（1）.

活单元、居住小区、居住区，包括传统的居民大院、里巷等；基层法定社区是在自然社区的基础上出于社会管理的需要而设置的，具有明确的社区边界和法定的社区组织管理机构[①]。基层自然社区是基层法定社区的自然基础。我国城市的居民委员会辖区共同体大都是在基层自然社区的基础上形成的。有时候，一个基层法定社区（类行政区）内可以包含几个不同的基层自然社区。

就实践来看，目前的社区建设大多以基层法定社区作为操作单位。在当前的语境中，确定社区实体首选的标准是地域界限明显，至于成员归属感的强弱则是次要的。换言之，地域的基础是预先规定的，而社会心理的基础要靠以后培育。应该说，民政部将"社区"定位于城市社区居民委员会辖区，能够完整、贴切地体现社区特征，即地域性和社会性。居委会辖区共同体是城市基层单位，与人们的日常生活联系密切。如果将社区的范围界定到街道办事处辖区一级，范围过大，人与人之间缺乏实质性交往，有违社区的本质。需要特别说明的是，强调社区作为居民社会生活共同体、强调社区居民对共同体的归属感与认同感，对社区建设来说十分重要。只有正视社区的这一特性，并充分利用这一特性，才能充分挖掘社区内部资源，形成社区的良性治理，促进社区的健康发展。社区建设的目标，就是立足地域性和社会性这两个社区的本质特性，通过各种硬件和软件的建设来促成和改善这样一种人类生活的共同体[②]。

（四）e 时代的"虚拟社区"

如果说目前涉及基层政权建设的对法定社区的界定是对滕尼斯意义上社区概念的偏离，那么，虚拟社区的出现算是对滕尼斯描述的理想生活的一种回归[③]。

虚拟社区的雏形，在万维网发明以前就出现了，实际可追溯到 1984 年 Brand 和 Brilliant 创建的 the WELL（whole earth lectronic link，全球电子讨论链），主要用来实现"虚拟邻里关系"的交互式讨论和协商，1990 年 the WELL 引进 cyberspace 的名称，虚拟社区开始进入世人的视野。随着互联网的出现，虚拟社区迅速发展。从最初的电子公告板到新闻组，从网上聊天室到在虚拟社区服务器上构建自己的主页，一大群素昧平生的人因趣味相投而经常在线聚会，"匿名"的乐趣和摆脱空间限制的信息交往自由，使众多参与者在这个网络上构筑交流个人经验、分享兴趣的虚拟社区。随着虚拟社区的成熟，人们开始大规模地在网上集结、传文件、讨论和聊天，使用者因此获得了真正社会交往意义上的网络传播的乐趣。

虚拟社区是信息技术发展之后形成的崭新的人类生存空间，它与传统的实体社区（real community）相对应，它也具有实体社区的基本要素——一定的活动区域、一定

---

① 唐忠新.构建和谐社区［M］.北京：中国社会出版社，2006：6-7.
② 关信平.公共性、福利性服务与我国城市社区建设［J］.东南学术，2002（6）.
③ 胡鸿保，姜振华.从"社区"的语词历程看一个社会学概念内涵的演化［J］.学术论坛，2002（5）.

数量固定的人群（网民）、频繁的互动、共同的社会心理基础。虚拟社区与实体社区最大的差异在于地域空间的界定：实体社区通常强调地域环境的影响，其社区形态存在于一定的地理空间中，该社区实际上是居住在同一地域内的人们形成的地域性共同体；虚拟社区则没有物理意义上的地域边界，虚拟社区的非空间组织形态以及成员的身体缺场（body absence），使其成员可能散布于各地，即单一个体可以超越空间的障碍同时生活在好几个虚拟社区里。由此看来，虚拟社区无疑更强调作为"共同体"的社会心理基础而不关注其地域属性。

e时代虚拟社区的出现显然对工业时代的社区观念提出了挑战，迫使我们重新思考社区的含义。虚拟社区使网络空间内的人际交往超越了地理界限的限制，因而可以说它是一个无物理边界的社区，具有很大程度的开放性。在虚拟社区里，具有共同兴趣和爱好的人们经过频繁的互动形成了共同的文化心理意识和对社区的归属感与凝聚力，正是在这个意义上可将虚拟社区认定为"隐形共同体"。虚拟社区的出现，解构了人们对社区是关于地域性生活共同体的统一认识。昔日滕尼斯悲叹城市的兴起破坏了传统的有机结合，如今互联网为本质意志和Gemeinschaft的回归带来了新曙光。

二、社区的构成要素

社区作为具有地域性的生活共同体，必须具备几个基本的构成要素。尽管学者们对社区的构成要素有不同的认识，但从社会学角度看，社区的构成要素包括地域性，公共联系纽带，持续的、亲密的首属关系，归属感和一套社区成员公认的行为规范和秩序[①]。

第一，社区是一个规模较小的地域性居住单位，也就是我们通常所说的邻里社区。每一个居住在城市的人，都拥有生活熟悉、关系紧密、情感认同、心有所属的邻里社区。这种情感是人们在社区的小天地里彼此经常接触，逐渐生发出来的。邻里社区的人们彼此了解、相互影响、相互扶助，使他们形成心理上、情感上的依恋和亲密的互动关系。这是任何新居住区在短时间内所缺乏的，也是在大中城市以及行政性的区、街道地域范围内所不具备的。

第二，社区是具有一定时间持续性和地域性连带的社会组织单位。从城市来讲，社区是构成城市社会的具有地域性连带的社会组织单位，这一点可能不会有异议。但我们往往忽略的是，社区概念背后所隐含的时间持续性问题。社区的基本要素确定了它具有人际的亲密联系和居民自主的组织联系纽带，而这一切关系的形成需要时间。一个社区的形成，并不仅仅意味着一组建筑群的落成，更重要的是看居住其间的居民是否形成了紧密的互动关系，是否形成了正式、非正式组织以及对小区生活的自主程

[①] 李培林，李强，马戎. 社会学与中国社会 [M]. 北京：社会科学文献出版社，2008：135-136.

度和参与程度。

第三，社区意味着一种结构。从大的方面说，社区从某种角度揭示了城市社会的内部结构。以北京为例，四合院、单位大院、大型多功能生活小区等不同形式的社区，标示出不同时期城市内在的结构性差异。20 世纪的中国社区，基本上以行政组织管理为主，社区是行政组织系统最基础性的一个环节。进入 21 世纪的中国社区，将逐步趋向于民主自治管理，社区将逐步转变为市民参政议政的中介桥梁。

第四，社区是一种共同意识，是指人们基于某种理念去创建社区的过程。比如新型多功能社区是基于一种市场理念，以服务居民、满足居民需求为前提，以"以人为本"为口号，更多地吸引住户。而四合院文化，则更多地基于邻里互助、等级有序的家族文化和管理理念。

第五，社区是一种秩序，意味着社区在一段时间内形成了自己独特的行为规范、公共道德准则、互动模式和处理问题的方式。它要求每个成员必须有意识地克制自我，服从规范和秩序，以合法的形式解决问题、保护自身权益，这一点在判断一个小区是否为成熟社区时极为重要。不同时期社区内部的秩序是不同的。传统社区突出行政等级秩序，而新型社区则突出居民自主管理、民主自治、相互协商的公共秩序。

第六，社区是一套完整的组织网络系统。一个社区必然有表达居民共同需要、共同利益的社会组织。社会组织是维系社区成员、安排和推动社区生活的重要形式。社区组织可以是正式的，也可以是非正式的。社区可以是政治、经济、文化、福利等在政府注册管理的正式机构，也可以是家庭、邻里等以血缘地缘为纽带所连接的初级组织，还可以是一些松散型的社会团体，如各种各样的兴趣爱好团体等。在西方国家，社区是自治性质的共同体，社区的非正式组织发育较成熟，在推进社区发展、实现社区目标中发挥着重要作用。在我国，社区的社会组织还处于必须精心培育、扶持的发展过程中。

三、社区的类型

社区类型是指一定分类标准下社区所显示的社会属性，不同属性使社区显示出各自的特点。因此，社区分类是认识社区的基础，也是社区研究的重要内容；当然，可以从不同的角度来对社区进行划分。按社区的空间特征可以将社区分成：①法定社区，如城市各区、街道所辖地域等；②自然社区，如村落、集镇等；③专能社区，如大学城、军营、矿区等。按社区内部组织形式可以将社区分成：①整体社区，如一个独立的城市、行政村；②局部社区，如城市的街区等。按社区规模大小可以将社区分成：小村庄（100～150 人）、村庄（150～1 000 人）、镇（1 000～2 500 人）、小城市（2 500～25 000 人）、中等城市（25 000～100 000 人）、大城市（10 万～80 万人）、特大城市（80 万人以上）、大都市带（几百万人）、世界性都市带（千万人以上）。

最常见的关于社区的分类是将社区分成农村社区和城市社区，要正确认识和理解城市社区，首先需要对农村社区有基本的认知①。

（一）农村社区

农村社区是指以农业为基本经济活动形式下的地区性社会，它具有人口较为稀少、社会交往少和人口流动频率低、经济活动比较简单、传统习俗惯性较大、家庭和血缘群体作用明显等特征。

一些学者对农村社区进行了详细的描述。雷德菲尔德认为，农村社区人口很少，由于文化和自然的孤立，且具有同质的特征，农村社区中的人们具有高度的认同意识。在经济上，它与外界联系少、工艺技术简单，分工的基础是性别和年龄；家庭是基本的生产单位，人们之间互帮互助。发生在此类社区中的相互帮助是很自然的事情，也是家庭和社区对于人们行为的基本要求之一；人们接受既定的生存环境和生存条件；基于传统，人们的互动是自然的和人格化的，稳定和可以预测性是农村社区的基本特征之一。简言之，农村社区具有如下特征：①传统主义；②仪式主义；③持续教育；④单一的标准化和可预期性的社会角色；⑤小规模的人口；⑥民俗和民德是行为的依据。

费孝通从乡土中国来理解农村社区。受雷德菲尔德的影响，费孝通于20世纪40年代中期出版的《乡土中国》一书对中国农村社会做了如下概括：①礼治秩序；②没有陌生人的社会；③无为政治；④中国的家是一个事业组织；⑤男女之间不必求同，生活上加以隔离；⑥社会空间是由一个个私人关系相互联系构成的网络；⑦以自己为中心像水波纹一样推及开，愈推愈远、愈推愈薄且能放能收、能伸能缩的社会格局，且它随自己所处时空的变化而产生不同的圈子；⑧乡土社会中的文盲。费孝通对于传统中国农村社会结构揭示得最深刻的是他提出了"差序格局"的概念。差序格局犹如将一颗石子投入水中后激起的同心圆扩散圈；离中心越远，圈变得越大越薄。同理，在乡土中国，每一个人都把自己当作圆心，以差序方式来建构与他人的关系；通常距圆心越近，道德性和工具性责任越重，别人的重要性取决于他们与自己关系的密切程度②。差序格局是一个具有文化特质的概念，它揭示了人类组织的重要原理。虽然在中国传统农村里，人们似乎较为重视与家人和亲属的道德或情感关系，但这并不意味着在家庭关系与亲属关系中不存在工具性或经济方面的考虑。

桑德斯认为，农村社区是一个地区内居民与其制度所保持的结合形式，在此地区居民或散居农场，或集居村镇，以乡村为其活动中心。中国台湾社会学家杨懋春则认为，农村社区是生活在一特定地方上的一群人，有共同的归属意识，透过组织与制度共享或共同参与一些共同兴趣或共同利益之活动。

---

① 参见丁元竹.社区的基本理论与方法[M].北京：北京师范大学出版社，2009.
② 费孝通.乡土中国[M].南京：江苏文艺出版社，2007.

综上，传统意义上的农村社区特点：①一群以农业为生的人，在一特定地域中生产和生活；②他们有着共同的文化价值和社会价值；③他们在自己的社会结构中参与他们的社会生活；④社会组织和社会结构简单；⑤含有情感因素的共同意识，有共同的归属感，以别于其他群体。中国由于城市化进程加快，农村社区结构发生了巨大的变化，并表现出了中国特色。

（二）城市社区

城市社区是指以工商业为基本经济活动形式的地区性社会，它具有人口较为稠密、社会交往多和人口流动频率高、经济活动比较复杂、传统习俗惯性较小、家族和血缘群体作用不明显等特征。

城市社区的社会结构复杂，主要表现为：城市内部含有不同类型的社会组织，以及由此所产生的不同组织制度；同时，城市内部的社会分化程度高，职业种类较多、收入差别大、消费层次不同，不同职业和收入阶层差异在城市内部会形成不同的居住区。

城市人的时效观念较强，注重时间和效益，其原因是城市的信息量大，可选择的机会多，人们从事的事务和活动多且复杂、人际关系上重理性而轻情感、人们之间存在较多的隔膜。德国社会学家齐美尔在其著作《大都会与精神生活》中，阐述了现代社会与传统社区之间存在巨大差别的原因。他将现代社会中人们的心理特点归纳为理性、极强的时间观念、个人主义、对他人的漠然态度等，并且指出理解这种与传统社区不同的心理状态的关键是要认识到货币经济的作用；人际关系的功利化往往伴随着对他人和事物之间的差异漠不关心，在受到大都会迅速转变而产生强烈大量的刺激反应中逐渐产生了厌倦态度，现实生活的体验只用金钱来衡量。

由于社会的异质性较大以及人们的文化层次高于农村，城市人能够容忍和接纳各种不同类型的行为模式和观念。生活在都市中的人们不必为自己不同于别人而感到有内心压力。一些在农村中发挥着重要作用的次级社会组织，如家庭、邻里在都市中并不发挥重要作用，尤其由于单元住宅和高层单元住宅的发展，人们之间来往较少，邻里之间不相识的情况比比皆是，即使认识，也很少有情感上的交流。人们除了在工作中发生各种交往的接触外，城市中存在着各种社会团体、社会组织和社会活动，人们总是以自己某一方面的特征参与其中并与其建立联系，但仅仅是某一方面的联系。美国学者沃思在其论文《作为生活方式的城市化》中，用人口的数量、居住密度和异质性这三个变量解释现代社会与传统社区之间的区别：认为以城市为标志的现代社会的本质特点是异质性，人们的行为出现了不同于传统社区的特点，如人际关系的淡化、追求自我个性化，这必然使得原有的首属关系与社会秩序被打乱，造成"社会失范"或"社会解组"现象。

城市社区是一种在人口密度、社会分工、社会分化及组织制度上都较复杂的社区类型。它是人类生活进化的较高级层次。具体说来，它有如下特点：①异质性，这种异质性的含义是广泛的，包括文化、规范、制度、行为和人们观念的异质性；②相互依赖和关联，科层组织发达；③依赖形式化的社会控制。

第二节　中外城市社区发展

在了解了社区的内涵、构成要素与分类之后，有必要了解中西方的社区建设的特点和异同。社区建设最先出现于欧美。工业化和城市化改变了传统社会中那种亲密和谐及相互认同的人际关系，取而代之的是冷漠、孤独、无助以及贫困人口的出现。最早的社区建设对此提出了复兴社区的思路，以解决工业化和城市化带来的一系列城市社会中的问题[1]。社区建设是解决各种社会矛盾和应对各种社会问题的出发点。作为实现社会管理和社会控制的有效手段，这一领域的研究依托并着眼于以社区建设和发展来谋求社会的发展，将社区发展置于社会发展目标之中日益成为人类共识，并形成新的世界趋势[2]。

一、国外社区建设的兴起与发展历程

（一）国外社区建设的兴起

国外社区建设可追溯到18—19世纪的福利救助活动和各种慈善活动，也包括各种民间自发的社区援助行为。早期的社区福利和社区救助主要出现在英国、法国、德国等欧洲国家，其中英国的《济贫法》开启了社会救助的先河。

16世纪末17世纪初英国的封建社会开始解体，资本主义生产关系依托新兴的毛纺工业迅猛发展，资本原始积累的过程造成大批农民丧失土地、流入城市。与此同时，由于宗教改革，英国王室剥夺了大量教会财产，原教会土地上被赶走的农民纷纷涌入城市，城市的无业者与贫民骤增，社会动荡不安。为缓解社会矛盾，维持国家稳定，英国女王伊丽莎白于1572年下令开征"济贫税"，兴办"教养院"，以收容流民，并于1601年正式颁行世界上第一部《济贫法》。《济贫法》规定：以社区为单位，对无亲属照顾的贫民实行有条件的救济。《济贫法》初步建立了社会救济制度与救济工作方法，对以后世界各国社会救济法规的建立产生了重要影响。1788年，德国实行汉堡福利制度，鼓励社区成员参加本社区社会福利工作，以此倡导社区内部成员自我服务、

---

[1] 何彪，吴晓萍. 西方城市社区建设历程及其启示 [J]. 城市问题，2001 (3).
[2] 潘泽泉. 社区建设与发展话语的实践逻辑与新趋势 [J]. 中共天津市委党校学报，2009 (5).

志愿服务。英国的《济贫法》和德国的汉堡福利制度，使社会救助工作制度化、科学化，开启了以社会救助为目标的社区建设。

19世纪中后期，英、美等发达资本主义国家先后成立了慈善组织以及各种类型的社会福利设施与机构，同时政府开始介入国家福利制度，参与到社区建设中来，并在推进福利计划时大量引进社区组织的原则和工作方法。1869年，英国出现了第一个慈善组织，其目的在于协调社区、救助穷人。英国慈善组织协会先在伦敦成立一个慈善管理中心，再把全市分为若干区，每个区设一个专门的分支机构，在机构里再设一个志愿委员会，负责对贫困个人及家庭进行调查、登记和实施救济分配等工作。这种制度一定程度上克服了早期社会中各慈善组织之间相互缺乏联系而造成的重复浪费现象，对社区居民的救助和帮扶更加有序化。而后，这一协会形式被介绍到美国，现在美国各地的家庭服务所就是由当时这些慈善组织协会发展而来的。

到20世纪初，英、法、美等欧美国家出现了一场更具广泛性的"睦邻运动"和"社区福利中心"运动。社区睦邻运动首先由教会及一些慈善组织、基金会发起，让社会工作者广泛、深入地参与社区生活，充分调动和利用社区内各种社会资源，组织和教育居民改善环境、培养居民自助与互助的精神。社区睦邻运动的方法、所提倡的服务精神和取得的成就，无疑给当时面临种种社会问题而束手无策的世界各国城市开启了一条可行之路，因而在短期内迅速传遍欧洲大部分国家，东南亚各国及日本等国也竞相效仿。

20世纪20—30年代，城市化推动了社区建设的兴起。20世纪的欧洲发达国家正经历着一场大规模的城市改造运动。在城市化进程中，中产阶级迁往郊区，内城剩下失修的学校、破烂的公共住房以及大多靠政府福利生活的居民，不仅缺乏基本的医疗、教育等基本公共服务与设施，而且犯罪率较高。面对内城环境污染、住房匮乏、交通拥挤等问题以及潜在的社会不稳定因素，为了使城市社区的结构不致离析、社区功能不致减失，许多社会学家及社会工作人员开始把复兴社区意识、推动社区建设，作为消除当时的社会痼疾和其他弊端的重要解毒剂。由于这些问题都发生在城市社区内部，需通过发展社区内部机制加以解决，因而完善的社区机制、良好的社区设施成为解决社区问题的重要保证和条件。有关社区服务、管理方面的工作开始实现专业化，城市管理层与基层政权也开始参与到社区建设中来，出现了一批具有专业特色的社区建设的案例，如美国30年代著名的防止青少年犯罪的"芝加哥计划"、为市民参与提供服务的"辛纳西社区组织实验计划"等。可以说，20世纪30年代是西方政府介入社区建设的第一次高潮；此前19世纪出现的社区服务和社区管理，只是由志愿服务者、社会改革家以及民间慈善组织等自发组成的松散服务体系，这种自发、民间的社区服务体系和运作机制在20世纪30年代经济大危机的冲击下显得力不从心。与此同时，理论思潮也开始转向，凯恩斯主义成为指导政府行为的重要改良主义，这样就出现了政府主动通过法律、各种社会政策以及经济援助等方式介入社区建设现象。

（二）国外城市社区建设的发展历程

可以说，社区建设起源于早期的社会福利救助活动、各种慈善活动、民间自发的社区援助行为等，但社区建设的进一步推广则出现在第二次世界大战结束后。其发展共经历了四个阶段。

第一个阶段是第二次世界大战结束后到20世纪50年代，在联合国的推动下，社区建设开始成为一项世界性的运动。第二次世界大战后，西方许多发达国家城市普遍面临着失业、贫困、社会秩序恶化、经济发展缓慢等一系列问题，要解决这些问题仅仅依靠政府的力量远远不够，于是运用社区民间资源、发展社区自助力量的构想应运而生。1948年，联合国提出了"以社区为基础的社会发展"，告诫居民不要仅仅依靠政府，而要加强社区居民的自助力量。1951年，联合国经济及社会理事会通过390D号议案，倡议开展"社区发展运动"，力图通过开发各种社区资源、发展社区自助力量，建立社区福利中心，特别是要推进发展中国家的经济和社会发展。但是，在方案实施过程中，原来设想的社区福利中心并不能解决经济落后地区的社会问题，更不能实现经济发展和社会进步的目的，随后得出结论：只有开展全面的地方建设运动，以基层社区为单位，政府有关机构同社区内部的民间团体、合作组织、互助组织等通力合作，发动社区居民自发地投身于社区建设，才能加快落后地区的经济发展和社会进步。于是，联合国修改了390D号议案，以"社区发展计划"代替了原来的"社区福利中心计划"。社区发展的目的是动员和教育社区居民积极参与社区和国家建设，充分发挥其创造性，与政府一起大力改变贫穷落后状况，以促进经济的增长和社会的全面进步。

第二个阶段是20世纪60—70年代，社区建设在世界各地得到进一步推广，社区发展已经成为世界范围内的区域社会发展策略和模式，社区建设被理解为是解决各种社会矛盾和应对各种社会问题的出发点，并成为实现社会管理和社会控制的有效手段。20世纪50—60年代可以说是社区发展繁荣的重要时期，第二次世界大战结束后，亚洲、非洲以及中南美洲国家都面临艰巨的国家重建工作，即使作为发达国家的美国也面临恢复国内居民生活的需要，但囿于政府资源的不足，这些国家都动员地方居民实施社区发展计划。如美国在一些城市成立了社会发展部，并成立社区组织委员会，大力推行城市社区建设，建设项目主要包括社会福利、医疗卫生、治疗和预防犯罪等。1966年，针对非洲一些殖民地国家发展社区的实际情况，在英国剑桥召开的非洲行政官员会议重新对社区发展进行了定义，即社区发展是通过整个社区的积极参与和首创精神，旨在提高整个社区生活质量的运动。这样，社区发展成为世界范围内的区域社会发展策略和模式。20世纪70年代，亚洲四小龙的工业化起飞，城市快速发展，人们之间的隔绝日益严重，于是当时的港英政府提出社区发展计划，要建立"相互关怀和负责的社区"，并把社区建设具体化为三个方面的工作：社区发展、社区参与和增强居民的地区意识。

第三个阶段是20世纪80年代，社区建设的核心内容发生了新的变化，社区发展问题的解决不能仅仅依靠社区力量与资源，更需要通过社区建设实现地方社会的整合。社区成为推动公民广泛参与、旨在促进社会整合的多方行动的活动场域，社区建设开始将社区规划、社区照顾、社区参与等原本相互分离的活动融合在一起，呈现出社区整合发展的趋势。20世纪70年代，随着交通和通信的现代化，由于"地球村"概念的出现，基层社区的地域概念和人口数量对社会的发展意义不大，世界各国对社区发展的兴趣减弱。于是，西方人认为传统社区衰落并消亡了。直到20世纪80年代，许多社会学家重新意识到工业社会给现代都市带来的危机，呼吁要复兴社区、强化社区功能，以解决工业化带来的一系列城市社会中的新问题，西方的社区建设在这种背景下又得以推广。社区整合发展的趋势还表现为发展模式的变化，即从早期的政府、社区作为社区发展的主要力量到政府、社区、非政府组织、公众、志愿者、私人部门等多元力量参与的发展模式。最后，社区发展的整合趋势还表现为由原来单一模式发展为复合模式的应用，体现为社区中各成分的规模和联系的范围逐渐扩大、社会成分日益差异化、各组织单位之间的依赖性越来越强，在社区发展方面出现了多组织协作，并且社区发展的协作区域突破了地理与行政管辖限制等现象。

第四个阶段是20世纪90年代，社区建设更加强调政府与社会的互动。社区建设过程中建构起来的社区不仅是一个地域社会生活共同体，也是一个自上而下建构起来的实施城市基层行政管理和社会控制的国家治理单元。社区成为国家用以贯彻决策实施过程、实行社会改革、实现社会控制和社会整合的基本手段与基本单位。当代著名的社会学家、英国新工党的思想领袖和"第三条道路"的主要倡导者安东尼·吉登斯（Anthony Giddens）认为，"社区这一主题是新型政治的根本所在"，面对诸如"社区素质衰落、贫富差距继续扩大"等日益严重的社会问题，只有加强社区建设才能解决；"社区建设不但意味着重新找回已经失去的地方团结形式，它还是一种促进街道、城镇和更大范围的地方区域的社会和物质复苏的可行办法"。他还认为，只有社区建设才能真正解决"公民素质衰落"等严重的社会问题，社区建设必须"重视支持社会网络、公民自助以及社会资本的培育"；"根据情况的不同，政府有时需要比较深入地干预公民社会事务，有时又必须从公民社会中退出来"。可以说，依托基层社会的崛起，通过政府的分权和授权，在基层社区中构造政府、市场和社会共同作用的现代治理格局，已经成为一种全球化的趋势，也是所有国家城市发展的共同目标之一。

二、中国社区建设的发展历程与根本

社区建设是个过程，它的形式、方法及内容都与当时当地的社会发展水平、社会制度和体系、文化传统和历史背景有着密切的联系。中国社区建设的发展既受西方社区建设的影响，又明显不同于西方社区建设。

（一）中国社区建设的发展历程

改革开放以来，经由学界的推动和基层管理的实践需求，我国由最初从探索建立社会保障制度的角度而提出的"社区""社区服务"概念，逐渐发展到全国性的"社区建设""和谐社区建设"，并上升为国家战略规划的重要组成部分，最终形成"社区治理"共识，并开展社区治理能力现代化新征程。回顾中国社区建设的发展历程，我们大体将其划分为五个阶段。①

第一阶段：社区建设的前奏阶段。1979年，受中央领导委托，费孝通受命恢复自1957年被取消的中国社会学。在中国社会学恢复之初，费孝通就指出，社区研究是社会学的五脏六腑之一。在他的推动下，学界开始将社区作为一种理论和方法，从单个社区入手，研究逐渐拓展到类型分析和构建体系阶段。与此同时，由官方推动的改革，在实践层面亦不断深入。1982年，党的十二大首次提出"发展基层社会生活的群众自治"，同年全国人大五届五次会议通过新宪法，规定城市居委会和农村村委会是基层群众自治组织，这为推进我国社区建设做了法律和政策方面的准备。1986年初，民政部从探索建立社会保障制度的高度，明确提出了开展社区服务、完善社区服务体系的要求，从而首次将"社区"这一概念引入基层管理，随之全国范围内展开社区服务。1989年12月，七届全国人大十一次会议通过《中华人民共和国城市居民委员会组织法》，明确规定"居民委员会应当开展便民利民的社区服务活动"，从而确定了居委会社区服务的职能。1993年8月，民政部、国家计委等14个部委联合下发了《关于加快发展社区服务业的意见》，提出要"加快建立健全社会保障体系和社会化服务体系，推动社区服务业全面、快速地发展"。1995年12月，民政部印发了《全国社区服务示范城区标准》，随之在全国推行。经过多年的实践，社区服务取得了一系列成果：一是兴建了一大批社区服务网点和社区服务设施，在一定程度上满足了城市居民对基本生活服务的需求；二是在社区服务开展过程中，提高了人们对社区的认识，使社区意识通过社区服务得到了增强；三是形成和培养了一批专兼职社区服务人员，包括志愿者队伍，从而为社区建设的进一步发展打下了坚实的基础。

第二阶段：社区建设的"点实验"阶段。20世纪90年代初期，随着改革的深化和社区服务的发展，社区工作也迅速展开和充实，社区服务的概念已经包容不了全方位的社区工作。学术界和政府有关部门借鉴国外"社区发展"的概念，结合中国实际提出了"社区建设"概念。所谓社区建设，是指在党和政府的领导下，依靠社区力量，利用社区资源，强化社区功能，解决社区问题，促进社区政治、经济、文化、环境协调和健康发展，不断提高社区成员生活水平和生活质量的过程。1991年5月，民政部指出社区工作除了社区服务外，还有社区文化、社区医疗、社区康复、社区教育等内容，首次提出基层组织要抓好"社区建设"。随之，民政部确立天津市河北区、杭州

---

① 严振书. 转型期中国社区建设的历程、成就与趋向[J].成都行政学院学报，2010（2）.

市下城区为全国社区建设试点单位，开展社区建设"点实验"工作；并于1991—1992年，先后召开了三次全国性的社区建设理论研讨会，听取各界对社区建设的意见和建议。在此基础上，1998年九届全国人大一次会议通过国务院机构改革方案，批准在民政部基层政权建设司的基础上组建民政部基层政权和社区建设司，具体"指导社区服务管理工作，推进社区建设"。1999年，民政部选择26个城区为城市社区建设实验区，遍布全国19个省（区、市）。同时，全国还有20多个省（区、市）确定了近100个省（市）级社区建设实验区。为保证各实验区工作的顺利开展，民政部结合各地实践经验，制定了《全国社区建设实验区工作实施方案》，具体指导各实验区工作。

第三阶段：社区建设全面推进阶段。在全国社区建设"点实验"成功推进的基础上，民政部于2000年10月向党中央、国务院上报了《民政部关于在全国推进城市社区建设的意见》。该意见在阐述增大城市社区建设重大意义的基础上，明确提出了我国城市社区建设的指导思想、基本原则和主要目标，并就促进城市社区建设各项工作的开展、加强城市社区组织和队伍建设、增大城市社区建设的整体合力提出了具体的措施和要求。这个意见引起了中央的高度重视，中央政治局常委会专题研究了社区建设工作，并以中共中央办公厅、国务院办公厅名义于2000年11月向全国转发。自此社区建设活动由"点实验"阶段转入全面推进阶段。2001年7月，民政部发布《全国城市社区建设示范活动指导纲要》及《全国社区建设示范城基本标准》。2005年8月，民政部部长李学举在全国社区建设工作会议上总结了全面推进社区建设五年来取得的进展状况：①健全组织，完善自治，初步构筑了以社区党组织为核心的社区组织体系；②转变职能，理顺关系，初步形成了社区建设新的工作运行机制；③加大投入，拓展功能，初步构筑起以社会互助为基础的社区服务体系；④优化队伍结构，提高整体素质，初步建立了一支中国特色的社区工作队伍。

第四阶段：建设和谐社区阶段。2004年9月，党的十六届四中全会明确提出了构建社会主义和谐社会的战略任务。2005年8月，李学举在全国社区建设工作会议上做了《建设和谐社区，为构建和谐社会奠定基础》的讲话，并提出了建设和谐社区的指导原则和主要任务。2007年10月，全国"社区建设与和谐社会"研讨会在武汉举行。2008年10月，在党的十七届三中全会上，胡锦涛提出要"完善农村社会管理体制机制，加强农村社区建设，保持农村社会和谐稳定"。2009年3月，温家宝在《政府工作报告》中提出要统筹推进城乡社区建设，促进城乡基本公共服务均等化。随后农村社区建设试点工作在全国展开。同年11月，发布《民政部关于进一步推进和谐社区建设工作的意见》，明确了进一步推进和谐社区建设工作的总体思路、目标要求以及当前和今后一个时期进一步推进和谐社区建设工作的主要任务。2010年3月，民政部办公厅发布《民政部办公厅关于建立全国和谐社区建设示范单位联系制度的通知》，促进各示范单位之间的交流与合作，加大对各示范单位的工作指导力度。同年8月，发布《中共中央办公厅、国务院办公厅关于加强和改进城市社区居民委员会建设工作的意见》，进一步完善基层群众自治制度，健全城市基层管理和服务体制。2011年1月31日，民政部发布《城乡社区服务体系建设"十二五"规划》（征求意见稿），以适应统筹城乡经济社会发展需要，健全基层管理和服务体系，完善城乡社区自治和服务功能，保障和改善民生，促进社会和谐稳定。

第五阶段：社区治理体制和治理能力现代化阶段。时间进入到2013年前后，情况开始出现更新的变化，即创新社会（包括社区）治理体制，推进国家治理体系和治理能力现代化，开始成为当时并直至今天仍然在进行的主要工作。2012年11月，党的十八大报告中第一次将城乡社区治理的基本思想和理念写入重要文献中；2013年11月，十八届三中全会召开，会议通过了《中共中央关于全面深化改革若干重大问题的决定》，指出："全面深化改革的总目标是完善和发展中国特色社会主义制度，推进国家治理体系和治理能力现代化。"2014年"两会"期间，习近平总书记在参加上海代表团分组审议时，就社会治理再次强调，社会治理的重心必须落到城乡社区，社区服务和管理能力强了，社会治理的基础就实了。要深入调研治理体制问题，深化拓展网格化管理，尽可能把资源、服务、管理放到基层，使基层有职有权有物，更好地为群众提供精准有效的服务和管理。2015年10月，党的十八届五中全会提出了共享发展新理念，并强调要"推进社会治理精细化，构建全民共建共享的社会治理格局"。2017年6月，中共中央、国务院颁布了《关于加强和完善城乡社区治理的意见》。同年10月，党的十九大召开，报告指出："加强社区治理体系建设，推动社会治理重心向基层下移，发挥社会组织作用，实现政府治理和社会调节、居民自治良性互动。"2018年10月，民政部举办"全国社区治理和服务能力建设示范培训班"，"进一步深入学习贯彻习近平新时代中国特色社会主义思想和党的十九大精神，贯彻落实《中共中央国务院关于加强和完善城乡社区治理的意见》要求，提高各级民政干部社区治理改革创新能力，推动各地区城市社区治理工作再上新台阶。在会上，顾朝曦强调，当前和今后一个时期，推进新时代城市社区治理改革创新，各级民政部门要强化统筹协调，立足'牵头、协调、统筹'的职能定位，凝聚各方力量、团结各类主体、整合各种资源，形成推进社区治理的强大合力"。2019年伊始，民政部的"基层政权和社区建设司"也改为"基层政权建设和社区治理司"[①]。

（二）中国社区建设的根本

当前，在我国城市里开展了轰轰烈烈的城市社区建设。然而，尽管人们理解社区建设在当前我国的必要性和必然性，但在实践中，许多政府领导和基层群众对社区建设的本质并不很清楚，导致在实际工作中社区建设出现一定的偏离。因此，有必要了

[①] 夏建中. 从社区服务到社区建设、再到社区治理——我国社区发展的三个阶段[J]. 社会，2019（6）.

解中国社区建设的根本。

首先，社区建设是一个复杂的经济、政治和社会过程[①]。社区建设不能仅仅局限于社区搞建设，必须将社区建设置于整个社会的经济、政治、文化的发展视野下，从社会发展、社会整合模式变迁的高度来考察并开展中国的社区建设。社区建设是我国在社会转型过程中找到的修复社会机体、解决社会问题的一个途径。社区建设的方向应该是针对中国社会转型背景下产生的各种特定的社会问题，比如失业下岗、家庭照顾、贫困等。

其次，社区建设是一个通过政府、居民和有关的社会组织整合社区资源、发现和解决社区问题、改善社区环境、提高生活质量的过程，是社区居民的自助措施实施的过程。[②] 与美国不同，我国的社区建设从一开始就是由政府推动的。这种政府推动型的社区建设中存在一个突出的问题就是居民和社区组织的参与率很低，我国的社区发展还没有真正走向社区精神培育的阶段。社区的真正本质是社区精神，即人们通过参与社区生活，形成对于自己生活和工作社区的认同。因此，我国的社区建设要利用社区组织，动员社区居民的广泛参与来解决存在于自己社区中的问题，并促进居民之间的相互了解、合作与认同，实现社区的共同归属。

要正确地理解并践行社区建设的本质，要求我们以治理的理念来引导并推动社区建设。因此，社区治理是伴随着社区建设而兴起的，社区治理是社区建设的重要内容和重要目标，也是社区建设的重要保证。

第三节　城市社区治理

城市社区治理作为当前社区建设的主流理念与实践模式，源于"治理"在全球的兴起与发展。因此，有必要了解治理的内涵与特征，进而把握社区治理的内涵、基本原则、主体与内容。

一、治理的内涵

（一）治理的基本内涵

在政府管理和政治发展中引入"治理"的概念，源自20世纪90年代初期。据俞可平考证，世界银行最早在公共管理中引入"治理"一词。该组织在1989年的一份研

---

① 王思斌.体制改革中的城市社区建设的理论分析［J］.北京大学学报（哲学社会科学版），2000（5）.

② 潘泽泉.社区建设与发展话语的实践逻辑与新趋势［J］.中共天津市委党校学报，2009（5）.

究报告中，首次用"治理危机"（crisis in governance）来概括当时非洲的情形[①]。自此之后，"治理"一词就频频出现在联合国各大机构的文件中，并最终被政治学界和行政管理学界所接受，广泛应用于与国家或地方的公共事务管理有关的理论研究和实践中，其核心理念已成为公共权力运行和公共事务处理的基本准则之一。

在关于治理的诸多定义中，最具代表性和权威性的当属全球治理委员会给出的定义。全球治理委员会于1995年发表名为《我们的全球之家》的研究报告，对治理作出了如下界定：治理是各种公共的、私人的个人和机构，管理其共同事务的诸多方式的总和。它是使相互冲突的或不同的利益得以调和并且采取联合行动的持续的过程。它既包括有权迫使人们服从的正式制度和规则，也包括各种人们同意或以为符合其利益的非正式的制度安排。它包括四个基本特征：治理不是一整套规则，也不是一种活动，而是一个过程；治理过程的基础不是控制，而是协调；治理既涉及公共部门，也涉及私人部门；治理不是一种正式的制度，而是持续的互动。

（二）治理与统治的区别

当代治理概念及治理理论被作为一种阐释现代社会、政治秩序与结构变化，分析现代政治、行政权力构架，阐述公共政策体系特征的分析框架和思想体系，与传统的"统治"（governing）和"政府控制"（government control）思想和观念相区别，甚至对立起来[②]。也就是说，"治理"是不同于"统治"的，它是对统治的发展与替代。从本质上讲，统治和治理都是利用自身的权威，通过对公共权力的配置和运作，达到对公共事务实施有效管理，以支配、操纵和调控社会，维持社会正常秩序的目的，是一种政治管理的过程。但是，统治是指国家及其执行机构政府基于社会统治和管理需要而实施的具有权威性的专门的公共管理活动，而治理不同于传统的政府统治概念。这种区别不在于权力运用的出发点和最终归宿，而在于其过程，在于对公共权力的配置和运作方式的不同[③]。至少可以列出两者之间的下述三点差异。

首先，行为主体的不同。统治的权威来自政府，其主体一定是社会的公共机构，即政府或者政府的代言人。治理的主体则不必一定是公共机构，可以是私人机构，还可以是公共机构和私人机构的合作。从这个意义上说，治理这一概念的使用范围要比统治宽泛得多，既可以是国家、地方、村镇这样的行政单位，也可以是现代化的大公司、学校乃至基层社区。

其次，权力运用的方式不同。政府统治是政府自上而下的主动性行为，通过强制性的国家权力，依靠科层制度的机构网络，发布并实施各类正式的法规政策来管理公

[①] 俞可平. 引论：治理和善治 [M]. 北京：社会科学文献出版社，2000：17.
[②] 孙柏瑛. 当代地方治理——面向21世纪的挑战 [M]. 北京：中国人民大学出版社，2004：19-22.
[③] 戈丹. 现代的治理，昨天和今天：借重法国政府政策得以明确的几点认识 [J]. 国际社会科学（中文版），1999（2）.

共事务，实现公共利益。在权力行使的过程中，被管理对象完全处于被动状态。治理则是一个上下互动的管理过程，它主要通过合作、协商、建立伙伴关系等方式实施对公共事务的管理。

最后，权力配置的形式不同。所谓权力配置，是指按照一定的规则对公共权力进行分配和控制。在统治状态下，公共权力是集中的，权力的中心是单一的，那就是政府。而在治理过程中，权力是分散的，权力的中心是多元的、分层次的。

可以看出，"治理"相较于"统治"更利于整个社会的进步与发展。治理泛指国家、公共组织、私人机构及社会个人等各种活动主体经过协商合作对公共事务进行有效管理，从而最大限度地增进公共利益。治理理论的提出对包括社区建设在内的公共管理活动有着重大的借鉴作用。

二、社区治理的内涵与基本原则

（一）社区治理的内涵

社区治理（community governance）是指在法治化、规范化的前提下，由政府行政组织、社区党组织、社区自治组织、社区非营利组织、辖区单位以及社区居民等多元主体共同管理社区公共事务的活动。社区治理不同于社区管理。传统的社区管理（community management）突出了社区的行政色彩，强调政府在社区中的领导地位，主要以行政手段对社区事务进行管理。而社区治理则是从治理的理论基点出发，强调在社区治理中，政府应是权力主体之一，并不是社区治理中的唯一权威，其发挥作用的更应该是引导和服务等方式，而不是行政性的强制，使社区逐步过渡到"自我教育、自我管理、自我服务、自我约束"的状态。社区治理的目标就是通过多元权力参与社区治理，在多元权力职责分明而又相互依赖的基础上促进社区的良治，最终达到发扬民主、整合资源、促进社区建设的目的。这既是政治体制改革的过程，也是发扬民主的过程，同时也是社区建设和提高居民生活质量的过程。

（二）社区治理的基本原则

社区治理所包含的最基本的价值观念是社区居民利益的主体性和本位性。从社区公共决策及执行必须符合社区的整体利益和最大利益出发，Michael Clarke 和 John Stewart 总结了社区治理的六个原则[①]：第一，地方政府应当更加关注社区的整体福利；第二，地方政府在社区治理中的角色，只能根据它是否贴近社区和社区市民、是否使他们增权来评判；第三，地方政府必须承认其他公共、私人、志愿组织的贡献，其职

---

① 高鉴国，亚达马. 社区治理的理论与实践模式 [A] //田玉荣. 非政府组织与社区发展. 北京：社会科学文献出版社，2008：12.

责在于促进而不是控制这些贡献；第四，地方政府应当保证社区的全部资源被充分用于这个社区的利益；第五，为了最好地利用这些资源，地方政府需要认真考察如何才能最有效地满足居民的需要，准备以不同的方式实施；第六，要证明自己的领导能力，地方政府必须努力地了解、协调和平衡各种利益差异。

还有学者认为，社区治理的价值基础是民主，政治基础是自治。因此，社区治理与社区自治、公民参与有着密切的联系。社区治理既包含着社区自治的主题，也包含着公民参与的主题。一种建立在民主与自治基础上的社区治理需要遵循四大原则：一是参与，社区各组织与居民必须直接或间接地有效参与社区事务，政府也应该致力于建立各种渠道来鼓励参与；二是法治，治理应该建立在公正的法律基础之上，并有高执法能力的组织或机构，依法自治；三是透明，在治理过程中使各种信息和决策公开，使公民明了自己的利益与权利，并利用相关信息自主决策，基层政府也必须把相关信息以简洁明了的方式告知居民；四是反馈，各种组织或机构必须在特定的期限内回应居民的要求与问责[①]。

三、社区治理的主体与内容

（一）社区治理的主体：利益相关者

从上述社区治理的内涵中可见，社区治理的主体是多元化的。社区治理主体是社区利益相关者，即与社区需求存在直接或间接利益关联的个人和组织的总称，包括党政组织、社区组织、社会中介组织、驻社区单位、居民等。社区利益相关者的多元性和复杂性是由社区公共事务属性所决定的。社区公共事务是公共产品的组合而不是某项公共产品，它不仅是某一家庭或某一组织的需求，而且涉及多个家庭和多个组织的共同需求，是个体需求的集合。它涉及多个行为主体之间的复杂权利关系，需要建立一种集体选择机制来解决个体需求表达与整合问题。治理社区公共事务需要社区利益相关者贡献资源、分摊成本、共享利益，这也需要建立一种平等协商机制，以实现资源倍增效应[②]。

从组织的性质角度，可以将社区治理的主体分成三大类：一是党政组织，包括各级党组织与行政组织；二是社会组织，包括社区自治组织（居民委员会、业主委员会）、社区非营利组织（各类非营利的服务型、事务型组织）、社区居民的文体娱乐团队、社区志愿组织等；三是营利组织，包括营利性的驻社区单位和其他参与社区治理的经济组织（如物业公司）。

各治理主体因为掌握的资源不同，彼此之间形成一种相互依赖。比如，对于政府

---

① 董小燕. 公共领域与城市社区自治 [M]. 北京：社会科学文献出版社，2010：88.
② 陈伟东，李雪萍. 社区治理主体：利益相关者 [J]. 当代世界与社会主义，2004（2）.

部门而言，由于社会事务增多，以及政府部门自身精简、力图追求企业型政府的效率和效益的需求，这就势必使政府无法再大包大揽，而将部分权力下放给社会组织，让社区居民依靠自身力量自治，从而获得社会组织和社区居民的合作。对于社会组织而言，要获得合法性，就必须接受政府的领导和管理，如按照《社会团体登记管理条例》或者《民办非企业单位登记管理暂行条例》等的要求在民政部门登记、注册；要进入社区工作，特别是与街道、居委会的合作，便需要得到政府授权。政府也需要依赖社区中的经济组织发展社区经济、创造社区居民就业机会，从而实现社区的稳定与发展。至于经济组织是否有权力进入社区，则取决于社区居民、社会组织对于经济组织的评估，以及政府政策是否准入[1]。

  这些主体当中，政府角色最难以定位。一方面，政府倡导社区自治，鼓励公众参与社区建设，力图尽可能少地直接干预社区事务，并鼓励社会组织参与社区管理与社区建设；另一方面，政府希望加强对社区建设的领导，并且由于长期以来形成的居民对政府的依赖心理也迫使政府在过渡时期的社区建设中扮演相对积极主动的角色，政府在社区建设、社区发展过程中的主导作用始终比较突出。现实中，社区居民参与多局限于传统的执行性参与，即在政府决策之后被动员去执行，从而形成典型的权力精英主导模式，远非一种理想的政府、社区组织、群众协商互动的治理模式。

  从现实层面看，目前社区治理各主体之间的关系上还存在两个问题：一是组织功能边界问题。介入社区公共事务的各类社会组织缺乏合理的社会分工，缺乏明晰的功能边界，存在"过大的政府""变异的社区自治组织""过小的社区非营利组织和社区志愿组织"的现象。政府组织包揽太多的事务，既从事行政管理又从事公共服务；社区居委会既协助政府从事行政管理事务，又协助提供公共服务，还从事社区内部事务；不少社区非营利组织却存在行政化问题。二是组织间权利关系问题。政府组织、社区自治组织和其他社会组织功能边界不清晰的原因是所拥有的资源和权力不对等，"过大的政府"掌握着大多数社会资源和权力，政府部门与居委会、其他社会组织所拥有的权力和资源不对等，政府部门处于强势地位，可以凭借自身对居委会和其他社会组织的财权、事权和人权的控制，转移事务。

（二）社区治理的内容：社区公共事务

  公共事务一般是指涉及社会公众的生活质量和共同利益的一系列活动，以及这些活动的实际效果。所谓社区公共事务，在宏观上，凡是按照属地原则分担到社区，以社区为单位去组织、协调、运作的公共事务，就属于社区公共事务；在微观上，社区经济、社区教育、社区卫生、社区体育、社区文化以及社会福利、社会救济是传统的社区公共事务。在当今的市场经济体制下，新独立出来的社区治安、社区服务等也属

---

[1] 冯玲，王名.治理理论与中国城市社区建设[J].理论与改革，2003（3）.

于社区公共事务[①]。因此，社区公共事务是纷繁复杂的。社区治理需要通过合作关系将政府、社区自治组织、社区非营利组织、社区营利组织等团结起来，整合各自的资源，形成社区内部的共同合力，以有效解决社区公共事务问题。

此外，社区公共事务的本质是公共物品（public goods，或称"公共产品"）。按照萨缪尔森的观点，公共产品就是所有成员集体享用的集体消费品，社会全体成员可以同时享用该产品；每个人对该产品的消费都不会减少其他社会成员对该产品的消费。或者说公共产品是这样一些产品，无论每个人是否愿意购买它们，它们带来的好处不可分割地散布到整个社区里[②]。这个定义是从受益的非排他性和消费的非竞争性来界定公共产品的概念。因此，公共物品具有受益的非排他性和消费的非竞争性两个基本特性。然而，现实生活中能够同时具有这两种特性的纯公共物品并不多，许多公共物品只具有两个特性中的一个或在不同程度上具有这两个特性。这些介于纯公共物品和私人物品之间的物品被称为准公共物品。根据产品是否具有非竞争性和非排他性两种特性，我们可以对产品做如下分类，见表5-1。

表5-1 产品分类表

产品		排他性	
		有	无
竞争性	有	私人产品	公共资源
	无	俱乐部产品	纯公共产品

学者陈伟东、李雪萍曾对社区公共产品的特性及分类作出了积极的、有意义的研究。他们根据社区产品的两个内在特性将社区产品分为四类：一是个人物品，即有排他性与竞争性的产品；二是收费产品，即有排他性但无竞争性的产品；三是共用资源，即无排他性但有竞争性的产品；四是集体产品，即无排他性也无竞争性的产品[③]。二位学者关于社区产品的特性及分类见表5-2。

表5-2 社区公共产品的特性与分类

产品	排他性	非排他性
竞争性	个人物品 送奶、理发与美容、饭菜配送、代换煤气罐、家电维修、钟点工等	共用资源 河流、湖泊、空气等
非竞争性	收费物品 邮件投递、公交服务、通信网络、自来水供应和下水道服务、电力供应、天然气供应、社区养老院、青少年特长培训等	集体产品 社区活动设施、街道、便民桥、垃圾处理、社区绿化、社区医疗保障与防疫、社区安全与消防、公民自由与民主、公共教育（除特长培训）、公共文化体育、楼道秩序、社区救助等

---

① 汪大海.外国人是如何管理社区公共事务的[J].社区，2005（3）.
② 萨缪尔森.经济学[M].北京：北京经济学院出版社，1996.
③ 陈伟东，李雪萍.社区产品属性与供给机制[J].中国民政，2003（2）.

事实上，社区公共产品既有纯私人物品特征，也有纯公共物品特征，属于混合物品。它们具有社区性、外部性、多样性的特征。社区公共产品的特性本身就意味着有效供给社区公共产品需要建立多元互动的社区治理结构①。换言之，社区公共产品的非排他性和非竞争性会促使人们产生"搭便车"（捡便宜）的行为，这也需要建立一种相互监督和相互约束机制。在社区公共产品的提供过程中，政府不可能是唯一的，市场不可能是唯一的，自治组织以及第三部门等也不可能是唯一的渠道。公共产品的提供是一个多元主体的互动过程。只有建立在政府、市场和社会三维框架下的多中心模式，才能有效地克服单一主体供给的不足，进而才能走出社区公共产品管理的困境。

本章小结

社区是存在于具有一定边界的地域中的、其成员有着各种稳定的社会和心理的联系的人类生活共同体。目前，城市社区的范围一般是指经过社区体制改革后做了规模调整的居民委员会辖区。社区的构成要素包括地域性、公共联系纽带、持续和亲密的首属关系、归属感和一套社区成员公认的行为规范和秩序。中西方的社区建设虽然起步不同，发展的路径也有区别，但它们都是为解决本国各种社会问题，并着眼于以社区建设和发展来谋求社会的发展。

治理泛指国家、公共组织、私人机构及社会个人等各种活动主体经过协商合作对公共事务进行有效管理，从而最大限度地增进公共利益，它与"统治"有着本质区别。社区治理是指在法治化、规范化的前提下，由政府行政组织、社区党组织、社区自治组织、社区非营利组织、辖区单位以及社区居民等多元主体共同管理社区公共事务的活动。社区治理应遵循参与、法治、透明、反馈等基本原则。社区治理的主体是社区利益的相关者，其客体是社区公共事务。

拓展阅读

1. 费孝通. 当前城市社区建设一些思考 [J]. 社区，2005（13）.
2. 郑杭生. 社区建设的理论与实践 [M]. 北京：党建读物出版社，2009.
3. 王思斌. 体制改革中的城市社区建设的理论分析 [J]. 北京大学学报（哲学社会科学版），2000（5）.
4. 唐忠新. 构建和谐社区 [M]. 北京：中国社会出版社，2006.
5. 熊竞，孙斌栋. 超大城市政区治理：演进逻辑、制度困境与优化路径 [J]. 上海行政学院学报，2020（9）.
6. 谢桂华，王小榕. 城市化进程中的社区关系转变 [J]. 社会学评论，2021（3）.

---

① 陈伟东，李雪萍. 社区治理与公民社会的发育 [J]. 华中师范大学学报（人文社会科学版），2003（1）.

7. 张品. 城市社会学社区研究的起源与价值——兼议社区在社会秩序研究中的作用 [J]. 天津师范大学学报（社会科学版），2020（1）.

8. 于显洋，郭锡山，张亚鹏. 空间转型与社区治理反思——基于平海市柔河区村居混合社区调研分析 [J]. 北京行政学院学报，2020（3）.

9. 师容. 新时代"枫桥经验"在城市基层社会治理中的适用研究 [J]. 天津行政学院学报，2020（1）.

10. TONNIES F. community and civil society [M]. Cambridge：Cambridge University Press，2001.

关键词

社区（community）　　　　　社区建设（community construction）
治理（governance）　　　　　社区治理（community governance）

思考题

1. 什么是社区？社区的构成要素有哪些？
2. 发达国家的社区建设有什么特征？这对我国社区建设有何启示？
3. 什么是社区治理？社区治理的主体和内容分别是什么？

典型案例

当代城市社区研究促进社会秩序塑造[①]

我国的社区研究源于西方的理论启示。18世纪商业和工业革命的兴起使社会这一观念与国家相分离。社会学者关注社会，但社会是一个抽象、泛化的概念。西方学者们往往选择从一个问题或一种现象入手来把握社会的状况，社区是较早关注且关注较多的领域。把社会当作一个组织，某种程度上是让社会关系具体化，这一观念牢固植根于社会行动和互动是社会学理论的基础这个思想之中。因而从本质上说，社区概念是研究者源于现实的一种主观建构，意指结成一定社会关系的群体，表征着特定形态的社会关系。20世纪30年代，以费孝通为代表的一些燕京大学学生把帕克一篇论文中的一句话"Communityis not Society"翻译为"社区不是社会"，从而将社区概念引入我国。吴文藻先生倡导从社区着眼，来观察社会、了解社会，并指出"社会是描述集体生活的抽象概念，是一切复杂的社会关系全部体系的总称，而社区是某一地区人民实际生活的具体表词，它有物质基础，是可以观察的"。这使得本土的社区研究迅

---

① 张品. 城市社会学社区研究的起源与价值——兼议社区在社会秩序研究中的作用 [J]. 天津师范大学学报（社会科学版），2020（1）.

速成为中国社会学的重要组成部分。20世纪80年中后期，我国开始了快速的城市化进程。城市社区又成为当代社会学研究的主要领域之一。

在城市化背景下，城市社区研究是了解我国城市社会秩序乃至社会秩序的重要途径。西方社会自近代以来一直走在全球现代化的前列，在此基础上产生了诸多关于社会变迁的理论，为我国现代化建设提供了重要借鉴。由于社会经济制度不同，源自西方的理论不能直接套用到我国社会建设的现实之中。在借鉴西方社区理论时，我们不能只是单纯地了解学者们提出的观点，而是需要深入体会他们研究社区的视角、思路和方法，也就是分析问题的逻辑。社区的特殊性在于，它不仅是源自西方现实的抽象概念，同时也是一种研究社会的视角。我国社会学者通过对老城区、新商品房住宅、城中村三类典型社区共存现状的分析，揭示了城市人际关系，并从中管窥到形塑社区的城市规划、市场机制等宏观力量，进而展示出当下中国城市社会的秩序样态。

从社会学视角来看，社会治理的目标是为人们提供基础设施、社会资本等公共产品，其本质是为了促进社会整合，优化社会秩序。快速城市化引发了中国社会结构的深刻变革，为了构建充满活力、安定有序的社会，我国近些年来提出了社会治理的概念。社会治理强调多元参与，其基础在于居民参与，因而社区治理成为社会治理的重点。习近平总书记就曾指出，基层是一切工作的落脚点，社会治理的重心必须落实到城乡、社区。然而，当前我国社区治理的研究几乎都预设了一个前提，即社区已经形成，主要是治理方面存在问题，很多学者都把注意力集中到政府、相关部门和组织的职能发挥上，忽视了社区是一个渐进发展逐步完成的过程。这就需要揭示社区具体形成过程和现状特点的社会学研究。换言之，研究社区治理离不开城市社会学视野中的社区研究。

社区是城市人口整合入城市社会的重要途径。以推动城市基层社会建设，加快城市失地农民市民化，促进外来流动人口城市融入三项重点工作为例来看，城市社区治理可以促进城市社会秩序优化，而这一任务的前提是在社区研究中把握当下的社会秩序。居民参与基层治理以及社区自治离不开社区团结。学者们通过分析城市社区转型与重构来探寻城市生活、社会政策、居民组织、政府部门等方面在城市基层社会的再整合中的作用，以过程化的方式考察、追踪社区治理中的各类事件，可以提供更加清晰的社区关系图景。由于我国快速城市化初期过于重视经济效益和城市规模的扩张，外来流动人口虽然被吸纳入城市生产体系，但他们在工资报酬、子女教育、社会保障、住房等方面不能享有城市居民的待遇，没有真正融入城市社会。研究外来流动人口的社区生活状态，可以更具针对性地了解他们在城乡流动过程中形成的社会网络、融入情况以及发展需求。针对失地农民市民化，李培林特别指出，村落的终结和农民的终结不是同一的过程，不是非农化、工业化、户籍改革就能解决的，村落的终结更加艰难、漫长，一蹴而就的结果往往造成社会的断裂。因此，推进失地农民生活方式的转变，需要深入了解城中村等相关社区的形成过程和特质及其运行机制存在的根源。

相较于以"对症下药"为取向的研究,从发生学的角度讨论社区关系和社区结构的形成,能够历时地追溯既存社会问题的来龙去脉,这对于认识城市社会的特点、矛盾问题以及运作方式都大有裨益。可以预见,在我国城市化战略转型期(全面提高城市化质量)和未来,社区研究仍然肩负着探寻社会秩序和提升社会治理水平的双重使命。

思考题

1. 如何理解社区治理和社会秩序调整的相互关系?
2. 社区研究如何从特定时空社区中窥见社会秩序并发现社会问题症结所在?

即测即练5

第六章
城市社会分层

本　　章　　提　　要

　　本章主要介绍有关城市社会分层的概念、理论和现状。在介绍概念的时候，必须区分社会分层和社会阶层的概念，需要分析社会分层的西方理论渊源，以及当前中国的研究现状，分析中国当前的社会分层现状和社会结构变迁中出现的现象与问题。

第一节 社会分层的基本概念和特征

一、社会分层与社会阶层

要理解社会分层必须首先厘清其与相关概念的关系和区别，如与社会阶层的区别，前提是有必要认识和了解阶级和阶层的含义和区别。由于阶级与阶层的复杂性，划分阶级和阶层有多种不同的标准，其中，阶级的划分注重生产关系，特别是所有制的标准，而阶层的划分更多是从政治、经济、文化等多方面展开。

对于阶级，列宁准确地理解和把握了马克思和恩格斯关于阶级的基本含义，给阶级下了明确的、规范性的定义。他说："所谓阶级，就是这样一些大的集团，这些集团在历史上一定的社会生产体系中所处的地位不同，同生产资料的关系（这种关系大部分是在法律上明文规定的）不同，在社会劳动组织中所起的作用不同，因而取得归自己所支配的那份社会财富的方式和多寡也不同。所谓阶级，就是这样一些集团，由于它们在一定社会经济结构中所处的地位不同，其中一个集团能够占有另一个集团的劳动。"判断阶级差别的基本标准，就是它们在社会生产中所处的地位[1]。

阶级是一个以经济属性为其本质属性，同时具有政治和思想意识属性的社会概念，阶层则主要是在具备这些社会属性的基础上，由于某一社会属性的差别、利益的差别而形成的阶级中的不同层面。同一阶级的成员在一定条件下也可以根据政治态度和价值观念的不同，划分为不同的阶层。在阶级的形成和消亡的过程中，阶级的形成要经过阶层的发展阶段和过程，即经过从阶层到阶级的演化过程；阶级的消亡则要经历相反的过程，即从阶级到阶层的演化过程。当前社会分层更多的是指社会分工所形成的不同职能群体，基于收入高低、声望高低、职业优劣和职业地位高低、权力大小而产生层次、等级。这也是近年来，我国社会学者们经常使用的阶层含义[1]。由此观之，社会阶层与社会阶级的重要区别表现在以下几个方面[2]。

研究对象：社会阶级的研究对象是社会集团，不仅要研究社会集团之间的关系，而且要研究其形成原因、性质、特征及发展趋势。社会阶层研究的对象是社会成员，虽然社会集团是由社会成员组成的，但二者存在着根本性的区别。社会集团是从团体和组织的视角定义社会群体，而社会成员则淡化了组织的内涵；另外，社会阶层是在

---

[1] 李元书. 社会分层与阶级分层的区别、功能和意义[J]. 江苏社会科学，2005（2）.
[2] 杨国斌. 社会阶层论[M]. 北京：中国社会科学出版社，2009.

更大的范围,不仅是一个生产关系的内部,而且从人类发展的视角,来分析社会成员构成的层次。

研究视野:社会阶级是从社会生产关系的视野中定位社会集团及其特征。社会阶层研究的视野是社会生产力发展条件下,社会成员的演化规律,揭示社会群体发展态势和规律。社会阶层主要是从社会成员构成的层次,或者从一个集团内部的视野去定位更具体的社会成员层次。

研究思路:社会阶级是按阶级学说的思路对社会集团及其构成进行考察,社会阶层则是按社会层次的思路分析考察社会不同群体和社会成员。两种研究思路固然在一定意义上存在着某些重叠性联系,但二者又有鲜明的区别。

研究线索:社会阶级是一个历史范畴,在人类社会的特定时期产生,即出现了社会大分工和剩余劳动,社会阶级才应运而生。进入共产主义社会以后,社会阶级将和国家一同消亡。社会阶层是一个永恒的范畴,伴随着人类的产生而产生,只要人类社会存在,人类群体就会有左中右及层次的区分。

研究方法和依据:社会阶级主要集中于对社会集团经济因素的考察,使用的是经济分析的方法,把经济的差异看成是一切差异的根源,并且进而看成阶级剥削和阶级斗争,以及无产阶级革命的根源和依据;社会阶层运用的方法是综合法和多元分析法,通过对社会群体的经济、政治、社会地位与文化层次及道德观念等要素的考察,进行并列的多元化的研究。

研究的根本目的和重要意义:社会阶级范畴表述的重要目的和意义是提示社会集团之间利益冲突的根源和集团之间斗争的必然性,提示剥削的基础条件、秘密和方法,贫困的根源与革命的动力等;社会阶层主要从社会层次的视角进一步说明集团内部的层次性,以及阶层演化的规律性、科学性。

从上述解释来看,可以对社会分层和社会阶级作出区分。社会分层是指对人们在社会中的不同地位或位置的排列,主要包括收入分层、社会声望分层、权力分层、职业分层、受教育程度分层、年龄分层等。社会阶级即根据人们在社会生产体系中的地位和作用而对其在社会阶级结构中的位置的排列。

二、中外社会分层现状

(一)国外的社会分层

从20世纪以来的发达国家社会结构的变迁看,社会结构两级化的趋势已大大缓和,贫富差距有所缩小,最富有的阶层与最贫穷的阶层都有向中间阶层演变的趋势。整个社会结构呈现出"橄榄型"的形状。

从收入分层看,20世纪以来,美国最富有的5%的阶层所占有的全部收入的比例,从 1929 年的 30% 下降到 1980 年的 15%，下降了一半。而在收入分层中占 60% 的中低层所占有的全部收入的比例，从 1929 年的 26% 上升到 1980 年的 34%。1980 年美国富有者阶层占全部家庭 6.7%，而贫困阶层仅占 6.2%，其余 87.1% 的家庭则是处于贫困与富裕之间的中等收入阶层。总之，从收入分层看，美国庞大的中等收入层成为社会稳定的重要因素。从职业分层看，目前的西方社会也形成了与中等收入层相对应的一个中等身份地位的职业群体，它大体上由专业技术人员、管理人员、办事员、销售人员等组成。这些人是目前西方社会的典型中间阶层。在美国、加拿大、法国等 11 个西方发达国家，专业技术人员、管理人员、办事员、销售人员数量已占到了在业人口的半数以上。其在美国占 53.5%，在加拿大占 53.5%，其他西方国家也大体保持在这个水平上[1]。

综上所述，无论在收入分层中，还是在职业分层中，西方发达国家都形成了一个庞大的中间阶层。社会学家的研究表明，这个中间阶层赞同社会的主导价值观，在社会变迁中成为社会矛盾的缓冲阶层。研究还表明，中间阶层构成社会主体，这是第二次世界大战后，多数西方发达国家能够长期稳定发展的重要结构原因。

对于拉美及加勒比地区而言，联合国人类住区规划署（人居署）于 2012 年 8 月 21 日发布的《拉美及加勒比城市研究报告》显示，在拉美及加勒比地区近 6 亿总人口中，城镇人口比例已接近 80%，高于发达国家水平。因此，城市人口是拉美各国政治、经济和社会生活的主体。自 20 世纪 80 年代以来，在拉美地区的城市人口中，明显地存在着八个社会阶层，拉美地区城市社会的这种分层对社会和政治产生了极大的影响。

谢文泽在《拉美城市的社会分层及社会和政治影响》[2]一文中采用拉美经委会的划分标准，即是否拥有资本和生产资料、是否大量控制其他劳动力、是否拥有稀缺的高附加值技术、是否拥有一般管理和一般技术技能、是否享受劳动法律的保护以及收入方式等，将拉美地区的城市经济人口划分为八个阶层：资本家、高级管理人员、高级雇员、小业主、正规脑力劳动者、正规体力劳动者、非正规劳动者及无业人员。

其中，资本家是拉美地区城市社会的第一阶层。这个阶层的成员基本上是大中型企业的所有者，拥有大量资本和生产资料，雇用大量劳动力，利润是其主要收入来源，在政治、经济和社会生活等诸方面均居主导地位，拥有一定的特权。在拉美地区，该阶层占城市经济人口的 0.9%。

第二阶层是高级管理人员，其成员基本上是大中型企业、国有企业以及政府部门的高层管理者。尽管高级管理人员不直接掌握大量资本，但他们管理着规模庞大、数量众多、组织良好的劳动力，拥有稀缺的、高附加值的技术，至少拥有一般管理技能或一般技术技能，受劳动法律的保护，工资和奖金是其主要收入，收入水平仅次于第

---

[1] 景跃军，张景荣. 社会分层研究与中国社会分层现状 [J]. 人口学刊，1999（5）.
[2] 谢文泽. 拉美城市的社会分层及社会和政治影响 [J]. 拉丁美洲研究，2005，6（3）.

一阶层。在拉美地区，该阶层占城市经济人口的 1.1%。

第三阶层是高级雇员。他们受过良好的大学教育，受雇于私有企业或政府机构，身居要职，但不直接掌握大量资本，也不领导数量众多的劳动力。他们凭借自身的才能，在私有企业和政府机构获得很好的就业机会，拥有丰厚的工资收入。在拉美地区，该阶层占城市经济人口的 2.0% 左右。

第四阶层是自由职业者、技术人员、小型和微型企业主。小型和微型企业主是这个阶层的主体，因此，该阶层也可称为小业主。其特点是拥有一定数量的资金，拥有一定的管理和技术技能，少量地、非正规地雇用工人，向消费者提供低成本的产品和服务，为大中型企业加工低成本的中间产品。在拉美地区，该阶层占城市经济人口的 9.4% 左右。

第五、第六阶层是正规脑力劳动者和正规体力劳动者。实际上这两个阶层可统称为正规劳动者，其主要成员是在工业、服务业和农业部门就业的劳动者，能享受劳动法律和法规的保护，能享受医疗保险、失业保险以及享有退休金等。前者是层次较高有稳定收入的白领和技术人员；后者主要是蓝领工人，其成员是产业工人、服务业人员以及农村地区现代化程度较高的农业企业的工人。在拉美地区，这两个阶层各占城市经济人口的 13.7% 和 18.7%。

第七阶层是非正规劳动者。这个阶层的成员处于劳动力市场的最低层，他们没有劳动合同的保障，享受不到劳动法律和法规的保护，没有稳定的工资收入甚至没有工资收入。他们除了出卖劳动力之外无其他技能，是拉美地区较为典型的、数量庞大的阶层。非正规劳动者主要由三个群体构成：在小型和微型企业处于非正规就业状态的劳动者；无报酬的家庭劳动者；无社会保障、不受法律保护的产业工人、服务业人员和农业工人。在整个拉美地区，该阶层占城市经济人口的 50.6%。

第八阶层是无业者或无法分类的其他社会成员，俗称无业人员。严格地说这算不上是一个阶层，更准确地说是无业群体。该阶层占整个拉美城市经济人口的 3.6%。

（二）中国的社会分层

在我国的社会分层中，通常以有无资本而产生分层。有资本人群是指雇人或者自雇进行各种商业活动的群体，也就是我们通常所说的个体户；无资本人群则是靠出卖智力和劳动获得报酬的打工群体。缺乏资本的打工族又可进一步分为白领、蓝领、粉领以及灰领。白领一般靠出卖自己的知识谋生，大多从事相对体面的脑力劳动；蓝领一般靠出卖自己的劳动力谋生，大多从事体力劳动；粉领一般指从事服务业的年轻女性；灰领则是一些没有正式职业的人群。尉建文[①]将流动人口的社会阶层按照资本和知识技能分为五个不同的群体，特征如下。

---

① 尉建文. 流动人口的社会分层与城市管理——以杭州市为例［J］. 城市，2007（12）.

个体户群体：个体户群体主要是指拥有较少量私人资本，并把资本投入生产、流通、服务业等经营活动而且以此为生的人。其主要包括两类：一是老板雇人型，自己是小业主或个体工商户，有足够资本雇用少数他人劳动；二是老板自雇型，他们有足够资本可以开业经营，不雇用或很少雇用其他劳动者，自己和家人直接参与劳动，城郊接合部的各种小商店、小餐馆、小杂货店主多为这种类型。

白领群体：白领群体指的是拥有一定的知识资本，大多来自其他省份或地区的中小城市，拥有城镇户口，受过中专以上教育，一般从事脑力劳动的人。这类群体一般包括企业技术员、营销人员、教师、医生、出租车司机、酒店管理人员、公司文员等。

蓝领群体：蓝领群体主要是指缺乏资本和知识技能，以从事体力劳动为主的人。他们多为一般意义上的农民工，来自农村，吃苦耐劳，文化水平不高，他们通常居住在城郊接合部。这类人群主要从事加工制造业、建筑业、餐饮商铺等服务业、运输装卸、散工等职业。一般来说，他们在城市中从事最苦、最累的工作。

粉领群体：粉领群体主要是指在城市中从事服务业的年轻女性，她们中的一小部分随着自己知识和资本的增加，有可能转化为个体户群体。

灰领群体：灰领群体主要是指在城市中没有稳定职业的人群。

在涉及社会分层的问题时不得不提及贫困。随着中国经济发展，中等和高收入人群进一步增加，可以预见在一定时期内，收入的差距将更加显著，相对贫困人口也会增加。更重要的是，收入差距不完全是由于个人能力差异等因素产生，例如社会制度和体制的急速转变等将导致部分人群较其他人群更易处于弱势。社会对这部分弱势群体的忽视，不但会导致贫困的持续和代际传递，还会导致潜在居住空间分割、发展机会不均等，造成情绪对立乃至仇视。中国区域之间、城市之间的既有差异，无疑使上述问题更加复杂化。如何理解各地方的贫困问题，如何唤起不同利益相关者对贫困问题的关注，如何在公共决策和区域与城市规划中考虑到弱势群体的利益，如何在空间规划中为弱势群体创造机遇，如何倡导或引导有关政策的形成，是当前和未来规划及其他领域的工作者所面临的问题。而解决这些问题，需要对中国社会制度、经济制度及区域与城市发展历史和文化有深刻的了解。近年国内关于贫困的研究，特别是城市贫困研究正在快速起步，相关文献逐年递增，为贫困问题的进一步研究和交流提供了可能。这些交流和研究，为审视中国的发展形态，以及在其他发展中国家和发达国家已有道路的基础上，创造城市管制新理念和有利于不同人群共同发展的城市发展模式，提供有益的平台。不可否认，国内关于贫困的研究尚处于政策分析和现象描述的阶段，多为针对地方的案例研究，对社会科学领域的宏观问题（例如社会政策不公、空间发展不平衡、贫困群体或个体之间的关系等方面）的理论和实证研究还很薄弱[1]。

---

① 陈果周，江评. 美国城市贫困研究进展：政策分析和实证研究 [J]. 国际城市规划，2007（2）.

第二节 社会分层的相关理论

一、社会分层的西方理论

西方社会分层研究来源于两种理论范式——功能论范式和冲突论范式,分别是以涂尔干、戴维斯和摩尔、帕森斯为代表的功能论分层观点,以马克思、韦伯、达伦道夫为代表的冲突论分层观点[①]。

社会分层理论是伴随着社会学研究的不断深化而不断发展的。第二次世界大战以后,社会学的研究中心逐渐从欧洲转移到美国。最初,社会分层这一研究主题并没有引起美国社会学家的关注。20世纪30年代,美国经历了历史上最为严重的经济危机,众多社会学家才开始不得不面对严格的阶级不平等这一社会现实。此后,一些人开始关注美国社会社区生活中的分层问题,沃纳及其学生对于社会分层的研究就力图探求社区中人们不平等和社会流动的程度。对美国早期分层文献的回顾发现,1945—1953年,至少有333篇关于社会分层研究的文章和著作(不包括教材)出版。1954年,第一本关于社会分层的教科书出版。然而,当时在美国社会学界占统治地位的理论是帕森斯的结构功能主义,因此,社会分层研究也明显地被功能观点所统治,社会分层研究的重点是地位不平等问题。20世纪60年代以后,冲突论者首先向结构功能主义发难,交换理论、符号互动理论的出现,标志着结构功能主义逐步走向衰落。这一时期的社会分层研究更为关注社会稀缺资源的分配所带来的权力和权威的冲突问题[①]。

功能论的社会分层理论认为,阶层是满足社会需要的必然存在,每一个社会都会因需要整合、协调和团结而产生社会阶层;阶层反映了社会的共享价值观,增加了社会与个人的功能;经济结构不是社会中的主要结构,权力在社会中要合法分配,工作与报酬要合理分配;社会的阶层结构经由社会变迁而改变。冲突论的社会分层理论认为,阶层虽然普遍存在,但并非不可避免;竞争、冲突和征服产生社会阶层,并因此阻碍了社会和个人功能的有效发挥;经济结构是社会结构中的主要结构,权力被社会中的一少部分人所控制,工作与报酬的分配不合理;社会阶层的改变经由革命来完成[①]。

两个理论范式发展出后来的两种理论模式,分别是马克思的阶级理论和韦伯的多元社会分层理论。马克思采用一元的分层标准,即根据不同社会群体对生产资料的占有来划分阶级。"数百万家庭的经济生活条件使他们的生活方式、利益和教育程度与其他阶级的生活方式、利益和教育程度各不相同,并互相敌对,就这一点而言,他们是一个阶级。"阶级理论认为,社会地位的不平等源于社会的物质生产方式,其实质

---

① 侯钧生,韩克庆.西方社会分层研究中的两种理论范式[J].江海学刊,2005(4).

是以财产关系为核心的生产关系。在此基础上形成了最基本的社会地位和社会不平等，即阶级地位——有产阶级和无产阶级，阶级不平等——统治阶级和被统治阶级。阶级理论主要具有解释性和分析性的，它更多的是分析社会不平等产生的根本原因，其理论分析的基点在于社会成员与社会资源的关系性质，以及在此基础上产生的不同社会阶级之间的关系性质。因此，在马克思那里，阶级就是占有共同经济地位的社会群体，是否占有生产资料成为社会阶级划分的唯一指标。这一精辟论断不仅使马克思成为西方社会分层研究的第一位理论大师，而且让后来的社会分层研究者络绎不绝。

马克思之后，德国社会学家韦伯并非一般性地讨论社会分层，而是在讨论"共同体内部的权力分配"时提出了财富（经济地位）、声望（社会地位）、权力（政治地位）"三位一体"的多元分层理论：在经济领域存在着阶级，在社会领域存在着身份地位或声望群体，在政治领域存在着政治权力派别（政党）。在韦伯看来，马克思的阶级划分理论虽然一语道破了资本主义社会的阶层不平等，但分析社会分化过于简单，不能处理社会分层的复杂性。韦伯认为，社会阶层结构的分化体现在这三个维度的分化上，阶级、地位群体和政党都是一个共同体内部权力分配的不同现象。他认为，纯粹的财产占有本身仅仅是真正"阶级"形成的初级阶段。真正催生共同行为和阶级利益的，归根结底是市场状况，人们对市场机会的占有是表现个人命运的共同条件的机制。如果说"阶级"植根于经济制度中，等级就植根于社会制度中，韦伯所描述的这种"等级"如同我们所熟悉的传统社会中的"身份"。所谓社会分层结构，即人们按照一定的社会区分指标对社会成员进行区分的结果。人们对各种社会分层体系的讨论，实际上包含了研究者对整体社会结构状况的基本认识和判断，是人们对影响社会行为或社会行动因素的认识和解释。

依照韦伯的理论模式发展起来的社会分层研究，包括布劳-邓肯的社会流动模型，其理论前提和预设被从现代化、工业化或产业化的角度进行了解释；社会分层的结构性意义，也被功能论和冲突论从各自的角度进行了探讨。布劳-邓肯模型或者说地位获得研究的主旨，是讨论先赋因素和自致因素对社会地位的影响。在他们看来，社会分层结构主要表现为职业结构，而某种职业地位的获得主要取决于代际的教育水平和职业，以及本人的教育水平和初职的影响。后来的相似研究没有从根本上超出布劳-邓肯的理论模型。

与韦伯同时代的另一位社会学大师涂尔干则提出了以社会分工为基础的职业分层理论。他指出，在任何一个社会中，分工有重要位置和不重要位置的差异，社会分工体系中的各种角色、职位的配置有一定比例，而不是任意的。"如果公职人员、士兵、经纪人和牧师的人数过多，其他职业就不免会受到这种过度亢奋的损害。"因此，为避免社会失范、促进社会整合，就必须建立一个规范的职业群体体系。后来，普兰查斯的阶级理论、帕金的社会排斥理论、洛克伍德的阶级地位理论、赖特的阶级分类模型、戈德索普的阶级结构测量模型、沃纳的声望分层理论等，其基本思路也是按马克思与韦伯所开创的两种基本社会分层模式演进的，或者是对马克思的社会阶级分层进行修补与改进，或者是对韦伯的社会地位群体问题进行不断的深入分析。而起于帕森斯，经其学生戴维斯和摩尔发扬光大，后又经辛普森修正的逐步完善的美国功能主义分层理论中，可以看到涂尔干职业分层的影子。

20世纪60年代末70年代初以来，整个社会科学（包括社会学）界进入一个对传统理论进行挑战和批判的时代，人们对"现代化""资本主义经济"及"社会结构"等问题重新进行反思[①]。其中，社会结构是社会地位结构，特别是社会分层结构的基础，同时也是社会流动或地位获得的基础。人们从经济社会结构的角度，重新审视了社会地位及其决定因素。新马克思主义、新结构主义、社会网络理论、市场转型理论及其他一些理论，推动着社会分层理论的发展，也对在理论传统上占主导地位的、以个人特征为导向的分层理论提出批判。

社会分层是社会结构中重要的社会现象，社会分层理论是社会学理论重要的传统领域之一。在社会分层理论中，马克思和韦伯提供了两个不同，但是最基本的理论模型和分析框架，分别对社会分层的本质、决定要素、形式等作出了不同的理论解释，代表了两种在本质上不同的理论取向，今天的理论及相关研究基本上还是在这两个理论框架内延伸和发展。

二、社会分层的中国研究

新中国成立70年以来，我国社会分层研究几乎从零点起步，经历了完全由政治主导的阶级理论逐步走向理论取向多元、主题视角多维度和多层面、研究方法实证导向、关注现实问题和政策效应的严谨深入的学术研究。我国的社会分层研究既受到西方社会分层理论和经验研究的影响，同时也具有突出的时代特征和中国特色，其理论取向、研究议题和关注焦点紧紧追随中国社会变迁的进程，直接反映现实社会中重大的社会分化现象及其演变。

对中国社会分层的研究一直是中国主流社会学研究中的重要内容，20世纪90年代以前，人们从政治角度出发，在思想和观念中还不完全承认分层。因此，20世纪90年代以前，有关社会分层的著作和论文不是很多。如今对能够检索到的相关著作和论文统计显示，几乎所有的论文和著作都发表于20世纪90年代之后，绝大多数有关中国社会分层的实证研究也发表在这一时期。

社会分层理论往往与宏观社会学理论相联系，与整体社会的运作和变迁紧密相关。古典社会学理论家，如迪尔凯姆、马克思以及韦伯等在各自构建的宏大社会理论中都涉及对整个社会分层体系的解释，一些当代社会学理论家，如帕森斯、布迪厄、吉登

---

① 李路路. 论社会分层研究[J]. 社会学研究，1999（1）.

斯等也提出了对当代社会分层的系统解释。我国的社会分层研究既受到西方社会分层理论和经验研究的影响，同时也具有突出的时代特征和中国特色，其理论取向、研究议题和关注焦点紧紧追随中国社会变迁的进程，直接反映现实社会中重大的社会分化现象及其演变。特别是自1978年以来，我国社会分层研究更是聚焦于改革开放带来的社会分层的重构，探寻当代中国社会分层的独特性。其中，理论取向、研究议题和学科发展都经历了相关转变①。

就时代变迁与理论取向的转变而言，形成了冲突论与功能论共存的局面。过去70年对于中国来说是历史巨变、快速发展的时代，影响深远的社会转型和结构变迁，使社会分层研究的理论取向不断发生转变（李春玲，2010a；李路路，2019）。在这一过程中，主要的理论取向变化轨迹表现为冲突论分层观与功能论分层观的交替轮动。1949—1978年期间，以马克思阶级理论为基础的冲突论分层观占据绝对主导地位，强调阶级之间的利益冲突、追求社会经济均等化、否定社会分化现象；20世纪八九十年代，功能论分层观逐步成为主流，主张打破"大锅饭"、消除平均主义，肯定社会经济分化的正向社会功能；进入21世纪以来，冲突论分层观再度兴起，马克思阶级分析理论一度有所回归，社会经济不平等问题及其社会后果受到越来越多的关注，促进社会公平和机会平等、构建橄榄型的现代化社会结构成为社会分层研究的主流取向，从而形成冲突论与功能论分层观共存的局面。

就研究议题的演进发展而言，从一元化主题到多元化论题。过去70年我国社会分层研究不仅经历了理论取向的转换，其研究议题也发生了很大的变化。知网核心期刊论文关键词检索1992—2019年期间相关论文数量的变化，清楚地反映出我国社会分层研究议题从20世纪90年代初的单一化演变为多元化的繁荣景象。我国社会分层的学术性研究开启于1978年改革开放开始之后，在20世纪80和90年代也曾出现研究热潮，但研究议题较为单一，主要是围绕阶级阶层理论的争论以及改革开放带来的原有阶级阶层的分化。进入21世纪以来，我国社会分层研究逐步走向高潮，研究成果数量井喷，研究议题日益多元化，理论取向也并存发展。近几年，研究议题进一步细化、深化。比如，近年来社会分层研究领域诸如教育不平等、健康不平等、住房分层、消费分层、地位认同、公平感等热点议题。我国社会分层研究多元化的研究议题涉及社会分层以及不平等的各个维度、各个方面和多个视角，大体上可以归为三方面的主题：聚焦于阶级阶层结构与社会分层形态研究的宏观结构分析、基于社会流动与地位获得研究的分层机制分析以及包含了结果不平等与机会不平等的多维度不平等分析。

就学科发展而言，取得了一定成绩，也面临挑战。新中国成立以来，我国社会分层研究几乎从零点起步，由政治主导的阶级理论逐步走向理论取向多元、主题视角多维度和多层面、研究方法实证导向、关注现实问题和政策效应的严谨深入的学术研究。

---

① 李春玲.中国社会分层与流动研究70年[J].社会学研究，2019（6）

特别是 21 世纪以来，高水平研究成果层出不穷，为人们理解当今中国社会正在发生的变迁提供了详细、精准的知识信息。我国社会分层研究的学科发展是伴随着中国社会学恢复重建的过程而推进的，并且在整个社会学学科发展中处于较为领先的位置，特别表现在定量研究方法和与国际社会学相关研究的接轨上。早在 20 世纪 90 年代，在我国社会分层研究的起步阶段，有关中国、苏联及其他东欧国家等的社会分层演变的研究成为欧美社会学界的热门主题，一些美国社会学家（包括一批华裔美国社会学家）前来中国收集调查数据并与国内学者合作开展相关研究，这使国内社会分层研究者有机会接触西方社会分层研究，借鉴欧美学者的理论观点（比如市场转型理论等），学习定量研究方法，结合中国的社会现实，推动社会分层定量研究。进入 21 世纪以来，一些大学和科研机构实施了一系列大规模的、连续性的全国调查项目，并且不断公布调查数据，为社会分层研究者提供了丰富的实证数据资料，进一步推进了社会分层定量研究。目前，我国社会分层研究的学术水平基本接近欧美社会学相关研究，许多研究成果发表于国内和国际一流学术期刊。在已有研究成果基础上，我国社会分层研究还需进一步的理论反思与突破、研究方法的拓展与改进，需要坚持不同观点的碰撞与争论、多元取向的借鉴与吸纳以及本土经验的创新与深化。

第三节 中国城市社会分层的重要研究领域

一、中国城市社会分层的特点：二元结构

社会结构变迁是社会分层与流动研究的重要领域。在工业化和城市化进程中，出现二元社会结构是必然现象。长期以来，城乡二元对立一直是中国社会结构的重要特征。20 世纪 50 年代，我国建立了户籍制度。严格户籍管理制度，限制农村人口流入城市，限制中小城市人口流入大城市，导致我国工业化进程和城市化进程相对滞后。在户籍制度基础上，我国通过一系列分割城乡的社会制度安排，形成了特有的城乡隔离的二元社会结构。

我国的户籍制度在建立之初存在一定合理性。20 世纪 50 年代初期，我国城市出现严重的粮食、煤炭、电力短缺问题，需要严格的人口管理办法来管理人口及其迁移。这一现实与城市的高失业率一并成为建立监控居住地变化系统的催化剂。

1951 年，公安部颁布了建立城市人口户籍制度的规定，试图解决失业和饥饿问题，当时建立户籍制度只有统计学意义，农民进出城市并没有受到任何影响。根本性的变化是 1953 年实行的"统购统销"政策，首先是粮食，接着对棉花、食油等其他主要农作物和农产品也实行统购统销。1955 年 6 月 22 日，国务院正式颁布了《国务院关于

建立经常户口登记制度的指示》，文件要求：全户或个人迁入或迁出县级行政区时必须向县一级政府报告和领取迁移证。建立户口登记制度之后的两个月，即 1955 年 8 月，国务院发布了《市镇粮食定量供应暂行办法》。很快，定量供应制度延伸到了棉花、布料以及许多其他农产品。各种票证随之出现，包含了几乎一切商品。户籍与生活必需品供应挂钩，使城市户籍附带了许多新的功能。即便如此，1958 年以前，人们仍然可以自由迁徙。然而，1958 年 1 月 9 日，经全国人大常委会讨论通过，毛泽东签署一号主席令，颁布了《中华人民共和国户口登记条例》，确立了一套较完善的户口管理制度：包括常住、暂住、出生、死亡、迁出、迁入、变更等七项人口登记制度。这个条例以法律形式严格限制农民进入城市，限制城市间人口流动。我国的户籍制度限制城乡之间的人口流动，限制中小城市和大城市之间人口流动；加上计划经济条件下，就业、社会福利、物资供给均计划安排，且与户籍挂钩。于是，脱离户籍人们难以生存。因此，我国的户籍制度使城乡二元社会结构不断固化，由此引发一系列社会问题。由此可见，我国的城乡二元经济结构并非如二元结构理论所论述的一般意义上的城乡二元结构，而是十分独特的二元结构。

我国在 1978 年经济领域改革开放后，社会改革中的一项重要举措就是打破城乡之间、地区之间劳动力流动的限制。长期形成的地区经济差别使得发达地区经济快速发展、城市化进程加快、市场经济改革不断深化，物质经济优越和就业优势吸引了大量优质人才和大批劳动力从欠发达地区转移到发达地区和沿海大中城市。特大型城市中一个突出的现象，便是外来务工人员数量激增，成为一个庞大的特殊群体。1978 年以来，伴随市场化改革的不断深入，劳动力的不同产业间和不同空间的迁移出现了前所未有的局面，劳动力就业结构和人口的城乡分布在短时期内发生了巨大变化。自 20 世纪 80 年代后期起，由农村向城市、由内地向沿海的地区间人口流动加快，开始了一场规模空前的农村人口向城市大规模迁移的过程，并且这个过程将是一个长期的社会历史现象。依据世界城市发展的一般规律，在 21 世纪的前二三十年里，中国将处于城市化的加速发展期，将有近 5 亿的农村人口转化为城市人口，这是一个世界性的历史事件。20 世纪 80 年代以来，城乡二元社会结构出现了变化，表现为社会中的类别参数明显增加，边缘群体与边缘阶层出现，如乡镇企业职工、农民企业家、农民工等。他们在城乡创造了一个广阔的中间地带，缓解了城乡之间的对立和差异，这种结构的变化模糊了城乡、地域和阶层界限，有利于社会整合。

当然，中国城乡二元社会结构不断发生根本性变迁，社会结构出现了城市、农村和城市农民工三元并存的局面。国家统计局的统计数据显示，截至 2008 年底，中国农民工总量已达 1.14 亿人，约占全国农村劳动力的 1/4，这些农民工流出农村，基本脱离农业生产，但是又没有完全融入城市社会；他们在职业分布、经济收入、社会地位、价值观念以及生活方式等方面既不同于城市居民，也有别于农村的农民。因此，将农民工归入城市或农村任何一元都不合适，他们已成为城市社会的一部分。流动人口在许多方面为中国城市的发展作出了自己独特的贡献:在劳动力数量求略大于供的情况下,他们从事劳动时间长,劳动强度大的"苦、脏、累、险"等类型的工作,在一定程度上缓解了城市劳动力结构性短缺的问题;他们冲击了城市的计划福利体制,有利于劳动力资源的合理配置和有效利用,促进了劳动力市场的发育;目前有近亿流动人口在城市从事务工经商活动,受户籍制度的制约仍以农民身份在城市里谋生,成为"准城市人口",这为中国城市化水平的进一步提高打下了基础;加快了城市第三产业的发展,对城市服务业形成买方市场起了很大作用,方便了城市居民生活(从春节期间市民很难买到早点这一现象中看出来);加快了信息交流,提升了城市的辐射力和影响力,刺激了城市消费的增长。可见,流动人口也是城市发展的主力军,他们也应是城市的主人。

另外,流动人口中有相当一部分已变为事实上的城市常住人口,只不过受目前户籍制度限制而无法获得合法的城市居民身份,成为不流动的"流动人口"。他们生活、工作在城市,已经深深地参与了城市的经济活动和社会生活,成为城市社会事实上的"纳税人",成为城市不可缺少的组成部分。已有的城市流动人口研究表明,当流动人口可以自主选择并有流动自由时,他们不会再返回农村,相反,他们已经形成了一个长期向城市集中的趋势[①]。

二、中国城市社会结构变迁中出现的新阶层

改革开放以来,我国城乡个人的收入水平不断提高,人民的生活有了较大的改善,同时,收入差距正在逐步拉大,社会中出现较大的贫富差距。"新富""新贵""富二代""官二代","新社会阶层""新中产阶级","穷二代""新生代农民工""老漂族"等新群体层出不穷。

利益既得阶层。中国社会的市场转型具有阶段性,即从市场侵蚀到全面市场转型。在由计划经济向市场经济转化的过程中,各个社会群体参与市场经济的步骤和速度是不一致的。由于经济和价值观念的原因,社会地位较低的群体最先进入市场经济,而社会地位较高的群体进入市场经济的速度明显低于前者。从经济上看,社会地位高的群体在原体制中享有较多利益,如果他们脱离原体制进入到新体制会丧失在原体制中的很多利益。只有制度变迁达到一定程度,当新体制所带来的利益越来越明显、旧体制越来越难以维持时,这个群体才逐渐进入新体制中。社会地位较高的干部、知识分子等原体制下的社会中心群体,从价值观念上看,较多地受到原体制思想体系的教育和束缚;但他们在知识、信息、技术、社会关系等方面明显占有优势,所以虽然较晚参与市场经济,却能凭借这些优势在新体制中后来居上。

---

① 殷京生.城市、城市发展与城市流动人口[J].天府新论,2003(1).

中产阶层。中产阶层，也称为中间阶层，是维系社会稳定的重要力量。政治上，中间阶层起到中和社会矛盾的作用；思想上，中间阶层维持稳定的占社会主导地位的意识形态；经济上，他们是最重要的消费群体。我国社会阶层呈现金字塔结构，中下阶层过度庞大，而中间阶层非常弱小，这不利于社会的稳定。因此，从维持社会稳定的角度看，有必要发展中间阶层。关于中国中间阶层变迁的研究，中国人民大学社会学系李强教授认为与西方国家相比，中国中间阶层的演变呈现出以下几个特点：第一，与西方国家相反，中国传统的中间阶层由雇佣人员构成，而新生中间阶层包括了大量非雇佣人员；第二，西方国家中间阶层的更替有一个缓慢的过程，中国中间阶层的更替是迅速发生的。这样，西方社会无论新老中间阶层都由各种年轻群体构成，而中国中间阶层代际特征十分突出，老中间阶层由 40～50 岁的同龄群体构成，新中间阶层则由 25～35 岁的年轻群体构成；第三，中国中间阶层的变迁呈现代际更替的特点，新起的年青一代取代了中老年一代占据了中间阶层的地位。传统中间阶层的衰弱表现为一个巨大的同质群体，即年龄相近、主要由国企职工组成的群体呈现出整体性衰弱[①]。

贫困和新贫困。城市中的贫困已经成为常见的社会现象，也是城市社会变迁的焦点所在[②]。

新二元结构。新二元结构是在我国传统城乡二元结构和户籍制度基础上，城市外来务工人员因体制和自身因素的交织作用，其在福利获取方面与城市居民之间存在较大差距，形成群体分隔的社会现象。早些年，虽然外来务工人员中部分人拥有居住证或是暂住证，但是与城市本地户籍相比，仅具有管理和统计意义，没有相应的社会福利附加意义。近年来，政府逐步将附加在户籍之上的社会福利加以剥离，逐步扩大了外来从业人员享有社会福利的权益。例如，外来从业人员子女拥有享有九年义务制教育的权利。但是，许多地方性福利依然与户籍挂钩，户籍人口在就业、社会保障等方面仍然享有非户籍人口所不具有的社会福利。由于外来从业人员缺乏社会关系网络和社会资本，生活条件普遍低于户籍人口。外来从业人员的主要群体是农民工，由于农村教育资源少、教育水平低，农民工的综合素质低，所以他们主要从事几无技术的简单劳动，工资待遇水平低，生活条件普遍较差。不同工作领域的农民工具备同质的生活条件、基本相似的生活方式，形成了特殊城市贫困群体，这是影响社会分层的一个重要因素。另外，外来务工人员在城市新的生存环境中"人生地不熟"，尤其是农民工进入城市，就失去了农村建立在传统血缘关系和地域关系基础上的社会支持网络，进而失去了其所提供的资源支持，从而更加剧二元分割的程度。例如在上海，郊区和中心城区由于区域产业结构不同，发展功能定位不同，郊区人口结构和社会需求与中心城区有很大差异，导致外来从业人员更多地集聚在上海郊区。同时，由于中心城区

---

① 吴善辉.中国社会分层与流动国际研讨会综述[J].中国人民大学学报，1999（6）.
② 张鸿雁.侵入与接替——城市社会结构变迁新论[M].南京：东南大学出版社，2000.

功能改变、房价飙升等因素，大量市民迁入郊区，尤其是大型安置社区，郊区社会呈现双重二元结构，不同社会群体对公共服务的多元需求，致使公共服务资源不足，使郊区政府公共政策制定和实施面临不同程度的困难。

第二代农民工。第二代农民工不同于第一代农民工的"少小离家老大回"特点，他们渴望能在城市安家，融入城市。他们中小的不过十八九岁，大的已是而立之年；前者还未树立成熟的世界观、人生观和价值观，后者面临婚恋、成家立业等问题。由于九年义务教育的普及，他们多数具备初中学历，部分甚至具有高中学历，受教育程度较大；职业期望值较大，不再如他们父辈那样只要能挣钱就干，而是工作耐受力较低，由最近几年的"民工潮"与"民工荒"现象的并存可见一斑。新生代农民工在改革开放时期成长起来，其消费观念较为开放，更容易被城市人的消费观念所影响。但由于自身和社会的一些因素影响，工资水平普遍不高，导致了消费意识与消费能力的冲突，这又会导致新生代农民工往往存在自尊与自卑的双重人格特征。近年来，许多研究从不同方面归纳第二代农民工的特征：人口学特征方面，丁宏志通过分析人口普查数据，认为第二代农民工即将成为农民工的主体；婚姻状况方面，第二代农民工大多数未婚；受教育程度方面，第二代农民工的受教育程度明显高于第一代农民工；外出务工时间方面，第二代农民工外出务工时间较短，但是多数为跨省流动，乡土意识较为淡薄。刘传江、程建林通过抽样调查研究发现第二代农民工平均年龄较小，务农经历短；李涛则通过访谈发现第二代农民工文化程度明显提高；关于第二代农民工流动特征，罗霞、王春光的研究发现，第二代农民工对家乡的认同正在减弱，他们对乡土的认同更多是亲情认同而不是对农业生产方式的认同；李涛也发现第二代农民工更希望通过进城务工来改变农民身份，进而成为城市人；杜书云、张广宇认为农民工之间存在代际差异，第二代农民工的外出务工以及移居城市动机较强、务农意识淡薄，而第一代农民工则更倾向于外出挣钱后返乡养家；李涛从访谈中得知第二代农民工职业变化多且快，同时更换的工作之间相关度并不大，跨领域换工作现象明显；吴红宇、谢国强研究发现第二代农民工换工作频率明显高于老一辈，平均更换工作的时间不到一年；刘传江、程建林研究指出用工单位招工与职业介绍所介绍是第二代农民工就业的主要途径，老一辈农民工通过亲友介绍等传统社会网络已经不是新一代农民工找工作的主要途径；高颖也发现新一代农民工流动性较强，挣钱不再是他们外出务工的主要目的，开阔眼界、寻求个人发展机会才是他们外出务工的最主要目的。

三、中国城市社会分层中存在的问题：阶层固化

经过40多年的改革开放，中国社会的阶层结构发生了根本性的变化，尤其是20世纪90年代以来市场经济地位的确立、市场机制的扩张和渗透逐渐改变了中国社会资源配置的格局，并深刻地影响了社会分层结构。近年来，随着改革的继续深化，社会

资源的配置方式和配置结构逐渐出现了封闭的趋势。虽然市场化、快速城市化与工业化或后工业化过程曾一度为各个社会阶层的生存和发展创造了机遇，但中国社会分层和社会流动的模式日益凸显了家庭背景的重要性，社会阶层尤其是优势社会阶层的封闭性增强，人力资本和教育在获得社会地位中的作用有所淡化，并影响了青年一代通过个人奋斗实现理想的"中国梦"。这在社会流动领域，主要表现为：社会阶层间的流动困难，代际流动继承性增强，社会阶层的垂直流动减少；个人的社会地位获得受到家庭背景的决定性影响，整个社会结构出现了日益固化的趋势。近年来网络等媒体频繁出现的"富二代""官二代""贫二代""农二代""垄二代"等热词，也反映出我国社会阶层代际传承性问题突出，社会阶层固化问题受到了普遍的关注[1]。

2000年前后，由陆学艺领导的中国社会科学院当代中国社会结构变迁研究课题组对当时中国的社会阶层结构和社会流动进行了一系列研究，推动形成了国内学术界社会分层和社会流动研究的热潮。此后社会学界围绕着社会分层结构的现状及其趋势形成了几种不同的看法，大多数学者都承认中国社会阶层显著分化，但对于其分化的后果及未来的发展走向则有着不同的估计，在某些方面甚至形成相互对立的判断，成为当时社会分层研究领域争论的焦点。后来李春玲[2]等把这些观点归纳为四种具有代表性的看法：孙立平的断裂社会理论、陆学艺等人的中产化现代社会理论、李路路的结构化理论、李强和李培林的碎片化理论。总结归纳这些理论判断和实证研究可见，他们对中国社会阶级阶层结构的新变化存在两种大致的判断：较为乐观的判断认为中国的阶层结构正在"阶层化"，工业化和城市化为社会成员提供了上升流动的机会，社会阶层结构正在形成一个以中间阶层为主体的现代社会阶层结构[3]；另一种判断则认为中国改革后，阶层之间的继承关系在阶层相对关系模式中占据主导地位，原有的阶层再生产模式在城市社会的制度转型过程中被持续地再生产出来[4]；更为悲观的看法认为社会阶层关系出现了"断裂"，社会地位的差距形成了相互隔绝的上层社会和底层社会[5]。这些研究多是对20多年前社会结构的判断，经过20多年的发展，我国社会阶层结构发生了深层次的变化，影响社会流动的因素和社会流动机制出现了新的变化，社会分层结构出现了新的特点和趋势。

中国社会结构变迁的研究需要立足宏观大型社会调查数据，然而，研究缺乏大规模的社会调查基础，较为严肃的判断来自对由中国人民大学社会学系和香港科技大学调查研究中心共同主持的中国综合社会调查（CGSS）和中国社会科学院社会学研究所

---

[1] 顾辉.近十年来中国社会流动研究的新进展——社会流动视野下的"X二代现象"研究综述[J].学术论坛，2014（4）.

[2] 李春玲.断裂与碎片：当代中国社会阶层分化实证分析[M].北京：社会科学文献出版社，2005.

[3] 陆学艺.当代中国社会流动[M].北京：社会科学文献出版社，2004.

[4] 李路路.制度转型与分层结构的变迁——阶层相对关系模式的双重再生产[J].中国社会科学，2002（6）.

[5] 孙立平.断裂：20世纪90年代以来的中国社会[M].北京：社会科学文献出版社，2003.

主持的中国社会状况综合调查（CSS）所得数据的分析和应用。因此，2001年当代中国社会结构变迁研究课题组通过对调查数据分析，认为相比较改革前，受社会分层与流动机制的变迁影响，中国社会的开放程度有所提高，但各阶层的边界仍然需要进一步开放；在对影响人们社会地位变化的因素分析时，强调改革开放后个人职业地位的获得更多地依靠以教育和政治忠诚为基础的个人努力，但父代的职业地位对个人职业地位的获得仍然具有较大的影响力。时隔7年，即2008年，学者张翼[①]使用CGSS数据进一步肯定了社会开放的趋势：伴随着城市化和工业化，农民阶层快速向工人阶层转化；随着高等教育的普及，白领阶层也迅速扩张。同时，张翼也指出，垂直社会流动在上升中有所闭合，农民阶层的代际继承性越来越弱，白领阶层的代际继承性却大大增强了。因此，教育的普及化，在给低阶层带来机会的同时，给高阶层制造了更多机会。由此可见，尽管几年的变化趋势并不是很明显，但是社会阶层结构中体力劳动者和脑力劳动者之间的分隔线日渐清晰：脑力劳动者中，尤其是优势阶层中的阶层继承性有所增强；体力劳动者内部较强的阶层流动性，尤其是上升流动是保持社会活力的重要支撑。

上述研究越来越倾向于认定当前社会阶层结构固化的趋势。其大致可以概括为学者李强[②]所得出的研究结论，即中国当前处于社会转型的特殊时期，出现了社会群体分层、利益集体社会关系固化的现象，即当前中国社会阶层结构定型化了。这主要表现为：阶层之间的界限以及具有阶层特征的生活方式、文化模式逐渐形成；社会下层群体向上流动的概率减小；阶层内部的认同不断强化。随着社会阶层结构的定型化，社会中的巨大分化开始趋于稳定；与此同时，社会上层封闭性增强，社会下层向上流动机会日趋减少，家庭背景对个人社会地位获得的影响越来越大。

本章小结

社会分层是一种普遍现象，每一个社会都是由各个阶级、阶层组成的分层体系，而社会分层与阶级分层有所不同。社会分层是指对人们在社会中的不同地位或位置的排列，主要包括收入分层、社会声望分层、权力分层、职业分层、受教育程度分层、年龄分层等；阶级分层即根据人们在社会生产体系中的地位和作用而对其在社会阶级结构中的位置的排列。国内外的社会分层和社会流动由于国情不同，存在很大差异。近年中国的各个阶层中出现许多新兴群体，并且我国社会结构变迁的趋势为：逐步形成公正合理开放的现代化的社会阶层结构，其结构形态将从现在的"洋葱头形"（即底层很大但中间阶层发育不良）演变为理想状态——两头小中间大的"橄榄形"。

---

① 张翼.中国社会阶层结构变动趋势研究——基于全国性CGSS调查数据的分析［J］.中国特色社会主义研究，2011（3）.
② 李强.社会分层十讲［M］.北京：社会科学文献出版社，2011.

拓展阅读

1. 伦斯基. 美国的收入分层 [J]. 国外社会学,1992(12).
2. 恩格斯. 家庭、私有制和国家的起源 [M]. 北京:人民出版社,1999.
3. 许欣欣. 当代中国社会结构变迁与流动 [M]. 北京:社会科学文献出版社,2000.
4. 刘守英,龙婷玉. 城乡转型的政治经济学 [J]. 政治经济学评论,2020(1).
5. 张翼. 社会发展、结构变迁与社会治理——"十四五"社会治理需关注的重大问题 [J]. 中国特色社会主义研究,2020(3).
6. BLAU, DUNCAN. The American occupational structure [M]. New York: Wiley, 1967.

关键词

社会分层(social stratification)　　社会阶级(social class)
社会结构变迁(change of social structure)

思考题

1. 社会分层和阶级分层有何区别?
2. 国内外社会分层的研究各自有哪些侧重点?
3. 社会分层理论渊源以及发展历程如何?
4. 我国的社会结构变迁历程和趋势是怎样的?

典型案例

"城乡中国"的结构特征[①]

中国的结构是否改变了?现在是什么结构?只有认清了这一点,才能讨论中国当下的城乡问题。从结构上来讲,中国已经发生了有史以来的一次大转型,这个转型就是中国已经从"乡土中国"转型为"城乡中国"。"乡土中国"的基本特征是以农为本、以土为生、以村而治、根植于土,所有的东西都跟土联系在一起。"城乡中国"的基本特征是乡土已经变故土,农业已经告别了过密化农业,乡村变故乡,城乡从单向变互动。观察中国从"乡土中国"到"城乡中国"变革的角度,就是农民跟土地与村庄的黏性。"城乡中国"的结构特征,主要包括四个方面。

---

① 刘守英,龙婷玉. 城乡转型的政治经济学 [J]. 政治经济学评论,2020(1).

一、农民的变化

农民最重要的变化表现在两个方面，第一个变化是中国的农民已经不是一个小农的含义了。2017年，农村居民人均可支配收入中，第一产业的经营收入仅占25.2%，工资性收入占40.9%。单纯依靠农业获得收入的农户数量锐减，以农为主、以工为辅的兼业农户数量不断增加。这种农民在生产、生活和社会方式的选择上，和传统意义上的农民相比大不一样，农民从均质化转变为异质化。第二个变化是代际变动。表现在"80后"农民对土地的依附跟第一代的农民工有天壤之别。"80后"的农民印象里面还有地，知道他有一块地，却已经不知道土地的具体位置了。他是不种地的，跟土地关系是疏离的。

"农二代"跟城市的关系也发生了巨大变化，一是他的生活方式完全城市化，消费方式逐渐向城市居民靠拢。二是工作的正式化。过去马路边的建筑工已经消失了。三是对收入要求的变化。不再追求收入最大化，而是相对的体面。居住也是如此，不再是过去那种一个工棚里面住几十个人。还有一个现象就是以往农民工外出是独自外出，现在是举家搬迁。这些现象都反映了农民已经出村并不再回去了，乡土变故土、家乡变故乡。当然，也有社会学研究者讲，人的迁徙是有一定周期的，"农二代"在50岁的时候还得回去。对于这类观点，我们可以再观察一下。

农民与村庄的变化。已经走出乡村的农民和村庄的关系已经开始疏远，有四个主要表现。一是一年回来一两次，开着车回到乡村，却住在县城的宾馆。二是这些80后回家不讲家乡话，都讲的是非常不地道的地方普通话，以证明他是城里人。这样的话他入城的倾向就加强了，回乡村的倾向更弱了。三是重视对孩子的教育，小学带在身边，初中到周边比较好的乡镇，高中到县城。所以孩子的着落基本上就是家庭的着落。四是居住变化，"农二代"家里有老人的回去修房子，家里没有老人的，房子的位置取决于孩子在哪儿。比如说孩子在镇上读初中，就在镇上租房子；孩子在县城上高中，就在县城买房子或租房子。

二、农村产业革命的意义

传统"乡土中国"为什么没有通过农业发展实现转型？非常重要的原因就是没有弄清楚该如何发展农业。如果不能实现农业的高效发展，这一轮城乡转型能否实现依然要打一个问号。转型的一个非常重要的特征就是对农业的反复打磨，农业能否走出一片新天地是观察这一轮"城乡中国"转型能否成功的最重要的变量。从实际调查来看，中国的农业正在经历一场产业革命，其标志是中国的粮食安全概念发生了重要变革。现在强调的是主粮安全，结果就是大量不适合种主粮的地方比如贵州、甘肃、广西和云南等地的农业经济是多样化的，并不是种水稻和小麦，种的是地方特色的水果和其他经济作物。这些地方农业经济的价值开始提升，各种主体开始往乡村去。这些主体不全是地方政府招商引资来的，而是地方经济发展的结果。当经济价值提高以后，企业开始进入乡村，农业的经营方式开始变化。所以如果经营主体没有变化的话，农业经营方式是变不了的。

企业进来以后，带来了五大变化：一是农业的生产过程发生变化，二是农业经营的质量、品种、标准发生变化，三是农业的经营规模发生变化，四是技术的变化，五是要素发生变化。农业本身的经济价值在提高，这些产业发生重大变化，所以农业的产业形态、农业的功能都发生了变化。城乡关系在影响着农村的角色，城市人对乡村的需求发生了变化。这些需求变化以后，我们就发现，农业在这个阶段被重新定义了。原来的农业就是粮食农业，但是现在的农业可能在经历同城市制造业一样的工业化，这个产业开始发生重大变化了。这个变化就是农业功能变化和农业发展方式变化。所以，在中国乡村的要素发生重大变化以后，有可能会出现一场农业的产业革命。如果这场革命能够成功，中国的乡村就有希望。

三、村庄的变化

第一，对村庄重要性的认识。我们原来对农村的理解就只有农业和农民的概念，农业就是要解决吃饭问题。但是事实上，我们现在才开始意识到村庄的重要性。中国的乡村有两个载体——农民和村庄，原来研究乡村的基本单位就是农民，但村庄是中国乡村最重要的载体。村庄为什么重要？村庄是乡村经济、社会、政治、生活所有的代表，村庄是将农民、农户和其他组织包括国家串联起来的最重要的东西。这就是乡村振兴重要的原因。

第二，村庄的分化。中国的村庄基本特征是分化——少部分村庄的活和大部分村庄的衰弱，这是我们现在村庄的基本形态，让中国数十万的乡村都振兴是不可能的。所以现在要解决的问题是怎么让少部分村庄活得更好，让大部分衰弱的村庄更体面。

第三，乡村未来的相对集聚。集聚理由就是原来中国的村庄是以农耕为半径的，而传统的农业就是以牵牛的半径、灌水便利为依据的。但是现在农业的经营活动开始变化，中国的农业现在已经开始以机械为主了，半径开始拉长。未来乡村的整合依赖两个因素，一是农业经济活动的半径；二是"农一代""农二代"为了乡愁而动，他们要去乡村寻找乡愁，但乡愁却不一定在老村子里了。

第四，乡村传统制度的复活。乡村的治理不能完全只靠自上而下，否则规模太大了。乡村的治理还需要大量的非正式制度的存在。

四、新型城乡关系的形成

结构转变的本质不在于城市化率，真正的诀窍是城乡之间的互动。所以发达国家的城市非常先进，但是乡村也很舒服，不像我们现在城市和乡村之间存在那么大的差距。在"城乡中国"阶段，已经出现了非常重要的变化。首先是资本下乡，因为城市没有那么多机会了，乡村的机会开始变多。然后是劳动力的再配置。乡村的年轻人来到城市，也有一些外面的人开始进入乡村，原因是乡村本身的机会以及人们对乡村的需求在变化。接着就是土地，乡村也是一个经济活动场所，也要有土地配置的变化。城乡互动的融合，带来了乡村要素的变化，这是"城乡中国"的特征。当然，这些观察还在进行当中。我自己认为，中国确实在发生一场历史转型，但是这个历史转型最重要的特征就是已经告别了"乡土中国"。所以非常重要的一个特点就是中国在农民的特征、农业的特征、村庄的特征方面发生了革命性的变化，已经进入"城乡中国"阶段。

思考题

1. 类似于中国这样的社会，在从乡村转向城市的过程当中，为什么会出现我们常说的"三农问题"？
2. "乡土中国"和"城乡中国"的本质区别是什么？

即测即练 6

第七章
城市社会流动

本章提要

本章主要介绍有关社会流动的概念、理论和相关研究。在介绍概念的时候，必须区分社会流动与人口流动、人口迁移之间的区别和联系，需要分析社会流动的相关理论研究，以及社会流动在中国的研究现状。此外，中国的社会流动由于历史和文化的原因展现出与国外的社会流动不一样的情况，但不妨碍借鉴国外社会流动来分析中国社会流动的历程和现状，以及发展趋势。

第一节　社会流动的概念辨析与理论

一、社会流动和人口迁移、人口流动

（一）社会流动

社会流动不同于物理空间上的人口流动和迁移，而是人们具有社会意义的、地位上的变化。人们都生活于一定的社会结构之中，这是一个由社会关系网络形成的结构。人们在这个网络中占有一定的位置就表明了他的社会地位，在这个社会结构中人们地位发生变化就产生社会流动。在讨论社会分层的背景下，社会流动更加关注的是人们在获取财富、权力和声望等资源方面能力的变化，由于这种变化，社会流动的主体增加或减少了获得他所期望的资源的机会。

社会流动不一定是人们在地理空间上的移动，也可能是非地理性的，如一个人可以在同一社会结构中地位上升或下降，这在社会现实中大量存在。当然，某些在地理空间中的移动也可能带有在社会结构空间中地位变化的意义，如在计划经济时期农村青年农民被招工进城成为工人。但是，许多人在地理空间中的移动并不属于社会流动。判断某种变动是否属于社会流动，关键看当事人在社会结构中获取或占有他所期望的资源的机会是否发生了变化。

社会流动是一个社会成员或社会群体，从一个社会阶级或阶层转到另一个社会阶级或阶层、从一种社会地位向另一种社会地位转变、从一种职业向另一种职业转变的过程，它是社会结构自我调节的机制之一。社会流动反映了个人社会位置的变化和个人社会属性的变化。正是社会流动，改变了自身所接触的社会性资源的分布状况，也打破了社会分层之间的壁垒，使各阶层处于不断更新变换的过程，因而增强了社会的流动性。

社会流动和社会分层天然地紧密联系在一起。社会分层是一种普遍现象，每一个社会都是由各个阶级、阶层组成的分层体系；社会流动的程度与社会分层体系封闭或开放的程度密切相关。社会中个人的社会地位具有多重性，因而其社会流动也是多面向的。一般而言，职业对人们获取经济、权力和声望资源具有重要意义，常常可以代表人们的社会地位，因此社会流动研究常常会关注人们的职业、职位变化。

（二）人口迁移

关于人口迁移和移民的界定，尚存在着争议。按照联合国国际人口学会（IUSSP）编写的《人口学词典》[①]中的定义，人口迁移指"人口在两个地区之间的地理流动或者空间流动"，这种流动通常会涉及永久性居住地由迁出地到迁入地的变化，人口迁移是一种永久性迁移，它不同于其他形式的、不涉及永久性居住地变化的人口移动。美国人口咨询局的《人口手册》[②]将迁移定义为"人们为了永久或半永久定居的目的，越过一定边界的地理移动"。

在我国，由于长期以来户籍制度的限制，对人口迁移的界定较为复杂。在我国，对人口迁移不外乎从三个属性来加以界定：空间属性、时间属性和目的属性。空间属性即居住地是否发生了改变；时间属性即是否属于永久性迁移，从人口学上讲，居住超过一年（或半年）就算永久性迁移；目的属性即是否以居住为目的。在我国的人口迁移研究中，还存在一个"人口流动"的概念，其通常指不改变户籍的人口移动。我国目前确实存在很多不伴随户籍变更的人口流动现象，其中许多人也在迁入地居住满一年以上，按照人口迁移的三个属性，这部分人口流动应该属于迁移的范畴。但人口流动的含义不限于此，除了以居住为目的、移动时间较长的非户籍人口迁移，还包括不以居住为目的的短期人口移动，如出差、开会、旅游、探亲访友等。因此人口流动与人口迁移的概念有一部分是重叠的，这部分就是以居住为目的、离开原住地一年（或半年）以上的非户籍人口迁移。尽管存在中国特色的户籍制度，国内学者对人口迁移的界定仍然基本上与国际接轨，尽可能从人口学意义来考虑迁移的时间属性和空间属性，有的也涉及目的属性，较少考虑户籍制度的限制。

（三）人口流动

人口流动是人口在短期离开后又返回原居住地的现象，一般指离家外出工作、读书、旅游、探亲和从军一段时间，未改变定居地的人口移动。流动的人口不能称为移民，人口流动不属于人口迁移，是比人口迁移更为普遍和经常的活动。

人口流动是把"双刃剑"。一方面，随着社会工业化、城市化进程的不断推进，农村人口向城镇区域流动，必然带来劳动力的集中，随之促进了市场活动、商业活动与服务业的发展，创造了更多的就业机会。与此同时，城镇人口的集中和人口数量的增加，必将促进大中城市基础设施和房地产业的发展，促进人口向第二、第三产业集聚，并最终促进城市化的发展。另一方面，人口由农村流向城市，大量的人口增加使城市不堪重负，造成了城市严重"超载"，给城市的管理和发展提出了严峻的挑战。随之而来的诸如流动人口管理、户籍制度改善、城乡接合部的形成等逐步成为我国

---

① 联合国国际人口学会. 人口学词典[M]. 上海：商务印书馆，1992.
② 美国人口咨询局. 人口手册[M]. 汤梦君，译. 4版. 北京：中国人口出版社，2001.

城市管理与发展中的难题。这些问题如果处理不当,甚至可能成为社会矛盾的爆发点、激发点。

二、社会流动的理论渊源

社会流动研究的创始人索罗金在1927年出版了著作《社会流动》,创立了"社会流动"概念。在索罗金的著作中,社会流动可以被理解为个人或社会群体,被人类活动创造的或修改的任何变化,从一个位置转移到另一个位置。当前社会学界对于社会流动的定义:人们的社会关系在空间中从一个地位向另一个地位的移动,或者是阶层的流动——从一个社会阶层流向另一个社会阶层。社会学强调的社会流动区别于人口学所研究的"人口流动"和劳动经济学所研究的"劳动力流动",因为人口学和劳动经济学所强调的是人口迁移的空间属性,即人口从一个地区向另一个地区迁移。

根据不同的标准,可将社会流动划分为不同的类型。社会学中最常见的划分有三种。根据流动的向度将社会流动分为水平流动和垂直流动:水平流动是阶层内部的位置转移;垂直流动是不同阶层之间的流动,垂直流动还可分为向上流动和向下流动。此外,根据流动是否为代内,将社会流动分为代际流动和代内流动:代际流动是与上一代地位的比较,而代内流动是一个人一生中地位的升降变化,以自己最初的位置为基础比较。根据流动的原因,将社会流动分为结构性流动与自由流动:结构性流动就是社会生产力的发展改变了原有的社会结构产生的流动;自由流动多是社会成员自身的原因造成的流动,这也可以称为非结构性社会流动。社会流动的目的就是要解释个人是如何分配到不同的社会地位和社会阶层中去的,即社会分层系统是如何运作的。在学术界中,解释社会流动的理论不是很多,主要有推拉理论、帕累托的精英循环理论和布劳—邓肯的地位获得模型等。

推拉理论最早可以追溯到英国经济学家、社会学家拉文斯坦在19世纪80年代提出的迁移法则,当时拉文斯坦已提出了这一理论的基本框架。到了20世纪60年代,英国学者李(Everett S. Lee)又在此基础上提出了系统的人口迁移理论,也就是今天所说的研究人口流动和移民的颇有影响的推拉理论。这一理论认为在市场经济和人口自由流动的情况下,流出地具有社会流动的推力,而流入地具有社会流动的拉力,正是这一推力和拉力促使了社会流动。用这一理论可以很好地解释当今农村社会人口流动的现象。

帕累托的精英循环理论可以从社会分层和社会流动的角度来解释:精英—精英流动,这一模式主要强调了个体之间的循环;另一个模式是社会底层群众—精英阶层流动,这强调的是阶层性流动。当今的社会流动就包含着精英取代和精英流动的过程。

布劳—邓肯对美国阶级结构和职业地位获得进行了开创性的研究。他们运用路径分析的方法建立了地位获得模型,这也称为布劳-邓肯模型,这一模型同时涵盖了个人的代内流动和代际流动。他们认为，个人职业地位的获得，受到先赋因素和自致因素的共同作用，并且先赋因素一方面对个人职业地位的获得存在直接影响；另一方面，先赋因素还作为中介变量存在，通过影响个人的自致因素间接影响个人的职业地位获得。布劳-邓肯的这一模型奠定了社会流动的理论基础。

三、中国社会流动研究

中国社会流动研究一直是中国主流社会学研究中的重要内容，社会流动和社会分层互为基础和因果。20世纪90年代以前，人们从政治角度出发，在思想和观念中还不完全承认分层，流动也只是受政治约束的非自由流动。

流动人口是时代的衍生物，又是推动社会发展的巨大力量。大量农村剩余劳动力进入城市，在微观上提升了养家的能力，在宏观上促进了社会财富的积累，促进了整个社会人口红利的实现。改革开放40多年来，我国流动人口政策调整经历了逐步放开农民进城、要求公平对待流动人口、全面推进市民化三个阶段，流动人口共享改革发展成果的理念越发深入人心①。但随着流动人口进一步向城市聚集，交通拥堵、资源紧缺、环境恶化等"城市病"随之而来。2021年5月，国家统计局发布的第七次全国人口普查数据显示：全国人口中，人户分离为4.93亿人，其中，市辖区人户分离为1.17亿人，流动人口为3.76亿人。流动人口中，跨省流动人口为1.25亿人，省内流动人口为2.51亿人。截至2020年底，北京总人口为2 189万人，其中745.6万常住外来人口，占常住人口的比重为34.6%。全国有的村庄和社区甚至出现了"人口倒挂"的现象。如此庞大的流动人口群体不仅给城市的交通、资源、环境带来了压力，也向流动人口的城市化治理提出了新的挑战。

关于流动人口的城市化研究，一直是学界讨论的热点。学者们将目光聚焦于农民工的社会迁移和社会融入，试图探寻促进农民工与城市居民契合的点，以此推进流动人口的城市化进程。而治理理论则着眼于整个社会②，希望在一个既定的范围内，运用权威维持秩序，满足公众的需要；在各种不同的制度关系中去引导、控制和规范公民的各种活动，以最大限度增进公共利益。流动人口的城市化治理，就是以治理理论为指导，通过各个治理主体的协同参与，共同推进流动人口的社会融入，这不仅是农村人口向城市聚集的过程，更是其身份、所扮演的角色、生产生活方式以及社会互动行为模式转变的过程。流动人口的城市化进程包括就业的城市化、居住的城市化以及人的城市化。相比较而言，城—城流动人口更容易实现就业和居住的城市化，但是人的城市化受流动人口的生活习俗、受教育程度、社会交往互动模式、文化传统以及新老市民互动等多个因素的影响，需要对新的文化实现心理上的认同，内化为自己的行

---

① 国家卫生健康委员会.中国流动人口发展报告2018［M］.北京：中国人口出版社，2019.
② 俞可平.中国治理评论发刊词［J］.中国治理评论，2019（1）.

为,实现起来的难度和阻力更大。因此,在分析流动人口的城市化过程中,不能忽视"城—城流动人口"这一群体,而对于稳定就业和稳定住所都难以实现的"乡—城流动人口"群体,要给予更多的关注。综合分析流动人口城市化的能力和意愿,不仅是以人为本的核心要求,也是加快流动人口城市化治理进程的核心与关键①。

从理论和现实来看,推进流动人口的城市化治理是当下促进社会公平正义、提升社会质量、提升社会包容度的核心要求,也是促进社会发展、构建和谐社会的必由之路。一个正常的流动人口城市化治理的进程,要经过户籍的城市化、身份的城市化和文化理念的城市化②,户籍的城市化代表拥有了城市居民的资格,是人口城市化的敲门砖;身份的城市化意味着拥有市民的权利,可以享受社会福利与保障;文化理念的城市化意味着流动人口城市化最终完成,将城市的文化、传统、生活习惯和生活模式都内化到自己的生活中。

流动人口在城市融入的过程中,受户籍制度、收入水平、社会包容度以及社会情绪等多重因素的影响,因此要求政府、市场、社会组织、公众等多元治理主体的协同合作,共同提出破解之道:一方面通过深化户籍制度改革,努力实现各项福利制度的全覆盖,平衡各项公共资源,使流动人口能够和当地居民平等享受教育、医疗、就业和养老等方面的权利,实现社会公平正义;另一方面通过提高流动人口收入水平、建立流动人口的社会支持、强调情感沟通、逐步解决流动人口子女受教育的问题,增强流动人口自身的居留意愿;同时在借鉴国内外人口城市化治理的基础上,政府、市场和社会三大治理主体应同向发力,协调共治,努力从顶层制度设计出发,以流动人口居住的社区为抓手和着力点,逐步改善流动人口与当地居民的社会关系,提高社会包容度,建立发展成果由全民共享的宜居城市,实现城市使人的生活更美好的目标①。

第二节　当前中国城市社会流动的趋势和问题

一、融入和融合

社会流动是伴随着社会分层和分化而不断发生的,其对于社会发展和政治稳定的意义视其所具有的性质和特点而异。在人类社会的发展中,存在着两种不同的社会分化和分层。

一种是在经济发展停滞、经济总量和国民收入下降的情况下发生的社会分化和分

---

① 谭日辉,王涛. 留下、离开还是等待——流动人口城市化的群体分异及其治理 [J]. 北京师范大学学报(社会科学版),2019,276(6).
② 曾祥明. 城乡文化融合:农民市民化的题中之义 [N]. 中国城市报,2019-02-04.

层。社会成员流动的总体情况是向下流动大于向上流动;社会分层的总体动向是富裕的或较富裕的社会阶层向中等社会阶层分化,中等社会阶层向贫困或极贫困社会阶层分化。在这里,社会分化和分层的总体结果是"失大于得"的人群多于"得大于失"的人群。较多社会成员"失大于得",会形成一个利益受损的社会大众,这是社会中潜在的不稳定因素,可能会引发社会动荡[1]。

另一种是在社会经济不断发展、人民收入普遍提高情况下发生的社会分化和分层,这时社会成员流动的总体情况是向上流动大于向下流动;社会分层的总体动向是贫困阶层向比较富裕阶层分化。因而,社会分化和分层的总体结果是"得大于失"的社会成员显著地多于"失大于得"的社会成员。大多数社会成员"得大于失",会形成普遍受益的社会大众,这一群体是社会中潜在的稳定因素,对社会发展和政治稳定产生积极影响[1]。

中国的社会结构正处在由"金字塔形"向"橄榄形"转变的时期,不同阶层融入和融合,大多数社会成员的职业结构从以农业为主转向以制造业、服务业、信息业为主,白领增多而蓝领减少,最终形成以中等收入阶层为主体的现代社会阶层。以中等收入阶层为主体的社会阶层形成后,整个社会将处于相对稳定的发展状态,进入良性循环的发展阶段[1]。

融入和融合是两个彼此相关但有差异的概念:融入是指流动者在流入地不坚持自己的语言、文化、习俗,进入主流社会并被主流社会所接受,暗含文化的主从关系;融合是指流动者不仅被主流社会所接受,而且其文化习俗、身份等也得到认同,并构成主流社会文化的重要来源之一,是一种平等的互融和渗透关系。融入是融合的基础和前提,融合是融入的更高境界;有融入并不等于融合,但没有融入也难有融合;然而,有融合必有融入。融合是理想状态,一旦融合,流动者也就不再是流动者,而是社会主体的一部分了。因此,从人口流动的目的、过程和结果来看,对现阶段的乡—城流动人口来说,融入是一个比融合更合适的概念。

当前中国社会结构趋于阶层融合和阶层稳固。改革开放政策的推行,促进社会经济发展;全球化和国际化的进程,打破了制度的限制,缩短了地域之间的距离,开启了新的生活机会,改变了人们的思维定式和价值判断,促成了史无前例的人口流动浪潮。虽然城乡二元社会经济结构和户籍制度的双重壁垒依旧存在,但这同时也是促成人口流动的驱动力之一:落后地区人群对改善生活环境的渴望及对城市生活的向往形成强大的推力,促使他们冲破制度的制约,突破重重困难和阻碍,涌入经济更发达地区。流动人口的社会经济特征及思维观念;流入地的宏观背景、社会政策与经济制度,流入地居民对待外来人口的态度和行为等多方面因素决定了流动人口在进入城镇地区后,面临着一系列的挑战和适应。因此,适应的过程也就是融入的过程。融入是一个综合性、系统性、富有挑战性的概念,具有多个维度和多重意义。融入至少包

---

[1] 聂运麟. 社会的流动、分层与政治稳定[J]. 中共天津市委党校学报,2001(1).

含四个维度：经济整合（economic integration or incorporation）、文化接纳（cultural acceptance）、行为调整（behavioral adaptation or adjustment）和身份认同（identity of the mainstream society）。它们之间既存在一定的递进关系，也相互交融，互为依存[①]。然而，这四个维度并非仅简单的线性关系，而是同时开始，它们之间互为依存关系和互动关系。换言之，尽管身份认同始终是社会融入的最高目标之一，但不同人群的融入序次可以调整，不同维度之间的交融与渗透十分正常。流动人口的融入过程是以个人社会经济地位、行为和观念为载体体现出来的社会现象，这是个复杂的过程，而非单向的线性因果关系。

二、流动人口的社会融入

流动人口在经历了初期的隔离、文化震荡后，一部分人通过工作环境、学校、社区等场所认识并逐渐接受主流社会的文化和价值观，同时改变和调适自己以配合主流社会的生活方式，并在其中的某（几）个维度实现融入；另一部分人借助先天的优势（如包容开放的心态、较强的语言能力、良好的教育经历、优秀的职业技能等），能在较短时间内成功融入流入地的主流社会，并同时保存自身的文化传统；当然，还有一部分人可能最终也未能融入流入地的主流社会，始终停留于某个阶段，一直过着隔离的生活。因此，参照流动人口在经济、文化、行为、身份等方面的适应程度，可将流动人口在流入地的社会融入提炼为五种模式：隔离型、多元型、融入型、选择型、融合型[①]。

（1）隔离型：流动人口在经济整合、文化接纳、行为调整、身份认同等方面皆显现较低的取向，基本未能融入主流社会，是边缘人。其特征是：缺乏公平的就业机会、从事劳动强度大但收入水平低的工作、无缘基本的社会保障、得不到应有的职业培训、居住在品质低劣的环境中；他们依旧讲着家乡的方言，日常生活（如购物、娱乐、语言沟通）等仍主要局限于家乡人的圈子。当然，这并不否认或排除以下可能：他们中的一部分人部分地接纳了流入地的文化，并希望实践流入地的行为规范。但自身的局限、流入地的结构性制约、流入地居民有意或无意的偏见与歧视、宏观的制度与体制等阻碍了他们更好地融入城市主流社会，导致他们虽然在城镇生活了多年，但依旧被当作外地人，他们也自认为是外地人。大部分第一代乡—城流动人口也许自始至终属于这一类型。

（2）多元型：流动人口在经济方面实现与流入地居民的整合，但在其他方面保持自己的特色与传统。多元文化论者赞成社会应具文化多样性并应受到保护，如流入者的语言、生活方式等。多元社会的理想是互相认同、欣赏对方的文化特色，但这是一种理想的状态。事实上，如果流入者在文化和行为方面未能融入主流社会，他们便难

[①] 杨菊华.从隔离、选择融入到融合：流动人口社会融入问题的理论思考[J].人口研究，2009，1（1）.

以融入主流社会的经济生活中。

（3）融入型：流动人口在经济、文化、行为、身份认同四个方面基本成功地融入流入地的主流社会。它与隔离型恰恰相反，融入的四个维度均显现出较高的取向。然而，融入实际上又反映了一种不平等的主从关系：由于成功融入对流动者本人、目的地、公共政策及宏观体制的要求较高，很少第一代乡—城流动人口能实现四个维度的全面融入，仅有少数人可能在某些方面（如找到一份稳定的工作、获得一份像样的收入）融入主流社会。事实上，对许多第一代流动人口来说，他们流动的主要目的之一是为第二代创造更好的融入条件。

（4）选择型：流动人口在劳动就业、经济收入、社会福利等方面可能与当地人并无明显二致，其行为举止也符合流入地的规范要求。文化方面既接受流入地的文化，也保留自己的文化传统与特色；在身份认同方面与自己的家乡更为亲近，保持着与流入地的心理距离。选择型融入属于区隔融合理论中的最高层次。此处不使用"区隔"概念的原因在于，如果流动人口"融入"少数族裔/家乡文化体系中，则表明他们未能实现融入，而是处于隔离状态。只有流动者有意识、有选择地在某些维度融入主流社会中，而在另外一些方面主动保持（而不是被动无奈地接受）自己的特色，才可称之为选择型融入。显然，选择型与多元型是有差异的：选择型融入难以全面融入，它要求流动者有很强的经济背景，良好的应对环境的能力。故这不是第一代乡—城流动人口轻易就能做到的。

（5）融合型：流动人口融入流入地的主流经济体系中，在各方面与流入地人群相互接纳、相互渗透、彼此适应、共同生存，达到融合的境界。因此，他们既保留自己的文化，也接纳流入地的文化；既按照流入地的规范行事，也在人际交往等方面维系家乡人的圈子；既落地生根，也不忘本失根。在这个阶段，流动人口与本地人口有着积极的互动。他们相互容忍和接纳各自不同的生活方式、语言风俗；他们也相互竞争、发生冲突，但此时的竞争和冲突就像与同族裔人的一样；他们接纳社会上不同群族的存在，尊重不同族裔的意见、喜恶等；他们肯定流动人口的贡献，彼此团结、共同合作，我中有你、你中有我，和谐共存。但是，这个层面的融合与"多元文化论"不同，它强调的是相互渗透与交融，且流动人口的传统与文化构成是主流社会文化和行为体系的来源之一，而多元型仅是相互欣赏，缺乏交融。

流动人口初来流入地，缺失社会资本，缺乏足够的经济资本，处于弱势与被动的地位，需要经过较长时间才能逐步地融入主流社会。假若流动人口未能为流入地所接纳，而被边缘化、被否定化、被异化，这将是多方面的损失：流出地丧失了一份人力资源，流入地浪费了流动人口的才能，流动者本人未能一展所长。因此，除改善和提高流动人口自身的人力资本和适应能力外，制定有利于促进流动人口社会融入的公共政策，既可为城市流动人口构筑和谐的社会环境，促进人尽其才，也为实现健康的人口城市化及和谐社会建设起到事半功倍的功效。

三、社会流动中的阶层分割

一些学者的研究表明当前中国社会流动表现出阶层分割性和内部封闭性。例如，李路路[1]揭示了当前阶层流动的普遍性模式：在阶层框架中存在体力劳动者与非体力劳动者之间的分界、农民阶层与非农劳动者之间的分界，自雇佣者阶层的自我封闭性等现象。他指出，尽管中国经历了重大的制度转型和高速现代化，代际关联度相对较低，但是代际继承性趋势仍然强于流动性，原有的社会分层秩序并没有因为市场经济转型改变了再分配经济而发生根本性变革。高勇[2]利用中国社会科学院当代中国社会结构变迁研究课题第二阶段（2005）在全国六城市得出的调查数据分析出社会分层与流动中出现了类属分割现象：技术精英与非技术精英之间，以及管理精英与非管理精英之间存在樊篱。

家庭背景对社会地位获得的影响反映了不同制度背景下社会流动机制的变化，是我们理解"X二代现象"的关键，这方面的研究也一直受到国内外学者的重视。国内学者郝大海和王卫东[3]、李煜[4]、李晓莲[5]、王富百慧[6]等使用CGSS数据以及一些学者对局部区域的研究成果，获得普遍的结论，即改革之后市场的推进并没有弱化家庭背景对个人地位获得的影响，而是在一定程度上扩大和深化了家庭背景的影响。

当前中国的社会流动整体上受制于个人层面之上的社会结构和国家制度的安排，但对于个人而言，先赋性因素和自致性因素在制度变迁背景下对个人社会地位的升迁变化有着不同的作用和影响。

学者龚维斌[7]认为，计划经济时期人们的社会流动类型主要受国家政策影响，并与个人的家庭出身、城乡户口、单位制、所有制等先赋性或类似于先赋性的因素紧密相连。改革开放以后，随着工业化、城市化进程的加快，新的就业机会不断增多，为人们社会流动创造了机会。20世纪90年代以后，市场机制对资源配置的作用越来越大，社会流动机制逐渐趋向市场化，但是国家政策性因素并没有消失而是出现了替代形式。与发达的市场经济国家相比，中国的社会流动机制表现出向市场化迈进的过渡性和阶段性的特征，市场经济不完善给社会流动机制带来的问题在我国现实中都有表现，而且程度更严重，如家庭的影响、劳动力市场的分割等。另外，我们的社会流动机制又表现出很强的"中国特色"：一是具有先赋性作用的制度安排尚未退出，甚至在某些方面出现新的变种，表现为转轨性，如政治权力及其组织资源的作用、户籍制与所有

---

[1] 李路路.再生产与统治：社会流动机制的再思考[J].社会学研究, 2006（2）.
[2] 高勇.社会樊篱的流动——对结构变迁背景下代际流动的考察[J].社会学研究, 2009（6）.
[3] 郝大海, 王卫东.理性化、市场转型与就业机会差异——中国城镇居民工作获得的历时性分析（1949—2003）[J].中国社会科学, 2009（3）.
[4] 李煜.婚姻匹配的变迁：社会开放性的视角[J].社会学研究, 2011（4）.
[5] 李晓莲.社会变迁与职业代际流动差异：社会分层的视角[J].求索, 2010（6）.
[6] 王富百慧.代际传递效应对城市女性就业的影响研究[J].兰州学刊, 2012（1）.
[7] 龚维斌.我国社会流动机制：变迁与问题[J].中国社会科学院研究生院学报, 2004（4）.

制的作用；二是社会资本这种非制度化因素影响独特，表现为社会结构性和文化性。因此，我国社会流动机制的变迁过程十分复杂，合理化之路艰难而曲折。

围绕着社会流动机制的转变，与之相关联的社会制度对社会流动机制影响的分析始终是学者关注的焦点，其中最重要的是户籍制和单位制。对这些制度的专门研究可以使对社会流动机制的分析进一步深化和具体化。陆益龙[①]对户籍制度的研究认为，户口因素结构性突出地影响了个人社会流动，表现为个人和家庭的户口性质、户口迁移和转变的经历对个人上升流动机会存在较显著的影响。这种结论在诸多关于社会分层与流动的实证研究中得到了证实，户口作为重要的自变量无论对个人教育地位、经济地位还是职业地位的获得均具有显著意义[②]。就单位制的研究而言，早期的研究认为单位的社会分层效应并未随改革的进行而消失[③]，而边燕杰等的研究[④]则认为市场经济的发展弱化单位的社会分层效应。可见，单位制作为一种重要的社会分层与流动机制作用是复杂的，对单位制的研究需要进一步深入。

另一种视角是从文化社会学角度对社会分层与流动机制进行研究。该视角将文化生产机制与社会阶层再生产联系起来，其中颇为流行的是法国社会学家布迪厄的文化再生产理论。国内从文化机制角度理解社会结构分层机制有两种视角：一种强调深受传统影响的身份文化，传统社会结构下的社会等级分为劳心者与劳力者；当代社会是市场的、再分配的和文化资本的三重变量在分层要素中混合发挥着结构化机制的功能，把中国社会划分为两大文化等级，即劳心者阶级和劳力者阶级。另一种则强调制度文化[⑤]，认为现代社会造成结构分化的代际流动机制主要通过教育这一环节传递，表现为国家采取教育分流的方式来实现对代际选拔的宏观调控，以保障二元社会结构的渐进变迁，其中最为突出的问题是国家以教育公共权力的行使者身份制定有利于优势阶层子代流动的教育分流政策。

目前国内研究多从制度文化视角出发，在宏观的制度背景下分析教育机会、教育过程和教育结果中的不平等及其阶层再生产机制，形成了一些颇有影响的研究成果[⑥]。这些研究普遍认为，改革开放之后，教育促进了阶层间的社会流动，尤其是促进了社会下层向上层的社会流动。但是近些年来随着国家教育制度的变迁，教育对促进社会流动的作用有所弱化，教育一定程度上复制或再生产不平等的阶层结构，尤其是在优势社会阶层中，教育是一种重要的社会封闭机制。可见，尽管教育仍是增加人力资本从而增强个体社会竞争力和提升社会地位的重要手段，但是对于那些社会下层群体而言，教育改变命运机会的大门正在变窄。

---

① 陆益龙.户口还起作用吗——户籍制度与社会分层和流动[J].中国社会科学，2008（1）.
② 张翼.中国人社会地位的获得——阶级继承和代内流动[J].社会学研究，2004（4）.
③ 余红，刘欣.单位与代际地位流动：单位制在衰落吗？[J].社会学研究，2004（6）.
④ 边燕杰，李路路，李煜，等.结构壁垒、体制转型与地位资源含量[J].中国社会科学，2006（5）.
⑤ 邵书龙.当代中国社会结构分层机制分析：等级的、文化的视角[J].天府新论，2012（3）.
⑥ 顾辉.教育过程中的阶层再造[M].合肥：合肥工业大学出版社，2012.

四、促进社会融入与融合的努力

政府作为城市管理者,近年来做了各项努力以逐步解决城乡二元结构的难题。

第一,循序渐进地打破户籍壁垒。逐步弱化户籍概念,降低融入门槛来解决部分外来从业人员的身份转化问题,例如,某些城市按照劳动技能等标准来评定优秀农民工,并通过解决优秀农民工户籍问题来实现其城市融入,并对这种融入门槛随着时间推移进行结构调整。逐步剥离附加在户籍之上的城市地方性福利政策,逐步推动社会福利与社会贡献挂钩,制定相关政策引导外来务工人员通过社会贡献(如税收、奖励等)获得社会福利。

第二,逐步推动公共服务和福利均等化。完善社会公共服务体系,需要充分调动企事业单位、各类社会组织和全体市民广泛参与社会公共服务,最大限度地集聚社会资源;要在协调各类社会主体利益关系的基础上,整合一切社会力量,调动一切积极因素,增加社会公共服务资源,提高社会公共服务效率。实现公共服务资源配置均等化,需要进一步通过社会政策导向,增加公共服务资源投入,加大对外来务工人员的公共服务资源的配置力度,逐步消除社会公共服务资源分配不公平现象。

第三,建立外来务工人员社会救助制度。外来务工人员由于脱离了农民土地和传统血缘关系后抗风险能力相对城市居民弱得多,因此政府将特殊群体扶助政策方面的很多做法推广到外来务工人员群体,建立外来务工人员困难救助体系,实施分类救助,建立综合服务平台,推动外来务工人员救助体系的进一步完善。

第四,加大对农民工的职业技能培训力度。城市生活不同于农村,城市有许多公共设施,有各种各样的规则和秩序,有诸多相应的管理机构,城市居民从小就学习种种公共规则。城市中的人们被各种网络联系在一起,人们需要广泛的协作分工才能正常生活。而乡村的生活是自发的、分散的、随意的,公共设施和公共规则往往很少。许多刚进入城市的农民之所以受人歧视,原因之一就在于农民对城市中各种各样的规则不适应甚至经常违反规则,给他人带来麻烦。因此,需要加强对进城农民工的引导和教育,增强他们在城市的生存发展能力,加快他们融入城市社会的进程。政府要有计划地组织以基本生活常识、城市规章制度、法律常识等为主要内容的引导和教育,有效增强农民工的城市适应性和现代人意识;同时采取积极措施,鼓励用人单位、各类教育培训机构和社会力量开展农民工思想道德教育、文化素质教育和职业技能培训,引导和鼓励农民工自主参加各种教育培训。因此,通过提高农民工素质,提升其社会经济地位,增强其对城市社会的适应能力。

第五,外来务工人员的城市社会融入最终是社区融入。社区是市民生产生活的重要场所,是城市社会运行的基本载体。外来务工人员要增进与城市居民的交往,实现社会关系网络由内聚式团体网络向开放式团体网络的转变,增强对城市生活的适应能力。因此,外来务工人员要积极参加城市社区活动,增加与市民的交流、沟通和互动,加深对城市的生活方式、文化心理、价值观念、行为习惯等方面的了解,更好地完成市民化转变。同时通过与市民建立联系以获得新的信息,发现新的资源,找到新的机会,积累更多的社会资本,获取更多向上流动的机会。将长期居住的非户籍人口纳入市民管理,鼓励和吸纳非户籍人口参与所在社区的社会管理,尤其是在城乡接合部,非户籍人口集聚地区,政府不仅要关心他们的生存环境,更要发挥他们参与社会管理的主体作用。

本章小结

本章在区分社会流动和人口流动、人口迁移的基础上阐述了社会流动是一个社会成员或社会群体从一个社会阶级或阶层转到另一个社会阶级或阶层、从一种社会地位向另一种社会地位转变、从一种职业向另一种职业转变的过程。社会流动是社会结构自我调节的机制之一,社会流动的程度与社会分层体系的封闭或开放的程度密切相关;同时,在社会流动的过程中,社会分层不断发生分离与融合,不同阶层的群体相互影响和融入。

根据不同的标准,可将社会流动划分为不同类型:水平流动和垂直流动,向上流动和向下流动,代际流动和代内流动。同时,解释社会流动的理论主要有:推拉理论,帕累托的精英循环论和布劳-邓肯的地位获得模型等。

当前中国的社会流动是伴随着中国经济和社会发展而变化的,其中流动人口的城市融入过程,受户籍制度、收入水平、社会包容以及社会情绪等多重因素的影响,表现出阶层融合、阶层稳固、阶层分割等现象。

拓展阅读

1. 郭未,鲁佳莹. 流动中的小镇青年:心怀远方还是惦念故乡——基于CMDS2016数据的实证研究[J]. 中国青年研究,2020(2).

2. 谭日辉,王涛. 留下、离开还是等待——流动人口城市化的群体分异及其治理[J]. 北京师范大学学报(社会科学版),2019(6).

3. 肖成金,洪晗. 我国省际人口流动格局演变趋势及其城镇化效应[J]. 城市问题,2020(8).

4. LIPSET,BENDIX. Social mobility in industrial society [M]. Berkeley: University of California Press,1959.

关键词

社会流动(social mobility)　　人口迁移(population migration)
社会融入(social integration)　　阶层隔离(hierarchical isolation)

思考题

1. 人口流动、人口迁移以及社会流动有哪些区别？
2. 简述社会流动的理论渊源以及发展历程。
3. 简述我国社会流动存在的问题及后果。

典型案例

不同等级城市下城市人口社会认同感、生活差异与居留意愿
——基于2017年中国卫计委流动人口监测数据的研究[①]

尽管有不少文献讨论了流动人口的社会融入问题，肖宝玉等以福厦泉城市群为例研究发现流动人口主观社会融入度总体水平较高，但各维度的协调度较低；融入意愿和融入体验的融入度及其协调度较高，观念习惯和身份认同的融入度及其协调度较低；王茂福则运用南水北调工程湖北省外迁水库移民综合调查数据发现外迁移民的社会融入程度呈现出非平衡特征。从融入维度来看，社会适应和生活生产适应水平较高，而文化适应和经济地位适应程度偏低。现有文献往往选择某一特定地点进行实证分析，样本具有局限性，同时也未考虑生活在不同等级城市下的社会认同感、生活状况会存在很强的异质性。因此，本文进一步在不同等级城市下分析流动人口各项问题。

一、不同城市等级下流动人口社会认同感的差异

首先，我们考虑流动人口的社会认同感在不同等级城市中是否会存在异质性。监测报告为我们提供如下六个问题：您是否同意"我喜欢我现在居住的城市"这一说法？您是否同意"我很愿意融入本地人当中成为其中一员"这一说法？您是否同意"我觉得本地人愿意接受我成为其中一员"这一说法？您是否同意"按照老家的风俗习惯办事对我比较重要"这一说法？您是否同意"我的卫生习惯与本地市民存在较大差异"这一说法？"我觉得我已经是本地人了"这一说法。我们将选项中的"基本同意"和"完全同意"合并，计算回答"同意"在样本中的比例。具体结果见表7-1。

表7-1 不同城市等级下流动人口社会认同感的差异　　　　　　　　　　%

选　项	全样本	一线	新一线	二线	三线	四线
我喜欢我现在居住的城市	97.30	97.40	97.55	97.43	97.32	97.34
我很愿意融入本地人当中成为其中一员	93.33	94.39	93.37	91.82	92.96	93.58
我觉得本地人愿意接受我成为其中一员	92.96	90.65	92.61	91.46	93.99	94.48
按照老家的风俗习惯办事对我比较重要	55.20	48.54	54.68	56.56	57.85	56.78
我的卫生习惯与本地居民存在较大差异	20.24	15.96	17.49	18.44	20.06	22.10
我觉得我已经是本地人	76.08	61.29	72.85	72.37	80.15	84.08

---

① 张芯悦.不同等级城市下城市人口社会认同感、生活差异与居留意愿——基于2017年中国卫计委流动人口监测数据的研究[J].兰州学刊，2021（12）.

前三个问题分别反映了调查者对于目前居住城市的认同感、融入感以及与本地人的社会关系。我们发现，高达90%以上的样本均赞同这一说法，这说明从全国范围看，在日常交往中不存在对流动人口的歧视。然而认同"按照老家的风俗习惯办事对我比较重要"这一说法的比例高达55.2%，并伴随着城市等级的下降而上升，此外，认同"我的卫生习惯与本地市民存在较大差异"的比例也存在相同的趋势。我们认为，这种趋势正反映了不同城市市场化改革的程度。市场化改革的本质是从以血缘地缘为核心的农业文明向以契约合同为核心的工业文明转变的过程，市场化改革越不彻底，农业文明的保留越多。从全国范围来看，55.20%仍认为"按照老家的风俗习惯办事对我比较重要"说明40余年市场化、城市化改革带来了观念转变，但仍有进一步改革的空间，小城市对于老家习俗的认同感高于大城市，反映了小城市改革的滞后，亟须加强小城市的观念变革。最后一个问题是对于"我觉得我已经是本地人"的认同感，尽管93.33%的人群愿意融入本地，但仅有76.08%的样本认为自己已经是本地人，并且城市级别越高，该比例越低。我们认为，是否成为本地人一方面取决于主观上自己对于流入城市的认同感，另一方面还取决于客观上是否取得流入地的户籍。户籍制度是计划经济时代的历史遗留问题，尽管在市场化改革中，不少附着在户籍背后的福利制度不断被剥离，但仍是证明身份的最直接标志，也是造成城乡分割最主要的原因。近年来，我国户籍制度改革不断深化，2014年7月30日，国务院公布《国务院关于进一步推进户籍制度改革的意见》，明确了建立城乡统一的户口登记制度，取消中小城市的落户限制，但大城市、特大城市的户籍改革仍举步维艰，这也说明了为什么在一线城市认为自己已经是本地人的比例仅61.29%。

二、不同等级城市下流动人口生活状况的差异

其次，我们考虑流动人口的生活状况在不同等级城市中是否会存在异质性，具体结果见表7-2。我们首先计算了不同城市下月支出和月收入的比例，总体上的支出收入比为59.12%，收入与支出基本维持平衡；伴随着城市等级的下降，支出收入比呈现先下降后上升的变化，特别是四线城市的支出收入比高于一线城市，这在一定程度上驳斥了一线城市生活成本更高的判断。

表7-2 不同城市等级下流动人口生活状况的差异 %

选项	全样本	一线	新一线	二线	三线	四线
家庭月支出与月收入的比例	59.12	57.67	54.90	55.93	60.09	61.63
目前在本地您家有没有困难	55.43	51.00	50.15	53.35	58.10	58.65
目前在本地您家有生意不好做的困难吗	48.14	34.67	43.68	44.23	50.99	58.27
目前在本地您家有难以找到稳定工作的困难吗	39.89	30.13	35.43	38.34	44.45	43.49
目前在本地您家有收入太低的困难吗	72.46	62.16	70.14	72.08	75.81	76.29
目前在本地您家有买不起房子的困难吗	61.38	70.42	61.56	65.46	60.46	57.88
目前在本地您家有子女上学问题的困难吗	32.28	36.86	30.70	33.02	34.66	29.24

另外，我们还参考了监测报告中提及的如下六个问题：目前在本地您家有没有困难？目前在本地您家有生意不好做的困难吗？目前在本地您家有难以找到稳定工作的困难吗？目前在本地您家有收入太低的困难吗？目前在本地您家有买不起房子的困难吗？目前在本地您家有子女上学问题的困难吗？我们计算了回答"有困难"的比例，具体结果见表7-2。研究发现：55.43%的人群认为目前在本地生活存在困难，并且该比例随着城市规模的降低而增加，在等级低的城市生活反而困难更大，这似乎与我们的认知不同。那么，剩下几个问题则回答了这一问题，人们普遍认为在小城市中存在生意不好做、难以找到稳定工作、收入太低的困难。这反映了即使小城市生活成本较低，但缺少工作机会进而带来的收入困难导致生活质量仍然偏低，这也是小城市人口流出的最根本原因。此外，对于"目前在本地您家有买不起房子的困难吗"和"目前在本地您家有子女上学问题的困难吗"两个问题中，城市等级越高，困难比例也越高，这反映出在大城市难买房、子女教育难的现状。

值得注意的是，在新一线、二线城市生活的人群的支出收入比最低，对于各个问题回答有困难的比例也偏低。就目前的研究结果来看，或许在新一线、二线城市的生活质量更高。

三、不同城市等级下流动人口居留意愿的差异

最后，我们考虑流动人口的居留意愿在不同城市等级中是否会存在异质性。我们重点关注问卷中"如果符合本地的落户条件，是否愿意把户口迁入本地"这一问题。从全国范围看，仅有一半的群体愿意把户口迁入本地；分样本中，在一线生活的样本中有82.56%的人群愿意将户口迁入本地，二线至四线城市的比例骤降至44.41%，这主要说明了两个问题，一是自20世纪80年代以来的户籍改革不断剥离其背后的福利制度，特别是2014年后取消了中小城市的落户限制，已基本不存在在哪生活就需要在哪落户的限制；二是尽管取消了中小城市的落户限制，但大城市、特大城市的户籍制度依旧难以撼动，有82.56%的人群愿意在一线城市落户，充分展现了一线城市户籍对人们的吸引力，大城市的户籍改革依旧任重而道远。此外，我们还考察了"是否打算继续留在本地"这一问题，有97.11%的人群愿意继续留在本地，但只有48.41%的人群愿意在本地定居，其中在一线城市定居的比例最高。

思考题

1. 你认为，当前中国社会中区分城市等级、讨论不同城市等级下流动人口的行为选择的意义是什么？

2. 不同城市等级下流动人口社会认同感、生活差异、居留意愿的异质性表现如何？哪些要素影响生活在不同城市等级的人群的居留意愿？

即测即练7

第八章
城市社会福利服务

本　　章　　提　　要

　　本章主要介绍城市社会福利的概念和特征，以及社会福利服务模式的划分标准和分类。在此基础上，介绍中国城市社会福利服务政策的历史沿革，包括计划经济体制和市场经济转轨中的城市社会福利服务的政策状况。接着，详细介绍城市老年人、残疾人和儿童的社会福利服务政策。本章的最后一部分讨论了中国城市社会福利服务的改革和发展问题。

第一节 城市社会福利服务概述

社会福利经历了较长的发展过程，它起源于非政府的慈善事业，而逐步发展成为以现代政府财政为主导的公民福利制度，其价值预设体现了从慈善救济的人道主义到公民权利的转变。福利通常被理解为能够让人们生活幸福的条件，可以泛指解决有关福利问题的各种社会方法和政策。

一、社会福利的概念及特征

（一）社会福利的概念

社会福利包含所有满足个人需求的活动，从外延上也有不同的理解，较为常见的有以下几种含义。

第一，狭义的社会福利指我国民政部门定义的为帮助社会的弱势群体、疗救社会病态而提供的服务。它在社会生活中的作用是补缺性的。这也就是威伦斯基提出的剩余福利模式。这是社会福利最狭窄的含义，在我国又被称为民政福利，因为无论是城镇"三无"对象的收养、农村"五保户"的供养，还是城乡的济贫救灾，都属于民政部门的工作范围。

第二，以联合国社会开发研究所提出的观点为代表，人们日常生活的需求分成三大类：基本的身体需求、基本的文化需求和更高层次的精神需求。在基本的身体需求和基本的文化需求获得满足的基础上，向更高层次需求延伸的过程，即可称之为社会福利。这种社会福利的对象是全体公民，内容是提高全社会成员的生活水平和生活质量，这个观点当前在中国的社会学界居于主流地位。随着中国经济的发展和人民生活水平的提高，此含义的社会福利越来越为人们所认可。

第三，西方国家的"社会福利"是一个包容甚广的概念，它与中国的"社会保障"的外延基本相同，都是指国家和社会为保障社会成员的基本生活而采取的措施及服务，包括社会救济、社会保险、社会服务等子系统。该社会福利同时包容了剩余模式和制度模式，它既帮助了有困难的社会成员，维持其起码的物质文化和精神文化生活，又提高了全体社会成员的生活水平和质量，增进全民的社会福祉。该解释在日本以及我国的香港和台湾社会学界也居主流地位。

第四，社会福利是指国家和社会为提高社会成员的物质文化和精神文化生活水平而采取的各种措施，这是对社会福利含义最宽泛的界定。美国学者米基利认为社会福利是"在社会问题得到控制、人类需求得到满足和社会机会最大化时，人类正常存在的一种状态"[①]。依据该思路，他把社会福利划分为：①非正式的社会福利制度，包括个人、家庭、邻里和社区为履行道德责任所承担的各种活动；②正式的社会福利制度，指有组织的宗教和非宗教的慈善活动组成的志愿性的社会福利活动，它又被称为第三部门；③国家的社会福利制度，包括收入保障服务（由社会保险和社会救助组成）、医疗服务、教育、住房、就业、个人社会服务六大服务。为了与具有浓厚制度性和政府责任色彩的社会保障或社会福利概念相区别，周弘把这种含义的社会福利称为社会保护[②]。

在我国，社会福利分割为城市社会福利和农村社会福利，所谓农村社会福利，就是指国家和社会为不断提高农民的物质文化生活水平而采取的各种具有经济福利性的社会政策措施的总称。进言之，农村社会福利是一项面向全体农民的社会政策；它的组织与实施不再单纯是民间的互助互济，而是由政府直接干预并承担责任；它的内容不再是满足农民因生存而需要的单纯的物质生活保障，而是满足了农民的精神生活和个人全面发展的需要。故而，在现实生活中，农村社会福利的具体内容从其项目来看，应当包括两大部分，即保障性福利（即社会保障，包括社会保险、社会救助、社会福利事业、社会优抚）和非保障性福利（医疗服务、教育福利、社会服务、就业保障等）[③]。同样，城市社会福利服务指以政府为责任主体，直接面向城市社会成员，尤其是城市中的具有特殊需求的个人、家庭或群体而提供的福利性服务。城市社会福利服务内容很多，既有针对普通居民的服务，也有针对各类群体的专门化服务。在服务方式上，既有在社区中为居民提供的各种服务，也包括在各种机构中对某些特殊群体的集中服务。

（二）社会福利的特征

首先，弱势群体优先。在任何时代、任何社会中都存在着老人、儿童、残疾人等社会弱势群体，他们存在一些特殊的需求，由于自身能力的不足，需要来自社会的保护，其中主要是生活照顾服务，也包括身体康复、教育、就业、权益保护等方面的需求。国家和社会应该首先满足这个群体的需求，并随着社会经济的发展不断地提高他们的生活质量。

其次，福利性。对受益者个人来说，社会福利具有福利性。面向弱势群体提供的社会福利服务，因为他们的经济收入和支付能力有限，常常是免费或者是象征性地收费，这无疑具有福利性。即使收取的费用比较高，但只要未达到该项服务的市场价格，

---

① 杭行，刘伟亭.关于社会福利制度的深层次思考[J].复旦学报（社会科学版），2003（4）.
② 周弘.福利的解析——来自欧美的启示[M].上海：上海远东出版社，1998：22-23.
③ 王怀勇.中国农村社会福利保障体制的形成与变迁[J].社会科学研究，2009（4）.

则仍然存在着福利性，属于社会福利的范畴。

最后，服务性。社会福利侧重于满足社会成员较高水平或较高层次的社会保障需求，这些需求大多是以服务的形式提供的，因此社会化的服务是社会福利主要的实现方式和表现形式。社会福利的特点是为个人提供服务，以满足他们各方面的需求。因此，福利服务的主体和资源是社会化的，但服务的对象和方式却是个体化的，必须针对每个服务对象具体的特点和情况，灵活多样、因地制宜地开展福利服务。

（三）社会福利服务的内容

当代各国各种各样的社会福利服务项目主要包括以下一些内容。

第一个方面，满足社会成员基本生活需求的服务体系。在当代各国，政府、企业和各类社会组织都在不同程度上为居民或员工提供一些日常生活方面的服务，以满足他们的基本生活需求。这方面的服务主要包括基本的衣、食、住、行方面的便民利民服务。尽管对普通居民来说，大多数基本生活服务需求都可以从市场上得到满足，但通过福利性的服务方式来提供一些最基本的社会服务可以加强生活服务体系的基本服务保障功能，在保障居民基本服务需求和提高居民生活质量方面可以起到更好的效果。同时，企业向职工提供福利性服务也可以起到方便职工生活，解除职工的后顾之忧，调动职工劳动积极性的作用。

第二个方面，满足社会共同生活需要的服务体系。在人们的生活中有许多共同服务需求，这些共同的需求可以以提供公共产品的方式来满足，对公共产品很难通过市场机制来实现最优配置，因而应该通过公共行动的方式来提供。如政府通过在市政建设、公共交通、治安、环境等方面的公共政策行动提供这一类的服务。此外，在社会福利服务层面上也有此类服务，例如，社区和企事业单位的社会福利服务体系包含的居民生活环境治理、社区治安、生活小区绿化、公共阅览室以及一些文化娱乐设施等方面的服务就属于这一类的服务。

第三个方面，针对特殊困难者的社会福利服务体系。在各个社会中，政府或其他组织都有一些针对特殊困难者的福利性服务。这里所谓特殊困难者，主要包括贫困者、老年人、残疾人、孤残儿童以及其他一些在生活中具有特殊困难和特殊需要的个人和家庭。这些人由于自身的特殊困难而比其他人需要更多的服务，但他们当中有很多人又因为经济条件的限制而比其他人更加难以利用商业化服务。因此，需要政府或其他组织以福利性服务的方式给他们提供必要的生活服务，以解决他们的困难。

二、社会福利服务模式的划分

从不同角度对社会福利进行分类，是社会福利实施过程中的客观需要。从社会福利范围和内容角度可将社会福利分为广义的社会福利和狭义的社会福利；从实施目的可将社会福利分为补缺型社会福利和制度型社会福利；从社会福利实施手段可将社会福利分为剩余性社会福利、工业成就表现模式（industrial achievement-performance model）和制度再分配模式。

（一）补缺型社会福利和制度型社会福利模式

从社会福利实施的目的进行分类，可以将社会福利分成补缺型社会福利和制度型社会福利来进行研究。威伦斯基（Harold Wilensky）和莱博克斯（Charles Lebeaux）于1958年在《工业社会和社会福利》一书中提出的补缺型社会福利和制度型社会福利的划分[①]，是福利模式最为常用的分类。两种模式划分标准是社会福利资源的指向即社会福利的"目标定位"以及政府职责定位。目标定位的不同决定了两种模式截然不同的理念和特征。

补缺型社会福利。补缺型社会福利也称为剩余型福利，家庭和市场是满足个人需要的自然渠道，只有在这两个自然渠道遭到破坏时第三种社会机制的社会福利制度才开始介入，即国家为社会无法自助者提供暂时性和救济性的救助。补缺型社会福利以特殊的弱势群体（如穷人、病人、残疾人等）为对象，可以视为一种选择性社会福利，它能够起到防止意外的作用，政府扮演的角色是边缘性的。在补缺型社会福利主张者看来，由于家计调查可以确定受益者的资格，因而补缺型社会福利可以把有限的社会福利资源定位于最需要的人，既可以减少社会福利总支出，也可以避免要求纳税者去补贴那些能够满足自己需要的人，有利于资源再分配。

制度型社会福利。制度型社会福利也称为普惠型社会福利，是指为全体公民提供的福利，是一种制度化的常态性社会制度，与补缺型社会福利相比，是社会制度结构中常规化、永久性的重要组成部分，保障对象扩展到社会的全体公民，从而实现了由选择性福利到普遍性社会福利的转变，但也存在社会福利支出较高从而产生福利依赖等一系列弊病。普惠型社会福利主张者认为，作为公民的一项基本权利，社会福利应该赋予所有公民，或主要群体中的所有人，这样可以避免社会分化成两个独立阶层——施与者和受施者，进而可以增进社会团结，消除耻辱感。普惠型社会福利并不完全否定目标定位和家计调查的作用。

（二）社会福利的剩余模式、工业成就表现模式和制度再分配模式

在威伦斯基和莱博克斯二分法的基础上，英国社会政策学者蒂特马斯（R. Titmuss）又增加了一个新类型，即工业成就型福利模式，即国家举办的社会福利设施只充当经济的附属品，福利政策从属于经济政策。福利的获得应该论功行赏，按照各

---

① WILENSKY H, LEBEAUX C. Industrial society and social welfare [M]. New York: Russell Sage Foundation, 1958.

人的优点、工作表现和生产力来满足其需要。在这种模式下，政府直接干预较少，间接规范较多，因此，这种福利模型也被称为婢女模型（handmaiden model），由此形成了他的社会福利的剩余模式、工业成就表现模式和制度再分配模式三分法。[①]

第二节 中国城市社会福利政策的历史沿革

城市社会福利作为城镇社会保障的一个组成部分，它的发展程度对于提高城镇人民生活质量来说有着不可忽视的作用。中国现代社会福利制度是从20世纪50年代初建立和发展起来的，社会福利的发展可分为三个阶段。

一、新中国成立初期的社会福利政策

新中国成立后，随着国民经济的恢复和发展，人民政府在建立劳动保险制度的同时，也开始着手社会福利制度的创建，这时期的社会福利被称为企业办社会式的福利。1951年《中华人民共和国劳动保险条例》的正式颁布实施，标志着我国社会保障制度开始建立。20世纪50年代后期至改革开放前，我国的城市社会福利制度历经多次变革，最终形成了以国家一单位格局为主要特征的社会福利体制，该体制覆盖了大多数城镇户籍就业人口且保障水平相对较高。由于该体制的建设与个人得到就业机会相关联，也就形成了个人对福利的依赖，实际上形成了对单位的依赖。而在当时企业实际是国家的一种延伸，个人对福利的依赖最终转化为对国家的依赖，国家是整个福利制度的承担者。计划经济时期社会福利制度结构化特征有五：一是将社会福利看作是国家权威与仁慈，缺乏实质公民权；二是将社会福利等同社会救济，而且将社会福利看作是社会保障的重要组成部分；三是将社会福利等同工作单位的职业福利和组织性福利；四是将社会福利看作是市民独享的社会特权，二元福利结构突出；五是将福利工作等同民政工作，政治福利鲜明，缺乏社会政策的理念[②]。新中国成立初期，社会福利制度主要包括民政福利和职工福利两大部分内容。

（一）民政福利的初步形成

政府包办的民政福利是社会福利制度的基本组成部分，主要面向无依无靠的城镇孤寡老人、孤儿弃婴和残疾人等。它分为社会福利事业与社会福利企业两大类，前者主要包括各种福利院、精神病院等收养性机构，后者则是通过建立福利企业吸收残疾

---

① TITMUSS R. 社会政策十讲 [M]. 台北：台湾"商务印书馆"，1991：19.
② 张晋. 简述我国城市社会福利改革中的问题 [J]. 中国商界，2008（11）.

人就业的方式来解决他们的生活保障问题。由于内务部（民政部前身）以及各级民政部门一直是这项工作的主要指导和管理部门，这项事业后来便被称为民政福利。

新中国成立初期，民政福利主要是通过两个途径建立起来的：一是民政部门在全国各大中城市创办了一大批救济福利事业单位（包括一部分生产教养院）；二是接收、调整、改造国民政府原官办的救济院、劳动习艺所及地方民办的慈善堂、外国教会办的慈善机构等，使之成为新中国政府主办的福利机构。民政福利事业单位的管理办法是：中央和地方财政共同出资开办，由各级民政部门直接举办、直属管理，所需经费、物资等全部统一纳入国家或地方预算。据统计，截至1953年底，全国共有城市社会福利救济事业单位920个，先后收容了孤老、孤儿、精神病人及其他人员37.4万人[①]。当时，民政福利是与社会救济紧密结合的，统称救济福利事业。

社会福利生产是国家、集体和社会为帮助残疾人就业而组织的各项生产经营活动的统称。从1952年起，一些城市本着生产自救的方针，开始组织由烈军属和城市贫民参加的手工业生产或小型工业生产，这些生产单位发展后，逐渐吸收部分残疾人参加生产。1956年以后，民政部门对这些自救性生产单位进行了统一规划，把相当一部分改变为专门安置残疾人的企业，即后来所称的社会福利企业。1956年12月，内务部在北京召开城市残老教养、烈军属和贫民生产工作座谈会。在这次座谈会上，首次提出了社会福利生产的概念[②]。此外，在人民政府的倡导下，一些全国性民间社会福利团体组织建立起来。1950年4月，中国人民救济总会成立；1950年8月，中国福利基金会改名为中国福利会；1953年3月，中国第一个残疾人福利组织——中国盲人福利会成立；1956年2月，中国聋哑人福利会成立。1956年5月，内务部直接领导盲人福利会和聋哑人福利会。当时，全国约有盲人和聋哑人160万[③]。这些全国性民间福利组织在建立新中国的社会福利工作组织体系，巩固和扩大社会福利界的统一战线，组织救灾救济和提供直接福利服务等方面发挥了重要作用。

（二）职工福利的基本确立

民政福利只覆盖少量特殊人群，城镇绝大多数居民的福利保障则主要是通过各个机关、企事业单位提供职工福利的方式来获得。职工福利由职工所在单位提供，它以职业为依托、以城镇职工为主体，只要凭本单位的正式职工的身份即可享有，是消费基金分配的一种形式。职工福利作为新中国社会福利制度重要组成部分，可分为三类。

第一类，为职工生活提供方便、减轻家务劳动而设置的集体福利设施，如宿舍、食堂、浴室、理发室、托儿所、幼儿园等。1953年1月劳动部公布的《中华人民共和

---

① 崔乃夫.当代中国的民政（下）[M].北京：当代中国出版社，1994：208.
② 中华人民共和国民政部大事记编委会.中华人民共和国民政部大事记（1949—1986）[M].北京：中国社会出版社，2004：121.
③ 王子今，等.中国社会福利史[M].北京：中国社会出版社，2002：325.

国劳动保险条例实施细则修正草案》规定：实行劳动保险的企业应根据工人职员的需要及企业经济情况，单独或联合其他企业设立疗养所、营养食堂、托儿所等，其房屋设备、工作人员的工资及一切经常费用，完全由企业行政方面或资方负担。1956年，教育部、卫生部、内务部联合发出通知，指出"为了帮助母亲们解决照顾和教育自己的孩子的问题，托儿所和幼儿园必须有相应地增加"。以纺织系统为例，1953年到1955年，青海、天津、东北、上海等地区用于老厂基建、兴建、扩建托儿所、幼儿园的费用就达182亿元①。"一五"时期，住房建设投资相当于国家基建投资的9.1%，建成职工住宅9 454万平方米。大量的职工从新中国成立初居住的草棚、木板房搬进了工人新村，较快地改善了职工的住宅条件②。很多大中型企业和机关事业单位办起了职工食堂、浴室，有些单位还建立了理发室、休息室等。

第二类，为减少职工生活费用开支而提供的福利补贴，如生活困难补助、冬季宿舍取暖补贴、探亲补贴等。1953年5月，财政部、人事部发布《关于统一掌管使用多子女补助与家属福利费等问题的联合通知》，初步确立了面向城镇居民家庭的津贴政策；1954年3月，政务院发布《中央人民政府政务院关于各级人民政府工作人员福利费掌管使用办法的通知》，对机关事业单位工作人员的福利待遇及经费来源、管理和使用作出规定；1955年9月，财政部、卫生部、国务院人事局联合发出《财政部、卫生部、国务院人事局关于国家机关工作人员子女医疗问题的通知》，家属享受半公费医疗待遇成为新的福利政策；1956年12月，国务院发布《国务院关于国家机关和事业、企业单位1956年职工冬季宿舍取暖补贴的通知》，确立了城镇职工家庭的冬季取暖福利政策；1956年，全国总工会向各级工会发出了《职工生活困难补助办法》，对有关职工困难补助的原则、补助对象、经费来源、补助办法等都有明确的规定。

第三类，为丰富职工生活建立的文化福利设施和组织的活动，如文化宫、俱乐部，以及开展各种文娱体育活动等。1950年6月颁布的《中华人民共和国工会法》规定：工会有改善工人、职员群众的物质生活与文化生活的各种设施之责任，各级政府应拨给工会以必要的房屋与设备，作为工会办公、会议、教育、娱乐及举办集体事业等之用。到1954年，全国市文化宫和俱乐部增至12 376个。工人图书馆从无到有，发展到9 650个，藏书达1 170万册③。文化福利事业的发展，既丰富了广大职工的文化生活，又为职工学政治、学科学技术，参加各种业余文艺活动创造了良好条件。

为了建立职工福利设施和发展文化福利事业，国家在经费上给予保证。经费来源有五个方面：一是国家提供给单位的基本建设投资中，与职工基本生活有关的必要的非生产性建设费用。"一五"时期，全国非生产性投资占基本建设投资总额的28.3%。二是机关事业单位设有福利费、企业设有福利基金。职工生活困难补助以及

---

① 劳动人事部保险福利局.社会保险与职工福利讲稿［M］.北京：劳动人事出版社，1986：168-169.
② 严忠勤.当代中国的职工工资福利和社会保险［M］.北京：中国社会科学出版社，1987：195-196.
③ 劳动人事部保险福利局.社会保险与职工福利讲稿［M］.北京：劳动人事出版社，1986：170.

企业单位职工食堂、托儿所、浴室、理发室等设施的经常性费用，均由福利费和福利基金开支。1953年，政务院财政经济委员会规定，国营企业可按工资总额2.5%提取福利补助金，用于一切有关福利方面的经常补助和浴室、理发室、洗衣房、哺乳室、托儿所、食堂的开支。1954年，政务院公布了各级政府工作人员福利费掌管使用新办法，并开始统一使用工作人员福利费的概念。三是从机关的行政经费、企业的管理费和事业单位的事业费中开支的福利费用。四是工会经费中的一部分。1950年，全国总工会规定基层组织工会会费收入的20%用作会员困难补助费。1953年，政务院财政经济委员会规定国营企业可按工资总额2%提取工会经费，其中1%作为文娱体育费及业余文化补习学校经费。五是福利设施本身的收入。如电影、某些文艺演出和体育竞赛活动所得的收入。

到1956年前后，初步建成了以国家为责任主体，覆盖国家机关、企事业单位职工生活各方面的福利制度。职工从集体福利事业中，得到了生活上的方便，享受了经济上的实惠。职工在食堂就餐，基本上只收取食品的原料费；子女入托儿所，只交伙食费和少量杂费，管理费一般是免缴的；职工在本单位浴室洗澡，大多数是免费的；基层俱乐部组织的群众性文体活动职工免费参加，电影票约只相当于社会上电影票价的1/3或更少。当时职工宿舍也是一种福利，有些企业职工住单位宿舍，每间房仅收房租0.30元；有的单位的单身职工住集体宿舍不仅不交费，反而可享受一份房贴。

二、计划经济体制下的社会福利政策

在计划经济体制下，中国社会福利经过20多年的探索，在曲折中发展，不断扩充，形成了国家负责、板块分割、封闭运行的传统福利制度框架。其内容如下：国家通过"高就业、低工资、高福利"的方式，在单位内保障就业人员的职工福利；对未就业的单位以外的人员、"三无"城镇孤寡老人、孤儿、残疾人等实行的民政福利；农村的五保供养制度；城镇居民的价格补贴，以及国家在教育、文化、卫生、体育事业方面的公共福利。

（一）职工福利成为传统福利制度的核心内容

针对新中国成立初期职工福利存在的某些项目混乱、制度规定不合理和管理不善，以及福利待遇过高等问题，1957年1月和5月，国务院先后发出了《国务院关于职工生活方面若干问题的指示》《国务院关于国家机关工作人员福利费掌管使用的暂行规定的通知》，就职工住房、上下班交通、生活必需品供应、困难补助以及职工福利费用的来源和掌管使用等作出明确规定。同年9月，中共八届三次扩大会议召开，会议要求必须继续贯彻执行在发展生产的基础上，逐步开展职工福利事业的方针；"二五"期间要对劳保福利工作和制度进行整顿，改进不合理的制度，适当降低过高的福利待遇；提倡依靠群众集体力量办福利，提倡用互助互济的办法解决职工生活中的某些困难问题。根据党中央、国务院的指示，各地区、各有关部门做了大量工作：一是暂缓实行房租及上下班交通费补贴，有的单位取消了一些突出不合理的补贴制度，如向职工发火柴、黄烟、茶叶等；属于变相工资待遇的，通过增加工资并入工资当中。二是降低福利费标准。中央各机关工作人员的福利费，由过去按工资总额 5% 提取改为按 2.8% 提取，区以上各机关和中央各机关驻在外地的机构按 3% 提取，乡镇机构按 1% 提取。三是部分产业部门取消了不合理的房贴制度。住单位宿舍原享受房贴者，取消房贴，并按规定交纳房租[①]。1962 年 4 月，国务院发布了《国务院关于企业职工福利补助费开支办法的规定》，修订了企业职工福利补助费开支办法。1965 年 8 月，内务部下达了《国务院关于国家机关和事业单位工作人员福利费掌管使用问题的通知》，规定福利费仍以解决工作人员及其家属生活困难为主要用途，如果有结余，可以补贴工作人员家属统筹医疗费用的超支和用于哺乳室、托儿所、幼儿园、少年之家、理发室、浴室的零星购置费的开支、慰问住院的患病工作人员少量慰问品的开支。

"文化大革命"期间，职工福利事业受到严重干扰。1969 年 11 月，取消了财政部和国家经济委员会于 1962 年规定的国营企业提取企业奖金（其中有一部分可用于改善职工物质文化生活）的制度。财政部在《关于做好 1969 年决算编审工作的通知》中规定，中央国营企业原按工资总额 2.5% 提取的福利费、3% 提取的奖励基金和 5.5% 提取的医疗卫生费实行合并，统一按照工资总额的 11% 提取职工福利基金，直接计入成本；如果 11% 提取的福利基金仍不敷使用，企业可以从税后留利中提取职工福利基金进行弥补[②]。这种办法，完全和企业经营成果脱钩，不利于调动职工的生产积极性。改革开放初期，随着国家工作重心转向经济建设，职工福利制度得以修复，主要表现为修改了福利基金的提取与使用办法，建立起一些福利补贴制度。1980 年 2 月，财政部、国家劳动总局下达了《财政部、国家劳动总局关于城镇集体所有制企业的工资福利标准和列支问题的通知》；1981 年 3 月，国务院重新修改颁布了职工探亲待遇的规定，延长了探亲假期；1983 年 8 月，劳动人事部、全国总工会、财政部发布了《劳动人事部、全国总工会、财政部关于在经济改革中要注意保障企业职工的劳动保险、福利待遇的意见》。据统计，1978—1984 年，全民所有制单位职工福利费用增长了近 2 倍[③]。

（二）城市民政福利的发展

民政福利事业主要靠国家投资，并享受各项优惠政策。1958 年 6 月，内务部召开了第四次全国民政会议，会议总结和推广了兴办残疾人习艺所、精神病人疗养院、退休人员公寓、贫民疗养院等福利事业的经验。之后，从城市到县各地民政部门新建和

[①] 严忠勤. 当代中国的职工工资福利和社会保险［M］. 北京：中国社会科学出版社，1987：197-198.
[②] 郑功成，等. 中国社会保障制度变迁与评估［M］. 北京：中国人民大学出版社，2002：126-127.
[③] 严忠勤. 当代中国的职工工资福利和社会保险［M］. 北京：中国社会科学出版社，1987：205.

扩建了许多养老院、精神病人疗养院和儿童福利院等社会福利机构。1964年与1958年相比较，城市社会福利事业单位增加了219%，所收养的人员增加99%。其中，增加较多的是儿童福利院和精神病人疗养院。对于社会福利生产组织，1959年7月，第五次全国民政工作会议进行了分类定型，明确以安置残疾人就业为主的生产单位为社会福利企业，享受国家政策的特别扶持。经过1960年初的调整之后，全国城市民政部门直属的社会福利企业基本稳定在1 000多家。另外，还建起了近30家的生产假肢等助残器材的福利工厂，开办了一批盲人按摩诊所等。"文化大革命"期间，民政福利的发展受到严重影响。1968年内务部被撤销后，行之有效的规章制度被废弃，许多福利事业单位被强行合并和撤销，福利设施遭到破坏，福利事业的服务质量普遍下降。据1978年统计，全国社会福利院只剩577个，工作人员3 233人，收养老残等人员38 457人，与1964年相比较，无论是事业单位数还是收养人数都大大减少，不少盲、聋、哑、残人员和孤老残幼重新流落街头[①]。

1978年2月，民政部成立，内设城市社会福利局，负责政府直接承担的城市社会福利事务，包括社会福利设施、社会福利工厂、社区福利服务等。1979年11月，全国城市社会救济福利工作会议召开，会议进一步明确了城市社会福利事业单位的福利性质，制定了恢复和发展社会福利事业的方针和政策。1981年与1978年相比，城市社会福利事业单位由728个发展到866个，增加19%；收养人数由5.7万余人增至6.1万余人，增长7%。同时，社会福利院突破以"三无"对象为收养范围的规定，初步开展了自费收养双职工家庭中的残疾人和退休孤老的业务，不仅解除了双职工的后顾之忧，而且在一定程度上缓解了事业费不充裕的状况，取得了社会效益和经济效益的双丰收。

此外，在计划经济体制下，教育和住房分配也是一种福利。中小学教育基本上是免费教育，高等教育更是一种高水平的福利，学生不仅免交学费、住宿费等费用，而且可以享受到能够解决吃饭问题的助学金补贴。在福利分房方面，企业或者单位按照职工的工龄和年龄等条件以及家庭人口数目，采用无偿的实物福利分配模式为职工分配住房，职工分到住房后只需交纳少量的房租，所交纳的房租不能抵偿房屋维修和管理成本，亏损部分则由政府和企事业单位补贴。对城镇居民而言，还有一种补贴制度。它面向城镇居民，对其购买粮食、食油及有关副食品给予相应的价格补贴，以保障城镇居民的基本生活，这种福利项目由国家财政部门负责组织实施。

三、市场经济转轨中的城市社会福利服务改革

改革开放后，伴随着传统社会向现代社会，农业社会向工业社会，计划经济向市

---

① 崔乃夫.当代中国的民政（下）[M].北京：当代中国出版社，1994：211-212.

场经济的社会转型，政府尝试从原福利体系内所充当的角色中抽离出来，而将民间以及个人力量补充进去。这期间的社会福利服务分成两个阶段：社会失范的过渡时期和社会福利社会化的完善时期。

社会失范的过渡时期。随着社会改革的不断进行，大量劳动力由于企业改革从国有企业中分离，丧失了获得传统福利的资格，而我国民间团体无法承担政府所期待的责任。在社会转型带来的暂时性社会失范以及福利承担主体不明确的情况下，我国福利政策出现了空缺，一方面相当多的非公有制经济中的职工没有福利保障；另一方面机关和事业单位在保持原有的低工资的前提下福利待遇在缩减，个人需要承担部分福利费用，造成机关和事业单位人员物质和心理上的极大反差和不满[①]。

社会福利社会化的完善时期。2000年4月，民政部在广州召开社会福利社会化工作会议，主张各地积极地向福利投资主体多元化转变。一是劳动部提倡的对于企业职工福利要在企业之外建立一个独立于企业的社会统一管理的社会保险体系；二是民政部提倡的要在政府财政社会福利支出有限的条件下，进行社会筹资，鼓励社会投资福利。通过上述一系列改革，我国社会福利总体上形成了福利水平低、覆盖面小、个人参与意识薄弱、发展不平衡、投入不足、机制不顺的局面，但仍没有动摇新中国成立以来的制度性模式，政府仍只是注意到社会福利对社会公平的作用，忽视了其与经济效益之间的联系，忽视了由其带来的社会稳定、和谐的社区环境和功能稳健的家庭等非经济因素也会对经济的长远发展产生重要作用，忽视了通过福利可以实现社会和经济的双赢发展[①]。

具体而言，随着经济体制改革的进行，市场经济运行机制逐渐得以确立，经济成分、利益主体、社会组织和社会生活方式的多样化，对增加社会福利设施、拓宽福利服务领域、提高福利服务水平提出了新要求；人口老龄化的加快和家庭规模的小型化，提出了多层次、多形式的福利需求，也提供了发展社会福利事业的新机遇。

传统社会福利制度的内在缺陷和不可持续性日益明显，职工福利难以为继，民政福利越走越窄，并成为阻碍社会经济健康发展的制约因素。因此，对传统福利制度进行改革并促使其向现代社会福利制度转型，促进城乡社会福利事业健康发展，势在必行。

（一）改革职工福利，促使其向原本的性质、地位和功能回归

20世纪80年代中期开始的全面经济改革是触及计划经济体制根本的一场革命。国家有关国有企业破产、职工待业保险等方面的法规政策出台后，意味着一旦劳动者所在单位破产，其所享有的各种福利待遇就会随之丧失。如果不对职工福利制度进行改革，或者发展可以替代的社会化福利，国有企业改革就无法实现其既定目标，就无

---

① 张晋.简述我国城市社会福利改革中的问题[J].中国商界，2008（11）.

法避免巨大的社会风险。在计划经济向市场经济转轨中，职工福利制度改革配合企业改革，主要沿着以下几个路径逐步展开。

厘清工资与福利的关系，部分职工福利转化为工资的一部分。一是把各种带工资性质的福利补助纳入工资分配范畴，提高职工收入的工资化、货币化程度。按照市场经济的工资构成惯例，把各种带工资性的福利补贴纳入工资范畴，不再从企业职工福利基金中列支。二是把保险费用与福利费用严格分开，避免相互挤占、混淆不清。通过设立企业社会保险基金，把在职职工和非在职职工的养老、医疗、待业、工伤、生育等保险项目包括其中。1992年4月，财政部发布的《财政部关于提高国营企业职工福利基金提取比例，调整职工福利基金和职工教育经费计划基数的通知》规定：从1992年5月起，将职工福利费改按职工工资总额扣除各种奖金后的14%从成本中提取，计提福利基金的工资总额不再扣除副食品价格补贴；职工教育经费按同一口径的1.5%提取；将1985年以来国务院统一规定发给国营企业职工的各种副食品价格补贴，其中由企业福利基金负担的部分全部改为从企业成本中列支。2007年1月，新的《企业财务通则》开始施行。其内容中已没有了应付福利费及其计提的表述，它标志着职工福利基金开始从企业税后利润中提取、列支，即企业要根据自身条件和经济效益状况来设置职工福利项目、决定职工福利水平以及职工的福利待遇。

单位福利设施服务的社会化。1992年6月，《中共中央、国务院关于加快发展第三产业的决定》提出，"现有的大部分福利型、公益型和事业型第三产业单位要逐步向经营型转变，实行企业化管理"，要以社会化为方向，积极推动有条件的机关和企事业单位将现有的信息、咨询机构，内部服务设施和交通运输工具向社会开放，开展有偿服务，自主经营，独立核算。遵照上述精神，"企业开始了以企业后勤服务社会化、产业化"为主要内容的福利设施服务改革，逐渐从"企业办社会"的困扰中解脱出来，从而参与市场竞争，不仅把大多数企业原有的后勤服务设施推向社会、推向市场，成为社会化第三产业的重要组成部分，而且还使企业福利机制与市场经济运行机制有机地结合起来，实现了由封闭福利型到开放经营型的过渡。

住房福利制度改革。改革开放以来，对职工福利改革幅度较大一项就是进行城镇住房制度改革。国家对住房福利体制改革，经过20世纪80年代初期推行"优惠售房"试点和1986—1988年推行"提租增资改革"，到1988年国务院《关于在全国城镇分期分批推行住房制度改革的实施方案》正式推进住房商品化，再到1992年在全国实行新房先卖后租、新房新租、有偿租房等改革举措，各地都在探索住房福利制度的改革之路。1994年7月，国务院发布《国务院关于深化城镇住房制度改革的决定》，确定了以标准价售房的政策。到1998年底，中央政府宣布停止企事业单位的福利分房，公房的出售进展较为顺利。在推行住房商品化改革的同时，国家确立了由职工和所在单位共同负责的住房公积金制度，推出了建设与出售经济适用房的一系列举措。到2000年后又推出了廉租房政策，通过这些改革，目前职工福利正在逐步向其原本的性质、地位和功能回归,一个适应现代企业制度和市场经济体制的新型职工福利制度正在形成。

改革民政福利,促使其由补缺型向适度普惠型转变。首先,社会福利机构的改革与发展。1984年11月,民政部在漳州召开了全国城市社会福利事业单位改革整顿经验交流会,会议提出了社会福利事业要进一步向国家、集体、个人一起办的体制转变,进一步由救济型向福利型转变,由供养型向供养康复型转变,由封闭型向开放型转变(简称"三个转变")的发展战略和改革方向。1993年8月,民政部发布了《社会福利业发展规划》。1999年12月,民政部颁布《社会福利机构管理暂行办法》,开始将各种福利机构与公益机构纳入统一、规范的轨道。2005年11月,民政部发布的《民政部关于支持社会力量兴办社会福利机构的意见》提出:"社会福利社会化是在社会主义市场经济条件下发展社会福利事业的必经之路,推进社会福利社会化必须广泛动员社会力量多渠道、多层次参与福利事业、兴办福利机构,开展形式多样的系列化服务。"截至2009年底,全国收养性社会福利单位有40 250万个,床位299.3万张,收养236.2万人。其中,各类老年福利机构38 060个,床位266.2万张,收养各类人员210.9万人,有效缓解了老年福利服务的供需矛盾;全国独立儿童福利机构303个,床位4.4万张,收养儿童11.5万人[①]。

在福利经费来源方面,逐步打破了国家或单位包办的格局,社会福利经费来源多渠道化,福利经费来源多渠道化的供款格局和福利责任分担机制正在形成。经费来源渠道如下:一是政府财政拨款。财政拨款仍然是福利事业发展所必需的主要支撑力量,且随着国民对福利需求的增长和国家财政实力的增强不断增长。2009年,中央财政共向各地转移支付民政事业费1 227.0亿元,占民政事业费比重56.2%。二是集体投入。城乡集体单位投入福利事业的经费也在持续增长。三是发行福利彩票。自1987年4月民政部发布《民政部关于开展社会福利有奖募捐活动的通知》,开始发行福利彩票以来,通过发行福利彩票来筹集福利资金已成为发展福利事业的重要经济基础。1994年12月,民政部发布了《中国福利彩票管理办法》,对福利彩票的发行与销售、资金使用、监督与处罚等内容做了规定,从而使福利彩票的管理与运行有章可循。2009年,民政系统彩票公益金共支出113.4亿元,资助项目用于福利类收养性单位49.3亿元。四是社会捐献。国家鼓励社会捐献,并通过这种渠道来发展福利事业。1999年6月,《中华人民共和国公益事业捐赠法》颁行,首次用法律的形式规范社会捐赠。2009年共接收社会捐款68.6亿元,其中,捐赠物资折款2.2亿元,接收捐赠衣被12 476.6万件。此外,间接接收其他部门转入的社会捐款14.1亿元,衣被681.0万件,其中,棉衣被527.6万件,捐赠物资折款1 884.9万元。民政部有关负责人表示,这些捐赠款物使1 522.3万人(次)困难群众受益。[①]

---

① 2009年民政事业发展统计报告[R/OL]. http://www.mca.gov.cn/article/zwgk/mzyw/201002/20100200057757.shtml.

除孤老残幼等部分社会成员可以继续享有无偿的福利待遇外，多数福利项目需要个人承担一定的义务，如养老院向离、退休人员开放的条件即是收取适当的费用。

（二）社会福利企业改革

改革开放以来，民政部门坚持贯彻分散安置与集中安置相结合的方针，在积极发动全社会做好残疾人劳动就业工作的同时，大力发展社会福利生产。1986年2月，民政部等六部门发布了《关于进一步保护和扶持社会福利生产的通知》。1992年1月，民政部发布了《民政部关于加强社会福利生产管理工作的决定》。为进一步做好残疾人劳动就业工作，确保按期完成《中国残疾人事业"九五"计划纲要》规定的残疾人就业任务，推动残疾人就业持续、稳定发展，1999年9月，国务院办公厅转发了劳动和社会保障部等部门《关于进一步做好残疾人劳动就业工作的若干意见》的通知。各地民政部门及福利生产管理部门不断加大改革创新力度，以使福利企业适应市场经济的客观要求，福利企业改制、改组的步伐明显加快，优惠政策和扶持保护措施相对稳定，福利企业管理得到加强，两个效益（经济效益、社会效益）明显提高[1]。"截至2005年全国城乡共有福利企业33976家，职工总数150万人，其中残疾职工近70万人[2]。"民政部门积极参与调整和完善福利企业的优惠政策，2007年6月，出台了《福利企业资格认定办法》，进一步拓宽了残疾人的就业渠道。2016年10月10日国家民政部取消了福利企业资格认定事项有关工作，此后，任何福利企业没有统一认定标准。从而对安置残疾人的所有企事业单位和个体工商户，实行按纳税人安置残疾人数限额即征即退增值税的办法，促进残疾人就业。

（三）社区服务成为重要的具有社会福利性的服务行业

社区服务业是在政府倡导下，为满足社会成员多种需求，以街道、镇和居委会的社区组织为依托，具有社会福利性的居民服务业，是社会化服务体系中的一个重要行业。1987年9月，民政部在武汉市召开了首届全国城市社区服务工作座谈会，会议阐述了社区服务的性质、特点、内容、范围以及其在城市社会保障体制中的地位。为了规范和促进社区服务业的发展，民政部、国家计委等14个部委于1993年8月联合发布了《关于加快发展社区服务业的意见》，对社区服务业的任务、社区服务业的统筹规划、政府对社区服务业的扶持、社区服务业发展资金筹措、社区服务价格体系的建立、社区服务业的管理等都做了原则性规定。智研咨询发布的《2021—2027年中国社区服务行业市场研究分析及投资决策建议报告》数据显示：在政策的支持下，我国社区服务业取得了较快发展。2020年中国社区服务指导中心数量为516个，比2019年

---

[1] 李学举.跨世纪的中国民政事业·总卷（1994—2002）[M].北京：中国社会出版社，2002：11.
[2] 全国共有福利企业33 976家　职工总数150万人［EB/OL］. https://news.sina.com.cn/o/2005-11-23/18337520196s.shtml.2005-11-23.

减少 64 个；中国社区服务中心数量为 29 460 个，比 2019 年增加 3 865 个；中国社区服务站数量为 392 583 个，比 2019 年增加 225 678 个；中国其他社区服务设施数量为 70 111 个，比 2019 年减少 36 377 个。2019 年中国城乡社区服务机构中，社区服务站数量为 225 000 个，比 2018 年增加 76 000 个；社区服务中心数量为 27 000 个，比 2018 年减少 1 000 个；社区服务机构个数 528 000 个，比 2018 年增加 101 000 个[①]。《中华人民共和国 2021 年国民经济和社会发展统计公报》显示：2021 年末共有社区服务中心 2.9 万个，社区服务站 47.2 万个[②]。截至 2021 年 9 月，全国 26 个省（区、市）完成村（居）民委员会换届工作。截至 9 月底，全国共有城乡社区综合服务设施 52.9 万个，城市社区实现全覆盖，农村社区覆盖率达到 71.7%。同时，传统的社区商业模式已经逐渐被淘汰，新的 APP 生活和商业模式正在颠覆人们的传统思维，以"价值和服务"创造认可的方式更为有效，社区服务 APP 正用另一种途径演绎全新生活方式。2019 年中国社区服务职工人数为 1 545.7 万人，同比增长 5.1%[③]。

第三节　中国城市社会福利政策现状及改革

一、中国城市社会福利政策现状

（一）城市老年人社会福利服务

老年人福利是国家或社会为了安定老人生活、维护老人健康、充实老人的精神生活而提供的社会公益服务。《中华人民共和国老年人权益保障法》（以下简称《老年人权益保障法》）规定，国家和社会应采取积极措施，改善老年人生活、健康以及参与社会发展的条件。

1. 老年人福利服务主要形式

收养性福利。收养性福利的主要职能是收养无家可归、无依无靠、无生活来源的孤寡老人。在经济条件较好的地区，也开展自费收养，主要收养一些由其单位或亲属付费的老人。收养性的福利设施包括老年院、养老院、老年公寓、托老院和福利院等。

---

① 2020年中国社区服务机构数量、服务人数及覆盖率分析［EB/OL］. https://www.chyxx.com/industry/202107/965031.html.2021-07-25.

② 中华人民共和国2021年国民经济和社会发展统计公报［EB/OL］. 国家统计局. http://www.stats.gov.cn/tjsj/zxfb/202202/t20220227_1827960.html.［2022-03-04］.

③ 2020年中国社区服务机构数量、服务人数及覆盖率分析［EB/OL］. https://www.chyxx.com/industry/202107/965031.html.2021-07-25.

娱乐性福利。娱乐性福利的主要职能是为老年人提供各种文化娱乐性服务设施，包括老年人大学、活动中心、活动站等。

一般服务性福利。一般服务性福利主要是为老年人提供一些生活和健康方面的服务设施，包括老年人康复中心、老年医院、老年人咨询中心、老年人交友中心等。

近年来，我国积极推行社会福利社会化，在以国家、集体举办的老年福利机构为支柱的前提下，鼓励社会力量举办老年社会福利机构，建立以居家养老为基础、以向社区老年人提供福利服务为依托的老年人社会服务体系。

2. 老年人福利服务的基本政策

我国老年社会福利范畴包括为保障和改善老年人物质、精神文化生活所采取的一切举措。老年社会福利政策法规的范畴包括政府为此制定颁布的所有法律法规、方针政策、行为规范。这大体上可分为收入保障和服务保障两类。

属于收入保障的政策：关于社会养老保险的政策；关于医疗保险的政策；关于农民实行新型合作医疗制度的政策；关于城市普遍实施和农村试点实施最低生活保障的政策；关于农村五保供养制度的规定；关于城乡贫困人口实行医疗救助和生活救助的政策；关于特殊优待老年人的政策；等等。

属于服务保障的政策：老年福利服务机构举办、运营、管理监督、质量评估等方面的优惠政策和规定、办法、标准、规范等；社区为老服务场所、设施建设、运营的管理办法及标准、规范；院舍、家庭和社会服务、居家养老服务等方面的政策规定和服务技术规范、标准等；为老服务队伍建设的职业标准和专业技术等级管理规定等；老年人健康状况的评估办法和标准；有关发展老年医疗卫生、文化教育、康复健身等服务的政策规定；发展老年产业和老年用品市场等方面的政策措施；等等。

3. 老年人福利服务政策存在的问题

目前，我国老年人社会福利的政策法规体系建设，还只是初步建起了一个基本的框架，它对有关老年福利的基本方面、基本内容大都有所涉及，并且有些重要方面也有较为明确和具体的规定。这对老年社会福利事业的发展起到了积极的促进作用和有效的保障作用。但是，从社会主义市场经济和老年人社会福利事业发展的客观要求看，我国老年社会福利政策法规体系的建设还是远远不够的，存在着诸多不足。

老年福利总体上缺少法律层面的根本保障。除了一部滞后于市场经济发展要求的《老年人权益保障法》之外，我国老年福利政策还更多更久地停留在政策性文件规定的层面，至今还没有制定出老年福利的专项法律法规，与国外相比较已经严重落后，执行起来其强制力和时效性必然大打折扣。

老年福利的政策法规体系建设严重滞后于经济和社会的发展水平。我国老年福利保障和服务水平总的来说比较低，经济不发达、欠发达地区和广大农村表现得尤为突出，这与公共财政政策和社会政策以及老年福利政策建设滞后紧密相关。

老年福利政策法规体系建设缺少配套和衔接。这体现为老年福利政策法规体系本身各个方面、各个环节、各个层级缺少配套衔接，也体现为老年福利政策与其他经济、社会发展政策不协调甚至相悖。如机构服务中政府包办导致资源分配不公和有限资源效率低下的体制障碍与国家改革大政方针的矛盾，福利投入机制偏向和市场经济公平竞争的矛盾等。

老年福利政策落实不到位和不落实的现象比较突出。特别是财政资助、税收减免、用地划拨等方面的优惠政策落实不到位。此外，现行的福利投入预算缺少公开和透明，城乡二元结构体制造成城乡福利体制的分割和巨大差异，第三部门作用较差、专业社会工作者制度缺失等，都使我国老年社会福利政策法规体系的建立健全还有很长的路要走。

（二）城市儿童福利服务政策

儿童福利特指补充或替代父母照顾和管理儿童，尤其是对孤儿、弃儿、盲童、聋哑儿童、肢残儿童、弱智儿童等举办的福利。

1. 儿童福利服务的内容

儿童福利服务内容包括医疗、教育、福利和职业技术教育等，范围覆盖儿童发展各个阶段的基本需要，确保所有儿童身心健康和幸福快乐成长。

中国儿童福利政策框架和福利服务体系结构包括以下四个方面。

（1）营造有利于儿童身心健康和幸福快乐成长的社会环境、制度背景，特别是法律保护框架，让儿童在宽松、自由、和谐的环境中茁壮成长。

（2）繁荣发达的公共服务和市政服务体系，如道路桥梁、交通、通信、邮电、水电煤气和公共安全，这包括兴旺发达的社区服务体系和优美、清洁、卫生、绿色、舒适的人居环境，为儿童营造良好的生活环境，确保儿童娱乐等基本需要的有效满足，方便他们参与社会生活。

（3）丰富多彩的家庭服务与发达完善的家庭津贴制度，确保家庭结构功能角色正常发挥作用，即使在家庭关系破裂、家庭关系恶化、家庭功能丧失和父母角色无法正常发挥作用的情况下，多种多样的儿童福利服务，例如儿童福利院、儿童庇护所、特殊学校、中途之家、家庭寄养和家庭收养、家庭照顾中心、流浪儿童救助保护中心、残疾儿童康复训练中心等能够为各类困境儿童提供暂时性或永久性的保护性服务，确保所有儿童享有平等发展机会和福利服务。更为重要的是，国家应尽快建立家庭津贴制度，对生活困难家庭和低收入的家庭给予资助，确保贫困家庭的儿童不因贫困而受到社会排挤和歧视，能够与其他儿童一样享受基本福利。实践证明，结构功能良好的家庭即是儿童福利的最好保障。

（4）范围广泛和内容多样的儿童福利服务，最主要和最核心的部分如下：其一，以家庭计划、优生优育、安全分娩、母婴保健、营养食品、免疫接种和疾病预防为主要内容的卫生服务，其核心目标是确保儿童身体健康和发育良好。这是儿童福利服务最基础和最重要部分,因为只有健康的体魄才能有身心健康成长的可能性。其二,以基础教育、家庭教育、特殊教育、公民教育和职业技术教育为主要内容的教育服务,培养塑造合格的接班人和高素质的公民。其三,以儿童社会保护、儿童机构照顾、儿童家庭照顾和儿童日间照顾、儿童临时托管等为主要内容的儿童福利服务体系,确保儿童在家庭功能失效或面对临时挫折困难时能得到及时帮助,不至于无家可归、流浪乞讨或生活在贫困之中,甚至蜕化变质为仇视社会或破坏社会的人。需要特别强调的是,所有儿童福利服务都应是无偿免费的。

2. 儿童社会福利服务机构

依据《中华人民共和国未成年人保护法》(以下简称《未成年人保护法》)《中华人民共和国教育法》,国家为残疾儿童、孤儿和弃婴等有特殊困难的儿童提供福利设施和服务,保障其生活、教育和康复。儿童社会福利服务机构主要包括以下几类。

(1) 儿童福利院。这是在城市举办的以孤儿为主要收养对象的福利事业。其任务是收养城市中无家可归、无生活来源、无法定义务抚养人的孤儿和自费的家庭无力看管的残疾儿童。对残疾儿童实行养、治、教相结合和供养与康复并重的方针,通过康复和医疗措施,恢复其自理和劳动能力,并对其进行文化和职业技能教育,为其将来走上社会创造条件。

(2) 残疾儿童康复中心。这是为残疾儿童提供康复服务的福利事业单位。其任务是为残疾儿童提供门诊和家庭咨询,开展各种功能训练和医疗、教育、职业培训,以减轻残疾程度,恢复自理和劳动的能力,为其走向社会创造条件。

(3) SOS 儿童村。这是一项安置孤儿的国际性社会福利设施。儿童村以模拟的家庭为单位,一般由15~20户"人家"组成,每一户招聘一个"家庭妈妈",每户由约20个不同年龄的孤儿组成,他们作为一家的"兄弟姐妹"而共同生活。儿童村不把孩子送给别人寄养,儿童一直生活到他们能独立生活和自我照料为止。

3. 儿童社会福利服务存在的问题

1949年以来,中国政府始终重视儿童工作,注重培养有理想、有道德、有文化和有纪律的"四有"新人,将德智体全面发展作为儿童身心健康成长的衡量标准,儿童福利服务取得世人瞩目的成就,儿童保护和儿童发展已纳入国家的公共政策议程。但是现行儿童福利政策框架存在诸多结构性问题,如何重建现代儿童福利服务体系已成当务之急。

(1) 对儿童发展福利认识不足。在我国,儿童需要、儿童发展等价值观念尚未成为全社会的共同价值观念,儿童福利服务体系发展缺乏相应的价值基础,许多传统观念和错误思想仍束缚人们的手脚。在我国对儿童的关注更大程度上仍放在儿童的教育和违法犯罪等不良行为的防止上,这使得我国开展的儿童福利服务带有很强的社会治安与犯罪防控色彩,大多数儿童享受不到应有的福利服务,儿童福利服务的选择性特征明显。从这个意义上说，我国实际并没有形成严格意义上的儿童福利观念，而儿童发展福利也没有受到应有的重视，比如在国外被看作对促进儿童发展有重要作用的幼托事业，在我国长期以来被归入教育领域。幼托所替代的是家庭照顾，而不是教育，要使我国幼托事业具有更多的社会福利性质，就应将其划分在社会福利领域而不是教育领域。

（2）现有儿童福利理论存在诸多不足之处，迫切需要新型的、综合性的理论体系和分析框架，普及性的儿童福利服务亟待发展，以便使所有儿童都能够享受到家庭关爱、国家保护和社会照顾，以全面、科学、准确地理解儿童问题，为设计发展导向的儿童福利政策和服务体系奠定理论基础。

（3）儿童发展福利政策体系松散。我国儿童福利政策框架和福利服务体系的政策目标过分政治化，缺少儿童研究的理论和实践基础，缺少儿童作为主体的参与，因而缺少实践性和可操作性，对儿童缺乏吸引力。我国与儿童发展福利相关的儿童福利政策分散，而且实际的、可操作的内容不足，政策的适应性不强，原则性、一般性的规定较多，大大降低了政策执行的有效性。严格地说，至今我国还没有制定和出台统一的儿童福利政策，更缺乏儿童发展福利方面的基本政策和法规。就我国儿童发展福利来说，不仅需要通过一部专门的综合性法律，全面规范儿童福利的各项内容，还需要有相当的篇幅规范儿童发展福利的含义、范畴、基本原则和保障措施，以维护儿童基本生存和健康发展等方面的权利。

（4）儿童发展福利服务水平落后。首先，儿童福利服务范围有限，福利内容主要集中于道德思想教育，形成了儿童福利服务思想道德教育模式，但是儿童其他基本需要的满足问题较多，如儿童教育、儿童营养食品与体质发育、儿童免疫接种、儿童娱乐活动场所等。其次，我国儿童福利的服务对象范围过于狭小，儿童福利政策目标和福利服务对象主要集中于少数的问题儿童和部分困境儿童，如残疾儿童、孤儿、流浪儿童等，绝大多数普通儿童享受不到应有的福利服务。儿童发展福利政策要求以全社会全体儿童的身心全面发展为目标，注重儿童在健康、教育、法律保护和环境等领域的发展福利，以便使所有儿童都能够享受到家庭关爱、国家保护和社会照顾。我国儿童福利服务的选择性特征明显，普惠性的儿童发展福利服务亟待发展。再次，儿童福利服务的层次仍然很低，主要针对特殊儿童群体的基本健康保障，而针对全体儿童的、以促进儿童未来成长发展为宗旨的更高层次的福利服务措施在我国仍然凤毛麟角。

（5）儿童福利服务组织单一，过于行政化。儿童福利组织机构基本局限于国家机构和国有单位，民间组织难以进入儿童福利服务领域，从事儿童福利服务的非政府组织难以获得国家的财政资金和优惠政策待遇，发展面临许多问题。另外，儿童福利政策框架和福利服务体系的政策目标过于行政化，儿童福利政策目标和福利服务的生活化、个性化、发展性色彩比较淡薄，对儿童缺乏吸引力。

（6）我国儿童发展福利服务专门机构缺失，高素质专业人员严重匮乏。目前我国儿童发展福利事业刚刚起步，还未引起社会足够关注。社会上存在的大量儿童福利机构，如儿童福利院、儿童康健园、孤残儿童学校等往往都针对特殊儿童群体，都以保障儿童基本生活需要为目标。通过提供高水平服务促进儿童全面发展的专门机构极少，而且多为私人营利机构，不具备福利的性质。同时，基于理念落后、待遇较低等原因，我国社会福利机构缺少专业人才，更缺少从事儿童福利服务行业的专业人员。我国的儿童发展福利事业在理论、政策和实践领域都急需大量的高素质专业人才。

（7）儿童发展福利资金投入不足。儿童福利服务缺乏专门明确的财政资金来源渠道，中央政府和地方政府均无儿童福利事业的专门财政科目，儿童福利服务经费来源缺乏稳定性直接影响儿童福利事业发展。同时，儿童福利组织基本局限于国家机构和国有单位，民间组织难以进入儿童福利服务领域。这既给政府带来极大的财政负担和资源负担，同时也未能充分利用社会各界的力量支持儿童福利事业的发展。国家缺乏对各种社会力量的引导，从事儿童福利服务的非政府组织难以获得国家的财政资金和优惠政策待遇，没有形成畅通的儿童福利事业多元化参与渠道，所以我国的儿童福利事业发展较慢，民间儿童福利组织发展艰难，与先进国家的差距也在扩大。

（8）儿童福利服务管理体制混乱。从我国儿童发展福利的制度安排来看，儿童福利服务管理体制多元，缺乏国家层面上权威统一和综合性的儿童福利行政管理机构。儿童福利服务管理分散在国务院妇女儿童工作委员会、发改委、民政部、教育部、农业农村部、人力资源和社会保障部等政府行政管理部门，以及共青团、妇联、残联等团体。不同部门有不同的儿童政策目标，缺乏统一集中性。这些部门都参与儿童福利工作，由于缺乏协调和整合机制，在政策执行中，难免出现重复和缺失并存状况。这种多头管理体制最直接的危害就是易导致"重建设，轻监管"的恶性循环，形成多头管理、政出多门、推诿扯皮、效率低下和政策冲突的局面，不仅难以落实和追究管理责任，而且不利于制定和实施儿童发展福利中长期目标，最终不利于儿童健康成长。

（三）城市女性社会福利

1. 女性社会福利的基本内涵

妇女社会福利是社会福利体系不可缺少的组成部分，是国家和社会为满足妇女生活服务需要并促使其生活质量不断改善而建立的制度或措施。具体来看，妇女社会福利除了社会福利政策和计划中包含的男女共同享有的福利内容外，还有为维护妇女权益、尊重女性生理特点、促进妇女发展而特别制订的福利计划，具体包括就业保障、生育福利和健康福利三方面内容。就业保障：保障妇女享有和男性平等的就业权利和机会、保障女职工享有和男职工同等的劳动报酬、女职工劳动保险和劳动保护、保障女职工获得就业培训和晋升机会。生育福利：为在怀孕、分娩期间的妇女提供物质帮助、资金补助，为职业妇女在分娩或流产期间提供法定的带薪假期。健康福利：针对妇女生理特点而提供特别的健康保健，为母亲提供更优惠的减费或免费健康服务。除了以上三个方面的内容外，有的国家还有女性教育计划、家庭补贴等特殊福利。

2. 妇女社会福利对女性及社会发展的积极作用

传统的父权制社会赋予了男性在公共领域中的主导角色，女性则被规定了在私人领域（家庭）中的依赖角色，福利国家基于这样社会分工而制订的制度性福利计划，使女性参与市场和获得制度性福利给付的机会被大大削弱，维持和强化了不平等的性别结构。随着越来越多的妇女走出家门，进入劳动力市场，妇女传统角色逐渐改变，随之也带来了妇女对社会福利的需求；随着女性社会地位的提高，福利国家也需要及时和有效地对这些需求作出回应。特别是进入现代社会以来，女性主义者把提高妇女社会福利水平作为促进女性发展、提高妇女地位的有效路径之一。

福利国家和我国建立社会保障体系以来有关妇女福利政策实施所取得的成效，有力证明了妇女社会福利无论对妇女本身还是对社会都起到了积极作用。这主要表现在以下几个方面：①有利于实现男女平等。妇女社会福利政策，对保障妇女与男性平等参与政治、经济活动起到积极推动作用。②有利于提高人口素质。妇女担负人类自身再生产的天职，妇女就业保障中劳动保险和劳动保护以及生育福利、健康福利等，对女性自身健康和后代健康都能起到积极作用。③有利于维护社会稳定。在妇女社会福利的作用下，家庭贫困、人口贫困发生率下降，对于稳定社会无疑会起到重要作用[①]。

二、中国城市社会福利服务的改革

改革开放以来，社会福利服务改革已经取得了突破性发展，目前一个以国家、集体兴办的社会办福利机构为骨干，以社会力量兴办的社会福利机构为新的增长点，以社区福利服务为依托，以居家供养为基础的社会福利体系正在形成。

（一）由补缺型向适度普惠型转变

改革开放以来，社会福利事业逐步由封闭型向开放型转变，通过采取投资主体多元化、服务对象公众化、服务方式多样化、服务队伍专业化和志愿者相结合等措施，在保障"三无"人员基本生活的基础上，逐步面向全社会老年人、残疾人、孤残儿童开展服务，既拓展了社会福利的保障范围，又推动了社会福利制度由补缺型向适度普惠型转变。此外，新的社会福利体系也使社会福利项目的结构走向合理化，即已经显现出以福利需求类同的社会成员为同一福利项目实施对象的趋势，而将社会群体的类同需求作为福利项目设置依据的取向，正是现代福利制度安排规范化的重要标志。

---

① 朱冬梅. 改革开放以来中国妇女社会福利发展及问题[J]. 中华女子学院山东分院学报，2009（4）.

（二）家庭、社区和福利机构相结合

中国老年人、残疾人、孤儿基数大，人口老龄化社会呈现出了老年人口增长快、高龄化趋势明显和未富先老等特征，加之家庭结构小型化和家庭保障功能的减弱，因此，在大力推行以居家养老为基础的同时，必须充分发挥社区服务和福利机构的作用。近年来，通过实施"社区老年福利服务星光计划"和建设"星光老年之家"，开展了入户服务、紧急援助、日间照料、保健康复等多种服务。通过推进残疾人社区福利服务和社区照顾，发动各级社区服务中心（站）为残疾人提供生活服务，开展残疾人的社区康复、特殊教育及文化体育等活动。在孤儿较多的社区建立相应的保障机制，为孤残儿童提供优惠和便利，效果良好。孤儿、弃婴不可能完全被收养和家庭寄养，需要福利机构提供教育报务。因此，社会服务和福利机构在养老、助残、救孤方面还有着广阔的发展空间。

（三）政府主导与社会参与相结合

在推进社会福利社会化的进程中，中国逐步改变了单纯由政府举办社会福利机构的模式，开始广泛调动社会力量参与兴办福利事业，促进了社会福利事业的发展。实践证明，建立社会福利制度，离开政府的主导不行，完全由政府包揽也不现实。因此，要坚持以市场为导向，以优惠扶持政策为动力，引导社会力量参与社会福利事业，推进社会福利服务社会化。

（四）提升法制化、标准化和专业化

目前，中国已经形成了一个以宪法为依据，由《中华人民共和国残疾人保障法》（以下简称《残疾人保障法》）《未成年人保护法》、《老年人权益保障法》等多部相关法律及法规组成的保护老年人、残疾人、孤儿、弃婴等特殊困难群体合法权益的法制体系。国家正着手修订《残疾人保障法》，制定《残疾人就业条例》《养老机构管理条例》等行政法规，以更好地推行社会福利事业法制化，保证社会福利事业持续、稳定发展。此外，还颁布实施了《老年人社会福利机构基本规范》《残疾人社会福利机构基本规范》《儿童社会福利机构基本规范》等强制性行业标准，建立了养老护理员的职业资格制度。实践证明，这些行业标准和服务人员资格制度的建立有效地促使了社会福利机构和服务队伍的专业化、规范化水平的提高[1]。

（五）推行政府购买社会工作服务

20世纪80年代以来，伴随着经济全球化、政治民主化和信息技术的迅速发展，世界各国都在推进政府再造和变革，积极建设服务型政府，社会工作机构无疑是政

---

[1] 窦玉沛. 中国社会福利的改革与发展 [J]. 社会福利，2006（10）.

府理想的合作伙伴。另外，非政府组织和非营利组织快速发展。在经济多元化过程中，各种非政府组织、社会工作机构快速发展，在贫困救助、孤残救助、艾滋病救助、慈善捐助、临终关怀、青少年犯罪等方面发挥着日益重要的作用。政府通过购买服务的形式，可以鼓励、引导这些社会工作服务机构的发展。我国社会工作服务的购买主要体现在社会福利、社会救助、社会慈善、残疾康复、抚恤优待、社区建设、司法矫正、教育、卫生等领域。目前，北京、上海、广州、杭州、南京、无锡等地区对民政、医疗卫生、社区矫正、就业培训等领域公共服务的购买进行了有益探索。出现了以上海新航、阳光、自强社会服务站为代表的形式性购买模式，以上海罗山市民会馆为代表的公有私营（非竞争性购买）模式，以北京海淀区委代表的竞争性购买模式等。

三、中国城市社会福利政策的发展方向

（一）建立适度普惠型社会福利制度

适度普惠型社会福利是由政府和社会基于本国（或当地）的经济和社会状况，向全体国民（居民）提供的、涵盖其基本生活主要方面的社会福利。这种社会福利具有如下一些基本特征：它是针对全体国民（或者某一较大地区的居民）的，因而在某种程度上来说是普惠的。这一特征与我国社会政策的地区性特征有关，更深层地则与地区经济社会发展水平和地区财政状况有关。这种福利涵盖了国民（或当地居民）基本生活的最主要方面，如失业保险、贫困救助、医疗保险、住房保障及老人、残障服务等。这些适度满足他们的基本需要，而不是主要满足他们的高级需要。

在建构适度普惠型社会福利制度的过程中，政府不但要在社会福利资源的支出方面承担主要责任，而且促使企业承担社会责任，要通过一定措施支持家庭福利和社会参与，而这将起到多方面的积极效果。适度普惠型社会福利制度的建立是一个复杂的过程，其中包括经济、政治的考量，政府部门间关系的处理，政府与民间组织关系的处理，以及政策制定和实施中细节的设计及运行。随着我国经济的进一步发展和以改善民生为重点的社会建设的进一步推进，适度普惠型社会福利制度的建立是必然的[①]。

（二）建立多元化的社会福利体系

福利多元主义是社会政策的一个宏观分析范式，它关注福利的多元来源、供给、传输的结构，明确提出福利的责任应该由公共部门、营利部门、非营利部门和家庭社

---

① 王思斌. 我国适度普惠型社会福利制度的建构 [J]. 北京大学学报（哲学社会科学版），2009（5）.

区等四个部门共同负担，主张政府与民间合作，共同提供社会福利的各项服务[①]。福利多元主义对我国的社会福利制度改革无疑是具有借鉴意义的。

中国的社会福利多元化不仅是指社会福利的工作、筹资和提供应由不同的部门共负责任、共同完成，还应包括福利对象的公众化。具体而言，社会福利多元化包括福利主体的多元化、筹资渠道的多样化、福利对象的公众化和服务队伍的社会化。其中，福利主体的多元化是指社会福利应由国家、市场、第三部门和社区等不同的部门来提供，它包含着政府职能的转变，并不意味着政府责任的退出。筹资渠道的多样化是指福利经费由政府、市场和社会共同筹募，既要防止因过分依赖政府而延续政府包办社会福利的格局，又要防止过分倚重市场而导致社会福利市场性有余、福利性不足。福利对象的公众化是指要改变过去社会福利仅仅针对体制内员工、"三无"人员、五保户、孤儿等传统服务对象的观点和做法，以有偿、低偿和无偿相结合的方式，为有需求的对象提供享受福利服务的各种机会。服务队伍的社会化是指一方面要建立一支宏大的社会工作队伍，扩大社会工作从业人员规模，提高其专业化水平；另一方面，要在全社会倡导志愿服务的新风尚，形成一支宏大的福利服务志愿者队伍[②]。

（三）提升社会福利服务的水平和质量

社会工作是将社会服务传递到受助者手中的一个必要的中介，是社会福利的发送体系。专业化和职业化的社会工作是社会福利体系的重要子系统，离开了社会工作，社会福利就将大打折扣而表现得残缺不全。推进社会工作，发挥专业社会工作的积极作用，是建构社会福利体系的题中之义[③]。

社会工作的专业性突出表现为社会工作的学科性和实务性，包括人员的专业性、机构的专业性和方法的专业性；社会工作的职业化保证了社会工作在社会福利服务供给中发挥稳定的作用。两者是相辅相成的促进关系。欧美等发达国家及我国港台地区社会工作在社会福利体系中之所以能够发挥十分重要的作用，主要原因之一就是有一大批经过社会工作教育和培训的社会工作专门人才，他们以专业性的社会工作为职业，专门从事专业性的社会工作。正是他们的不懈努力和专业精神与专业技能，直接推动了社会工作的发展，丰富了社会福利的内涵，促进并保证了社会福利的形成和供给，为社会福利发展作出了重大的贡献。

基于多方面的原因，我国的社会工作专业化发展一直比较滞后，与之相联系的社会工作职业化也没有得到很好的落实。尽管在上海等少数城市专业化社会工作开展得如火如荼，但是，基于历史的、文化的、体制的等多方面的原因，我国还没有大规模推进专业性社会工作的社会环境，其主要表现就是没有社会工作这个职业。因此，我

---

① 林闽钢.福利多元主义的兴起及其政策实践[J].社会，2002（7）.
② 田北海，钟涨宝.社会福利社会化的价值理念[J].探索与争鸣，2009（8）.
③ 周沛.社会福利体系研究[M].北京：中国劳动社会保障出版社，2007：61.

国社会工作若要发展,当务之急是要着力解决好社会工作职业化的问题。这不仅是为了解决社会工作专业学生和人才的出路问题,更为重要的是解决社会工作专业化的基本保证问题,解决社会工作专业人员和社会工作专业的"用武之地"问题,最终是为了解决社会福利的问题,提升社会福利服务的水平和质量[①]。

本章小结

社会福利服务是以政府为责任主体,直接面向社会成员,尤其是社会中的具有特殊需求的个人、家庭或群体而提供的福利性服务,具有弱势群体优先、福利性、服务性的特征。当代各国各种各样的社会福利服务项目主要包括满足社会成员基本生活需求的服务体系、满足社会共同生活需要的服务体系、针对特殊困难者的社会福利服务体系。社会福利服务可以划分为补缺型社会福利和制度型社会福利模式,社会福利的剩余模式、工业成就表现模式和制度再分配模式。

本章在对社会福利政策概述的基础上,从新中国成立初期、计划经济体制、计划经济向市场经济转轨三个阶段对新中国社会福利服务的历史沿革进行阐述。继而具体分析新中国社会福利服务的内容,分析老年人社会福利服务、女性社会福利服务和儿童社会福利服务的现状和存在的问题。

最后,提出中国社会福利服务的改革方式:由补缺型向适度普适型转变,倡导家庭、社区和福利机构相结合,政府主导与社会参与相结合,提升法制化、标准化和专业化,推行政府购买社会工作服务。提升社会福利服务的水平和质量,建立适度普惠型社会福利模式,以及多元化的社会福利体系。

拓展阅读

1. 杭行,刘伟亭.关于社会福利制度的深层次思考[J].复旦学报(社会科学版),2003(4).

2. 周弘.福利的解析——来自欧美的启示[M].上海:上海远东出版社,1998.

3. 王怀勇.中国农村社会福利保障体制的形成与变迁[J].社会科学研究,2009(4).

4. 周沛.社会福利体系研究[M].北京:中国劳动社会保障出版社,2007.

5. 王春光.中国社会政策阶段性演变逻辑[J].国家行政学院学报,2018(3).

6. 徐家良.中国慈善面向何处:双重嵌入合作与多维发展趋势[J].华南师范大学学报(社会科学版),2019(11).

7. 关信平.民生建设和社会政策发展及新征程中的新问题与新议题[J].社会发展研究,2020(4).

---

① 周沛.社会福利体系研究[M].北京:中国劳动社会保障出版社,2007:66-67.

8. 岳经纶, 方珂. 福利距离、地域正义与中国社会福利的平衡发展[J]. 探索与争鸣, 2020（6）.

9. 王春光. 中国社会政策阶段性演变逻辑[J]. 国家行政学院学报, 2018（3）.

10. WILENSKY H, LEBEAUX C. Industrial society and social welfare [M]. New York: Russell Sage Foundation, 1958.

关键词

社会福利（social welfare）　　　模式（pattern）
政策（policy）　　　　　　　　历史沿革（historical evolution）
老年人福利（welfare of the elderly）　残疾人福利（welfare of the disabled）
儿童福利（child welfare）　　　改革（reform）

思考题

1. 社会福利服务的模式有哪些？
2. 中国城市社会福利政策的发展历程如何？
3. 计划经济体制下和市场经济体制下的社会福利政策有何区别？
4. 中国城市社会福利服务的改革和发展方向如何？

典型案例

福利治理视阈下城市困境儿童的福利——基于南京市FH街道的个案研究①

治理理论作为一种理论范式，在各领域不断得到广泛应用和发展，其在社会福利领域的运用直接推动了福利治理理论的兴起和发展。福利治理指的是治理概念在管理社会公共政策中的运用，从而保障或提高公民的社会福利水平。福利治理是在不断提升人类福利的发展过程中，"经由不同行动主体的介入、权力/权威形式的转型及作用机制的融合来实现福利目标的路径突破"。福利治理涉及三个紧密相关的问题：变化中的福利含义、变化中的福利递送制度、福利递送过程中的实践。这些因福利体制类型的不同而具有差异性。当福利治理的目标和模式发生变化时，其制度机制和现实的实践也随之发生改变。在这种意义上，福利体制可以被视为由治理的目标构成，而不仅是对既有的经济和社会问题的回应。换言之，福利治理的目标是构建福利体制，涉及福利的界定、福利递送制度和福利递送的实践三个方面，促进福利的提升是其最根本的价值追求。正如提出"福利体制"概念的艾斯平-安德森所述，福利体制指的是

---

① 高丽茹, 万国威. 福利治理视阈下城市困境儿童的福利——基于南京市FH街道的个案研究[J]. 学术研究, 2019（4）.

"福利生产在国家、市场和家庭之间的分配方式",即国家、市场和家庭之间相互组合生产和提供福利的模式,第三部门或非营利的志愿组织亦可加入其列。因此以构建福利体制为目标的福利治理,旨在通过不断调整国家、市场、家庭、第三部门等各福利提供主体之间的相互组合方式,促进人类福利的提升。福利治理理论和福利多元主义理论一样,强调多维度的混合福利,如福利融资、供给和规制维度的多元化。与福利多元主义更多地关注多元福利主体的责任不同,福利治理不仅关注多元福利主体的责任,而且还从理论和实践层面更多地聚焦于不同维度上各福利主体之间的互动和关系、各主体之间权力的转变以及福利传递制度及其实施。因此,从福利治理理论视角,可以更好地揭示出多元福利主体如何为困境儿童提供福利、当前困境儿童福利提供机制中存在的问题及其形成原因。

无论是背负沉重福利财政压力的西方福利国家,还是儿童福利正在起步的中国,无不面临着如何合理界定家庭、社会、市场和国家在儿童福利提供过程中各自的角色定位、彼此的福利责任分担模式和关系模式等问题。对于困境儿童及其家庭而言,要么市场没有提供其所需的福利服务,要么市场所提供的营利性的服务超出了他们的可负担能力,除了市场中的营利性企业,不以营利为目标的社会企业尚未发展成为面向弱势儿童的福利服务提供者,因此市场并不是一个重要的福利提供主体。困境儿童福利制度完善的实质是调整好家庭、社会和国家在福利提供过程中的角色定位和福利责任分担模式。

尽管政府提供的困境儿童福利涉及流浪儿童救助、大病医疗保障、残疾儿童康复和困境儿童教育福利等方面,同时非政府组织以多种多样的方式所提供的困境儿童福利几乎涵盖所有类型的困境儿童,但困境儿童救助体系仍存在残缺。已有研究针对现有困境儿童救助制度存在的问题、弱势儿童福利制度的缺陷分别进行了探讨,并提出了相应的政策建议,但这些研究多是思辨性研究,实证性研究相对缺乏,概括性较强而分析力弱,缺乏具体而深入的聚焦分析。

本文采用福利治理理论,将福利治理理论关注的两个议题——变化中的福利递送制度和福利递送过程中的实践——作为依据,聚焦于困境儿童福利提供制度,探讨各主体在为困境儿童提供福利的协作中的角色定位和相互作用的关系模式,解析困境儿童福利提供制度所存在的问题及形成原因,提出未来城市困境儿童福利提供制度的重构方向和策略。本研究探讨的困境儿童多元福利提供主体包括家庭、社区、社会组织和政府,除了其各自分别为困境儿童提供福利以外,多个主体亦联合提供福利,不同主体之间的互动关系都是在支持与反馈两个维度上展开,即一方提供包括政策、资金、物品、服务等多种形式的支持,另一方给予相应的反馈。……

……采用福利治理的理论视角,以民间非政府组织M为中心,对其在困境儿童福利递送中与政府、社区、官方性社会组织和家庭四大福利主体的互动关系分别展开论述,得出了如下几点发现。第一,民间非政府组织和政府在困境儿童福利协作递送中的关系，前者主要扮演福利服务生产者、传输者的角色，后者更多地扮演福利服务购买者、资源协调者的角色，因此，政府对民间非政府组织的运行和所开展的服务具有监督和评估的权力。通过资料分析可知，民间非政府组织和政府之间尚没有形成平等的伙伴关系，在某种意义上民间非政府组织将政府奉为"上级"，无论是政府执行偏重数量的考核指标还是政府单方改变购买服务协议，民间非政府组织的被动和消极应对无不彰显出其居于弱势。究其原因，是正值起步发展阶段的民间非政府组织难以离开政府在资金、资源协调等方面的支持，对政府具有很强的依赖性。第二，民间非政府组织和社区在困境儿童福利协作递送中的关系，前者主要扮演福利服务生产者、传输者的角色，后者更多地扮演中介者的角色，将民间非政府组织与存在需要的困境儿童相连接，从而保障民间非政府组织的福利服务有效传递至困境儿童。民间非政府组织将社区居委会作为融入当地社区的桥梁和拓展服务对象的重要信息来源。尽管民间非政府组织与社区之间的协作以双方共赢为原则，但在面临冲突和竞争时，民间非政府组织为了不破坏与社区的关系，不得不违背社会工作专业伦理原则，使困境儿童利益受损。第三，在困境儿童福利协作递送中，民间非政府组织仍主要扮演福利服务生产者、传输者的角色，国际非政府组织英国儿童救助会扮演福利服务购买者、学习培训提供者的角色，官方性社会组织南京市救助站则扮演项目的直接管理者角色（管理项目资金、传达工作要求、听取M组织的工作汇报等）。官方性社会组织在与民间非政府组织互动中带有"官僚性作风"，不仅拒绝将相关项目工作通知等直接告知M组织，而且剥夺了M组织参与英国儿童救助会提供的培训机会，将自己凌驾于M组织之上，俨然没有将民间非政府组织视作平等的合作伙伴。第四，民间非政府组织和家庭在困境儿童福利协作递送中的关系，前者除了福利服务生产者、传输者的角色以外，还扮演使能者的角色；后者则扮演信息提供者和福利递送的协作者的角色。研究发现，困境儿童家庭不仅提供福利的能力较弱，而且缺乏为困境儿童争取制度性和非正式福利资源的意识和能力，民间非政府组织则在与其互动中着重激发其意识、提升其能力。民间非政府组织面临的困难是困境儿童家长往往忙于生计，没有足够的时间参与到相应的活动中。这也表示，困境儿童福利制度的推进，需要加强对困境儿童家庭提供支持性福利服务，提升家庭抚育儿童的能力，稳固家庭在儿童福利中的基础性地位，从源头上促进儿童福利需要的满足。

思考题

1. 民间非政府组织在困境儿童福利递送中如何与政府、社区、官方性社会组织、家庭进行互动？该组织与它们建立起何种关系？

2. 多元福利主体能否形成高效的协作递送机制？该递送机制在满足困境儿童福利需要的目标上受到哪些因素的限制？

即测即练 8

教师服务

感谢您选用清华大学出版社的教材！为了更好地服务教学，我们为授课教师提供本书的教学辅助资源，以及本学科重点教材信息。请您扫码获取。

❯❯ 教辅获取

本书教辅资源，授课教师扫码获取

❯❯ 样书赠送

公共管理类重点教材，教师扫码获取样书

 清华大学出版社

E-mail: tupfuwu@163.com
电话: 010-83470332 / 83470142
地址: 北京市海淀区双清路学研大厦B座509

网址: http://www.tup.com.cn/
传真: 8610-83470107
邮编: 100084

文泉学堂

根据您选用清华大学出版社出版的教材，为了便于您的教学，我们为您提供了本书的教学辅助资源，以及本学科的重点教材信息。请扫码查看。

教材配套

本书教辅资源，按章提供，以party呈现

学科精品

公共基础课及专业课，教师可推荐选用教材

清华大学出版社

E-mail: tupfuwu@163.com
电话: 010-83470236 / 83470142
地址: 北京市海淀区双清路学研大厦A座509
网址: http://www.tup.com.cn/
传真: 8610-83470107
邮编: 100084